青少年体育教练员教程

上海市青少年训练管理中心
上海市青少年体育协会
编

北京体育大学出版社

策划编辑：赵海宁　韩培付
责任编辑：韩培付
责任校对：姜艳艳
版式设计：杨　俊

图书在版编目（CIP）数据

青少年体育教练员教程 / 上海市青少年训练管理中心，上海市青少年体育协会编. -- 北京 : 北京体育大学出版社，2018.12（2022.1重印）
ISBN 978-7-5644-3145-7

Ⅰ. ①青… Ⅱ. ①上… ②上… Ⅲ. ①青少年－体育运动－教练员－工作－中国－教材 Ⅳ. ①G808.17 ②G812.34

中国版本图书馆CIP数据核字(2018)第301014号

青少年体育教练员教程
QINGSHAONIAN TIYU JIAOLIANYUAN JIAOCHENG

上海市青少年训练管理中心
上海市青少年体育协会　编

出版发行：北京体育大学出版社
地　　址：北京市海淀区农大南路1号院2号楼2层办公B-212
邮　　编：100084
网　　址：http：//cbs.bsu.edu.cn
发 行 部：010-62989320
邮 购 部：北京体育大学出版社读者服务部 010-62989432
印　　刷：北京虎彩文化传播有限公司
开　　本：710 mm × 1000 mm　　1/16
成品尺寸：170 mm × 228 mm
印　　张：25.75
字　　数：403 千字
版　　次：2018年12月第1版
印　　次：2022年1月第2次印刷
定　　价：148.00元

编 委 会

冯　奇　上海市黄浦区黄浦青少年业余体育学校校长
戴镇德　上海市青少年体育协会副秘书长
陈昕云　上海市青少年训练管理中心综合部部长
张晓韵　上海市青少年训练管理中心训练部部长
周旭明　上海市青少年训练管理中心竞赛部部长
孟畅懿　上海市青少年训练管理中心体教结合部副部长
朱卫明　上海市青少年训练管理中心训练部副部长
文　静　上海市青少年训练管理中心项目主管
吴香有　上海市青少年训练管理中心项目主管

编写说明

青少年体育是体育事业发展的希望与未来，是建设体育强国的根基。青少年体育训练（以下简称“青训”）是青少年体育工作的重要组成部分，是体育后备人才培养的关键环节、主要形式。在青少年体育训练全过程中，从青少年运动员选才、青少年运动员现实状态诊断到训练目标的确定、训练计划的制订、训练活动的组织实施、训练效果的检查评定，每一个环节都与教练员的综合素养、聪明才智息息相关。在一个青少年运动队中，教练员要进行两个方面的管理：一个方面是训练组织管理，以“运动负荷”管理为核心，以提高训练质量为目标；另一个方面是训练的社会心理管理，以人的动机、人际关系、领导风格、集体风气等心理因素为着眼点，目的在于创建良好的训练环境，充分调动参加训练人员的积极性，实现训练目标。因此，为了帮助广大教练员了解竞技体育的发展趋势，遵循青少年身心发展规律，在训练中恰当地选用教学训练方法，提高训练的质量和效益，我们编写了这本《青少年体育教练员教程》。

在编写过程中，我们注意理论与实践相结合，突出教学训练方法的实用性和可操作性，结合青少年运动训练和竞赛的特点，尽可能结合案例阐述青少年运动训练和管理的观念、理论和方法。全书系统地从教练员自身职业素养，青少年运动员的教育管理、身心发展规律、运动训练与竞赛安排、选才、运动损伤的预防与处理和运动营养等方面论述了教练员的主要工作环节和方法。

在上海市体育局领导的关心下，在科教处（青少年体育处）的指导下，在上海市青少年训练管理中心、上海市青少年体育协会牵头组织下，由上海体育学院、上海市体育科学研究所等单位的专家学者组成本教材的编写组，从而保证了教材的质量。本教材可作为青少年体育从业人员（教练员）岗位培训教材。

为使编写工作顺利推进，我们成立了教材编写委员会。教材编写委员会根据上海市体育局科教处（青少年体育处）、上海市青少年训练管理中心和上海市青少年体育协会的意见，对教材编写大纲、内容以及教材结构体系进行了多次修订，最终形成了现行教材的内容和体系。

本教材由吴贻刚教授统稿、定稿，周战伟博士协助，由冉强辉教授审定。在编写过程中，本教材参阅了众多专家学者的相关教材、学术论文和其他学术资料，在此一并致谢。特别鸣谢：郭蓓、杨培刚、胡红、王跃、吴瑛、袁辽新、杨建新、王继威、孙海平、林民伋、王良佐、张政、孟范生、胡安华、陶璇、钱英豪、钱粮钢、邱波、瞿一敏等专家。

目　录

第一章　教练员执教理念与职业道德 …… 1

第一节　教练员的执教目标与教练方式 …… 2

第二节　教练员职业道德 …… 10

第二章　沟通与运动员教育 …… 19

第一节　教练员的沟通技能 …… 20

第二节　运动队文化建设 …… 28

第三节　运动员行为规范 …… 33

第三章　儿童青少年运动员生长发育与身体素质敏感期及训练 …… 41

第一节　儿童青少年的生长发育概述 …… 42

第二节　儿童青少年运动员身体素质发展敏感期及训练方法 …… 52

第三节　儿童青少年运动员的基础训练特点与安排 …… 69

第四章　青少年心理发展规律及心理调节控制 …… 95

第一节　青少年心理发展的年龄特征 …… 96

第二节　青少年责任感和领导力培养 …… 106

第三节　青少年运动兴趣及培养 …… 115

第四节　增强技能水平和降低焦虑的心理技术 …… 120

第五节　促进青少年运动能力发展的动机激励方法 …… 128

第六节　青少年运动训练伤害的心理疏导 …… 131

第五章　青少年运动员教学训练计划的制订与实施 …… 141

第一节　青少年运动员训练目标的确立 …… 142

第二节　青少年运动员教学训练计划的制订 …………………………… 147
第三节　青少年运动员教学训练计划的实施 …………………………… 168
第四节　青少年运动员训练计划实施效果评价 ………………………… 176

第六章　青少年竞技参赛的特点及组织 ………………………………… 182

第一节　青少年竞技参赛概述 ………………………………………… 183
第二节　青少年竞技参赛的赛前准备 …………………………………… 192
第三节　青少年竞技参赛的赛中控制 …………………………………… 206
第四节　青少年竞技参赛的赛后认知与调整 …………………………… 222

第七章　青少年运动员选材 ……………………………………………… 228

第一节　青少年运动员的天赋条件 ……………………………………… 228
第二节　运动能力与生长发育规律 ……………………………………… 241
第三节　运动员选材常用指标与评价方法 ……………………………… 248

第八章　青少年运动损伤与运动伤病预防 ……………………………… 297

第一节　青少年运动员的运动损伤 ……………………………………… 298
第二节　青少年运动员运动损伤的预防 ………………………………… 303
第三节　青少年运动员常见的运动损伤与处理 ………………………… 314

第九章　青少年运动员的营养学基础与应用 …………………………… 340

第一节　青少年运动员合理膳食的基本原则 …………………………… 341
第二节　青少年运动员营养摄入存在的问题和对策 …………………… 343
第三节　不同运动项目青少年群体的营养补充 ………………………… 351
第四节　运动导致的青少年常见身体问题的营养补充 ………………… 361

第十章　运动训练管理理论与实践 ……………………………………… 369

第一节　运动训练管理要素 ……………………………………………… 370
第二节　运动训练管理过程 ……………………………………………… 387
第三节　运动训练管理体制 ……………………………………………… 391

第一章　教练员执教理念与职业道德

内容提要：

社会发展竞技体育，无一例外都是为了青少年的全面发展，在我们国家，具体地体现在体教结合的提倡上。在激烈竞争的社会现实中，我们不能忘记发展竞技体育的真正目的。在这样的现实面前，教练员要对运动员培养工作有全面、合理的认识，形成科学、合理的执教目标和教练方式。

职业道德是指人们在一定的职业活动中所应遵循的、具有自身职业特征的道德准则和规范，主要由职业纪律、职业责任、职业良心、职业荣誉和职业信誉等要素构成。运动员的良好道德主要来自教练员的教育和培养，这是由教练员的职责所决定的。因此，作为一名优秀的教练员，首先必须具备高尚的道德情操、道德风尚和道德修养。

学习目标：

（1）明确教练员的社会作用和工作特点。

（2）熟悉教练的理念、目标、行为。

（3）明确道德与职业道德的含义及作用。

（4）掌握竞技体育中的职业道德规范。

第一节　教练员的执教目标与教练方式

教练员的工作任务包括训练、管理、计划、咨询、评判、引导、照料以及在教育和心理方面对运动员施加影响，帮助运动员在比赛中发挥竞技水平。

要想当好教练，仅有很强的专业能力是不够的，还必须了解运动员的愿望，充分考虑教练员和运动员的相互影响。成功执教的前提取决于运动项目的特性、运动员的身心条件和教练员的职业素养。

一、教练目标

要做好教练工作，必须有正确的理念，把握正确的工作方向。教练员的执教目标就是教练员理念的具体体现，执教目标决定着教练员在运动员培养中采取何种教练方式，如何对待运动员，最终决定着运动员的发展方向。因此，教练员要对运动员培养工作有全面、合理的认识，形成科学、合理的执教目标。

（一）教练目标的体系

综观世界各国，人们提出的教练目标基本上有以下三个方面。

1. 指导运动员或运动队获得比赛胜利

在体育比赛中，有时候教练员必须做出一个影响运动员的决定，甚至是影响整个比赛结果的决定。那么，作为教练员会怎么做呢？一般认为，在训练和比赛的情景下，教练员所做的决定是受自己的目标影响的，也就是教练理念。作为教练员，要做的最重要的一个决定就是带领运动员或运动队达到想要的目标。赢得比赛是教练员的目标，但是不是唯一的目标。

2. 使儿童青少年享受运动的乐趣

享受运动乐趣就是要让运动员感觉参加运动好玩。在儿童青少年的眼中，体育的意义就是快乐，是一个尝试新奇刺激、检验自己能力和潜力的机会。

让运动员得到乐趣并不是要逗运动员乐，而是要创造挑战，要让运动员在训练中体验到一种想克服挑战的欲望，就像在电子游戏中不断想得到高分，不断过关的那种体验。

运动乐趣能激发自尊意识，使运动员对自己的能力产生积极的情感。运动乐趣还意味着一种享受，不用担心受到批评和贬低。在指导儿童青少年运动员时，要注意的是，获得乐趣并不意味着运动员一定要在训练中总是乐呵呵、笑嘻嘻的。是否有乐趣的标准就是，在运动员不受外力约束的条件下，问他们是不是愿意天天来训练。如果回答是，意味着对运动员来说，是能够从训练中获得乐趣的；如果回答不是，那么在训练的安排上是不够合理的。

作为教练员，就是要营造与维持一种具有激励和支持气氛的环境。因而，在工作中，教练员首先要做到的就是，在任何时候都要尽可能给予运动员正面的评价，然后再指出需要改进的地方。在训练或者生活中，尽量避免在公开场合对运动员进行否定的评价。例如，教练员不要说“你没有做对”，或者“那样是错误的”。

运动乐趣与教练风格有很大的关系。教练员过多地强调威严会与乐趣相冲突，而强调与运动员协商合作式的教练有利于营造快乐的气氛。

3. 提高儿童青少年身心素质

（1）学习运动技术，提高身体素质，培养健康生活习惯，避免伤害。

（2）学会调控情感，培养自我价值感和自豪感。

（3）学会在竞争中合作和采用适宜的行为标准。

作为教练员，需要思考的问题是：哪个目标是重要的？三个目标是否同样重要？如果必须在三者中做出选择，一般会选择哪个？在碰到要以牺牲运动员的健康和长远发展为代价去赢得比赛的情况下，教练员应该优先考虑哪个目标？

（二）教练目标的冲突

作为教练员，在开展训练工作时，就必须明确各个目标对自己的重要程度。要么以其中之一为重，要么以两个为重，或者以三个目标为重。但是，在实际情况中，三个目标有时候是不可能协调的，有时候要实现一个目标，必须以牺牲另一个目标为代价。比如为了获得比赛的胜利，要冒损害运动员的身体健康的风险，有时候也会对运动员个性、情感的发展产生不良影响。在遇到这样的情况时，教练员应该做出什么样的选择呢？

我们的社会是奖励优胜者的社会，尽管社会常常把体育看作塑造儿童青少年性格、发展他们的各种能力的手段，但是，当涉及对教练员工作的评价时，社会经常是以比赛的结果来衡量的。由于社会对胜利的推崇，三个教练目标经常会发生冲突和难以协调的现象，使教练员不得不做出艰难的选择，甚至面临着难以调和的困难局面。社会对体育比赛胜利的强调，常导致教练员在工作中以获得比赛胜利为最重要的目标，而不惜牺牲其他的目标。由此在训练和比赛中产生了大量的不良问题，尤其是在儿童青少年的训练比赛中产生了不良的影响，从而引起了一些社会问题。

例如，困扰很多年的“超龄造假”现象就是在以运动成绩为重的思想主导下产生的。这种为了获得好的运动成绩而在年龄上弄虚作假的现象与其他的目标发生了冲突，不利于年轻运动员的成长。“超龄造假”主要有三个方面的危害：

第一，让年轻运动员亲眼看到了黑暗的事实，不利于运动员公正、公平品质的培养，给年轻运动员的心灵留下了阴影；

第二，破坏了整个行业公正、公平竞争的规则和风气，使得人人自危，仿佛不弄虚作假就是吃亏，体育环境恶化；

第三，造成训练的效益得不到发挥，人力、物力资源浪费，使整体运动水平长期不能得到提高。

（三）教练目标的选择

1. 正确目标的选择

当目标之间发生冲突的时候，做出正确的选择就至关重要。教练员承担着做出正确选择的责任。只有教练员做出正确的选择才能避免由于选择不当造成的危害。教练员有责任抵抗要求不惜代价去获得胜利的压力。无论在任何情况下，教练员的正确选择都应该是：运动员成长第一，获胜第二。

运动员成长第一，获胜第二的选择，就是教练员的任何决定和行为首先都要建立在最有利于运动员成长的基础之上，其次才是考虑提高获胜的机会。

但是，运动员成长第一、获胜第二的目标选择在目前的社会环境中只是理想的状态，实际执行起来会有很大的阻力。国内外很多体育机构、组织以获胜为第一位的目标，给教练员和运动员施加了很大压力。对于教练员来说，要坚持运动员成长第一、获胜第二的信念有时甚至意味着要冒失去工作的风险。因此，要改变这种“获胜第一”的社会现实还需要付出很大的努力，也有很长的路要走。

2. 获胜的含义

做出运动员成长第一、获胜第二的选择并不意味着获胜不重要，参加体育比赛的直接目标肯定是争取胜利，在规则允许的范围内努力去争取胜利是每个教练员的目标。在体育比赛中不求上进、不努力去争取胜利的人恰恰是不道德、不诚实的。在体育的名言中，有一句隆巴迪所说的：“胜利不是万能的，但没有它是万万不能的。”这句话的意思其实被人们误解了，实际意思是“获胜不是万能的，不努力求胜是万万不能的”。这句话说明获胜不是强调胜利本身，而是强调对胜利追求的过程。很多优秀的运动员也曾经说过，他们对体育最美好的记忆不是胜利，而是比赛前或比赛中成年累月准备和期盼的过程。

二、教练方式

教练员的执教目标决定了教练员在运动员的培养中的行为方式，决定了教练员在教学训练中如何与运动员进行互动，使用什么方法来约束运动员，如何规范运动员的行为，让运动员发挥什么作用。

（一）教练方式的种类

一般认为有三种教练方式，大多数教练倾向于其中的一种。

（1）命令式教练：决定运动员做什么，怎么做。

（2）保姆式教练：采用这种方式的教练员从运动员日常的饮食起居到运动场上的较量，事无巨细，一手包办。运动员的一切都在教练员严格而细致的掌控之中，管理上体现严格、细致。

（3）合作式教练：采用合作式风格的教练员做出决定的时候都要与运动员进行商议，教练员明确自己的领导和管理职责，有意识地通过商议来培养运动员的责任感。教练员在指导运动员和让运动员自主管理中取得平衡。

（二）教练方式的优劣分析

1. 命令式教练的优缺点

命令式风格在过去和现在都是比较流行的，没有经验或刚开始教练工作的教练员比较倾向于采用命令式风格，因为没有经验，他们通常向自己的教练或者别人的教练学习。也有一些能力不太强的教练员喜欢采用命令式，因为这种形式使得教练员避开了运动员的提问，也不用向运动员作出具体的解释，可有助于掩盖教练员能力上的缺陷。

表面看来命令式是比较有效的，运动队需要良好的组织，不可能事事大家一起协商，如果教练员的目标以获胜为第一，而且运动员能够忍耐教练员专横的风格，这种方式就会显示效果。但是这也有一个很大的局限，在这种风格下，运动员可能不是出于内在的动机参加运动，而是为了博得教练员的表扬，或者为了避免挨骂而努力。这样的风格对运动员成长的影响是，可能会阻碍运动员享受运动的乐趣，而教练却能享受成功。

因为不考虑运动员的主动性，命令式风格不适合运动员“成长第一，获胜第二”的教练目标。

2. 保姆式教练的优缺点

这种教练方式的优点是有助于培养运动员的组织纪律，提高运动员的体能和保持其最佳的竞技状态。这种教练方式的缺点也很明显，具体表现是，运动员的比赛能力弱于训练能力，临场的心理素质、发挥能力比较差。此类运动员日常训练水平很高，只是一旦离开教练，在比赛中就变得畏手畏脚，导致发挥失常。我国著名田径教练员黄健对于保姆式教练所产生的结果有亲身体会。黄健训练的跳高运动员倪志钦在平时训练中能跳过2.20m，但在一次国际比赛上只跳过了2.01m。倪志钦很不满意这个成绩。针对这次失败，黄健进行了系统总结，认为是保姆式的教练方式造成运动员在国际比赛中失利。以前，他总像保姆一样保护自己的运动员，甚至达到了“娇生惯养”的程度。例如，为了让倪志钦在比赛中不受干扰，他要求体育场的播音员在倪志钦准备起跳前停止播音；摄影记者要远离现场，以免快门的声响会分散倪志钦的注意力。再如，每次比赛前他都亲自检查起跳点，将所有细节调整到最有利于倪志钦发挥的状态。倪志钦习惯了这种照顾，一旦遇到国外陌生、欠理想的环境，如观众的欢呼、起跳点太松软、夜间亮度不够等情况，便不知所措。在比赛过程中，倪志钦变得不安，四处寻找教练员，但是黄健只能坐在远远的观众看台上，无法给他提供指导和帮助。倪志钦由于缺乏自我调节能力，从而导致发挥失常。

在比赛过程中，运动员面临的情况难以预测，这就更需要运动员具备自主应变能力。较为正确的做法是既要严格训练，又要给运动员一定自由发挥的空间，从而提高运动员的综合比赛能力。

3. 合作式教练的优缺点

如果教练员的目标不是局限于运动员身体发展和运动技能发展，那么教练的方式就是合作式的。原因是，运动员比赛的状态不完全取决于运动员的体能和技能水平，要在比赛中有良好的表现，运动员要有应对压力、适应环境变化、稳定心态、保持注意力和自我克制的能力，这些能力只能通过日常的训练来培养，而培养这些能力的有效方式就是合作式的教练方式。

合作式教练的风格重在创造一种适合运动员享受运动乐趣和让运动员学习的气氛，教练员扮演领导的角色，不事事做决定，而是引导运动员学会树立目标，并向目标努力。合作式教练风格能给运动员更多的尊重和信任，有利于培养运动员的自我意识。作为一名运动员，不仅要具有高超的运动技术，还必须能够应付压力，适应不断变化的情况，显示良好的教养，保持意志的高度集中等以参加比赛，这些品质在合作式教练的风格下容易得到培养。合作式教练可以提供一种开放式的情感环境，有利于改善教练员与运动员的关系。运动员的动力不是来自对教练员的恐惧，而是来自自己的快乐。

合作式教练风格在实施时难度也比较大，对教练员提出了很高的要求。教练员要具有很强的自我控制力，在具体实施训练中要针对运动员的具体情况进行引导。

（三）教练实施领导的特点

领导是相对追随者而言的，与追随者有不同的行为。作教练，需完成从追随者到领导者的转变。

1. 从运动员到教练员的转变

从运动员到教练员，要进行困难的转型，就是要从自己运动，到让别人运动。让别人去运动，所要做的工作，就是领导的过程，这个过程要掌握的技能，就是领导技能。再具体点说，就是一起做，教别人做，帮助别人做。

2. 教练工作中的领导含义

（1）把握运动队的方向，知道要做到什么，用什么办法来实现。

（2）致力于营造运动队文化氛围，也就是环境氛围。具体要做的事情包括：

①运动队人员选择。

②激励。

③抚慰。

④保持。

⑤凝聚。

（3）沟通。教练核心技能是与人的沟通，表现为交谈、聆听、谈判、鼓励、抚慰。

三、成功教练员的特质

成功教练员要做领导者应做的事情，要指明方向，要专注于营造运动队文化氛围。教练员要成功，还需要注意培养以下几个方面的特质。

（一）执教观念

正确的思想观念是人才的重要素质，是事业成功的基本要素。尤其对于教练员来说，作为一个运动队的领导者，运动员的教育者和管理者，如果观念陈旧，只有学历、职称、资历、身份等标签，而偏离了品德、知识、能力、业绩、创新等人才的实质内涵，就很难完成培养运动员的任务。

运动员培养是一个教育过程，由此决定了教练员作为领导者、管理者、服务员必须具备独特的价值观念、运动队意识、行为规范和思维模式。

运动员尤其青少年运动员是社会的未来和希望，运动员全面发展是教练员工作的基本目标。教练员应以自己优秀的领导、管理和服务行为去影响、感化运动员。一个优秀的教练员必须具有“运动员至上”“全面发展至上”的意识，并将其体现于自己的教练实践中。

1. 管理观念

教育学、管理学、心理学、社会学、训练学是教练学的五大支柱。管理观念有：管理就是决策，管理就是借力，管理就是服务；沟通是管理者最普通、最重要的行为之一，没有沟通就没有管理行为；不重视安全管理的教练员，不是一个称职的教练员；好的教练员是一个好的设计师；训练的起点是对运动员的诊断与把握。

2. 制度观念

科学管理与经验管理的区别在于，科学管理实行标准化、程序化、定量化、制度化和规范化。培养运动员是教育的事业，制度管理就显得更为必要。制度是基础，教练的领导力是核心，观念是关键，运动员全面发展是根本。

3. 运动队观念

运动员培养往往以运动队的方式进行。运动队不同教练员之间的团结协作、互相补充对于成功完成训练与竞赛任务尤为重要，所以教练员工作要强调“以制度管理为基础，以情感管理为主导，结成一个命运共同体”。

4. 创新观念

运动训练和竞赛成功在于创造，创新型教练员更容易在激烈的竞争中胜出。一个人的创新能力与其观念素质是息息相关的，很难想象一个观念保守、因循守旧的人会有多大的创新能量。只有那种敢于打破常规、大胆想象和突破的人才，才具备创造潜能和发展的前景。创新型教练是推动运动技术、运动训练方法革新的关键。

教练员应具备创新的头脑、充实的思想。教练员要多参加“训练方法讨论会”“教练经验交流会”“训练成果报告会”，用“请进来、走出去”的办法，实现运动队与外部的思想交流。

5. 可持续发展观念

可持续发展既要满足运动员当前的需要，又要满足其未来社会生活的需要。运动员培养的目的不只是让教练员、运动员本人满意，更要让社会满意。

（二）执教行为

（1）指明方向，对运动队未来有清晰的谋划。

（2）营造、调节队内的人文环境，也就是运动队文化。

（3）在队内树立正确的价值观。

（4）激励所有人。

（5）出现问题时，面对所有人解决矛盾。

（6）沟通。

第二节　教练员职业道德

职业道德是指人们在一定的职业活动中所应遵循的、具有自身职业特征的道德准则和规范。它主要由职业纪律、职业责任、职业良心、职业荣誉和职业信誉等要素构成。职业道德既是对本行业人员在职业活动中的行为的要求，又是本行业对社会所承担的道德责任和道德义务。

竞技体育职业道德是指在竞技体育领域中，用以调整竞技体育职业道德主体之间、主体与集体之间以及集体与社会之间关系的行为规范和准则的总和。

竞赛场上良好的体育道德是通过运动员表现出来的，而运动员的良好道德主要来自教练员的教育和培养，这是由教练员的职责所决定的。因此，作为一名优秀的教练员，首先必须具备高尚的道德情操、道德风尚和道德修养。

在运动训练与竞赛中，教练员与其他各方面人员（运动员、同事、裁判员等）所结成的各种关系，有一个共同的因素，即所有这些关系都是主体与客体的关系，教练员在其中的每一层关系中都是主体。可以说，训练与竞赛过程包含着一个复杂的人与人之间的关系体系，需要道德予以调节。

一、训练与竞赛的各种构成成分与道德调节的关系

（一）教练员与人们的关系具有道德对象的特征

1. 自由选择的关系

在训练与竞赛过程中，教练员与人们的关系是自由选择的关系，他要对此负个人责任。

教练员在教学、训练、竞赛过程中有很多的自由选择，他对于训练目的、内容和方法的实际态度是取决于其本人的，实现训练目的和任务的质量、形式和方法等问题，在很大程度上是教练自由选择的结果。例如，教练员在规定的时间里组织训练，准备的程度和训练效果完全取决于教练员，取决于他个人的创造和探索精神。教练员每天都在不同的情况下接触运动员，他在选择自己的行为时是自由的，因此，他就不得不采取自己个人的决定，他本人对自己的决定要负道德责任。也就是说，在运动训练和竞赛活动中，教练员是自由地选择个人行为的，因而也就要对这种选择负道德责任。

2. 具有客观意义

教练员的自由选择对于训练和竞赛均具有客观意义。

只有那种具有社会意义和教育意义的关系，即引起一定教育和社会效果的关系，才需要道德上的认识和道德上的调节。教练员在运动训练和运动竞赛中的自由选择关系显然具有客观的社会意义和教育意义。

3. 具有特殊利益

教练员个人利益和训练与竞赛过程中其他参加者的利益的内部矛盾具有特殊性。训练与竞赛过程是各种不同利益复杂交错的过程，这些利益表现如下：

（1）教练员个人利益表现在务求以耗费较少的力量和时间来获得最好的结果，力求改善训练条件，摆脱不必要的负担，选择自己满意的和更适合于自己个性的工作形式和措施。

（2）集体利益表现在利用教练员的高度社会声望和地位，争取为竞技运动创造有利条件，争取创造出能够更合理地发挥训练作用的方法并掌握这些方法。

（3）社会利益在于培养实现社会需要的运动员。

这些利益之间并不总是协调一致的。教练员的个人利益常与整个社会利益发生矛盾。例如，有一些基层体校甚至省市的教练员选调运动员时，不是以运动员的技术基础、身体条件、发展前途为标准，而是凭关系，甚至谁给钱就收谁。本来就不是搞体育的材料，吸收进运动队，滥竽充数，练不出来最后再调整出队，既误人子弟，又浪费了人力、物力和财力，在客观上就会造成后备力量的匮乏。这就是教练员为了自己的私利而危害了社会的利益，这种行为严重地违反了教练员的职业道德。

教练员个人的利益有时候也会与运动队集体的利益发生矛盾与冲突。例如，目前在某些项目运动队训练管理体制中存在一个很大的弊病。来自某一省的教练员带着几个本省的运动员到国家队训练，教练员没有把自己看成整个运动队的教练，就只把眼睛盯着自己带来的那几个运动员，其他运动员的训练一概不管，只希望自己的队员出国比赛，成绩好了奖金就有了。互相保密，你怕我超你，我怕你超我。别的教练员指导的运动员训练上有问题，看到了也不讲，担心一旦别人成绩上去了，超过了自己指导的运动员，对自己不利，国际比赛的奖金就拿不到了。这种现象对整个竞技体育事业的发展影响很大。正确的做法是，国家队的教练员，全国各地的运动员都能带，都要带，这才真正算是国家队教练。

举国体制的核心是集中全国最优秀的人才，国内练兵一致对外。运动员技术出现问题，只要是教练就应该及时地指出来，发挥集体的聪明才智，群策群力，这也是教练员应有的职业道德。

（二）教练员工作的特点与职业道德

教练员工作的特点决定了教练员职业道德的特殊重要性，职业道德与各行各业的工作特点紧密相连。

教练员的工作是培养人的工作，要求教练员有较高的道德水平。教练员不管自己所处的社会地位如何，都应该凭自己的职业良心，尽可能对运动员进行一定的教育。中国羽毛球队总教练李永波认为，作为一个教练员，主要职责是引导运动员往一个正确的方向发展，是育人，其次是培养运动员夺得冠军。要让运动员明确自己肩负的责任和义务，培养他们的国家意识、民族意识，教育运动员要为国家的荣誉、民族的振兴去训练、去拼搏。只有这样，才能在训练和比赛中克服困难，赢得荣誉。

中国乒乓球队的教练员也是把培养运动员做人放在首位的。教练员认为："要培育世界冠军，首先就要培养他们的爱心，培养他们做人。"教练员运用各种形式对年轻的运动员进行教育。例如，专门组织运动员到天安门广场观看升旗仪式；参观中华人民共和国50周年成就展；到革命根据地西柏坡参观，接受革命传统教育。还专门组织运动员到贫困山区访贫问苦，让运动员了解中国的国情，以培养运动员的爱国情操与爱国主义精神。

由于体制的问题，我国90%以上的运动员是自少儿时期开始从事专业训练的，训练时间长，强度大，再加上体育行政部门和教练员过分重视运动成绩，忽视了运动员综合素质的培养，文化知识掌握较少，文化综合素质不高，从而使其与同龄人相比文化素质处于明显劣势，除运动技能外没有掌握一技之长。教练员在做好训练工作的同时，也必须关心运动员的文化课学习。

教练员在道德行为上是运动员的模范。教练员的道德不仅关系到教练员自身品格的完善，而且具有强烈的示范性，是作用于运动员的重要教育手段，特别是少儿运动员，模仿性强，可塑性大，社会、家庭对他们影响很大，教练员对他们的影响则往往更频繁、更强烈。在日常训练和生活中会遇到很多的问题，能不能正确对待，能不能做好，都会直接影响一个教练员的威信。在处理个人利益时，教练员如果能关心运动员，优先考虑他们，把个人利益放在最后，就会得到运动员的尊重。随着我国经济的发展，社会对竞技体育的支持力度增大，运动队常常会得到社会的一些赞助，有现金也有实物。分配的时候运动员就会观察，如果教练员只想着自己，运动员虽然不一定敢说，但私下肯定会有看法。运动队里制定的条例大家都要遵守，如果教练员老是迟到，运动员就会有意见，直接影响教练员的形象、威信和工作效率。

教练员道德影响很深、很远、很广，不仅深刻地作用于运动员的心灵，影响运动员的品质，而且会通过运动员的所作所为作用于家庭和社会。受到良好道德教育的运动员，会以他们的行动回报社会。例如，中国乒乓球队运动员的表现就很突出，他们开展了“希望工程”资助贫困儿童上学活动，以回报社会。全队曾自愿捐助了57名佤族儿童重返校园；资助了首都高校的10名贫困大学生；捐款资助白血病儿童；当内蒙古锡林郭勒盟连续遭到灾情时，他们利用到洛阳打热身赛的机会，向锡林郭勒盟捐赠30万元资助一所希望小学。孔令辉和邓亚萍更是每人资助了6名学生。邓亚萍后来还单独出资在山西省忻州市繁峙县建立了一所希望学校。

二、教练员职业道德的意义

1. 教练员职业道德是教练员素质的重要组成部分

教练员职业活动具有知识性、专业性、智能性、艺术性、复杂性、长期性、示范性和创造性等特点。教练员要全面完成促进儿童青少年健康成长的任务，除了本身要具有扎实的文化知识基础、良好的身体素质和心理素质以外，还需要具有良好的职业道德素质。职业道德不仅要表现在意识和行动上，更重要的是要成为教练员的信念，要言行一致。

2. 职业道德是教练员人格特征的直接体现

儿童青少年运动员正处在个性和品德形成的关键时期，尤其是年龄比较小的少年儿童运动员会模仿教练员的态度、情趣、品行，乃至言行。尽管社会环境、家庭等因素对儿童青少年的个性形成和品德发展具有一定的影响，但与他们密切相处的教练员的影响更具有举足轻重的作用。教练员对儿童青少年运动员的影响主要通过两个方面发挥作用：一是教练员通过一定的管理和教育方式对运动员产生作用；二是教练员通过自身的人格特点、言行举止对运动员产生作用。

有关研究表明，在儿童的眼里，教师都是正确的，教师的话都是对的，由于儿童喜欢模仿，教师的言行就会潜移默化地影响儿童个性和品德发展。例如，有研究发现，在小学中，由一位班主任连续带了两年的班里的学生说话的语气、语调、办事的风格等许多方面与班主任有类似之处。从这个例子可以推论，少年儿童运动员同样会受到教练员的影响，模仿教练员的种种言行。人生最初的20年是道德观念、行为习惯形成的关键期，而这正是一个运动员成长的基础阶段，决定和影响人的一生的发展。显然，与运动员朝夕相处的教练员对儿童青少年运动员成长的影响是非常大的。

3. 关心爱护运动员是教练员职业道德的灵魂

教练员对运动员的关心与爱护，可以说是教练员职业道德的核心。教练员是否热爱体育事业在一定程度上也可以从教练员是否用心爱护运动员上反映出来。但是，教练员要做到关心爱护运动员，甚至像爱护自己的孩子一样关心爱护运动员并不是一件容易的事。“疼爱自己的孩子是本能，而热爱别人的孩子是神圣。”教练员对运动员的爱本质上是一种只讲付出，不计回报，无私的、广泛的、没有血缘关系的爱，这种爱是神圣的，也是教练员教育运动员的感情基础。运动员一旦体会到这种感情，就会“亲其师”，从而做到“信其道”，对教练员更愿意服从和配合。

4. 职业道德是教练员职业理想的动力

理想是一个人的奋斗目标。教练员的理想具有不同的表现形式和层次，有的人把个人利益、个人发展作为奋斗目标，有的人把多培养优秀运动人才作为奋斗目标。由于理想的层次不同，教练员在工作中产生的动力也不同。具有高尚职业道德，时刻不忘记运动员个人和社会发展的教练员才是具有高尚理想的教练员。他们具有巨大的工作动力，不为眼前利益所左右。

三、教练员对待运动员的职业道德规范

（一）教练员对待运动员的态度

教练员对运动员的态度是体现教练员职业道德的重要方面：

（1）不仅把运动员看作自己的工作对象，还应当把他们当成自己的子女一样，全面关心他们的成长。

（2）把严格要求看作对运动员的尊重。

（3）经常研究运动员的内心世界，以便正确地了解和解决每个人的问题。

（4）耐心地对待运动员不正确的行为和意见，善于说服教育。

（5）提高控制自己情绪的能力。

尊重运动员这一道德规范，从理论上没有一个教练员公开反对，但在训练实践中违反这个规范的行为却经常发生。教练员常用暴力和污辱性的语言，迫使运动员绝对服从自己。所产生的效果可能是让运动员被迫“听话”，但他们没有想到自己的行为可能产生怎样的消极后果。

（二）教练员对待运动员的道德原则

教练员对运动员的严格要求体现了对运动员的尊重和爱护，但必须符合下述原则才是正确有效的：

（1）责任原则。

（2）对手段合理应用的原则。严格要求应该是善意的、非惩罚性的。

（3）自主性原则。严格要求要尽可能被运动员所理解。

（4）保护儿童及弱势群体的利益、尊重人的生命的原则。

（5）尊重人人平等的原则。

（三）教练员的职业道德修养

（1）热爱自己的事业，对自己的本职工作认真负责。

（2）教练员具有教育责任感。由于运动员在成长的不同阶段，其思想认识、责任感、思维方法、自控能力等不同方面会发生不同的变化，因此教练员

要主动意识到这一点，对不同年龄阶段的运动员要采取不同的教育方法。

（3）教练员要爱护运动员，关心运动员，要用合理的态度正确对待运动员的过失，全面关心他们的成长。

（4）发挥教练员榜样和修养水准的作用。运动员进入运动队后与教练员关系最为密切，教练员的一举一动和思想水平对运动员的影响最大。教练员的模范行为对运动员是一种无声的正确教育。

（5）善于控制自己的情绪。运动员进步的快慢、比赛成绩的好坏、先天条件的优劣和在训练中的各种表现，都会影响教练员的情绪。例如，年纪较小的运动员在知识经验和事业、生活等方面的理解能力都较低，常常表现出懒惰、无礼，缺乏自我要求，甚至有意气教练等。正因为如此，教练员要善于控制自己的情绪，否则会因反感、抱怨、恼怒而导致运动员对其产生报复心理和惧怕心理，甚至采取阳奉阴违和不尊重等方式回击教练。这种恶性循环只会消耗双方的时间和精力，疏远关系，甚至产生对立而造成严重的后果。

思考与练习题

（1）教练员应该确立什么样的教练目标？说明理由。

（2）教练员职业道德的重要意义是什么？

（3）教练员不遵守职业道德会产生什么危害？

（4）教练员职业道德的具体表现是什么？

（5）请谈谈在竞技运动中，如何提高教练员的职业道德。

参考文献

[1] 廉明.学习运用孙海平教练的训练理念[J].体育教学，2011，31（01）：64.

[2] 钟秉枢.用大脑指挥哨子：建立执教理念[J].中国体育教练员，2010，18（01）：4-6.

[3] 王振东，陈志伟.史蒂夫·科尔执教理念研究[J].河北体育学院学报，2016，30（05）：34–39.

[4] 潘志国.汤姆·马赫执教理念之研究[J].湖北体育科技，2015，34（07）：609–611.

[5] 朱军凯.对现代足球教练员执教理念的阐释[J].科技信息，2010（31）：524–525.

[6] 王海滨.中法两国优秀击剑教练员执教理念的比较研究——选材与训练[J].北京体育大学学报，2009，32（03）：49–52.

[7] 陈麒.教练员领导方式与运动员心理压力及心理适应的关系[J].体育学刊，2003（02）：55–57.

[8] 陈艳萍，李录美，刘蔚，等.竞技比赛中教练员对运动员实施心理调节的要点探析[J].山东体育学院学报，2001（01）：55–56，59.

[9] 李克.论教练员的社会角色与职业道德[J].河南科技学院学报（自然科学版），2006（02）：126–128.

[10] 张永奎.教练员职业道德培养研究[J].体育文化导刊，2013（07）：137–140.

[11] 张林，任建华，汝友国.浅谈体育教练员的职责、素质与职业道德[J].中国体育教练员，2000（04）：37–38.

[12] 喻坚，姚丽琴.中国竞技体育诚信缺失的现状及对策研究[J].哈尔滨体育学院学报，2003（03）：13–14.

[13] 王旋.竞技体育教练员道德修养建设问题的研究[J].冰雪运动，2003（04）：68–70.

[14] 简德平，张厚福，赵勇戈，等.我国优秀运动员、教练员思想道德状况调查分析[J].武汉体育学院学报，2006（07）：13–18.

第二章　沟通与运动员教育

内容提要：

沟通贯穿教练过程。成功的教练员往往具有高超的沟通技巧，不成功的教练员往往不是因为缺乏运动专业知识，而是因为沟通方面存在缺陷。竞技运动中的沟通涉及教练员与运动员、教练员与教练员、教练员与行政管理人员、教练员与家长、教练员与公众等。礼仪是运动员素质和修养的重要体现，是现代人际交往中不可缺乏的润滑剂和联系纽带。良好的运动员礼仪既服务于人际交往，也有利于运动员精神的塑造，又是运动文化的体现。运动队文化是运动队内种种事务处理或者完成的方式，是培养运动队的灵魂或精神的一种社会结构。健康的运动队文化能够为成功创造必要的氛围。在运动员管理中进行行为的正面规范，是运动队文化建设的重要组成部分。

学习目标：

（1）了解教练员沟通的形式及其影响因素。

（2）熟悉教练员沟通的方法。

（3）熟悉运动队文化的内容、要素。

（4）掌握运动队文化建设的方法。

（5）掌握管理和规范运动员行为的方法。

第一节　教练员的沟通技能

沟通，简单地说是人们传递信息、思想和感情的过程，是“一种双边的、影响行为的过程，是人际关系维持和发展的基本手段，是一种重要的影响他人的有效方法。在这个过程中，一方（信息源）有意向地将信息编码通过一定的渠道传递给意向所指的另一方（接收者），以期唤起特定的反应或行动”。

沟通的完整意义不仅是指信息被成功地传送出去，更是指信息所包含的意义被正确地理解和接受，沟通实质上是一种理解的交换。首先，教练员的指令运动员能否理解；其次，如果理解了，是否能接受教练员的指令，因为理解和接受并不是一回事，双方能否达成一致，并不单单涉及沟通良好与否这一因素，还涉及双方的合作基础，教练员权威，运动员认知、情感等复杂因素。

沟通贯穿教练员执教行为全过程，是改变运动员态度和行为以实现共同目标并满足其需要的过程，是教练员执教职能得以实施的基础。

一、成功执教的沟通特点

沟通贯穿教练过程。成功的教练员往往具有高超的沟通技巧，不成功的教练员往往不是因为缺乏运动专业知识，而是因为沟通方面存在缺陷。

竞技运动中的沟通涉及教练员与运动员、教练员与教练员、教练员与行政管理人员、教练员与家长、教练员与公众等。对象不同，但是沟通的原则是一样的。

据调查，运动员通常把情感因素作为评价教练好坏的前提条件。在运动员看来，运动队管理中的情感因素，比教练员的专业能力还重要。教练员不但要在运动能力发展方面有可行的解决方案，还应对运动员的训练与比赛行为给予积极的刺激。教练员应该懂得调整自己的情绪和行为举止，以便对运动员产生积极的影响，而实现这一点，要通过与运动员的合理沟通。

（一）沟通工作的范围

对高水平运动员和教练员调查表明，无论赛前、赛中还是赛后的教练工作，都是运动员和教练员相互交流和影响的阶段，教练员的教育和心理工作尤为重要。

了解运动员个人的心理反应和行为方式（特别是在比赛胜利或失败之后）是教练员指导工作取得成效的前提。教练员应该知道运动员在承受心理压力时喜欢用什么方法改变处境。如果教练员不知道，或是不能正确地预知运动员将要采取的行动，就不能很好地对运动员给予合理的指导。

比赛期间对运动员心理的要求提高，教练员执教的内容和形式也有别于训练阶段。运动员和教练员更加注重比赛的成败，应该采取不同的激励方法。

（1）教练员要向运动员传授各种运动和心理调节的方法，运动队中的工作人员应该相互协调，包括交流从运动员那里获得的反馈信息。从心理学的角度看，规划好的心理调节措施要靠运动员自己在比赛中转化，运动员要在整个比赛过程中与教练员进行语言的和非语言的交流。根据经验，有些运动员的这种对话能力受到了限制，特别是在比赛失利的情况下。

（2）教练员要在备战、赛前热身、赛中和赛间休息及赛后总结时与运动员讨论心理问题。教练员要能有效地控制局面，与运动员交流，运用心理干预的方法提高竞技成绩。此外，教练员还要在赛后与相关心理专家仔细商讨运动员个人行为规划。

（3）教练员要学会利用科研人员提供的信息。心理医生要帮助教练员和运动员掌握心理练习计划。队医和理疗师往往是运动员信任的人，运动员不但会向他们倾诉问题和不满，而且会告诉他们自己的愿望。如果教练员能够很好地利用运动队中其他工作人员与运动员在交流中所获得的信息，就有助于心理干预方法的实施，至少不会产生负面影响。

（二）沟通过程中信息结构的有效性

当教练员在比赛中向运动员传递重要信息时，教练员应该问自己，信息要起一个什么样的效果，怎样传递和“包装”这个信息，适宜何时传达。需要强调以下几点。

（1）教练员在传递运动信息时要鼓励运动员思考，让他们设法找出解决问题的途径。

（2）应该给运动员留出领会信息的时间。然而，根据我们的经验，实际情况常常是在传递信息时刺激过度，没有给运动员留出必要的选择机会和领会的时间。

（3）判断事情原因很重要，而这些判断只有在与运动员沟通时才能获得。应该让运动员说出他对动作的理解和感觉。

（4）根据经验，传递信息的时机有赖于运动员的状况（情绪）和信息的内容。通常在失败时应该先协调气氛，然后作出客观的评价。在这种情况下，一般会先要求运动员反映他对动作的印象，提出解决方案。

运动员在经过一段时间的比赛后，心理上受到刚刚过去的竞技进程的影响，身体也需要恢复。因此在第一阶段应该优化现状（协调或鼓励），这样运动员才会愿意倾听教练员的信息。另外，运动员还需要时间领会教练员的提示，因此教练员不要在休息时一刻不停地教导运动员。中场休息的最后阶段还应包括模拟练习，以便找到感觉。

（三）运动员眼中与教练的沟通

成功执教的一个基本条件就是教练员与运动员之间能够很好地沟通。运动员认为与教练员交流中存在的问题主要有。

（1）据有关调查，超过80%的运动员抱怨信息交流是单向的，即约82%的信息（提出纠正错误的建议、解释动作过程、制定规章制度等）是从教练员传递给运动员的。只有18%的信息（反映现状、告知错误产生的原因、表达愿望等）是由运动员反馈给教练员的。

（2）运动员认为对暗号理解不一致也妨碍了教练员与运动员间及时地交流。如果比赛规则对语言交流有限制，教练员与运动员间达成暗号的默契就很重要。

以一次世界田径大赛的撑竿跳高角逐为例来说明教练员的态度对运动员具有很大影响。运动员A两次试跳一个对她来说并不成问题的高度都失败了，她把目光投向教练员求助。教练员却很不理解地摇摇头，对她表示失望。于是，这名运动员第3次试跳也失败了，在比赛中早早地被淘汰出局。据这名运动员所说，此后她对教练也不那么信任了。

在同一场比赛中，另一名女运动员正在挑战个人最好成绩，两次试跳都差一点成功。教练员看出运动员在起跑时没有放开，在起跳前身体重心太低。于是，教练员含笑注视运动员，给她一个平心静气的表情，然后提起肩胛带，暗示运动员："放松，起跳时提高重心。"这名运动员最终越过了这一高度。这种非语言信息的传递是以正确理解暗号为基础的，从而达到教练员和运动员相互交流信息的目的。

（3）运动员与教练员意见不一致，多出现在查找失败的原因及确定改进的措施时。

一般来说，如果教练员和运动员缺乏交流，会影响彼此的信任，在某些特殊的情况下，甚至会导致两人分道扬镳。产生这种矛盾的主要原因是教练员忽视运动员的感受和建议，没有让他们充分发表意见。

（4）有些运动员，特别是那些老运动员和有比赛经验的运动员难以接受教练员用教训人的口吻对他们说话，而是希望教练员能够更多地理解他们。

总之，运动员希望更多地参与比赛准备过程，希望自己的看法、愿望和感受能够得到应有的重视。

二、沟通失效的原因

（一）运动员方面的原因

（1）缺乏聆听和非语言信息的接收能力，错误解读指令，或者没有理解含义。

（2）注意力不集中，没有接收到指令。

（3）明白了指令的内容，却误解了指令的意图。

（二）教练员方面的原因

（1）教练员发出的指令前后不一致，导致运动员困惑。

（2）指令错误，不适合当时的情况。

（3）教练员沟通能力有缺陷，传达意思不明确。

三、教练员沟通技能培养

（一）培养信任感

1. 对别人产生不信任的原因

（1）不相信对方懂得自己所说的事情。

（2）对方说的事情对自己没有意义，或者对自己根本不重要。

（3）对方经常歪曲事实，或者撒谎。

（4）说话总是包含贬低别人或者负面评价的情绪。

（5）说话显示出傲慢或轻蔑。

2. 建立信任的方法

（1）做合作式教练。

（2）在专项知识和技能上足够专业。

（3）稳重，为人可靠。

（4）言行一致。

（5）说话饱含热情、友好和尊重的情感。

（6）保持活力和心胸开阔。

（7）在任何情况下都保持冷静。

（二）沟通的内容和情感

在实际训练中，经常可以听到教练员对运动员说话不太客气，一般会认为教练员是为运动员好，但是说话不客气经常会对运动员造成很大伤害。在沟通中，一定要注意保持正面积极的用词和语气。正面积极的用词和语气就是要用表扬和鼓励强化运动员的行为，如果为了让运动员改正错误，经常使用惩罚和批评的方式，会导致运动员害怕失败，降低自尊，同时会降低教练员的可信任感。

1. 改正不良习惯

在训练中，一些教练说话较为负面，一个原因是长期养成了只讲运动员做得不好的地方，而忽视了讲运动员做得好的地方，或者认为运动员做好了，不必讲。

如果教练员认为自己有不良沟通习惯，可以采用以下方式来纠正。

（1）决心改变自己的习惯。

（2）尝试在训练中以及在其他场合正面积极沟通，特别是尝试在与自己最亲近的人沟通中运用正面积极的沟通方式。

（3）保持对自己沟通过程的警惕。

2. 对运动员不要有过高的期望

沟通中，经常使用负面语言，往往是有恨铁不成钢的心理，也就是对运动员的期望不切实际。把不同年龄、不同特点的运动员用同样不切实际的高标准来看，容易导致对运动员的评价不当。

（三）沟通交流的信息量

成功的教练员不是做一个裁判，而是做一个教师。教练员在与运动员的沟通中，内容要具体实际，不能只告诉运动员动作做错了，而要告诉他们具体错在哪里，如何做出正确的动作。

1. 教练员指导中信息量少的原因

教练员在沟通中所说的话包含的信息量少，原因主要与喜欢采用负面方式进行交流沟通一样，来自一种习惯或者对别人的模仿。内容少，说的话只是结果评价，原因通常是必要的专项知识缺乏，只能用结果的评判来掩盖这种缺乏。有的教练员喜欢采用命令式教练方式，其实有时候也是由于缺乏专项知识，没有其他办法，只能如此。

只作结果评判，信息量少，直接导致训练效果差。这样的教练员通常都很自负，认为自己对问题能够分清好与坏，对与错。

教练员在指导中进行评价性指导是有条件的。一般来说，教练员在指导中应该避免只使用简短的评判。如果教练员在习惯性的沟通中只使用简短的评判，通常会使被评判的运动员感到紧张，变得缩手缩脚，甚至时时提防着教练员的评判。

需要注意的是，教练员在训练指导的沟通中，不要对运动员自身进行评判，只能是评判他们当时的行为。例如，一个运动员犯了一个战术性错误，教练员不应该说，你怎么搞的，怎么做错了？而应该说，你刚才接球跑的路线不对。

2. 避免只作简单评判的方法

（1）想要运动员纠错，一定要说出具体的内容，不能只评判运动员的动作效果。

（2）对运动员动作评判之前，一定要保证自己理解运动员做出那个动作的原因。

（3）如果运动员知道自己做得不对，就不要评判运动员的动作。

（4）说话只针对运动员的行为，不要说运动员本身。

（四）学会倾听

据研究，如果没有受过一定的训练，一个人在与别人说话的时候，可能只听到了别人表达内容的20%，其余的80%都被遗漏了。

1. 学会倾听的重要性

说到听别人说话，大家都会以为这非常容易，其实这是很困难的。很多教练员都在倾听上存在问题，他们要么忙于下命令，不给运动员说话的机会；要么认为自己什么都知道，只要看运动员怎么做，没必要听运动员怎么说。

当前，在国际教练界，人们已经充分认识到，在与运动员沟通中，教练员听运动员怎么说非常重要。用一句话形容这一点，就是“教练的本质是理解运动员，教练员必须听运动员说话，把握运动员的感觉，了解运动员怎样解释他们的训练和比赛，然后，教练员才能告诉运动员自己的看法是什么”。

一般来说，不会倾听就没有沟通。如果教练员总是不听运动员怎么说，运动员慢慢就会不再说话，也会慢慢不再愿意听教练员说话。当他们不再说话的时候，教练员就不能再了解他们所思所想；当他们不再愿意听教练员说话的时候，双方的沟通就停止了，教练员就不能再对他们产生影响了。

2. 主动倾听

倾听有两种，即主动倾听和被动倾听。被动倾听就是听别人说，在别人说话的时候，保持安静。被动倾听有时候有必要，但是，有局限性，就是说话的人不能肯定别人是不是在听，是不是理解了。

主动倾听则是在互动中体现出来的，教练员要不断向运动员表明自己确实在听，而且理解了他们所说的话。

3. 改善主动倾听的方法

主动倾听的作用在于教练真正理解了运动员的意思，让运动员知道教练接收到了他的情感信息。

（1）要愿意倾听，并且尽量去理解。

（2）一旦听了别人说话，要审视自己是不是理解了别人的意思，是不是体会到了语言背后的情感。

（3）要尽量表达出认同和共鸣，表明在乎和尊重别人说的话。

（五）学会合理的非语言沟通技术

1. 非语言沟通的重要性

据研究，人们之间70%的沟通是非语言的。在竞技体育中，尤其是团体项目，非语言沟通的情况特别多，对成绩影响也很大。眼神、手势和点头都可以传递很重要的信息。

2. 非语言沟通的主要方式

（1）身体动作：包括手、头部、脚和整体的动作，都可以传递信息。

（2）触碰行为：拍拍后背、拉拉手、搭肩膀、搂腰等都能传递出欣赏的情感，具有强化表扬的作用。

（3）声音：音调高低、节奏等。

（4）身体位置：主要是教练员与运动员说话时，身体空间距离与相对位置可以传递对方是否愿意说话的信息。

3. 非语言沟通的方法

非语言沟通的方法最主要的就是通过观察自己发出非语言信号时，别人给的反馈是怎样的，起作用的是双方的敏感度和感受性。教练员要注意所进行的沟通有多少是非语言性质的，要注意学习怎样通过有效地使用和解读身体位置、动作、声音和触摸行为来传递和接收信息。要时刻牢记，对运动员影响更大的不是教练员所说的，而是教练员的所作所为。

第二节　运动队文化建设

指明方向，谋划前景，是教练员作为一个领导者的第一要务。有了好的想法，如何把计划付诸现实，则取决于教练员的个人能力。

作为教练，体能、技能、战术能力等竞技能力硬实力发展固然重要，但是，运动队文化，作为软实力同样不可忽视。

一、运动队文化的含义与构成

运动队文化是运动队内种种事务处理或者完成的方式，是培养运动队的灵魂或精神的一种社会结构。健康的运动队文化能够为成功创造必要的氛围。运动队成绩不好，更多情况下，不是教练员缺乏运动专业的知识技能，而是他们没有建设运动队文化的意识，或者有意识，而没有能力和办法。

（一）运动队文化的内容

（1）奖励分配方式。

（2）内部人员沟通方式和内容。

（3）训练的流程。

（4）比赛的礼仪。

（5）对待输赢的正确方式。

（6）服装的要求。

（7）教练的领导作风。

（二）运动队文化的构成

（1）正式的组织系统。

（2）非正式的规则。

（三）运动队文化的要素

1. 运动队传统

强队总是赢，这可以成为传统。但是，运动队文化里的传统要素还有永不放弃的精神、对待公平竞争的态度、运动队的智能发展。

2. 运动队管理运作程序

主要指运动员选材、鼓励、训练的规则和程序，还涉及设备器材管理方式、公共关系的处理方式等。

3. 信息管理

包括谁有权知道什么信息，信息怎样在教练和运动员中传递，比赛期间、训练期间和旅途中的信息怎样管理等。

4. 项目特征

包括个人项目与集体项目的区别，身体接触项目与非接触项目的区别，同性别项目与混合性别项目的区别。

5. 运动队内部的权利、影响和地位

具体体现在以下几个方面。

（1）教练员是否占有绝大多数权利。

（2）教练员是否与别人共享权利，包括助理和运动员。

（3）队员是否有互助的关系。

（4）是否根据运动员的技能水平建立了很强的长幼强弱次序。

6. 教练员的领导风格

这是影响运动队文化建设的最重要因素。

（四）导致运动队文化缺失的因素

（1）运动员受到持续不断的批评和指责。

（2）运动员与教练员之间、运动员与运动员之间产生了对立和矛盾。

（3）运动员间产生了疏离感。

（4）教练员专制。

（5）整个队内的无效感和挫败感达到一定程度。

二、运动队文化建设方法

对教练员来说，主要的挑战便是拥有这种能力——将一支队伍团结在一起，作为一个集体去行动，并通过运动员的个人价值来增强每一个运动员自身的能力，通过运动场上的成绩促使整个运动队的成功。

研究表明，运动队文化表现为运动队的氛围，是一个人感知运动队环境和队员间相互关系的一种内在表现，而且重要的是，理解、评价和决定运动队氛围的是队员，而不是教练员。

（一）具有高效率的运动队的特征

一般认为，那些有效的并能一贯地达到目标，同时又能保持高水平的满意度和忠诚度的运动队，彼此间常有着相似的特征。一个高效运动队最重要的特征应包括以下几点。

（1）合理的领导层。知道何时调控，何时分配任务，这是一个可靠领导的特征。

（2）适当的成员。一个有效率的运动队是由那些对他们的从属关系引以为豪的成员所组成的，不管是小是大，这些成员都愿意对他们运动队的成功做出贡献。

（3）承担运动队的义务。运动队成员彼此忠诚，忠诚于运动队，他们为运动队内每个成员的成功而高兴，也会很骄傲地向别人讲述自己的运动队。

（4）关注运动队的成绩。所有成员都关注运动队目标的实现，运动队的目标高于任何个人的目标（例如，一名得分队员要去进行防守，或者一名队员准备改打不习惯的位置）。

（5）有效率的工作方法。运动队能够解决教练员和运动员之间出现的问题，让运动员参与到影响运动队成员各因素的决策过程中，这使得队员能够对他们的行为负责。

（6）良好的运动队组织程序。有效率的运动队拥有发展良好的沟通模式和强有力的管理程序。教练员和运动员相互间的反馈活动不间断地进行。

（7）非面对面的积极反馈。当运动队成员对自己在组织中的位置感到放心时，这种现象便会发生。

（8）创造力。一个有效率的运动队经常是富于创造力的，并形成自己克服困难的独特方式。运动员能在不可预见的事件中进行思考并快速地做出最佳决定。

（9）积极的人际关系。队员乐于接受彼此的想法。教练员通过平等的教学促进这种关系，依靠对运动员的信任达到互相帮助。一个明显的例子便是，根据目标的需要，让不同的运动员去发展不同的能力，并由这些运动员形成一个群体，解决不同的问题。

（10）建设性的运动队氛围。如果有一种轻松的运动队氛围，运动员就会很愿意与其他队友和教练员进行直接、坦诚的交流。在行动过程中，他们会毫无顾虑地去做一些合理的冒险，而这对于成功是非常重要的。

（二）把握影响运动队氛围的因素

科学家发现，影响一个运动队积极氛围形成的因素主要有以下几个方面。

（1）自主权。这对于运动员来说是一个机会：发展独立于组织领导的行事能力，并能够自己做决定。偶尔允许运动员自己做决定（例如一名队长在比赛中做临时决定），这样不仅能形成队员的自治能力，增强运动队内积极的氛围，也体现了运动员对教练员的忠诚（教练员信任我、尊重我的观点）。正如他们所认为的那样，运动员也会对自己的决定更加负责。

（2）精神支持。这是一名运动员从队友和教练员那里获得的最好的所需之物。当一名运动员表现不佳时，精神支持是十分必要的。如果缺乏这种支持，运动员将会有被遗弃和远离运动队的感觉，这样，运动队氛围也将受到消极的影响。

令人气馁的严厉批评、不恰当的行为或是来自其他运动员的评论等都将导致运动队成员之间的冷淡、不忠诚、互不支持，运动队也不会有什么好成绩。这种情况就需要一种途径（运动队成员之间的精神支持）使运动队形成一种相互支持的氛围。

（3）压力。如果营造这样一种运动队环境：运动员害怕犯错误，或是让运动员用超出其自身能力的方法去战胜更强的对手（例如欺骗、使用兴奋剂等），结果使他们更加焦虑，以致压力增大，并可能因此而变得更糟。

教练员若要运动员减小压力，可以通过帮助他们感觉有能力战胜一切、减少他们犯错误的焦虑，或是鼓励他们做“人性的”表现（就是说，“犯错误是人生命中的一部分”）等方法来实现。

（4）教练员的赞誉。一名运动员自身的努力、进步和成绩都直接与他们的自信心、责任感和运动队的价值定位相联系。这就需要培养一种相互支持的、建设性的氛围。

教练员可以记录运动员的进步情况，把与运动队中的运动员进行交流作为一种常规手段，让运动员了解自己的进步，不管这进步是大还是小，都为他们指出继续进步的途径。

（5）信任。这对于形成积极的运动队氛围是很重要的。教练员应该让运动员相信，他们信任运动员自己的判断。

（6）公平。这就是要求以旁观者的视角来看待问题。积极的运动队氛围必须基于运动员对“公平”的认同。如果运动员的想法不同于教练员，那么二者之间的交流就是必然的。如果一个运动员认为他们没有被公平对待，就会导致其存在偏向想法、不信任感，以及导致消极的运动队氛围，最终也将不会有好的成绩。公平不意味着相同，而是要做到所给即所需。

（7）创新。要让运动员把运动队或比赛当成自己的使命，这有利于发扬他们的创造力，并展现每个运动员的才能。

要允许运动员提出想法、参与训练计划或是制订战术。如果运动队完全被教练员一人把持，那么运动员将没有动力去实现自己或是运动队的目标，因此将产生不良的运动队氛围。

（8）凝聚力。凝聚力是衡量个人吸引力、归属感以及期望保持自己在组织中的地位的一种方法。让运动员了解他们在运动队成员中的地位和应负的责任，有助于他们之间相互理解和相互支持。

（三）注意运动队文化产生问题的信号

（1）运动员表现失常，达不到平时的能力水平。

（2）队里其他教练员产生怨言。

（3）运动队内部产生了矛盾与冲突。

（4）与其他人的沟通不畅。

（5）队内产生明显的冷漠与无趣气氛。

（6）集体会议冷场。

第三节　运动员行为规范

一、行为规范的意义

（1）运动员行为规范影响运动队和教练员的形象。

（2）运动队的行为规范直接影响训练质量。

（3）在面临艰难的比赛条件时，运动队行为规范直接影响运动队的团结和凝聚力。

（4）教练员对运动队的管理方式直接影响教练员工作的感受。

多数教练员入职的时候，很少受过有关运动员行为规范与管理的学习与培训，大家基本上都是在训练中学习，在工作中慢慢学会管理和规范运动员行为。但是，这样的学习过程犯错误的代价是很大的，一个错误可能导致教练员和运动员双方都受到很大的伤害。

二、运动员行为的正面规范

（一）行为正面规范的含义

规范行为通常意味着纪律，往往会让人产生一些负面的感觉，会让人想到惩罚。行为正面规范不是注重对错误行为的惩罚，而是对运动员行为自控能力的训练。

进行行为的正面规范，有一个从教学、训练到纠正的过程。运动员的种种错误行为不是自然而然得到改正的，而是有赖于教练员的教学与训练。做好行为规范，要注意区分两种错误。

一是运动员因不知道或不懂而产生的错误。这类错误不要使用惩罚，而是要进行自控训练。

二是运动员有意识犯的错误。对这种错误要及时进行纠正。

（二）行为正面规范的优点

教练员从事训练工作，都想积极鼓励运动员做好训练和比赛活动。但是，在实际的训练和比赛中，教练员肯定会面临很多困境，如有的运动员想绕过规则，挑战教练员的权威；有的运动员故意扰乱训练，想引起注意；有的运动员有意激怒他人；有的故意在比赛中破坏规则。假如教练员没有正面规范的意识，可能会直接用命令约束错误行为。实际上这是一种消极规范，是出了问题再进行惩罚。如果出现错误行为约束不力，还会出现另一个极端，就是运动员行为一错再错，最后达到失控的程度。

对错误行为的消极约束是命令式教练的典型风格，表现为使用责骂、羞辱和刺痛等方式。失败了，就公开点出运动员的错误，责备运动员。运动队的纪律以羞辱的方式来维持，这使运动员都具有不确定感，并且害怕惩罚。

由于责骂这种消极规范行为的方式表现出较好的短期效应，因此，采用这种方式的教练员不少，但是，其代价也是巨大的。主要结果是在运动员间激起敌意和愤怒，引起运动员和教练员关系紧张，降低训练和竞赛的快乐感。运动员害怕犯错，害怕责备，就会变得小心翼翼和充满焦虑，运动能力也发挥不出来。

（三）行为正面规范的步骤

正面的规范注重激发运动员的热情，唤起积极的运动动机，教会运动员自我控制行为和情绪，从而达到不需要教练员进行外部约束的程度。

行为正面规范是一个有意识的教学训练过程，需要像技能、体能训练一样进行计划，包括预防性规范和矫正性规范。行为正面规范共包括五个步骤，可以有效地减少错误行为。

1. 营造合理的运动队文化

在运动员管理中进行正面行为规范是运动队文化建设的重要组成部分。规范运动员的行为，最重要的是内心在乎运动员。运动员都是很敏感的，他们很容易就能够辨别出教练员是否在乎他们。

（1）运动员辨别教练员是否在乎他的表现。

①在场内、场外愿意花时间去了解他们。

② 愿意听他们说，重视他们的想法。

③相信他们，让他们知道在队里的位置。

④尊重他们，给予他们参与运动队问题决策的机会。

⑤感受到被在乎的运动员会采取合作的态度，而不是故意犯错误。

（2）幽默的运用。

教练员还可以多使用幽默的方式进行沟通，一是有利于缓解紧张气氛，二是给艰苦的体能、技能练习增添一点轻松元素。幽默的运用要正确，不要开有损运动员自尊的玩笑。

2. 经常召开运动队会议

（1）经常召开会议的好处。

运动队的会议多数为技术、战术、进攻、防守的讨论，或者观摩以前的比赛录像。要从五个方面着眼：

①帮助运动员提高所需要的专业知识。

②讨论训练比赛中的行为规范问题，尽量避免说教，要引导运动员进行讨论。

③对违反运动队规则行为的处理。对于严重违纪的行为，通过运动队会议做出合理的处理决定。

④召开会议解决训练和比赛中出现的问题。如果一段时间里训练效果不好，比赛成绩不理想，需要开会找原因和想对策。

⑤召开会议交流经验，让运动员互相发现别人的优点，互相点评。有助于促进运动队的正气，促进文化建设。

（2）组织召开会议的方法。

一般而言，训练期每周召开2次会议，每次半小时比较合适；比赛期每周召开1次会议。

召开会议的时间与地点要根据情况确定。可以把会议作为训练的一部分，在训练开始前，或者训练结束时召开会议，也可以在休息时间开会。根据情况，可以在运动场馆开会，也可以在教室里开会。在哪儿召开会议，什么时候召开会议，以能够最大限度地吸引运动员的注意力为准。

①召开会议不能随意，要制定一个开会的规则。

②召开会议要有信息量，要保持正面积极的气氛。

③召开会议最好不要随意拉长时间，严格遵守半小时规定。

④会议结束时，最好安排一轮经验交流。

3. 制定运动队规则

（1）制定运动队行为规则的方法。

制定规则首先确定是完全由教练员自己做，还是让运动员参与一起做。比较好的方法是让运动员参与，与教练员共同进行规则的制定。其次，所确定的规则应该是平时能够做到的，尤其要考虑，如果队里最好的运动员违反这些规则，教练员是否能够一视同仁地执行规则。

（2）违反规则的处理方式。

制定了规则，一定要有违反规则的处理条款。违反规则的处理，最严重的就是开除。违反规则到什么程度应该开除，这一点很难把握。通常需要教练员进行权衡，看运动员的错误对整个运动队的损害程度和运动队能够帮助问题运动员的程度。一般来说，教练员倾向于开除对运动队贡献不大的运动员。但是，尽量不要轻易开除运动员，只有当运动员犯的错误对运动队的损害远远超过帮助运动员改正所能够带来的好处时，才可以考虑开除运动员。

（3）执行规则一视同仁。

规则最重要的是执行，保证前后一致，对不同的运动员要一视同仁地看待。在运动队中，容易出现的情况是，最好的运动员违反规则时，教练员睁只眼，闭只眼。这种做法会立刻使教练员信誉扫地。有了规则不一视同仁地执行，比完全没有规则更糟糕。

4. 制订运动队活动的固定流程

在运动队训练、比赛与生活中，一些活动相对固定，可以制订一些固定的活动流程，让运动员知道什么场合应该做什么，也有助于建设运动队文化。固定的活动流程可以减少指导和监督运动员所花的时间。可以在以下一些活动方面，制订固定的流程。

（1）训练前装备和身体状况检查流程。检查器材装备、受伤情况、受伤治疗的状况、服装卫生情况、着装情况等。

（2）练习前活动的流程。例如：搬动布置器材的流程。

（3）开始练习的流程。规定开始练习的信号，听到信号后，运动员如何集合等。

（4）练习转换的流程。练习技术练习之间、体能练习之间转换的形式，减少转换过程中的时间浪费。

（5）训练结束的活动流程。

（6）比赛前活动流程。规定赛前准备事项、准备活动步骤、比赛中的行为等。

（7）比赛后活动流程。主要规定对待对方队员和教练员的方式，怎样庆祝胜利或如何对待失败等。

（8）比赛旅途中的活动流程。主要包括对旅行期间服装、行李、器材保管，以及在旅店和饭店的行为等。

5. 设计和保持令人兴奋的练习

传统的教练思想认为，要成为一个好的运动员，就必须忍耐无休止的令人厌烦的练习。有时候重复的练习是需要的，但是，练习可以设计得有趣，给人快乐。使练习有趣的方式有：

（1）在练习中融入比赛的元素。

（2）练习多样化，保持运动员的新鲜感。

（3）把握各个练习的时长，在运动员厌烦前及时转换练习。

（4）尽量避免练习时，一部分人在练习，另一部分人在进行较长时间的等待，每个练习中，要让每个人都动起来。

思考与练习题

（1）沟通技能包括哪些要素？

（2）沟通失效的原因有哪些？

（3）沟通技能的培养要做好哪些事情？

（4. 运动队文化的核心是什么？

（5）运动队文化缺失的表现有哪些？

（6）运动队文化建设要做好哪些事情？

（7）从正面规范运动员行为应该做好哪几件事情？

参考文献

[1] [美]拉里·A.萨默瓦尔（LarryA.Samovar），理查德·E.波特（RichardE.Porter）.跨文化传播[M].闵惠泉，等译.北京：中国人民大学出版社，2004.

[2] [美]JoannBaney.人际沟通指南[M]. 刘志刚，袁瑛，译.北京：清华大学出版社，2004.

[3] 师旭平，张虹.巅峰[M]. 北京：人民文学出版社，2004.

[4] 柳青，蓝天.有效沟通技巧[M]. 北京：中国社会科学出版社，2003.

[5] 甘华鸣，李湘华.沟通[M]. 北京：中国国际广播出版社，2001.

[6] 张凡，石茹，刘荣. 论教练员和运动员之间的信息沟通[J]. 西安体育学院学报，2007（05）：129-131.

[7]刘兵. 教练员与运动员的沟通方式与技巧[J]. 中国体育教练员，2011，19（02）：14-15.

[8] 马策，郭长寿. 交往理论下教练员与运动员沟通行为研究[J]. 沈阳体育学院学报，2017，36（06）：62-68.

[9] 连佩运，姚素云. 业余田径训练中教练员与运动员的沟通[J]. 安徽体育科技，2000（04）：39-41.

[10] 杨春. 我国高水平田径队教练员与运动员训练管理中的沟通状况研究[D].北京：北京体育大学，2007.

[11] 尹靖. 优秀田径运动员与教练员沟通方法及途径研究[D].成都：成都体育学院，2013.

[12] 程云峰，姜丽，杨太胜，等. 教练员与运动员关系的研究[J]. 山西师大体育学院学报，2002（02）：51-53.

[13] 王广虎，闵健. 教练员与运动员关系的分析[J]. 成都体育学院学报，1995（04）：6-11.

[14] 丛宁丽. 对日本竞技体育领域中教练员培养现状的探讨[J]. 成都体育学院学报，1995（04）：87-91.

[15] 黎劲红，谢红光，傅明. 中国、澳大利亚网球高级教练员执教特征对比研究[J]. 中国体育科技，2000（02）：39-40.

[16] 俞继英，文红为. 我国优秀运动队组织文化的内容——以国家乒乓球、体操、射击队为例[J]. 武汉体育学院学报，2006（06）：12-15.

[17] 焦敏. 论现代企业制度下中国企业文化建设[J]. 现代商贸工业，2008（09）：49-50.

[18] 张建三. 体育运动队文化管理探析[J]. 企业导报，2010（03）：278.

[19] 马增强. 体育文化建设的多元道路探索[J]. 价值工程，2011，30（04）：266-267.

[20] 冯建中. 加强体育文化建设 迈向体育强国——在全国体育文化工作会议上的讲话[J]. 体育文化导刊，2011（08）：1–8.

[21] [美]雷纳 · 马滕斯. 执教成功之道[M]. 钟秉枢，等译. 北京：北京体育大学出版社，2007.

第三章　儿童青少年运动员生长发育与身体素质敏感期及训练

内容提要：

儿童青少年的生长发育特点、规律以及与动作学习的关系对于理解儿童青少年运动员的训练特点具有重要意义。基础训练必须根据儿童青少年运动员的身体素质发展敏感期进行实施。在儿童青少年运动员训练过程中，要注意过度训练预防及训练恢复，提高儿童青少年时期训练的科学性，为长期发展奠定基础。

学习目标：

（1）了解人体运动机能发展顺序与运动的环境条件。

（2）了解人体结构、系统发育与运动能力表现。

（3）熟悉力量、速度、耐力和灵敏素质敏感期。

（4）掌握力量、速度、耐力和灵敏素质敏感期的训练安排。

第一节　儿童青少年的生长发育概述

一、人体运动机能发展顺序与运动的环境条件

（一）身体的生长发育

人从出生至出生后15~20年，身高与体重不断发生着变化。从刚出生的平均体重3.5kg和平均身高50cm，长到成年人。随着身高、体重的增加，身体各部位的比例也在不断发生变化，从大头小身体，逐渐过渡到小头大躯干和长四肢。

1. 发展速度和模式

身体的发育在刚出生后非常快，之后会渐渐地变慢。例如，前4个月体重约增加1倍，12个月体重增至3倍，不到24个月翻了两番，之后增长变缓，直到青春发育前期和青春发育期（9~15岁）身高再次出现快速增长（图3-1-1）。身体各部位的发展比例和时间是不完全统一的，儿童的成长模式遵循着“近远原则”，即以从头到脚、从内向外的模式发展。例如，出生时头部接近正常人的一半，而躯干和四肢非常小。然后，头部变化非常小，而躯干和四肢有很大的增长。

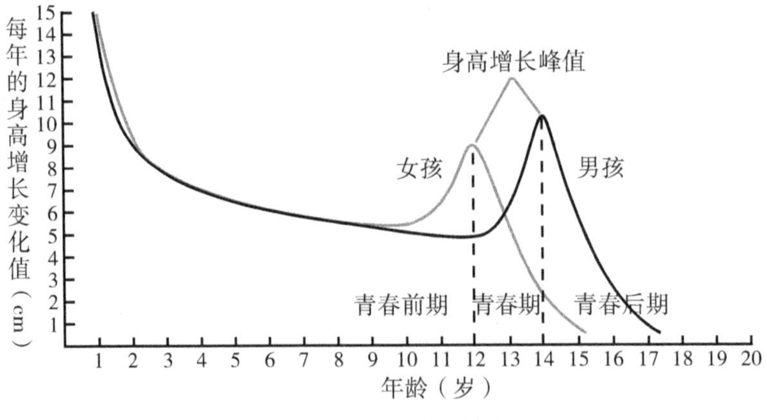

图3-1-1　身高增长模式

2. 发展的机制

遗传决定儿童生长发育的潜力，对形态外貌、体形、生理功能、性成熟时间、骨龄、齿龄等均有重要影响。儿童未来的成年身高75%取决于遗传因素，只有25%取决于营养、体育锻炼等环境因素。但是，只有当环境条件足够时，遗传因素才可以产生最大的体现。当营养不良、经常性的损伤和疾病发生时，个体的成长会变缓，甚至畸形成长。因此，环境条件对身体发育也至关重要。

3. 发展的个体差异

青春期发育虽有一定的规律和顺序，但在青春期的开始年龄、发育速度、成熟年龄和发育程度等方面均存在很大的个体差异。例如，有些人发育早，有些人则发育迟；有些人身高体重发育水平高，有些人则发育水平低。通常采用生物年龄和日历年龄进行区别，也可通过拍摄骨龄X光片等手段来判断儿童青少年的发育状况。

（二）动作的发展

“运动即动作”已经成为现代身体功能训练的基本观点，也就是说，身体运动功能训练的逻辑起点是动作模式，而动作的基本特征是稳定性和灵活性。人类出生时，中枢神经系统具有的基本运动模式就是要稳定，这是人成长发育的前提。儿童的动作发展是在神经系统和运动系统控制下进行的，因此，儿童的动作发展和儿童的身体发展密切相关。儿童的动作发展特征如下：

1. 动作的发展与所处的环境密切相关

动作的发展是在环境中慢慢形成的，是与环境中的各种相关因素产生交互作用的结果，而且这种发展是连续变化的，同时也存在一定的个体发展差异。

2. 动作发展有一定的次序性

动作发展受年龄成熟度和学习经验的影响，会产生一定的次序性。例如，在能够跑跳之前，必须发展翻、坐、爬、站、走的技能，且这种技能在发展初期较易形成，而后则在稳定中缓慢发展跑跳的技能，即发展的速率呈现着先快后慢的特征。

3. 动作发展有内在和外在的个体差异性

不同的个体因遗传、环境、成熟度和学习能力等各不相同，受环境影响后，便会产生发展条件的不同，即个体差异。这种差异既存在与他人相比较的外在差异，也存在个体自身各种能力间的内在差异。

4. 各动作技能发展的关联性

例如，具有良好柔韧性的个体，完成动作的幅度大，用力范围也大，而柔韧性差的个体，完成动作的幅度小，用力范围也小，进而表现为动作拘谨不舒展。又如，爆发力好的个体，其动作速度比较快，而爆发力差的个体，其动作速度比较慢。

5. 每种技能发展潜力的个体差异性

个体自身内在能力存在差异，每种能力可发挥的潜力也不同，各种特质都以不同的速度发展，加之遗传、环境、成熟度和学习能力等条件的差异及相互影响，其最大的潜能也各不相同。例如，短跑选手的耐力素质通常相对较差，长跑选手的速度素质相对较差。因此，教练员要科学选材，因材施教，有针对性地进行训练。

6. 动作发展的连续性与阶段性

人的动作发展具有持续性与扩展性，即每种行为的发展并不是孤立的，而是连续的、有限度的，且在不同时期呈现出独有的敏感性，即阶段性特征。

7. 动作发展的可预测性

尽管各种动作的发展受到遗传、环境、成熟度和学习能力等因素的影响，且存在个体差异性，但是仍有一定的规律可循。例如，儿童直立行走能力的发展遵循“头足定律”，即儿童身体的发展先从头部开始，渐次发展到下肢。动作次序是抬头、翻身、坐、爬、站、走、跑、跳。又如儿童的拿取动作，从无法控制手的方向，到逐渐能够握物、抓物、抱物，直到精细的捏物动作，遵循着“近远定律”，即先发展躯干内部器官，渐次发展四肢的精细动作。再如“大小定律”，即无论是身体还是心理特质的发展，均是从整体大动作或能力的发展，至特殊的精细动作或能力的发展。身体发展也是先发展全身的、常用的大肌肉，而后发展局部的、特殊的小肌肉。

（三）环境条件与运动机能发展

1. 营养状况

营养是保证生长发育的物质基础。合理的膳食营养应有足够的热能、优质的蛋白质、各种维生素和适量的微量元素等，并要求各种营养素间比例适宜，以满足新陈代谢的正常需要。特别是参与系统训练的儿童青少年运动员，其营养消耗比一般人群要多。因此，应适当增加饮食和营养的量和种类，确保其生长发育所需营养的全面性。

2. 体育锻炼

体育锻炼能促进新陈代谢，增强同化和异化过程，是促进身体发育和增强体质积极有效的手段。积极参加体育锻炼和进行适宜的体力劳动，不仅可以全面促进机体的新陈代谢，增强呼吸系统和心血管系统的功能，在适当的营养保证下还可以促进体格的发育，尤其是骨骼和肌肉的发育。近年来国外研究发现，在进行体育锻炼和睡眠时，血液中生长激素含量增加，有利于身高的增长。

3. 自然环境

利用自然因素，如日光、空气、水等进行锻炼，对增强儿童青少年的体质，减少疾病，提高发育水平有很大作用。这些温和、反复的刺激，可以加速机体代谢，增强皮肤黏膜对气候突然变化的适应能力，加速全身血液循环，提高消化吸收能力。

4. 社会环境

政府、社区、学校等公共场所可提供适合儿童青少年锻炼的场所，合理安装各种运动设施，创造适合锻炼的环境氛围。例如，美国每个居住区都有健身公园，装有攀爬、悬吊、滑梯、吊环、独木桥等设施，可有效发展儿童青少年的力量、协调性、速度、控制能力等。

二、人体的结构和系统发育与运动能力表现

（一）神经系统与运动能力表现

神经系统主要由中枢神经系统（脑、脊髓）和周围神经系统（感觉和运动）组成，负责身体对内部和外部环境的主要感觉与反应。其主要功能是对内环境的控制、对自主动作的控制、学习和记忆过往的经验。新生儿脑的重量约350g，半年后即达到约600g，一岁左右达到约900g，12岁时已接近成人水平，约1 300g。同时，神经细胞体积增大，树突和轴突伸长，分支增多。随着大脑的发育，抑制能力和综合能力加强，动作的协调性改善。

注意：儿童青少年的直观形象模仿能力很强，抽象概念、思维能力较差，训练中教练员应多做示范，少讲解深奥的道理，让运动员多练习动作。

（二）运动系统与运动能力表现

运动系统由骨、关节和骨骼肌三种器官组成。人体的任何运动都离不开肌肉的收缩，且任何一个动作的产生，都不是一块骨骼肌收缩、舒张能完成的，而是多组肌群在神经系统的控制下，通过骨、关节和肌肉协调配合的结果。骨骼肌接收神经系统传来的冲动，会收缩，并牵引着它所附着的骨，绕着关节运动，从而产生各种动作。例如，屈肘时，肱二头肌收缩，肱三头肌舒张；伸肘时，肱三头肌收缩，肱二头肌舒张。要了解骨骼肌与运动的关系，需要了解以下知识：

1. 骨　骼

随着年龄的增长，儿童青少年的骨骼不断增长和增粗，骺软骨的生长速度特别快，尤其是四肢骨更为明显。全身各部位骨的骨化时间有先有后，如12岁时颅骨已全部骨化，椎骨完成骨化的时间在20~22岁，四肢骨的骨化在18~20岁才能完成，女性比男性早2年左右。在骨连结方面儿童青少年也与成人不同，他们的关节软骨相对较厚，关节囊较薄，韧带松弛，因而关节的灵活性较好，运动幅度较大，牢固性则不如成人。

注意：儿童青少年不应过早进行负重训练，避免给骨骼过度负荷，尤其是

躯干垂直杠铃负重练习容易导致脊柱骨骼变形和早期骨化。

2. 骨骼肌

儿童青少年的骨骼肌发育表现出不均衡性，大肌肉比小肌肉发育更为迅速。当身高突增时（女孩为11~13岁，男孩为13~15岁），骨骼肌的发育主要表现为肌肉长度的增加；当身高增长减慢时，主要表现为肌纤维增粗，生理横断面增大。儿童青少年的肌肉中，水分较多，蛋白质和无机盐的含量较少，肌肉收缩力量较差。青春期开始后，肌肉成分发生变化，水分逐渐减少，蛋白质和无机盐含量增加，肌肉变得坚实有力。

注意：青春期前，儿童青少年的肌肉力量较小，属于正常现象，可以适当开展克服自身体重的力量素质练习，但应避免过重的负荷练习。

（三）内脏器官与运动能力

心血管的生长发育与身高、体重的生长发育同时进行。发育过程中，心脏的发育较慢，并落后于血管。与成人相比，儿童青少年心肌纤维短而细，心脏重量、容积比成人小。由于儿童青少年的心脏发育尚未完善，因此，长时间的紧张练习、过多的闭气和静力性练习都可能导致心脏负荷过重。儿童青少年宜多做一些低强度的有氧练习，发展心肌功能。

儿童青少年的呼吸系统发育落后于骨骼、肌肉的发育，胸廓较成人窄小，呼吸肌的肌力较成人弱，肺活量较成人小，因而体育锻炼时耐力差，容易疲劳。

消化、泌尿系统自出生后有一个迅速生长过程，以后速度减慢，青春期开始后再次迅速生长。

生殖器官的特点是自出生后极少生长，从青春期开始才迅速发育。在青春期，男性睾丸迅速生长，间质细胞开始分化后，雄性激素的分泌逐渐增加，第二性征逐渐出现，肩变宽，外生殖器迅速成长；女性有大量的卵泡进一步成熟，使卵巢迅速长大，同时雌性激素的分泌增加。

如图3–1–2所示，反映有氧运动能力的最大摄氧量，男孩峰值出现在17~19岁，女孩则在12~15岁；若以相对体重表示，可以看出男孩高于女孩，且在10~13岁出现高峰值，女孩则在6岁左右最大，之后呈下降趋势。从图3–1–3可以看出，男孩有氧能力保持稳定，而女孩在12~16岁出现下降，女孩在9~12岁有氧能力高于16岁。而无氧能力，男孩、女孩9~15岁都在上升。

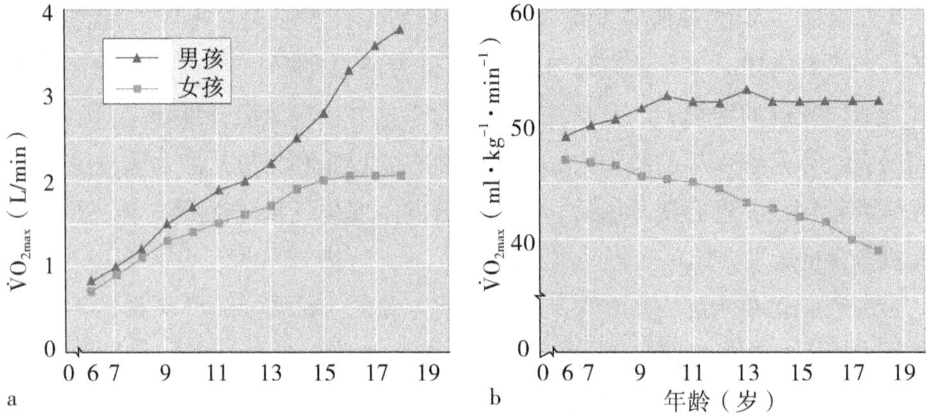

图3-1-2 最大摄氧量随年龄的变化（a为绝对值表示，b为相对值表示）

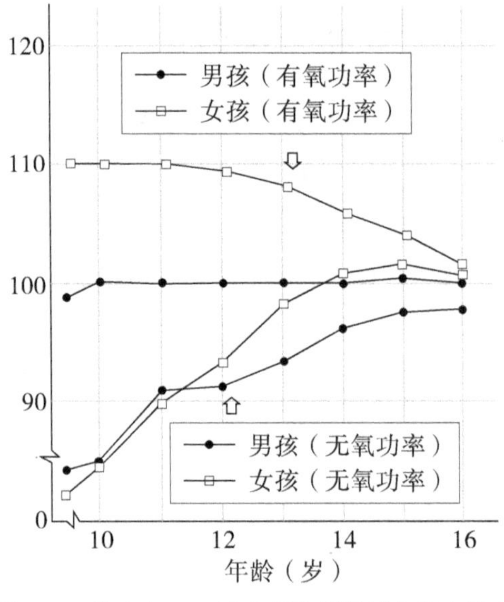

图3-1-3 青少年9~16岁有氧和无氧能力发育特点

（四）人的成熟度与运动能力表现

由于饮食、环境、文化教育等因素影响，儿童青少年的发育存在早熟和晚熟现象，既包括生理层面的，又包括心理层面的。

从生理层面来讲，生理早熟即生理发育比一般儿童要快，第二性征出现较早。通常由于营养得以及时甚至过量补充，他们体内的生长激素、性激素等能促进其生长发育的激素分泌过多，从而导致生理上的早熟。对这类儿童，首先要有意识地控制营养摄入量，注意膳食结构的平衡与合理；其次，要关心其心理发展状况，及时进行青春期知识教育，消除其因生理早熟而导致的紧张心理。尽管生理早熟的儿童青少年可能会有比同龄人较好的运动表现，如力量较大、速度较快等，但是，从长远发展的视角看，作为教练员一定要对其进行全面评价，对其进行发育水平测评，并制订针对这类对象的训练计划，要保证其发育水平与训练内容相适应。

从心理层面来讲，心理早熟主要表现在处理一些事情时与成年人的做法接近或者一致，要求独立，不愿改变个人主见，动作稳定性较高等。针对这类对象，教练员要不断学习心理学知识，全面认识和分析其心理特征，要注意沟通方式，不能使用“家长式”和“命令式”的管理方法，否则会适得其反，打击其积极性。

三、运动技能学习和教学训练过程强化

（一）动作技能形成的基本规律

动作技能是一种程序性的知识，是人体在运动中掌握并有效地完成专门动作的能力，这种能力包括在大脑皮质主导下不同肌肉的协调性，换言之，运动技能也就是指在准确的时间和空间里正确运用肌肉的能力。精细的肌肉控制是动作技能的重要特征。动作技能学习是对反馈信息进行加工并减少错误的过程，强调反馈。

动作技能形成的阶段有以下几个。

（1）认知定向阶段（泛化阶段）：初步掌握、体验技术动作，动作学习以

分解模仿、徒手学习为主。此阶段要明确练习的目的和要求，在定向过程中不断提高对动作原理的认识和掌握。

（2）联系形成阶段（分化阶段）：深入理解肌肉活动感觉，不断改进技术动作，动作基本规范，基本上建立动作定型。通过多种指导方法制订针对性的方案，加强动作控制和练习结果的反馈。

（3）熟练阶段（自动化阶段）：形成牢固动力定型，做动作熟练、省力、自如。此阶段不断提高动作要求，增加信息量，同时身体练习与心理练习相结合。

（二）动作学习与教学训练

1. 动作学习的形式——练习

练习是以掌握一定的动作技术为目标的反复实践过程，其目的是提高动作技术的熟练程度和精准度，完善动作之间的连贯性。

动作练习过程中需要注意的几个现象如下。

（1）练习进程中的“波动现象”。

成绩的提高常常是先快后慢，但有时也会出现先慢后快的情况。

①先快后慢的原因：最初练习有新鲜感；开始动作比较简单，所以学起来容易，后来动作难度越来越大等。

②先慢后快的原因：开始没兴趣，逐渐培养起兴趣；以前从来没接触过，随着熟悉而使技能提高等。

（2）练习进程中的“高原现象”。

在结构比较复杂的动作技能形成过程中，练习到一定程度会出现练习成绩暂时停顿，再经过一段时间练习成绩又会提高。

①产生的原因：学习热情下降，积极性不高，主动性较差；身体疲劳，没有得到充分的恢复，对负荷的不适应等；旧的动作技能的限制，错误动作动力定型，动作技术结构不合理等。

②“高原现象”的排除：加强兴趣调适（如调节训练氛围和内容选择的趣味性、游戏化）；劳逸结合（如调整训练周期以及训练内容等）；提供及时、清晰、完整的反馈（如观看技术录像、相互观摩、比赛等）。

（3）练习进程中的“不均匀现象”。

练习的效果并不是稳步上升的，有时成绩进步较快，有时较慢，有时出现停顿，有时甚至下降。

产生原因：与个体对任务的态度，外界环境中某些因素干扰，以及练习过程中形成的技能模式的干扰等因素有关。

（4）练习中存在个体差异。

同一个动作，有的人接受很快，有的人接受很慢；有的人进步很快，有的人进步很慢；有的人动作舒展，有的人动作拘谨等。

产生原因：与练习者的性别、动作准备程度、对练习的态度、个性特征、技能储备、身体素质基础等有关。

2. 动作学习的教学与训练组织

（1）练习的分布：集中练习与分散练习。

集中练习：将练习时段安排得很接近，中间没休息或只有短暂的休息。

分散练习：用较长的休息时段将练习时段分隔开。

训练期间，分散练习每次练习学到的最多，但完成练习的总时间也最多；集中练习每次练习的收益递减，但完成练习的总时间最少。因此，教练员在讲授新动作、纠正共性问题时，宜采用集中练习的形式，而进入动作巩固提高阶段时，宜采用分散练习的形式。

注意事项：对危险任务来说，集中练习会增加练习者受伤的风险，但分散练习，需要教练广泛的关注。

（2）练习的变化：随机练习和区组练习。

动作技能学习中，区组练习在习得阶段效果好，在保持迁移阶段效果不好；随机练习在习得阶段效果不好，但在保持和迁移阶段效果好。

在多种情境下进行练习，与相对不变的练习条件相比，随机练习更能促进动作技能的提升。

在动作技能学习中，随机练习对动作技能的学习要比区组练习产生更持久的影响，即情境干扰效应。

（3）身体练习与心理练习。

身体练习：身体实际进行活动的练习。

心理练习：仅在头脑中反复思考动作技能进行过程的练习形式。

研究表明，心理练习是促进动作学习的有效方法，特别是进行现场视觉反馈后的心理练习和动作定向练习，有利于快速提高动作技能。

（4）部分练习与整体练习。

如果各部分技能之间不存在相互协调问题，则先进行局部技能的练习，再进行整体练习，效果更佳。

如果各部分要经常相互协调，则不宜进行过多的局部练习，整体练习效果更佳。

第二节　儿童青少年运动员身体素质发展敏感期及训练方法

儿童青少年训练的本质是一个教育的过程。在这个过程中，不仅需要运动生物学理论和技术的指导，还要遵循社会学、教育学和心理学等理论与原则的要求。专家指出：在宏观上，应该建立适合儿童青少年训练的培养机制，增加训练中的文化和教育因素，倡导用“心”训练和用“脑”比赛的青少年训练理念；在训练中，应树立优先发展协调和技术的训练思想，深入认识和了解技术与各项身体素质在不同训练时期彼此影响和互为基础的关系，明确以技术为先导的适时、适度发展各种身体素质的训练原则，实现技术与素质的无缝衔接与高度融合。

各专项的每一个动作都不同程度地体现了力量、速度、耐力、灵敏、柔韧等素质。通过力量，特别是爆发力，控制身体的加速或减速；通过速度、灵敏，特别是爆发速度，控制身体移动、躲闪、变换方向的快慢；通过柔韧保证力量、速度的发挥；通过耐力保证持久的工作能力。这些素质的发展在人体发育过程中都有各自的最佳时期，即敏感期。抓住此最佳时期进行训练可以最大限度地挖掘其潜能，提高练习的效率。切忌揠苗助长，过早训练，避免“早熟早烂”现象。

1. 敏感期的概念

敏感期是指特定能力和行为发展的最佳时期，在这一时期个体对形成这些能力和行为的环境影响特别敏感，包括语言、认知、动作等。

身体素质发展敏感期主要指人们动作行为发展的最佳时期及与环境的相互关系。对儿童青少年而言，在其敏感期发展相应的身体素质对日后的身体技能学习都将打下坚实的基础。

2. 身体体格发育敏感期

体重：有两个敏感阶段，一个是婴儿期（2岁之内）；另一个是青春期，即11~14岁。

身高：男孩有三个阶段：11岁、13岁、17岁，女孩则从11岁起，每2年进行一次飞跃，16~17岁基本稳定。

肌肉：主要指臂部肌肉与腿部肌肉。女孩肌肉发育的敏感期为9~10岁；男孩为9~12岁、14~17岁两个阶段。臂肌的猛增在15岁左右停止。

骨骼：12~14岁。这个时期若补足钙质，骨骼的骨质密度与硬度将大大提高，受益终身。

形态：3岁以内形成的体形便是未来的基本形态。

3. 身体素质发展敏感期

教练员应该掌握身体素质发展的几个天窗期，包括柔韧素质天窗、灵敏和协调素质天窗、速度素质天窗、力量素质天窗、耐力素质天窗等。

一、柔韧素质敏感期及训练安排

（一）柔韧素质的概念

柔韧素质是指运动时关节活动的范围或幅度。良好的柔韧素质对于提高动作的质量具有重要意义，一般情况下柔韧性越好，动作就越协调、舒展、优美。另外，柔韧素质的发展还可有效地减少肌肉酸痛，避免肌肉损伤。

（二）柔韧素质的敏感期及训练特点

柔韧素质的敏感期较早，在儿童时期应着重注意柔韧素质的发展。其敏感期在5~9岁，在此阶段，柔韧素质会随着合理的训练得到较快的提高。在前期着重提高全身各部位的柔韧能力，宜从小进行柔韧素质训练，在后期同样要注重柔韧素质的训练，可以减少运动损伤的产生，同时要注意与力量训练相结合。

（三）不同年龄段的柔韧素质训练安排

少儿时期发展柔韧素质较为适宜，儿童从4~5岁起就可以进行柔韧性练习。6~12岁的少儿关节灵活性好，可加强整个身体的柔韧性练习，特别是髋部柔韧性的练习，如前后劈叉、左右劈叉、做背桥等。13~16岁的少儿进行柔韧练习，强度宜小，并结合力量练习进行。注意尽量少做紧张的运动和大弯曲的扭转运动，以免损伤脊柱、髋关节和软骨组织。

（四）常用的柔韧素质练习方法和手段

发展柔韧素质通常采用拉伸法，分为动力拉伸法和静力拉伸法。在这两种方法中又都有主动拉伸和被动拉伸两种不同的练习方式。

动力拉伸法是指有节奏地通过多次重复同一动作的练习使软组织逐渐地被拉长的练习方法。在运用该方法时用力不宜过猛，幅度一定要由小到大，先做几次小幅度的预备拉长，然后加大幅度，从而避免拉伤。每个练习重复5~10次（重复次数可根据专项技术需要而定）。逐渐增大幅度的练习和肌肉做退让性动作，是发展动力性柔韧性有效的练习。

静力拉伸法是缓慢地将肌肉、肌腱、韧带拉伸到一定酸、胀、痛的感觉位置并略有超过，然后停留一定时间的练习方法。静力拉伸时，先通过动力拉伸缓慢的动作使肌肉等软组织得到一个持续被拉长的机会，一般停留6~8s，重复6~8次。静态拉伸可以作为一项“普适性拉伸”，可以安全有效地发展柔韧性

（静态柔韧性）。静力缓慢拉伸对牵张反射不起或少起作用。突然急剧式拉伸练习会引起牵张反射，使同一块肌肉收缩，影响柔韧性练习。

主动柔韧性练习是指运动员靠自己的力量将软组织拉长；被动柔韧性练习是指在外力帮助下使运动员的软组织得到拉长。在做被动柔韧性练习时，动作幅度一般都会超过主动柔韧性练习的指标，运动员的被动性练习与主动性练习的指标差距越大，说明这名运动员的柔韧素质潜在的能力越大。

动力性与静力性伸展练习是提高柔韧素质的两种主要练习。不同项目的运动员对于两者的倾向不同，如田径运动员，特别是短跑和投掷运动员经常采用动力性伸展练习。但研究表明，动力性伸展练习有助于保持运动员关节运动的幅度，但不能改善肌纤维长度。事实上，动力性伸展练习引起的是肌肉牵张反射，肌纤维被暂时拉长。如果过度牵拉肌纤维，就会导致肌纤维受损，造成肌肉弹性丧失。

在儿童阶段，主要以活动形式进行，适当使用一些静止的和被动的练习。每次练习要有一定的重复次数和动作幅度。每次练习一般在5~10次，并逐渐加大幅度。不同部位柔韧性练习要交替进行，一般应从躯干部分开始，然后上下肢交替练习。练习方式以少儿自己主动练习为主，必要时可采用被动练习，但应掌握分寸，以免受伤。少儿柔韧性训练不宜过多，柔韧性练习要和力量练习密切配合，使发展柔韧性素质和培养身体正确姿势结合起来，促进少儿各种关节、韧带和肌肉的协调发展。

近年来，神经肌肉易化拉伸法（也称本体感觉神经肌肉促进术，PNF）在柔韧素质训练中得到广泛的应用，取得了较好的练习效果。PNF拉伸起初作为放松肌肉的神经肌肉康复计划的一部分，现在被延伸用于运动员的柔韧性训练。PNF优于其他拉伸方式的原因在于激活了肌肉抑制（自主抑制和交互抑制），效果更好；缺点是费时，且需要同伴辅助。

发展柔韧素质的常用手段有如下几种。

（1）在器械上的练习：利用肋木、平衡木、跳马、把杆、吊环、单杠等。

（2）利用轻器械的练习：利用木棍、绳、橡皮筋等。

（3）利用外部的阻力练习：同伴的助力、负重等。

（4）利用自身所给的助力或自身体重的练习：如压腿时，双手用力压，同时上体前振；在吊环或单杠上做悬垂等。

（5）发展各关节柔韧性所采用的动作：压、踢、摆、搬、劈、绕环、前屈、后仰、吊、转等。

二、灵敏、协调素质敏感期及训练安排

（一）灵敏、协调素质的概念

灵敏素质是指人体在各种突然变换的条件下，快速、协调、敏捷、准确地完成动作的能力。它是人的运动技能、神经反应和各种身体素质的综合表现。

协调素质是从事运动时与运动技能有关的素质之一，指个人身体经由神经系统与运动系统整合后产生的动作正确、节奏合理、表现优美的运动技能。

（二）各种灵敏素质的敏感期及训练特点

灵敏素质的敏感期在10~12岁，其训练不宜过长，应注意与其他素质练习交替进行。协调性发展的敏感期在10~13岁，宜与专项技术动作相结合进行练习。

1. 灵敏素质的发展特点

少儿时期是发展灵敏素质的最佳时期。儿童在7~12岁灵敏素质稳定地提高，13~15岁是儿童少年灵敏素质的快速生长期。

2. 协调能力的发展特点

6~9岁是发展一般协调能力的最佳时期，9~14岁是发展专门协调能力的最有利阶段。随着发育成熟，从11~12岁开始，力量、速度、耐力素质发展较快。协调能力自然发展到13~14岁（个别人到15岁）到达高峰，而运动素质为18岁。如果适时予以训练，在20岁左右协调能力与运动素质能力可以达到大致平衡的新的水平。也就是说，此时运动员将达到表现自己的最佳成绩阶段。

（三）不同年龄段的灵敏、协调素质训练安排

6岁起发展一般协调能力，9岁起着重发展专门协调能力。大约15岁后，处于青春期，由于心理、生理的变化，致使灵敏和协调能力下降，为保持和稳定已有的灵敏和协调能力，应注意提高动作的准确和熟练程度。

进行灵敏素质训练，应注意培养少儿对时间、空间判断的准确性。在教学训练中，对动作的时间和空间的指标，应有严格的要求，如对方向、幅度、速度、节奏等的要求要明确。

灵敏素质与运动员的运动能力，尤其与协调能力有关，对儿童青少年进行各种运动的练习，如各种技巧、跳跃活动性游戏等，都是发展灵敏素质的基本训练方法。

（四）常用的灵敏、协调素质练习方法和手段

灵敏素质是在运动中不损失力量而准确改变力量、速度和方向的能力。神经系统能够快速发出或变换指令并使肌肉快速反应是灵敏素质的关键。因此，发展灵敏素质，首先是提高大脑皮质神经过程的灵活性，可采用球类、技巧、跳跃、拳击等非周期项目进行锻炼。

灵敏素质主要受几个方面因素的影响：动态柔韧性（肢体在运动中的活动范围）、运动协调性（各部分肌肉在运动中的协调配合）、爆发力、力量水平（向心收缩和离心收缩等）、动态平衡（在运动中如何保持重心的稳定）、运动的加速能力（运动中速度的突然改变）及制动能力等。这些因素在运动中是协同工作的。

灵敏素质的发展有其自身的规律，青少年阶段是灵敏素质发展的关键期。目前，国外在青少年阶段十分重视灵敏素质的培养，并开展了较为系统的训练。

主要训练手段是利用多种标志物，在场地上设计一系列由简至繁的各种移动、变向组合，或者让运动员在运动过程中听从教练员突然发出的指令进行下一步动作，改变运动方向，或在运动中同时对另一种指令做出反应，比如有要求的传、接变向球等。图3-2-1至图3-2-3是发展协调、灵敏素质所采用的训练方法、器械和训练手段示意图。

通过这些方法，可以有效地训练运动员从神经系统判断、反应到肌肉快速工作的各个环节。

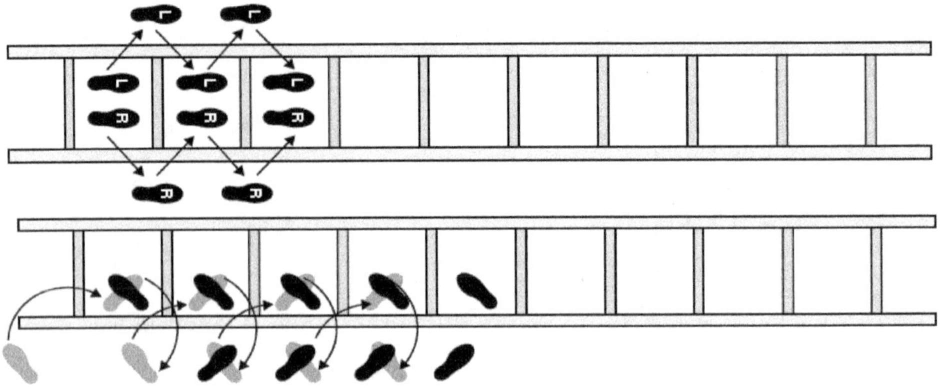

图3-2-1　采用绳梯或者印刷在地面上的标志进行协调性练习

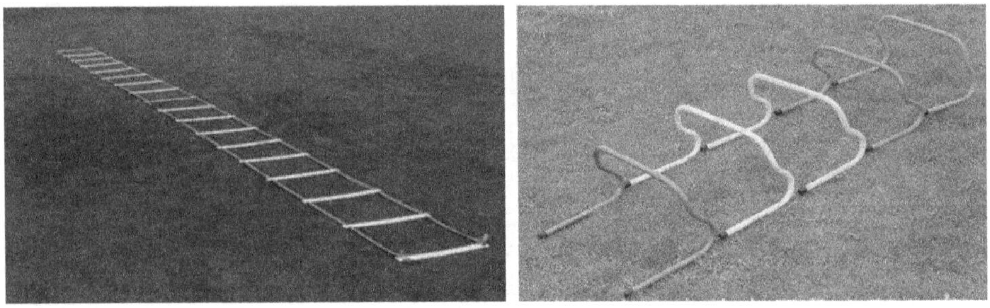

图3-2-2　发展协调、灵敏素质常用的器械

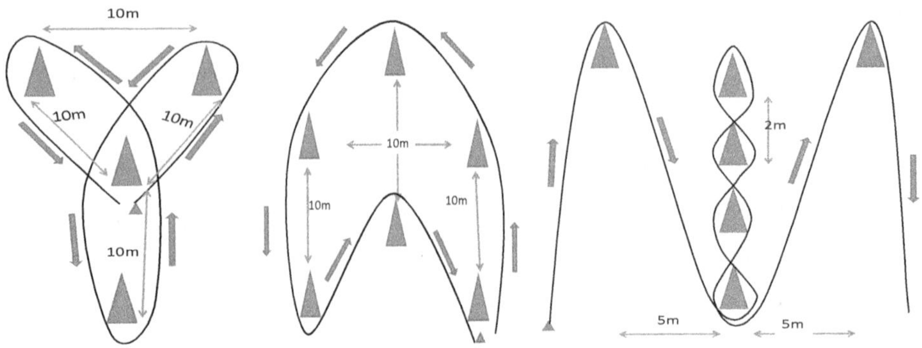

图3-2-3　发展协调、灵敏素质常用的奔跑练习

三、速度素质敏感期及训练安排

（一）速度素质的概念

速度素质是指人体进行快速运动的能力或人体在最短的时间完成一定动作的能力。按照速度素质在运动中的表现形式可将其分为反应速度、动作速度及周期性运动的位移速度。

在少年儿童时期，速度素质的发展着重于动作速率的提高。特别是随着力量素质的提高，其速度能力会有大幅提升，但是，一定要注意发展其神经系统的灵敏性。

（二）各种速度素质的敏感期及训练特点

1. 反应速度敏感期与训练特点

反应速度的敏感期在9~12岁。可通过各种反应训练刺激中枢神经系统，提高反应的速度。练习时间不宜过长。

反应速度的发展特点：6~12岁反应速度大幅度提高，在12岁时反应速度出现第一次高点，在性发育阶段，反应速度稍减慢，到20岁左右出现第二次高点。

2. 位移速度敏感期与训练特点

位移速度的敏感期在7~14岁。在7~11岁，主要发展动作速度和频率。在12~14岁，在巩固已有的动作速度和频率的基础上，可通过发展肌肉力量来提高速度素质。

步频的发展特点：儿童从7岁起步频自然增长，13岁左右下降。在阻力较小时，动作频率主要取决于协调性，因此在协调性最佳发展期步频有良好的增长是必然的。6~13岁是协调性发展的敏感期，因而7~13岁步频也随之自然增长。

3. 动作速度敏感期与训练特点

动作速度主要取决于人体快肌纤维的百分比及相关肌肉群收缩力量的大小。

男、女孩在7~13岁跑的最高速度的发展比例几乎是平行的，是动作速度提高最快的时期，而其中10~13岁尤为突出，增长值最大。如果将男、女性别分开谈，男孩在8~13岁、女孩在9~12岁增长最快。从13~16岁开始产生差异，女孩落后于男孩。

7~11岁训练的重点为发展动作速度和跑的频率，是最合理的训练方向。12~15岁在已获得跑速和频率的前提下可采用提高速度力量和身体各部分的力量来培养速度，16岁以后可采用与成人一样的手段，注意别在少儿时期始终用最高速度训练，因为这会导致速度障碍。

（三）不同年龄段的速度训练手段及安排

1. 专项开始前阶段

常用手段：活动性游戏、短段落跑、接力跑、各种跳跃练习、体操和技巧练习。

基本方法：可采用多种内容结合在一起的综合性方法、游戏及各种形式的比赛等。所用的方法要尽可能让不参加工作的肌肉得到最大程度的放松，要尽可能使用力不是很大的动作来发挥最大动作速度。

2. 开始专项训练阶段

这个阶段要求充分发展少儿运动员的速度和力量素质。

常用手段：发展肌肉力量和肌肉收缩速度的练习、直接发展跑速的练习、各种跳跃练习、提高改进运动技术的练习等。

基本方法：重复法、改善练习环境与条件的变换法、比赛法、游戏法，以及逐步采用间歇时间较长、强度不大的间歇训练法。

3. 专项提升训练阶段

常用手段：用于成人的各种专项训练手段均可采用，但要避免训练内容过窄的倾向，如负重或不负重的跳跃性练习；跑的专门性练习；杠铃、哑铃等练习；各种短跑、上下坡跑、松软跑道上的跑。

基本方法：重复法、变换法、严格规定间歇时间的高强度间歇训练法、比赛法、球类活动等。

（四）常用发展速度练习的方法和手段

1. 发展反应速度的练习

如图3-2-4所示，借助六角球落地瞬间进行抓握，由于其落地反弹的方向不确定，需要练习者快速做出反应判断，并向前抓住六角球。

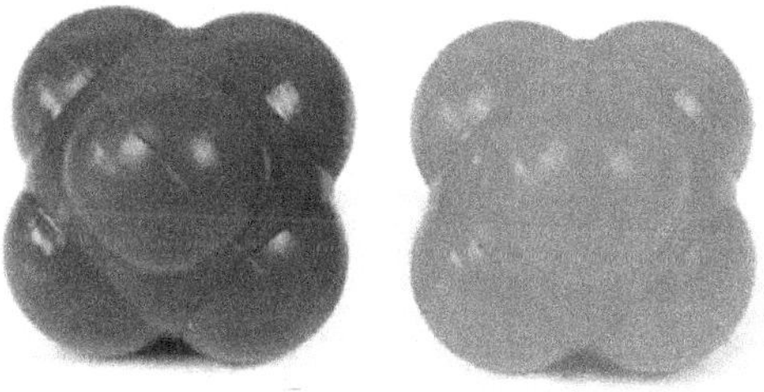

图3-2-4 发展反应速度常用的六角球

2. 发展位移速度的方法

追逐跑：两人面对面呈半蹲状，双手指尖相对，突然一人转身加速跑，另一人则快速追逐伙伴，既可以发展加速能力，又可以发展快速奔跑能力，如二人相距2m对面站立的“长江黄河”追逐游戏等。

助力牵引跑：利用弹力牵引带牵引练习者进行加速和途中跑练习。协助者在前，练习者在后，当弹力牵引带张力达到一定程度时，练习者借助弹力做加速奔跑动作练习。

下斜坡冲跑：倾斜度一般应保证途中跑的跑姿正确。坡度一般为8°~10°，前2~3s为加速跑，后段全力冲刺跑。

3. 发展动作速度的方法

药球练习：常用来发展上肢动作速度。持药球高举于头上，全力快速掷于地上。如连续动作，则在药球弹起瞬间，快速抓握，并继续全力快速掷于地上。

轻器械练习：训练中常用一些低于标准器械重量的轻器械练习以提高练习者的出手速度。例如，推铅球运动员可采用3kg、3.5kg等非标准重量的器械进行练习，还有标枪运动员可以采用掷垒球、掷300g的钢珠等进行强化出手速度练习。

节拍器刺激练习：跟着节拍器设定的节奏做练习，如拳击的连续冲拳练习、跨栏运动员的栏间摆臂节奏等。

四、力量素质敏感期及训练安排

（一）力量素质的概念

力量素质是指人体神经肌肉系统在工作时克服或对抗阻力的能力。

力量素质，依据与专项的关系分为一般力量和专项力量；依据完成不同体育活动所需要力量素质的特点，可分为最大力量、速度力量、力量耐力；依据肌肉产生动作的方式（或称收缩类型）可以分为等长收缩（ISO）、向心收缩（CON）、离心收缩（ECC）和拉长—缩短周期收缩（SSC）；依据现代体能训练中的力量训练分类，可分为功能性基础力量和专项型竞技力量。

（二）各种力量素质的敏感期及训练特点

对于少年儿童来讲，负荷过大的力量训练会阻碍其身体的成长发育，但并不意味着在少年儿童时期就不能进行力量训练。适当的力量训练对少年儿童的肌肉发育、肌肉力量、用力姿势都能形成良好的影响。

一般力量发展的敏感期在12~15岁。在此阶段，应着重发展全身肌肉组织，强度不宜过大，着重发展快速力量，主要采用动力性力量练习。在此敏感期的后期，可适当根据运动项目特点，加入专项力量练习，同样，负荷不宜过大。

专项力量发展的敏感期在15~17岁。在此阶段，加大与技术相结合的专项力量练习的比重，着重发展那些与提高专项竞技能力相关的肌肉力量，以增大肌肉横截面积，提高肌肉间的协调能力。

最大力量发展的特点：7~9岁为力量发展的第一个可训练阶段。女孩从10岁开始，最大力量的自然发展可分四个阶段。第一阶段是10~13岁，力量增长的速度很快，特别是屈肌的力量，在这3年中总的绝对力量可提高74%；第二阶段是13~15岁，力量增长的速度明显下降，在两年中的绝对力量只增加8%，虽然此时增长速度下降，但总的来说，9~14岁是力量增长最快的时间段；第三阶段是15~16岁，1年中力量增长速度为14%；第四阶段是16~21岁，绝对力量增长很慢，只增长6%，接近20岁时达到最大力量。男孩在10岁以前与女孩差异不大，增长速度也较慢，从11岁起男孩与女孩出现差异，增长速度也开始加快。在11~13岁时力量增长最快，18~25岁时力量增长缓慢，到25岁左右达到最大力量。男、女孩最大力量的发展总趋势是18岁前都是持续增长，但并不是平稳的，男孩在13岁左右力量指标比女孩逐年提高。

速度力量的发展特点：男、女孩在7~13岁速度力量增长都很快。13岁以后，男、女间的差别就明显了，男孩仍以较快的速度增长，而女孩增长的速度就稍慢些，到16~17岁时增长速度开始变慢。在儿童时期，男、女孩速度力量发展都要快些，所以发展快速力量放在儿童时期较好。

力量耐力的发展特点：男孩7~17岁，力量耐力的发展是直线上升，女孩15岁前持续上升，但15岁以后开始停滞，甚至下降。

在力量发展的中期阶段是肌肉肥大期（或力量耐力阶段），强调肌肉的生长和肌肉耐力的提高，这一阶段可为运动员在后续的训练周期中更好地准备更高强度的训练打好基础。这一阶段的训练可采用多关节结构运动动作组合，每次进行3~5组，每组重复8~20次，动作负重为1RM的50%~75%。这个阶段维持4~6周，但对那些训练背景受限制的运动员也可持续更长（9~12周）。下一个阶段是力量发展阶段，此时训练强度增加，训练量减少（多关节结构训练进行3~5组，每组重复4~6次，负重为1RM的80%~85%）。这个阶段可能持续1~3个月。接下来的两个阶段包含力量/爆发力阶段和巅峰阶段，这是承接之前的力量训练，但要再次提高训练强度，减少训练重复次数。其目标是到周期结束时，力量和爆发力达到最大化。此阶段应加进更多的爆发力训练。

（三）不同年龄段的力量训练安排特点

1. 不同年龄阶段力量训练的侧重点

（1）7~9岁需注意全身各部分肌肉力量的训练。

（2）8~13岁主要是发展全身各部位的一般力量，通过肌肉的协调改善来发展力量。以动力练习为主，少用静力练习，并注意不要使肌肉出现肥大。

（3）15岁以前不宜进行单纯的力量练习，而应着重发展速度力量。

（4）16~17岁是增长最大力量的较好时期，可用大重量的重复练习使肌肉横断面增大。

注意：13~16岁时不可对专项中有决定意义的肌肉群做特殊的重点训练。16~18岁时必须日益重视这些肌肉群的训练，应安排与比赛动作相似的练习。

2. 不同年龄阶段少儿力量练习的负荷

（1）8~10岁用相当于体重1/3的重量作负荷。

（2）10~12岁用相当于体重2/3的重量作负荷。

（3）13~15岁为性发展第一阶段，不宜采用对脊柱有大负荷的力量练习，可较多采用40%~60%的强度、用最大速度完成的练习。

（4）16~18岁耐力性和静力性练习的比例可安排为3：1。

注意：8~13岁可做最大力量80%以上的负荷练习，并与发展柔韧性、灵活性练习结合在一起。

（四）常用的力量练习方法和手段

1. 功能性基础力量

功能性基础力量训练主要以克服自身体重的各种练习手段组合为方法，发展其稳定性、平衡控制能力，要求上下肢交叉、左右对称发展。具体内容可参考表3-2-1进行自由组合。

表3-2-1　身体功能性基础力量训练内容及负荷安排[1]

序号	名称	组数/负荷	序号	名称	组数/负荷
1	泡沫轴再生	2组/3min	4	侧向跨栏+向前冲刺跑	5组/20s
2	超级臀肌大全	6组/30s	5	弹力带负重向上跳	3组/10次
3	用手爬	3组/5次	6	跳箱练习	3组/10次

[1] 引自王雄《身体功能训练指导手册》。

续表

序号	名称	组数/负荷	序号	名称	组数/负荷
7	推垫跑+腹肌上推	5组/10次递减	14	五点追逐跑	4组/2min间歇
8	药球侧向砸墙	2组/8次	15	土耳其起立	3组/5次
9	双手交叉下拉	3组/10次	16	单脚八向稳定练习	2组/每侧
10	跑台抗阻最大冲	5组/8~10s	17	拦网跳练习	3组/10次
11	脚踝八点伸展练习	2组/每侧	18	排架静力拉伸	2组/15s动作
12	弹力带阻力负重跑	4组/50m	19	四项循环练习	8组/30s
13	瑞士球静力抗阻练习	2组/3min	20	瑜伽放松练习	2组/每侧

（1）发展躯干核心支柱力量练习（体位模式训练）。

① 稳态下的徒手练习方法

例如：平板支撑、腹桥、背桥、侧桥等徒手练习。

② 非稳态下的徒手练习方法

例如：利用瑞士球、药球、平衡盘、悬吊绳等器械完成稳定控制动作。

（2）自由力量训练方法（转换对接模式训练）。

① 稳态下的自由力量练习方法

例如：下蹲起、弓步下蹲起、单腿下蹲起、弓步走、背支撑。

② 非稳态下的自由力量练习方法

如果没有一些专业的功能性练习的设备，如瑞士球、悬吊带、博速球等，也可以采用以下几种常用练习手段进行组合：

俯卧撑：宽距离、窄距离、标准距离。

纵跳：半蹲跳、深蹲跳、20~35cm的跳深接纵跳。

弓步走：低姿、高姿。

立卧撑：徒手、持篮球、持3kg药球。

交换跳：前后徒手、胸前持实心球。

左右开合跳：徒手、头上持球、双手持球。

转体：直立持实心球、坐姿仰卧徒手或持实心球。

2. 专项型竞技力量（专项动作模式训练）

在功能性基础力量训练的基础上，发展专项竞技所需要的力量通常需要借助各种器械的抗阻训练来进行。具体方法如下：

（1）重复法：用哑铃、壶铃、杠铃、沙袋、沙衣、药球等进行抗阻练习，负重强度根据任务而定，组间间歇1~5min（根据训练的目标及能量代谢的特点选定）。可以采用器械的单一动作重复练习，也可以采用器械的组合动作重复练习。

（2）各种跳跃练习：跳深练习，从高处向下跳，着地后紧接着跳起，高度要根据运动员的承受能力而定；台阶跳上、跳下练习；单脚跳；双脚跳；交换跳等。图3-2-5是连续跳跃小栏架练习。

图3-2-5　发展下肢快速力量的连续跳跃练习

（3）弹力带练习：如图3-2-6所示，可以采用不同磅级的弹力带进行上下肢的抗阻练习和结合专项动作的强化练习。

图3-2-6 短跑的强化起跑动作练习和弹力带的牵引练习

（4）拖重物跑：如图3-2-7所示，将牵引绳索系于腰间，后拖一重物，如雪橇、轮胎等进行练习。

图3-2-7 拖重物跑

（5）牵引阻力跑：使用弹力带或牵引绳，练习者全力向前跑，协助者尽可能阻止其加速前进。

（6）用器械或不用器械进行比赛动作的练习：可采用轻器械或徒手练习发展快速力量素质，用重器械发展肌肉力量能力，用比赛器械发展专项技术和专项力量。

五、耐力素质敏感期及训练安排

（一）耐力素质的概念

耐力素质是指人体进行长时间肌肉工作的能力，或者人体对抗某种特定负荷疲劳的能力。

按照运动时的外在表现，可将耐力分为速度耐力、力量耐力和静力耐力；按照参与的主要器官，可分为呼吸循环耐力和肌肉耐力；按照参加工作所动员主要肌群的数量，可分为全身耐力和局部耐力；按照运动时能量代谢的特点，可分为有氧耐力和无氧耐力；按照耐力素质和专项运动的关系，可分为一般耐力和专项耐力等。

（二）各种耐力素质的敏感期及训练特点

在儿童少年时期，由于心血管系统和呼吸系统尚未发育完善，较宜采用有氧耐力训练，可以刺激相关系统更好地发育，但负荷量不宜过大。

一般耐力的敏感期在12~14岁。此阶段以有氧耐力练习为主，使心肺功能产生良性适应，扩大心室容积和肺活量等，提高有氧代谢能力。

专项耐力的敏感期在15~16岁。在此阶段可逐渐过渡到混氧耐力和无氧耐力训练。

发展耐力素质的训练特点：男孩10岁时，耐力指标出现首次大幅度提高；13岁时再次出现较大幅度的提高；15岁时耐力增长缓慢，是少年时期最慢的时期；16岁时耐力又有大幅度的提高。女孩在9岁时，耐力指标出现首次大幅度提高；在12岁时耐力指标再次提高；14岁后，即进入性成熟期，耐力水平逐年降低；15~16岁，耐力水平下降最大；16岁后下降速度减慢。

（三）不同年龄段的耐力训练手段及安排

1. 预备性的训练阶段

常用手段：灵活性的游戏和球类活动；强度适宜的长时间走、跑、游泳等。

2. 基础训练阶段

基本方法和练习手段有如下几种。

（1）匀速持续跑：强度为最大跑速的30%~60%，心率控制在110~150b/min。

（2）间歇训练法：强度为最大跑速的90%~105%，总练习时间可安排5~20min，可1min快跑1min间歇、2min快跑2min间歇、3min快跑5min间歇。

（3）变换训练法：刚开始进行耐力训练时，采用2~3m/s的速度（1min跑120~180m）匀速越野跑200~400m，然后快走30~50m，走速约为每分钟150m，重复交替。在上述练习进行1~2个月后，可用2~3.5m/s的速度跑200~400米与30~50米的加速跑（跑速为4~4.5m/s）重复交替。每次练习可安排跑2~3km，11~12岁的男孩跑这种越野跑的总距离可允许达8km。

（4）比赛法：采用低强度和适宜距离进行比赛。

3. 专项训练阶段

基本手段：越野跑、变换法、综合训练法、重复跑、间歇训练法、比赛法。速度节奏控制与专项相匹配。

第三节　儿童青少年运动员的基础训练特点与安排

一、儿童青少年基础训练概述

（一）基础训练的基本要素

基础训练是每个人进行基本运动必须具备的基础的日常训练过程，也是一种基本的身体素质要求。基础训练主要是由身体训练、技术训练、战术训练、心理训练及智力训练所组成的，儿童青少年运动员基础训练的扎实程度将直接影响到其今后竞技水平发展的高度。基础训练有利于促进儿童青少年的身心健康发展，提高自身综合素质。

（二）不同年龄和项目运动员的基本身体素质要素水平

即使是同一年龄的儿童青少年，身体发育的程度也有较大的差异。确定儿童青少年的发育水平是教练员在组织训练时需要考虑的重要方面，是组织身体训练时的重要生理学依据。文献中通常用青春期前期（即出现青春期生理特征前）、青春期早期（即进入青春期至达到最大身高增幅前的时期）、青春期（即达到最大身高增幅后至成年之间的时期）进行划分。一般情况下，女性在12岁、男性在14岁时身高增幅速率最大（它是青春期早期与青春期之间的年龄分界点），但是存在个体差异。

通过阶段性地观察身体特征的变化、评估神经肌肉表现、测量坐高与身高可以帮助教练员了解儿童青少年身体发育情况，确定身体发育阶段。使用“坐高与身高增加曲线”（单位时间内身高增长量）可以了解运动员的身体变化。坐高是非常有用的指标，这是因为躯干长度的增长一般慢于下肢长度的增长。教练员根据经验以及对运动员运动表现的观察，可以决定每个运动员的训练进度。

在上述指导原则的基础上，教练员还要考虑运动员的训练年限、之前的训练经验，特别是力量训练的经验，这是教练员在制订训练计划时必须考虑的因素。

例如，根据年龄和身体发育特征，教练员认定某运动员处于青春期早期，但是该运动员已经有了两年的力量训练经验，那么，教练员可以认为该运动员可以进行更为复杂的训练。而另一名运动员虽然年长，但没有力量训练经验，那么，该运动员不能进行更为复杂的力量训练。

除了运动员的年龄和生长发育特征外，在安排训练时，教练员还要观察运动员是否能够较好地完成基本动作，是否存在功能性不足。如果运动员可以较好地完成基本动作，那么训练的重点就应该强调与运动表现关系更强的训练，进行更为复杂、高级的训练。

体育老师、教练员和父母请务必记住，每一个进阶的依据不是儿童青少年的年龄，而是其运动发展水平。尽管年龄对孩子来说是一个重要的参考因素，但是不同孩子的实际年龄与其生物年龄存在着非常大的差异。例如，不同性别的孩子发育速度不同，同性别的孩子实际发育速度也因遗传、地域、文化、生活习惯等因素的不同而存在差异。因此，每个孩子发展阶段的生物年龄与其实际年龄是有区别的。专家指出：开展儿童青少年运动训练需要全面了解运动员长期发展模式（Long-Term Athlete Development Model，LTAD）的7个阶段特点及规律，应根据儿童青少年发育程度来制订与其能力和身体相匹配的运动训练计划。另外，各阶段的划分还与运动项目的“出成绩年龄”特征有关，“小年龄出成绩”的体育项目阶段划分有一套独立的标准。

运动员长期发展模式的7个阶段有以下特点需要注意。

（1）积极的开始。6岁已是孩子掌握一些基本动作技能的时候了。孩子应该在结构性或非结构性的自由玩耍中找到运动的乐趣，并配合一系列身体动作。一个积极的开始能够提高脑功能、协调能力、整体运动技能、社交能力、情感和想象力，也能够让孩子建立自信，发展动作姿势和平衡能力，强健骨骼和肌肉，保持正常体重，缓解压力，增进睡眠，使活动顺畅，享受运动的乐趣。

（2）打好基础，强调兴趣。女孩6~8岁、男孩6~9岁，应该参与到一系列的体育活动中去，发展其基本动作技巧（Fundamental Movement Skills，FMS）和整体运动技能，包括灵敏性、平衡能力和协调性。这些运动和训练必须以快乐为核心，比赛成绩只是最小的考虑因素。

（3）学会训练。女孩8~11岁，男孩9~12岁，或直到青春发育期初期，要求孩子发展基本运动技能（Foundational Sport Skills，FSS）。此时应该强调孩子广泛地掌握多个运动项目的技术技能。但是，在这个阶段，人们太容易让孩子过度重复某一个运动项目的训练和比赛，有时过早让孩子获得某个团队项目中的主力位置，这样一来，极有可能给孩子在后面几个阶段的发展带来负面影响，使得这些孩子的身体、技术、战术片面发展，增加了引发伤病和精力耗竭的可能性。

（4）为训练而训练。该阶段需根据孩子的持续快速发育期来划定，一般来说，女孩为11~15岁，男孩为12~16岁。这个阶段，孩子应该对训练和刺激产生生理反应。换句话说，该阶段要让他们开始建立能力系统并加速适应对训练量的敏感程度。孩子应该建立有氧能力储备，在该阶段后期，应发展速度和力量，并加强专项运动技能的训练（Specialized Sport Skills，SSS）。该阶段的儿童青少年可能都想竭尽全力在比赛中获胜，但是，他们应该花更多的精力在技术训练和能力发展上，而不是赢得胜利。该阶段强调专注训练过程而不是比赛结果，这样会带来更好的发展机会。这种方法对培养优秀运动员以及保持长期运动发展是非常重要的。

（5）为比赛而训练。女孩在15~21岁、男孩在16~23岁时，要将能力系统最优化，让青少年运动员懂得如何去比赛。他们既可以选择从事专业化的系统训练，也可以继续参与娱乐性的比赛，或者决定步入职业体育生涯。如果选择了专项运动技能，就意味着未来大运动量、高强度的训练开始。

（6）为获胜而训练。女孩在18岁、男孩在19岁以上时，有特殊天赋的精英运动员为赢得世界大赛的优秀成绩而需要进行大运动量训练。他们需要世界级的训练方法和训练条件，以满足运动员职业发展的需要。

（7）职业运动生涯。青少年运动员可以在任何年龄进入该阶段，但是需要一定的竞技能力。如果孩子经过“积极的开始”“打好基础”“学会训练”等阶段的正常引导，已具备必要的专项能力和自信，就可以进入职业运动生涯阶段。这意味着更加激烈的职业竞争的开始，并伴随终生。

尽管运动员长期发展模式被划分为7个阶段，但事实上整个训练阶段都是一个连续的过程。同样，年龄要素在每个阶段都被提及，但年龄因人而异，儿童青少年的生物年龄差异非常大。另外，除“积极的开始”阶段有明确的年龄始点外，其他阶段的过渡都没有明显的标志。“为训练而训练” 阶段从青春快速发育期开始，到青春快速发育期结束为止。不能让青少年运动员从一个阶段突然跳到另一个阶段，不能让孩子“一夜成名”，“早熟早衰，早熟早烂”，“揠苗助长”是万万不可取的。

二、准备活动及训练安排

（一）准备活动的相关概念

运动员为了对训练课和比赛做到百分之百的身心准备，无论如何都需要做准备活动。准备活动是指在训练、体育课和比赛的基本部分之前，为了克服内脏器官的生理惰性、预防运动创伤和缩短进入工作状态的时间而有目的地进行身体练习，为即将来临的剧烈活动或比赛做好准备。准备活动又被称为热身运动，热身在所有运动开始之前，其强度由低到中再至高，通常以较轻微的方式开始，逐渐增加强度，直到运动员对即将进行的主要运动做好准备。

因每个人的需要不同，做准备活动的常规也有所不同。如果能够将准备活动良好地进行计划和实施，就能够带来运动成绩的提高。这就需要教练员和运动员首先对不同方式的热身运动进行实验测试，最后再设计出符合个人需求的热身程序。

（二）准备活动的益处

（1）提升肌肉张力和柔韧性：从生理学的角度来说，适量的运动负荷会升高体温，可降低肌肉黏滞性，提高肌肉收缩和舒张速度，增加肌肉力量。同时它会刺激关节滑囊分泌关节液，提高各关节运转的灵活性，获得适宜的肌肉初长度和柔软度。运动员能感觉到是否具备适宜的肌肉张力，并进行适当调整。

（2）激活和动员神经肌肉系统：热身活动可以提高中枢神经系统的兴奋性，调节不良的赛前状态，使大脑反应速度加快，使参加活动的运动中枢间相互协调，从而为后续的比赛或训练能快速地达到适宜程度做好准备。随着身体核心区温度的提高，需要激活针对专项运动的肌肉和运动神经元，并动员专门的关节达到某个动作范围。如同肌肉张力，身体需要最佳的充分动作范围，来执行最大限度努力的动作。如果关节不具备动作范围，运动员就不能通过收缩和放松肌肉，来执行一个专门动作。

（3）功能指向性强化：在短跑起动、跳跃起跳或投掷出手等动作中做出快速应答，这一切都取决于主动肌和对抗肌的快速收缩和放松。因此，在立刻开始训练或比赛之前，需要设计和专项相匹配的专门性动作来强化神经肌肉系统的输出效率。

（4）提升氧的输送能力：通过热身激活可以提高呼吸系统和心血管系统的机能水平，在体温较高的情况下，血红蛋白和肌红蛋白可释放更多的氧，增加肌肉的氧供应，使心血输出量及肺通气量增加，骨骼肌和心肌的毛细血管网扩张，从而使工作肌能获得更多的氧。体内酶的活性也随体温的升高而增加，物质代谢水平提高，保证在运动中有较充足的能量供应。

（5）预防损伤：体温升高可提高中枢神经系统和肌肉组织的兴奋性，还可以使肌肉的柔韧性、伸展性及弹性增加，通过充分调动拉伸各肌肉群及韧带组织，可以提高肌体的运动能力和自身强度，从而大大降低机体受损伤的危害性，预防运动损伤。

（6）心理准备：从心理学的角度来说，合理有效地安排准备活动，可以激发学生对运动的兴趣，更好地发挥主观能动性，通过主体的亲身活动，最终有效地达到教学目标，获得运动能力的提高。

（三）准备活动的分类

身体激活准备可分为被动式准备（通过桑拿浴、热水沐浴或热敷、按摩等非运动来增加肌肉温度）和主动式准备（通过专门性的激活手段和动作进行热身）两种方式。这两种热身方式皆可有效地提高肌肉温度，且相比未做热身运动的人能够增进运动表现。主动热身相对被动热身更能促进短时间内的运动表现，且在提高中等或长时间的运动表现能力时不会导致疲劳。

主动式热身主要有两种类型：一般性热身运动和专门性热身运动。

1. 一般性热身准备活动

一般性热身准备活动通常在专门性热身准备活动之前，通常包括低强度运动和神经肌肉激活。一般性热身准备活动的主要任务是提高心率、血流量、肌肉温度、呼吸频率，降低关节、肌肉的黏滞程度，可以作为所有运动开始前的“普适性热身”，且不应让运动员感到疲劳。常用的练习方法是5~15min的低强度有氧练习，如快走、慢跑、固定式脚踏车运动、小步跳跃、拉弹力带、用按摩棒或按摩球按摩、肌筋膜放松等。

（1）静态拉伸。

静态拉伸是缓慢而持续的，由于动作和缓不易产生牵张反射，所以较其他拉伸类型来说安全程度更高。静态拉伸的适宜时间为10~30s，不要拉伸至肌肉疼痛，拉伸到稍有不适感即可，这可保证获得静态拉伸的最大成效。但有一些研究显示，静态拉伸可能会降低力量、耐力、速度、爆发力、反应时间与动作时间等。

（2）动态拉伸。

动态拉伸是一种功能性伸展练习，运用专项化的动作为身体做好准备活动，强调专项化的动作而不是个别肌肉，这种练习可以最接近地复制专项练习所需要的动作。例如，高抬腿抱膝走模仿了途中跑时的提腿动作。

动态拉伸所具有的优势有以下几种。

第一，与静态拉伸相比更显专项化，能更好地改善动态柔韧性（区别于静态柔韧性），更好地模仿运动形式，提高专项训练所需的关节活动幅度。

第二，能更有效地提高肌肉温度，而不像静态拉伸那样，可能会降低身体温度。

第三，多个关节的活动能整合到某个动态拉伸动作中，类似于专项的复合运动形式，因此动态拉伸具有时间效率，这对有限的训练时间来说是非常重要的。

第四，动态拉伸中的肌肉不像静态拉伸那样，伸展中的肌肉并不是放松的，而是积极主动地进行关节幅度活动，这一点更接近专项运动。

第五，动态拉伸提供了动作组合的机会，体能教练可以根据需要在准备活动中进行丰富的动作组合。

有一些研究显示：静态拉伸、弹振拉伸均可能有损之后的运动能力，但动态拉伸似乎不存在这样的问题，能有效促进随后的运动能力。基于当前的证据，动态拉伸应该是准备活动的首选。大部分观点认为：训练前较适合进行动态拉伸，训练后较适合进行静态拉伸。

不同身体部位对应的几个常用拉伸，如图3-3-1和图3-3-2所示。

图3-3-1　躯干肌群的拉伸

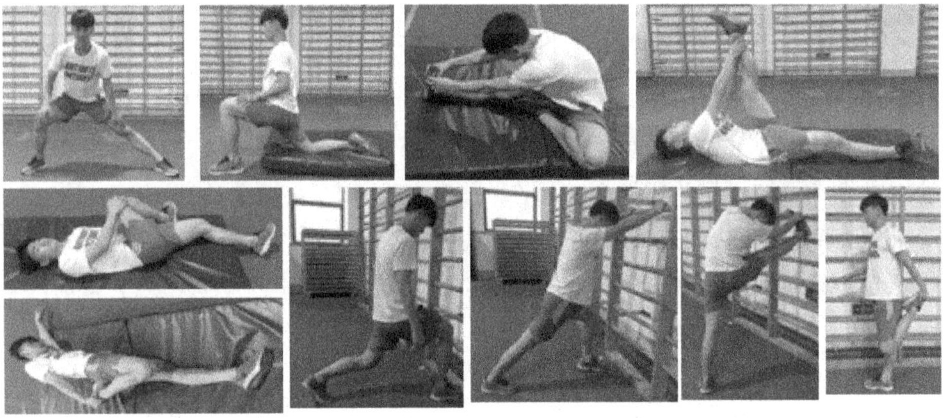

图3-3-2　下肢肌群的拉伸

（3）肌肉激活与强化。

准备活动内容不仅包括传统的拉伸，还包括肌肉激活工作。肌肉激活的目的在于提高肩部、腰部和骨盆周围肌肉参与维持稳定，并提高臀大肌发力的意识，练习内容包括躯干脊柱核心激活、臀大肌激活、肩带肌群激活和全身激活4个方面。通过肌肉激活可以使参与运动的肌肉得到有效动员，使核心部位的肌肉温度升高，加快血液流动速度，增强身体的控制力，提高自我纠正动作的能力，减小运动损伤发生的概率。通过一系列加强动作稳定性的肌肉激活练习，为多关节运动提供躯干核心稳定性的支撑，减少能量泄漏，提高能量的动力链传递效率。常用的徒手肌肉激活动作有如图3-3-3所示的背桥、腹桥、侧桥等。图3-3-4、图3-3-5是借助于弹力带、瑞士球等器械的练习动作，以激活深层的小肌肉群，使更多的肌群参与运动，达到更协调、更优化的组合。图3-3-6是激活全身肌肉的爬行练习。

图3-3-3　核心区域肌群激活动作

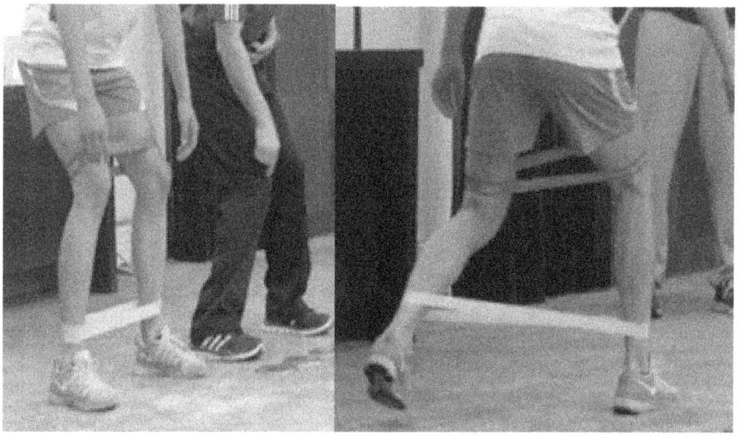

图3-3-4　臀肌肌群的弹力带激活动作

图3-3-5 臀肌肌群的瑞士球激活动作

图3-3-6 正向、侧向爬行的全身肌肉激活动作

2. 专项热身准备活动

专项热身运动有很多种，主要取决于专项运动的类型，包括体操类、动态拉伸、阻力带训练、药球练习、中强度的增强式运动、冲刺跑及敏捷性练习、技术训练等。专项热身的动作应该尽可能和即将开始的专项练习或持续活动的性质相似，尽可能地复制和接近专项练习所需要的动作。时间在5~15min。

例如，冲刺跑项热身的内容包括：小弹跳（2×10s）、小腿拉伸（1×10s，换边）、高抬腿垫步走（1×20m往返）、小车轮走（1×20m）、侧向交叉步跑（1×20m，换边）、脚底滚动跑（1×20m）、折叠跑（2×30m）、行进间正压腿（1×20m往返）、后退跑（1×30m往返）、转髋跑（1×30m往返）、行进间正踢腿（20m往返）、侧向并步跳双手交叉侧举（1×30m往返）、弓箭步走接加速跑（1×20m+20m）、后弓箭步走接加速跑（1×20m+20m）、前脚掌扒地跑（1×20m）、行进间跳跃走加臂绕环（20m往返）、侧前弓步爬行（2×10m）、毛毛虫爬（2×10m）、仰卧两臂侧展脚触异侧手（左右交替10次）、俯卧两臂侧展脚触异侧手（蝎子摆尾左右交替10次）、肩肘倒立车轮跑、60m加速跑+40m走（6次）。

三、身体训练的组织与实施

（一）身体训练的基本概念

我国运动训练学中指出：身体训练是运动训练的基础，贯穿运动训练的全过程。身体训练是指发展力量、速度、耐力以及灵敏、协调和柔韧性的身体素质的训练。身体训练包括身体基本运动功能训练、一般运动功能训练和专项运动功能训练。

近年来，随着大量训练知识的引入，以神经—肌肉系统激活、募集、控制为主线的功能动作训练（Functional Training）新理论正在被大家接受。身体训练的内容更加强调其功能性，用力方式也更加注重多关节、多维度且具有本体感受性的生物力学动力链的强化，即动作模式训练，而不是单一的肌肉训练。动作模式是指有效完成特定动作的具体方法，有效的动作模式对运动员最佳竞技表现至关重要。现代的身体训练强调功能性动作，强调机体的系统化功能，通过功能性动作筛查（FMS），发现机体的弱链，纠正机体的不对称、不平衡情况，围绕着支柱力量训练、核心稳定训练、本体感觉训练、关节灵活性和稳定性的协调发展等要素来提高运动员整个身体动力链的能量传递效果，通过优化动作模式来使运动员的动作技术更加有效、经济、稳定。其训练同样也分成不同的层次，图3-3-7是竞技体育功能性体能训练金字塔模型，该模型揭示了各种训练的层次关系。

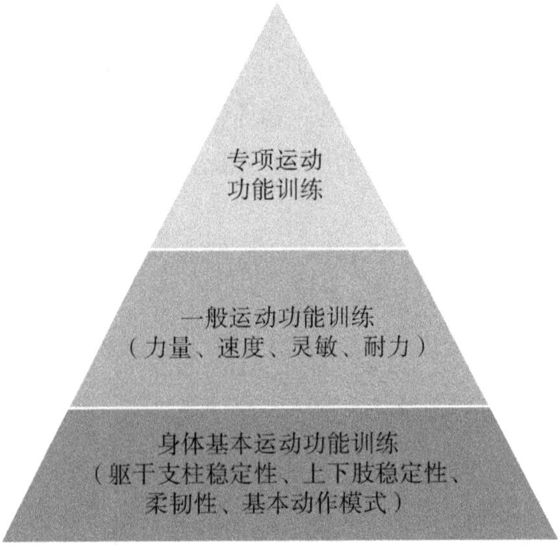

图3-3-7　竞技体育功能性体能训练金字塔模型

从竞技体育功能性体能训练金字塔模型可以看出，它强调的是以人体基本动作为基础，以运动专项表现为最终导向的体能训练。首先，通过身体基本运动功能训练使运动员最大限度获得符合人体基本结构的功能，再通过一般运动功能训练使人体结构更加适应竞技体育的功能要求，最终通过专项运动功能训练来提高运动员的专项竞争力。其中，身体基本运动功能训练是基础，专项运动功能训练是核心。具体解释如下。

（1）身体基本运动功能训练：要求运动员具备高质量的身体基本运动功能，包括基本的核心稳定性、下肢稳定性、上肢稳定性、身体柔韧性和基本动作模式几个方面。这个层次的训练对所有运动项目都是一致的，甚至对于普通人的基本运动需求也是一致的，任何项目的运动员都需要建立起良好的身体稳定性、柔韧性和高质量的动作模式，是后面两个层次训练的基础。

（2）一般运动功能训练：要求运动员具备竞技体育所需要的爆发力、速度、灵敏、反应、力量等功能。这个层次的训练对于绝大多数竞技体育运动项目都是一致的，是运动员必须具备的身体运动功能，比如纵跳、冲刺、变向、动态平衡等能力是大部分竞技体育运动项目所共同需要的，不带有明显的专项特点。

（3）专项运动功能训练：要求运动员的身体符合本项目专项比赛的需求，达到一种更加专项化的功能，最大限度地发挥能量的传递功效。这个层次的训练对于不同的运动项目有所不同，一个项目中的功能性体能训练对于另外一个运动项目可能不具备任何功能性。

（二）身体训练的内容分类与指标解析

根据Michael Boyle的功能训练“金字塔”模型和Greg Glassman教练创立的Crossfit训练框架，认为身体训练内容应包括心肺功能、体力、肌力、柔韧性、爆发力、速度、协调性、敏捷性、平衡性和准确性10个身体要素，开展全面的身体训练是符合体能提升需求的。

（1）心肺功能是指身体收集、处理和传递氧气的能力。

（2）体力是指身体系统对能量的处理、传递、存储和使用的能力。

（3）肌力是指单个肌纤维或肌纤维组收缩发力的能力。

（4）柔韧性是指具有让单个关节最大化活动范围的能力。

（5）爆发力是指单个肌纤维或肌纤维组在最短时间内收缩产生最大作用力的能力。

（6）速度是指最短时间完成既定动作内容的能力。

（7）协调性是指将几种有区别的动作整合为一个单独动作并完成该整合动作的能力。

（8）敏捷性是指最小化从一种动作模式转换到另一种动作模式所需时间的能力。

（9）平衡性是指任意接触面上控制身体重心稳定的能力。

（10）准确性是指在给定的方向和给定的强度条件下控制动作的能力。

研究指出：心肺功能、体力、肌力、柔韧性四项素质是通过训练方式得到提升的，所谓“训练”就是通过改变身体外在有机状态来提升运动表现的活动，比如硬拉能让肌纤维经过训练变粗最终导致肌力变强而使得运动表现得到提升；协调性、敏捷性、平衡性、准确性四项素质是通过练习方式得到提升的，所谓“练习”就是通过改变神经系统联动控制来提升运动表现的活动，比如不靠墙倒立是神经系统经过不断练习和巩固这种倒立姿态，使肌肉、关节协调运作能力变强，从而使得运动表现得到提升；爆发力、速度两项素质是通过“训练+练习”的方式得到提升的，比如110m跨栏成绩提升依赖力量训练和栏间技术练习等。因此，10要素结构的关系可以理解成：依托前4个基础元素发展出了后4个元素，最后2个是基于前8个元素而产生的运动神经上的高级改变，就是协调性与准确性。

评价人体这10项基本素质可采用训练水平测试（表3–3–1），也可以参照美国国家力量与体能协会（NSCA）的测试方式和评分标准，比如最大肌肉力量用1RM卧推和后蹲测试，最大肌肉爆发力用高翻、立定跳远、摸高测试，灵活性用T形、六角形、PRO测试，速度用40yd（1yd=0.9144m）短跑测试，无氧能力用300yd往返跑测试等。这些测试结果也给运动队选材提供了科学参考。

表3-3-1　常用运动素质评价指标

素质分类	测试指标
心肺功能	5 000m跑
耐力	1 600m跑、引体向上、俯卧撑、自重深蹲
力量	1RM前蹲、1RM后蹲、1RM硬拉、1RM卧推、1RM蹲起
柔韧性	FMS、横叉、纵叉、背桥等体操基本动作
爆发力	1RM高抓
速度	50m跑、100m跑
协调性	一套舞蹈动作
敏捷性	六角球反弹抓握、固定高度直尺下落抓握
平衡性	闭眼单腿平衡木站立时间
准确性	篮球传球落点测试等

（三）身体训练计划组织的基本原则

制订运动者的训练计划应当遵循以下原则。

1. 专项性原则

肌肉对施加的负荷有专一的适应性，这就是SAID原则（Specific Adaptation to Imposed Demands），机体会因适应特定需求而发生相应改变。换句话说，肌肉用力的方式受训练方式，如用力时关节的角度、负荷的重量、完成动作的速度和节奏等因素的影响，即身体部位的专门性和动作结构的专门性。身体部位的专门性和动作结构的专门性有利于神经系统的协调调节能力，以及肌肉内一系列适应性生理和生化变化。因此，在训练过程中不能为练力量而练力量，力量训练必须结合专项的特点，否则，可能会出现另一种结果，即力量素质提高了，运动成绩却下降了。当然，一些项目需要早期专项化，如体操、花样滑冰、跳水、蹦床等；另一些项目专项化较晚，如高尔夫、棒球、篮球、马拉松等。

2. 适应性原则

人们将力量训练的适应一般分为两类：一类是神经控制的适应，另一类是肌肉结构的适应。首先产生适应的是神经系统。一般神经系统的适应可在力量训练开始后两到三周内出现。在一到两周的力量训练后，人们常常感到自己的力量增加了，比以前有劲了，这主要是由于神经系统的支配能力改善了，即神经系统可以动员更多的肌纤维参与工作，而肌肉组织结构、肌肉中内容物并没有明显的变化。此后，肌肉结构才会改变，如肌纤维增粗、线粒体数目增加、肌肉横断面积增大等，肌肉力量输出会进一步增大。

3. 经常性原则

生理学研究表明：肌肉的适应性变化出现得较晚，肌肉对力量训练的适应至少需要6个星期。有专家指出，肌肉组织结构产生适应需要8~12周。换句话说，一个想要提高瘦体重、提高骨矿含量、降低身体脂肪百分比的力量训练计划，要相对持续较长的时间，应有较系统的力量训练。如果在较短的时间内终止力量训练，其结果将很快消退。

4. 全面性原则

全面性原则是指发展身体素质不仅要注意大肌群的力量，还要注意小肌群力量的发展；全面性原则的另外一层含义是，全身各主要肌群必须均衡发展，其中包括：拮抗肌之间的力量平衡、肢体两侧的同名肌的力量平衡、肢体内外侧的力量平衡及稳定肌群和动力肌群之间的力量平衡等。德国专家认为“完成竞技体育中的任何一个动作都需要一个完整的动力链，而动力链是由关节、肌肉构成的”。其言外之意是动力链上的任何一个环节出问题，都会影响技术动作的质量或运动成绩。因此，力量训练必须全面，不允许出现薄弱环节。

5. 针对性原则

图3-3-8（此理论模型由美国运动医学会提供）概述了各阶段不同群体对训练内容变化的需求量。三角形底部最窄的部分，代表初学者，说明此类人群只适合有限的变化性的计划；三角形的顶部，相对最宽，表示训练者对计划需要更多的变化（特定的训练周期）。因为未受过训练的个体容易对任何训练计划产生适应性反应，所以在开始时采用不太特殊的或者一般的计划就足够了。在这个阶段不需要太复杂，因为大多数的计划都是有效的。训练的初级阶段以学习适当的技术和为进阶训练建立适应性基础为主。美国运动医学会也建议以一般的训练计划结构作为训练的开始，因为这样对逐渐开始训练计划非常重要。

训练周期化可提供较多变化机会，而且在训练计划设计时就需要变化，训练的渐进性是指有次序地进行，由最初一般的或不特定的训练计划开始到高水平的、有特异性的训练计划。高水平进阶的训练目标较为复杂，而且针对特定的训练目标有较大的变化。

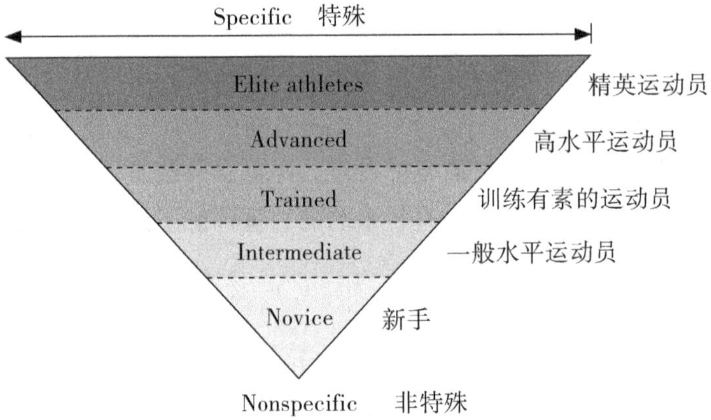

图3-3-8 由一般模式到特殊模式的渐进式训练原理

图3-3-9说明了训练目标的不同在训练负荷安排、训练量的设计上也存在很大的差异，即训练计划设计要具有针对性，才能产生预期的效果。

RM	≤2	3	4	5	6	7	8	9	10	1	12	13	14	15	16	17	18	19	≥20
训练目标			力量					力量				力量					力量		
			快速力量				快速力量					快速力量					快速力量		
			肌肥大					肌肥大				肌肥大					肌肥大		
			肌耐力						肌耐力							肌耐力			

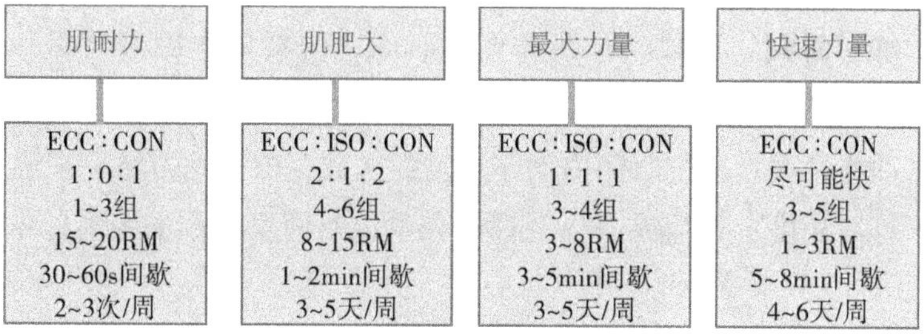

图3-3-9 各种力量成分最佳训练次数对照

6. 顺序性原则

被誉为功能性运动训练的先驱之一甘贝塔（Gambetta），研发了一套“甘贝塔训练系统”，其9条核心要求如下。

（1）动态姿势的调整和平衡是所有训练的基础；

（2）训练动作而不是肌肉；

（3）在专项运动训练前训练基本动作技能；

（4）在下肢力量训练前训练核心力量；

（5）在额外负重的力量训练前用自身的力量进行训练；

（6）在训练关节灵活性前训练关节稳定性；

（7）在训练主要动作前训练协同肌；

（8）在训练力量耐力前训练绝对力量；

（9）在训练速度耐力前训练速度。

这9条要求在身体训练内容的安排、顺序上具有很好的指导意义，可以借鉴和参考。

（四）身体训练计划的内容构成与目标确定

1. 身体训练计划的主要内容

（1）练习目标：根据阶段计划和周计划来确定每次课的练习目标。

（2）练习内容，即动作：根据练习目标，确定身体及身体各部分在运动过程中所处的状态，包括身体姿势、动作轨迹、练习幅度。

（3）练习时间：完成动作所需要的时间，包括单次练习时间和总练习时间。

（4）动作频率：单位时间内动作重复的次数，依据练习目标来确定。

（5）练习速度：身体或身体某部分在单位时间里位移的距离，依据练习目标来确定。

（6）练习负荷：完成动作时身体某部分克服阻力的量度。

（7）练习节奏：动作各部分所表现的强弱和时间间隔的关系。

2. 儿童青少年训练负荷量与强度的确定

儿童少年正处在迅速生长发育时期，为保证训练方法的科学性，使其机能得到全面发展，在训练过程中，不同年龄阶段儿童少年训练计划要点如表3-3-2所示。

（1）根据儿童少年运动系统发育的特点，在教学过程中要注意培养他们正确的身体姿势，进行全面身体训练。一旦发现异常甚至畸形，应立即采用体育康复手段予以矫正。

（2）要注意身体各部分的全面锻炼，对于乒乓球、羽毛球、投掷等只是单侧运动的项目，要注意训练的对称练习，使身体发育平衡。

（3）在训练过程中，要注意合理安排运动量、运动强度和运动密度。儿童少年的运动应以短时间速度性练习为主，不宜安排过多的耐力性练习。训练内容、形式、手段要丰富，要不断变换，有新鲜感，才能持久有效地保持其练习兴趣。

（4）对于力量训练，应持慎重态度，根据儿童青少年的身体特点，在运动训练中要多做运动性练习，少做静止、负重、单调的动作，防止过重的力量练习影响身体发育。

表3-3-2 儿童青少年不同时期的身体训练计划结构与内容设计

年龄	要点
7岁以下	引进基本练习（基本没有外加负荷的自身体重练习）；形成力量训练的概念；教授功能性练习的技术；从柔韧体操循序渐进到同伴练习或轻阻力练习；训练量要小
8~10岁	逐渐增加练习的种类，所有的上举练习都要按照技术要求来做，练习的负荷逐渐增加，练习的动作要简单，慢慢增加训练量，认真监控对外加阻力的忍受度
11~13岁	教授所有的基本阻力练习技术，继续逐渐增加每个练习的负荷，强调练习动作的规范，介绍一些更为先进的练习，附加小阻力或无阻力
14~15岁	逐渐进入更先进的阻力训练计划中，增加专项运动成分，强调练习的技术，增加练习的量
16岁以上	在已经获得阻力训练经验后，可以进入成年人的训练计划

尽管有观点认为针对青春期少年的抗阻训练会对骨骼生长有负面影响，但是也有研究表明有合理监控的、渐进性的抗阻训练不会对骺板有负荷作用。不过，不正确的动作技术、不合理的过多的负荷量会导致骺板的损害毋庸置疑。因此，少年运动员可以进行渐进性的抗阻训练，以提高力量水平。首先进行中低量的抗阻训练，训练次数应该在8~12次。

3. 青年训练负荷量与强度的确定

尽管随着年龄的增长和身体素质的不断提升，青年运动员基本具备了承受一定负荷量和负荷强度的能力，但青年心血管系统、呼吸系统发育尚不完善，因此掌握耐力、速度耐力训练的强度至关重要，不能像成年运动员那样安排强度过大的运动量，但又要给予一定的强度刺激来促进其心血管系统、呼吸系统更快地发育和心肺功能的提高，从而使心肺具备适应高强度训练的功能。另外，他们承担运动负荷的能力也存在很大的个体差异，不但在承担负荷能力的大小上有所不同，而且对负荷强度和负荷量的承受能力也有差异，对增加负荷适应过程的时间长短不一，恢复时间的快慢也不尽相同。因此，在训练计划设计和负荷安排上，青年身体训练内容较儿童少年更为详细具体，量和强度也更高，内容也更多、更系统。但是，此时的安排也并非一味地追求“大”，而是应该进行科学的测量与评价。

青年的身体训练主要有以下特点。

（1）身体训练在内容上与专项技术需求相衔接，便于形成正确的专项技术。

（2）身体训练的内容结构在全面性的基础上，突出专项技术动作的要求。

（3）身体训练内容的比例占总训练内容的比例下降，周训练次数一般为3~5次。

（4）身体训练负荷的强度一般为60%~90%。

四、恢复训练计划的制订与常用方法

（一）恢复训练的概念及设计依据

恢复训练是指使用合理的恢复手段，加速消除运动员身体和精神上的疲劳，使机体活动能力得到快速恢复与提高的训练。疲劳是检查训练效果的一个标志。俗话说“没有负荷就没有训练”，“没有恢复就没有训练”。运动训练是“疲劳—恢复—再疲劳—再恢复”的过程，运动员机能水平的提高是由于训练导致适度疲劳，并加以合理恢复后，人体机能状态在新的水平上获得适应的结果，因此疲劳和恢复过程都是运动训练中不可缺少的部分。

恢复训练一定要遵循运动训练中超量恢复的规律，运用“超量恢复”的关键是合理安排休息间歇，依据是“主要能源”消耗与恢复时间。研究表明，在一定生理范围内，运动负荷量越大，消耗的能源物质越多，出现超量恢复的效果越明显，但出现的时间延迟；反之，消耗的能源物质越少，超量恢复的效果也就越不明显，但出现得较早。同时，肌肉中磷酸肌酸（CP）、肌肉蛋白质、肌红蛋白、磷脂、酶的活性等超量恢复的速度不同，如磷酸肌酸超量恢复比肌糖原早，蛋白质则更晚些，即所谓超量恢复的异时性原理（图3-3-10）。

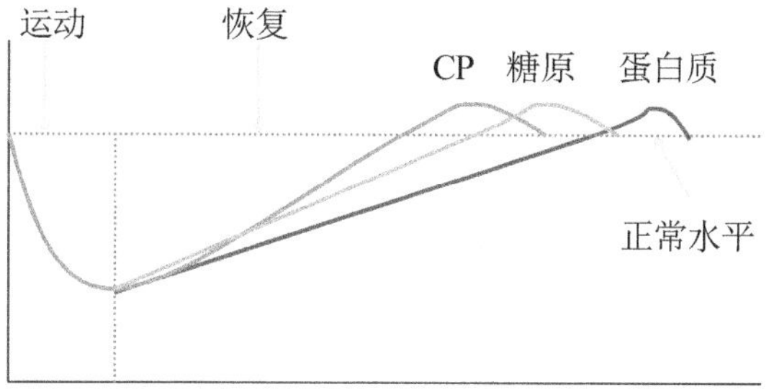

图3-3-10 超量恢复的异时性

合理、科学的恢复训练计划设计要综合运用各个训练原则，目标是不断出现相对更大的适应性恢复水平。如图3-3-11上图所示，准确把握超量恢复时间，适时再负荷，可以达到水平的提升。相反，如图3-3-11下图所示，没有准确把握超量恢复的时间，再负荷导致恢复不足，疲劳积累，致使竞技水平不断下降。因此，掌握各种练习的供能特征及能源恢复时间是非常关键的。

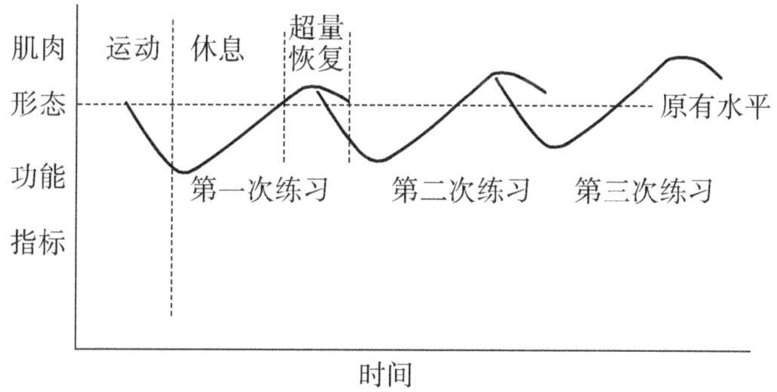

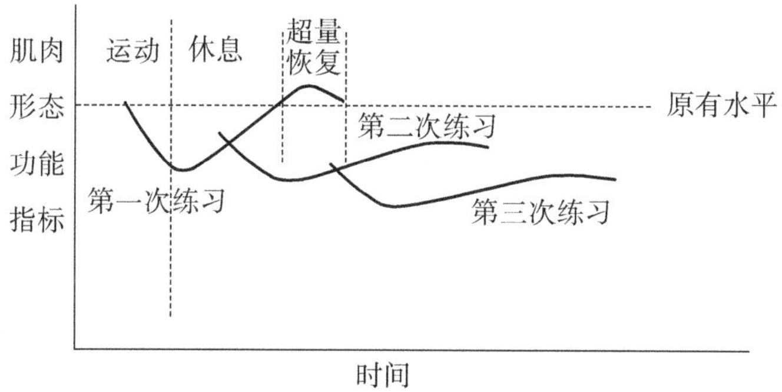

图3-3-11 超量恢复运用的正确与错误的结果反映

（二）恢复训练的常用方法

1. 营养与饮食补充

耐力性运动员，如游泳、自行车和长跑项目运动员，连续大运动负荷训练可造成肌肉糖原的递减，甚至出现肌糖原和肝糖原的储备耗竭，因此，运动后应特别注意补充糖类。

对于力量性运动员，如举重、投掷、摔跤运动员，在运动后应该补充足够的富含蛋白质的食品，以保证身体机能恢复和肌肉体积、肌肉力量的增加。

速度耐力性运动员，如田径的短距离跑、中距离跑运动员和短距离游泳运动员，在运动后应及时补充碱性食物，以利于消除运动中由于无氧代谢产生的乳酸。

过度训练会导致体内自由基代谢失衡，产生过量自由基，损害细胞功能。过度训练时脂质过氧化物（MDA）含量明显上升，而抗氧化酶的活性则降低。过度训练所产生的大量自由基对人体的伤害全面而深刻，几乎涉及所有的组织。因此，适当补充一些抗氧化剂是非常必要的，这些抗氧化剂包括维生素A、E、C等。维生素C是一种良好的抗氧化剂，其尾链和磷脂的脂肪酸链相互作用，可以插入脂双层，阻断膜内自由基反应。胡萝卜素是一种良好的抗氧化剂，可以与膜磷脂双分子层的脂肪酸结合，终止脂质过氧化反应。联合补充维生素A、E、C后，可明显降低安静时和运动后MDA水平。

2. 训练计划调控

（1）赛前减量。运动员在参加大型比赛之前降低训练负荷，保证其生理和心理在比赛中达到巅峰状态，称为赛前减量训练。在赛前减量训练期间，减少训练强度，提供适当的时间以利于剧烈运动引起的组织损伤的修复和增加能量的储备。

（2）训练学的恢复手段。教练员根据训练学的训练原则，科学采用变换训练、法特莱克跑、积极性休息等，建立一定的训练规律，使运动员形成良好的生物学节律。

（3）再生训练。再生训练是目前国际上最流行的一种恢复训练手段，是身体功能训练的重要组成部分。再生训练是指在训练中有计划地对肌肉和筋膜（肌腱、韧带等结缔组织）进行唤醒激活和梳理放松，通过促进血液和淋巴回流、修复肌纤维的超微结构损伤，来促进神经肌肉系统疲劳后的恢复，并结合跨项目的低负荷有氧运动、身体拉伸和水疗法，提高人体能量循环系统和免疫系统的工作能力，促使机体的疲劳和适应趋于动态平衡。

① 泡沫轴和按摩棒放松。通过自身重量和泡沫轴对长时间、高强度运动后长度缩短的肌肉群部位进行支撑力挤压放松。通过泡沫轴挤压力可以放松深层的神经，从而达到放松整条肌群的目的。此外，泡沫轴还有促进血液、淋巴回流和重塑肌肉形态的功能。

② 通过扳机点球、花生球等挤压扳机点（痛点），进行有针对性的软组织放松，消除肌肉中打结的现象并恢复肌肉原有的功能。

以上两种再生训练的主要部位有：小腿后群，大腿前群、后群、内外两侧肌肉，腰背部等。目的是通过滚动、加压按摩，加快肌肉组织内的血液、淋巴循环和新陈代谢速率，从而达到放松的效果。从下肢开始逐步过渡到上肢，每个部位持续10~30s。动作过程中要注意让整条肌肉都受到按摩刺激，并且在疼痛点处保持一段时间（5s）。表3-3-3和图3-3-12说明了常见再生训练的方式、部位及主要动作。

表3-3-3 常用再生训练的方式及部位

方式	上肢	躯干	下肢
泡沫轴	前臂内侧、前臂外侧、三角肌、肩部	上腰背、下腰背、背阔肌、胸大肌、斜方肌	大腿内侧肌、腓肠肌内外侧、股内侧肌肉斜头、腘绳肌、髂胫束、股四头肌、臀大肌、臀中肌
按摩棒	前臂内侧、前臂外侧	上腰背、下腰背、背阔肌、斜方肌	腓肠肌内外侧、大腿内收肌、腘绳肌、髂胫束、股四头肌
扳机点	前臂内侧、前臂外侧、三角肌、肩部	胸大肌、髂腰肌	腓肠肌内外侧、股四头肌、髂胫束

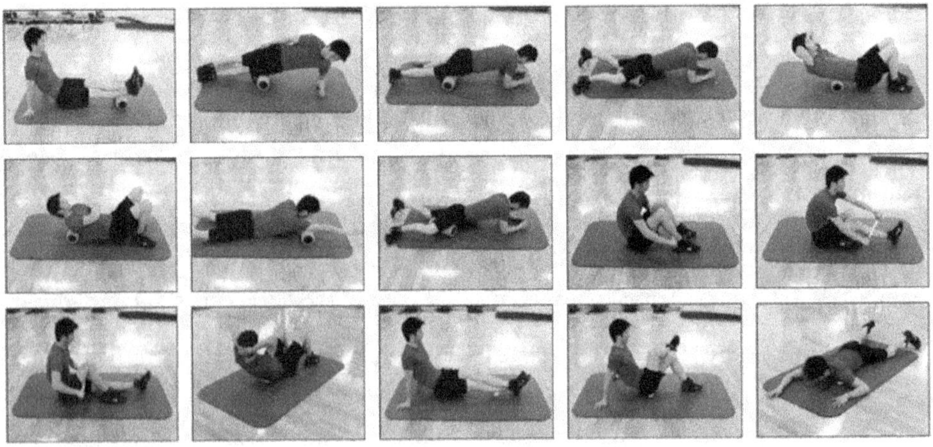

图3-3-12　再生训练的部位及常用动作

3. 物理治疗

（1）水疗。

淋浴：温水1~2min之后冷水10~30s，重复此步骤3次。

温泉：温水3~4min之后冷水30~60s，重复此步骤3次。

（2）按摩。

增强肌肉的血液流动，刺激神经系统，缓解肌肉紧绷。

另外，良好的睡眠和休息也可以加速消除疲劳。

思考与练习题

（1）根据“LTAD模式”，谈谈如何设计儿童青少年运动员长期培养的训练规划。

（2）根据“天窗理论”，谈谈如何开展儿童青少年的敏感期训练。

（3）依据身体训练安排原则，谈谈合理安排青少年身体训练的具体方法。

（4）恢复性训练对青少年训练同样很重要，谈谈训练中如何贯彻这些方法。

参考文献

[1] Jay Dawes, Mark Roozen. Developing Agility and Quickness [M]. Champaign. IL:Human Kinetics, 2012.

[2] Reuter, Ben. Developing Endurance [M]. Champaign.IL:Human Kinetics, 2012.

[3] Jeffreys, Ian. Developing Speed [M]. Champaign.IL:Human Kinetics, 2013.

[4] Willardson, Jeffrey M. Developing the Core [M].Champaign.IL:Human Kinetics, 2014.

[5] Michael Boyle. Functional Training for sports [M]. Champaign.IL:Human Kinetics, 2004.

[6] Juan Carlos Santana.Functional Training[M]. Champaign.IL:Human Kinetics, 2016.

[7] Michael P.Reiman, Robert C.Manske. Functional testing in human performance: 139 tests for sport, fitness and occupational settings[M]. Champaign.IL:Human Kinetics, 2009.

[8] 王卫星，蔡有志.体能—力量训练指南[M].北京：北京体育大学出版社，2007.

[9] 王卫星.体能训练理论与实践[M].北京：高等教育出版社，2012.

[10] 课程教材研究所体育课程教材研究开发中心.人类动作发展概论[M].北京：人民教育出版社，2008.

[11] 赵凤臣.人体结构与功能[M].上海：同济大学出版社，2008.

[12] Lloyd, Rhodri S. The Youth Physical Development Model: A New Approach to Long-Term Athletic Development [J]. Strength & Conditioning Journal, June 2012, 34 (3): 61 - 72.

[13] 成佩.中美体育教练员岗位培训体系的基本特征及其启示[D].武汉：华中师范大学，2013.

[14] 10 Key Factors Influencing Long-Term Athlete Development [M].Calgary Canadian Sport for Life, 2016 .

[15] 李中元.CrossFit 中提到的十项一般身体素质与之对应的训练是如何评价的？[EB/OL].https://www.zhihu.com/people/li-zhong-yuan-9/answers?page=2.

[16] 王雄，沈兆喆.身体功能训练动作手册[M].北京：人民体育出版社，2014.

[17] Jeffrey M W. Developing the core [M]. Champaign.IL:Human Kinetics, 2014.

[18] Jack H，等.运动生理学[M]. 4版.王瑞元，汪军，译.北京：北京体育大学出版社，2011.

[23] Paul Ford, Mark De SiteCriox, Phodri LIoyd,et al. The Long−Term Athlete Development Model:Physiological evidence and application[J]. Journal of Aports Sciences, 2011,29(4):389−402.

第四章　青少年心理发展规律及心理调节控制

内容提要：

青少年的心理具有自身的成长发展特点、规律。掌握发展特点、规律，有利于促进青少年运动员的责任感、领导力和运动兴趣的激发与培养。要帮助青少年克服在运动学习和训练过程中常见的心理障碍和心理问题，教练员需要学习和掌握增强运动员技能水平和降低其焦虑心理的技能、激发青少年运动员运动动机的方法，以及降低青少年运动员运动训练心理伤害的疏导方式。

学习目标：

（1）了解青少年心理发展的基本特征和规律。

（2）知晓青少年运动员运动兴趣形成的过程，掌握运动兴趣、运动动机培养和激励方法。

（3）能够根据运动员的个性特点，帮助运动员降低在运动训练和比赛中的焦虑水平。

（4）初步掌握青少年运动员的心理疏导方法，能够帮助运动员消除不良的心理状态。

第一节　青少年心理发展的年龄特征

一、人类发展的理论

（一）人类发展的基本问题和争论

人发展的本质、导致发展的原因和发展过程是人类发展的三个基本问题，这三个基本问题引起了研究者的激烈讨论。

1. 天性与教养

人的发展是在出生之前就由遗传和生物因素决定的，还是受后天经验和环境因素的影响？关于这一问题形成了遗传决定论、环境决定论等不同理论学说。以下是两种相互对立的论断。

（1）遗传决定论。

人的主要缔造者是遗传而非环境……世界上几乎所有的痛苦和快乐都不是环境带来的……人与人的差别是与生俱来的、在生殖细胞中就被决定了。

（2）环境决定论。

对一群健康的婴儿，在设定好的特定世界里把他们养育成人，无论其天赋、兴趣、能力、特长和他们祖先的种族如何，都能把他们随机训练成任何一种类型的专家——医生、律师、艺术家、商人、政治家，当然也可以是乞丐、小偷。这里没有一样是能力、天赋、气质、智力结构和行为特征的遗传结果。

然而，到了现代，很多发展心理学家认为人们的发展并不是完全由遗传或是环境单独决定的，而是由遗传和环境共同决定的。在人的发展过程中，由于遗传和环境所起作用的比例不同，从而造就了不同的心理状态。

2. 主动与被动

主动与被动是另一个具有很大争议的问题。主动是指个体对自己的发展具有很高的控制程度，使发展按照自己的意图进行。而被动是指个体对自己的发展感到无能为力，被动接受社会的塑造。人们是自身发展的积极参与者还是被动的接受者？若假定人们的发展具有很强的塑造性，那就可以认为人们受养育者和社会的控制。在这一假设前提下，如果个体无法成为有用之材的话，就可以认为是养育者没有尽到责任。美国一个问题青年利用这一逻辑控告他的父母犯了渎职罪，而其父母的辩护律师这样说道：“为了教育好这个青年，他的父母尝试了很多方法，但这个孩子从来没有做出让他父母高兴的反应。”我们可以从这句话中提取的内在含义是：“这个年轻人在决定他父母如何对待他的方式上有主动权，他自己对如何创造他的成长环境负有很大责任。”

3. 连续性与阶段性

人的成长与发展是一个连续的过程还是由不同阶段组成的？一种观点认为人的发展是一个积累的过程，这个过程是逐渐的、连续的，其间没有突然的变化，他们认为儿童与成年人对外界事物的反应相似，仅在行为的量和复杂性上有差异，只要给予儿童足够的教育，儿童也能拥有像成人一样的思维活动。另一种观点认为人的发展是由一系列突然的变化组成的，认为人们的发展就像爬楼梯，每上一个台阶都意味着机能的提高和重组。人在每一个阶段的发展是有差异的，环境和教育只能适当改变发展的速度，但是发展的顺序和性质是固定的。

（二）关于心理发展的主要理论学说及观点

1. 精神分析理论

（1）弗洛伊德的心理性欲理论。

弗洛伊德是维也纳的一名临床精神科医生，他通过使用催眠、自由联想和释梦等方法来缓解病人的紧张和焦虑症状，通过这些方法，他发现了病人被压抑的无意识动机，并提出了心理性欲理论。弗洛伊德认为人们主要受无意识动机和冲突所驱动，早期童年经验塑造了人格。

弗洛伊德发现，童年时期压抑的性冲突成为困扰病人心理的主要原因，他认为人类最重要的本能就是性本能。弗洛伊德所认为的性有一个很大的范围，包括吮吸指头、排便、排尿等，随着性本能的成熟，性驱力从身体的一个部位转移到另一个部位，每一次的转变都意味着性心理又有了新的发展。

（2）埃里克森的心理社会发展观。

埃里克森师承弗洛伊德，同时又结合了荣格的毕生发展理论，提出了人的八个发展阶段，由此建立了自己的心理社会发展理论。埃里克森认为儿童是积极的、好奇的生命体而不是父母遗传的生物本能的奴隶。受自身经历的影响，埃里克森强调文化对个人发展的影响，同时，还强调自我的功能和人的主观能动性。他认为人的一生面临八个主要危机或冲突，每种危机或冲突必须解决才能过渡到下一个阶段，否则就会一直处于某一阶段停滞不前。

（3）新精神分析理论。

霍妮、阿德勒和沙利文等精神分析理论家对人类的发展做出了很大贡献。霍妮被视为女性心理学的奠基人；阿德勒认为兄弟姐妹对社会性和人格的发展意义非凡；沙利文深入探讨了童年中期亲密的、同性别的友谊如何为后来亲密的恋爱关系奠定基础。与精神分析理论不同的是，虽然上述各精神分析理论家的侧重点不同，但是都强调社会文化对人的发展的影响，而弱化性本能对人的发展的影响。

2. 学习理论

（1）华生的行为主义。

华生认为人们应该以可观察到的外显行为为研究对象，而不是以观察不到的无意识行为为研究对象。华生是环境决定论的代表者，他认为儿童的发展完全取决于养育环境和父母或生活中其他重要的人对待他们的方式。小阿尔伯特的实验是华生的经典实验之一，该实验证明了人们对情绪的反应不是天生的，而是通过后天习得的，人的各种心理现象只是行为的组成因素，并且都可用客观的刺激—反应公式来进行说明。

（2）斯金纳的操作学习理论。

斯金纳认为人的行为和习惯取决于该行为导致的结果。若某一行为能导致好的结果，则该行为以后发生的概率就会增加，反之亦然。这种行为得到好的结果的情况就叫强化，不好的就叫惩罚。首先，斯金纳的操作性条件反射理论强调塑造、强化与消退、及时强化等原则。其次，他认为强化在行为发展过程中起着重要的作用。最后，他认为得不到强化的行为是易于消退的，不利于人行为的发展，强调强化一定要及时。

（3）班杜拉的认知社会学习理论。

观察学习是班杜拉的理论核心。观察学习就是通过观察别人（榜样）所表现的行为及其结果而进行的学习。观察学习表现为一定的过程，这个过程包括注意过程、保持过程、运动复现过程和动机过程。

班杜拉认为人类是积极的信息加工者，能够思考行为与结果之间的关系。他以相互决定论来描述人类的发展，他认为积极的人（P）、个体的行为（B）和环境（E）之间是相互作用的，并且它们之间的关系是双向的或相互的。

3. 认知发展理论

（1）皮亚杰认知发展的四个阶段。

皮亚杰认为人的成长发展过程是不连续的。他将青少年成长发展过程分为四个阶段，每个阶段都有独特的心理结构，并保持先后次序不变。前一阶段的结构是构成后一阶段结构的基础。两个阶段之间不是截然分开的，而是有一定的交叉。

（2）信息加工理论。

信息加工理论专家明确了生物成熟在认知发展过程中所扮演的重要角色，并且对生物成熟与认知发展之间的关系进行了详细的阐述。在他们看来，儿童能够更快地加工信息是由于大脑和神经系统的发育成熟。不断成长发育的个体能够更好、更持久地维持注意，辨认和贮存与任务相关的信息，并用这些信息解决问题，执行心理程序，个体执行心理程序的过程中受知识经验的影响。信息加工理论专家认为认知发展是连续的，而非阶段式的。

4. 习性学或进化论

习性学家最基本的假设是，所有的动物生来就有许多生物性的、程序化的行为，这些行为是：（1）进化的产物；（2）有利于生存的适应性行为。尽管习性学家批评学习论者忽视了人类发展的生物学基础，但是他们也意识到了良好的发展离不开学习。同弗洛伊德一样，他们也认为早期经验非常重要。实际上，他们认为许多特性的发展都有一个“关键期”。在此期间，如果发展中的机体接受到了适宜的刺激，就会展示与生俱来的某种发展模式，一旦过了这一关键期，再给予同样的刺激就没有持久的效应。总之，习性学家明确承认经验对发展的重大影响，同时也认为人类是有遗传素质的，这些先天的生物因素影响着人类对经验的学习。

5. 生态系统理论

布朗芬布伦纳认为处于成长发展期的个体是嵌套于相互影响的一系列环境之中的，系统与个体相互作用并影响着个体的发展。

（三）影响青少年心理发展的环境因素

人在发展过程中所处的环境极其复杂，它是一整套多层次的影响相互结合，促进或阻碍人的发展。下面对这些环境因素进行讨论。

1. 家　庭

若让人们回顾自己的过去，并要求写出对自己发展非常重要的人或事，大部分人所列出的内容都与家庭有关，家庭对人的成长与发展具有重要的直接影响和间接影响。就直接影响而言，青少年所获得的语言、各种技能、社会价值观及道德价值观都是在家庭成员的帮助下完成的。夫妻关系作为间接因素对孩子的发展起着不可忽视的作用，若夫妻关系和谐，家长就会更多地关心孩子的需求，孩子可能得到更多的表扬；若夫妻关系剑拔弩张，父母不仅会忽视孩子的需求，还会更多地训斥和指责孩子。青少年与家庭的关系可以影响他们一生的身心健康，若是温暖而满意的，对他们的身心健康发展有利；若与家庭疏离，常常导致各种发展问题。

2. 社会经济地位

社会经济地位包含三个方面的内容，主要有受教育年限、职业声望和家庭收入。社会经济地位是影响青少年心理健康的一个重要环境因素。社会经济地位较低的父母经常强调孩子的表面特质，而社会经济地位较高的父母更关注孩子的心理特质，并且通过多种途径与孩子互动，在互动的过程中，较多地使用讲道理与口头鼓励等方法，相反，社会经济地位较低的父母更多使用批评和体罚的方式来教育孩子。

3. 家庭之外：邻居、城镇和城市

生态系统理论强调家庭与社区的联系对青少年的心理健康非常重要。有研究表明，邻居提供的资源和社会支持对青少年的心理健康有着重要的影响，与经济条件较好的青少年相比，邻居资源对家庭经济困难的青少年影响更大，在低收入住宅区开展一些有组织和非正式的活动，能够在一定程度上弥补家庭资源的匮乏，一方面能够提高青少年的学习成绩，另一方面能够减少情绪和行为问题。

4. 文化背景

文化背景主要是通过规范化的社会文化教化和非规范化的社会文化渗透来影响青少年的心理健康（张向葵，从晓波，2005）。个体的社会化是社会文化教化的方式，在个体社会化的过程中，个体通过角色扮演所形成的稳定的内在心理品质与行为方式诠释并加工各种社会文化信息，为适应各种生活事件或变动进行自我调整。基于个体人格的特殊性，就会形成不同程度的社会适应性，与社会文化的矛盾则会带给人情绪的紧张并导致心理健康问题。此外，父母的心理状态、人格修养、生活方式等以渗透的方式影响着青少年的身心状态。青少年心理健康问题的形成还受文化类型的影响，例如，处于过分狭隘的文化类型中，不能满足人们生命需要的丰富性，都很容易引发心理健康问题。

二、青少年认知能力发展的特点

（一）儿童中期智力发展

儿童的认知能力在儿童中期发展到具体运算阶段。

（1）在此阶段，儿童能够主动且恰当地使用逻辑运算，并将其应用于具体的问题之中。

（2）在此阶段，儿童的去中心化能力得到发展。他们能够在解决问题的过程中考虑到多个方面。

（3）在此阶段，儿童获得了可逆性的概念。儿童意识到转变刺激的过程是可以逆转的，即使其恢复到最初状态。

信息加工理论认为元记忆在儿童中期出现并逐渐改善。处于此阶段的儿童能够加工更多的数据，处理更复杂的信息，在处理信息的过程中，能够有效地使用复述、练习等控制策略，以改善记忆。

（二）青春期认知发展和学校教育

1. 认知发展

依据皮亚杰的认知发展理论，青少年发展到使用形式运算来解决问题的阶段。

（1）采用逻辑的形式原则。青少年不再局限于具体的术语，能够抽象地思考问题，可以通过结果来系统地验证自己对问题的理解。

（2）进行形式推理。他们可以从一般理论出发，演绎出在特殊情境下特殊结果的解释。

（3）使用命题思维。命题思维使青少年理解在正确的前提下能够得出正确的结论，而且能够对更加抽象的前提和结论进行相似的推理。

信息加工理论认为青春期心理能力的发展最重要的原因在于元认知的发展。元认知是人们对自己思维过程的认识，以及对自己认知的监控能力。元认知促使青少年一些新的能力得到发展，如内省和自我知觉。伴随着思维的批判性和创造性日益增加，自我中心再度出现，表现为独特的自我和假想的观众。

2. 学校教育

青少年认知能力的发展和在学校的进步是否同步呢？研究发现，学生的成绩随年级的升高而下降。影响青少年学校教育的因素有很多，其中与学校教育相关程度最高的是社会经济地位，社会经济地位较高的学生受教育的时间更长，在标准化测验中的成绩更好。其次是种族差异，美国青少年的学校教育受种族差异影响较为严重，经济贫困是造成在校生种族之间成绩差异的主要原因。此外，青少年时期也是辍学人数最多的一个时期。

（三）语言和沟通能力的发展

1. 语言的发展

在童年中期，以往的句法错误逐渐被纠正，与此同时，儿童运用语法的形式更为复杂，在儿童的语言中能够发现简单的被动语态及条件从句。童年中期是句法改进的时期，句法改进是一个循序渐进的过程，通常持续到青少年或成年早期。此外，迅速发展的元语言意识使得小学儿童更擅长语义综合和语言推断。

2. 沟通能力的发展

在小学早期，认知技能和社会语言学理解的发展促进了参照性沟通技能的显著改进，6~10岁的儿童能够为倾听者提供丰富的信息，但是只有9~10岁的儿童能够根据为倾听者提供的丰富且具有区分性的信息来调整自己的言语内容，以更适应倾听者的需要。研究发现，兄弟姐妹之间的互动比儿童与父母之间的互动更能够促进沟通技能的发展，这是由于在兄弟姐妹沟通时，儿童有更多的机会修正自己所提供的模糊信息，从而形成一种较容易为他人所理解的话语。

三、青少年社会性和人格发展

（一）情绪发展和亲密关系的建立

1. 情绪发展

6~12岁儿童的情绪表达和情绪理解得到了进一步的发展，主要体现在儿童对情绪表达的规则有了更清晰的认识，并进一步遵守表达规则。在遵守情绪表达规则的过程中，人们必须能够对他们的情绪进行调节和控制，在儿童成长的过程中，自我调节的策略也更加多样化和复杂化。例如，未满1岁的儿童最初用哭泣调节不愉快的情绪，随着年龄的增长，他们通过与同伴讲话、玩玩具和远离不愉快的事物等策略来调节自己的情绪。在情绪发展的过程中，儿童能够整合内外部线索来理解他人的情绪，并获得了一定程度的角色采择能力，了解到他人也会有矛盾的情感体验。

2. 亲密关系的建立

青少年亲密关系的对象包括父母、兄弟姐妹、朋友等。在这一时期，青少年的亲密关系不仅局限于同性之间，还包括异性之间。青少年个体倾向于同自己外部身体特征相似的同龄人建立亲密关系，即青少年与其亲密朋友在年龄、外部身体特征等方面具有较高的相似性。

（二）自我和社会认知的发展

1. 自我的发展

根据埃里克森所划分的心理社会阶段，青少年面临的主要发展障碍是获得自我认同感。认同危机在青春期早期出现，在15~18岁得到解决。认同危机的成功解决称为认同感获得，是一种个体仔细思考过认同问题，并对自己的职业和理想达成积极承诺的认同状态。然而，并非所有的个体都能顺利获得认同感，他们或处于认同感混乱状态，或经历延缓偿付状态，或提前结束。埃里克森认为，若个体无法获得明确的认同感，长期处于一种混乱水平，对其情绪、自我评价和社会发展都具有极大的消极作用。换言之，青少年只有顺利获得自我认同感，才能使其他方面的发展顺利进行。

2. 社会认知的发展

对他人的了解与对自我的了解同等重要，在社会交往中，如果我们能了解他人的想法和感受，预测他们的行为，会使得人际关系更加和谐。依据塞尔曼的角色采择理论，青少年时期的角色采择属于社会角色采择，个体试图将别人的观点置于自己构建的社会系统中加以比较，并相信处在相同社会团体中的个体会有相似的观点。随着角色采择能力的发展，儿童对友谊的概念也发生了较大的转变，从朋友是“带给我好处的”单维、自我中心的观点，变为和谐、互惠的观点，认为朋友之间要相互理解，乐于为对方提供情感支援及其他帮助。

（三）攻击行为、利他主义和道德发展

1. 攻击行为的发展

攻击行为是任何对生物体有意伤害的行为，且被伤害者会力图避免这种行为。攻击行为通常被分为敌意性攻击和工具性攻击。从童年中期到青春期，外显的攻击行为逐渐减少，转而以偷窃、逃学等间接方式表达对社会的不满。

2. 利他主义的发展

社会对利他品质的崇尚使得人们在婴儿时期就开始接受与利他相关的教育。早在婴幼儿时期，人们就有类似亲社会行为的表现。随着年龄的增长，2~3岁儿童虽然学会和同伴分享玩具和食物等，但是这种分享具有更多的强迫色彩，他们并不是非常热衷于真正做出自我牺牲。真实的助人行为会在4~6岁的儿童中发现，从小学开始，分享、助人等亲社会行为越来越普遍。

3. 道德的发展

成为一个有道德的人一直是社会对每个人的期望，那么青少年时期，人们的道德又会有怎样的变化和发展呢？根据皮亚杰的道德发展理论，青少年道德的发展已经达到自律道德阶段。在这一阶段，人们更多从动机，而不是结果去判断他人的行为，同时开始意识到社会规则是主观的协议，规则在受到质疑的时候是可以改变的，甚至有时候为满足人们的需要也是可以违背的。例如，10岁的儿童会认为由于偷果酱而打破一个杯子的亨利比吃饭时打破15个杯子的约翰更应该受到惩罚。另外，处于自律道德阶段的青少年有些违反社会规则并没有被发现或者受到惩罚，因此，他们已经不相信固有的公平。

第二节　青少年责任感和领导力培养

一、青少年责任感及培养

（一）责任感概述

《心理学大辞典》认为，责任感是个体在道德活动中因对自己完成道德任务的情况持积极主动、认真负责的态度而产生的情感体验。它反映个体对承担任务的积极情绪体验和明确归因，决定道德任务的完成程度以及在没有完成时个体感觉到有过错的程度。国外许多学者将责任感看作一种负责任的状态，例如，Andrew和Schlenker（2002）将责任感看作一种状态，在此状态下个体对自己的决定和行为负责。而国内学者认为责任感是一种情感体验，例如，张积家称责任感是指社会生活中对自己完成任务、履行责任情况持积极主动态度而产生的情绪体验（张积家，1998）。本节主要讨论的是青少年运动员的责任感问题，那么对于青少年责任感是如何进行定义的呢？丁强等人在编制青少年责任感问卷的时候对青少年责任感进行概括，他们认为青少年责任感是青少年个体对分内之事乐于承担并尽力完成以及对行为后果勇于负责的情感，是一种相对稳定的特质（丁强，卢家楣，陈宁，2014）。

（二）青少年责任感发展的特点

2015年，陈宁等人选取了中部、东部和西部具有代表性的六个城市，对我国当代青少年责任感的发展特征进行调查发现有以下特点。

1. 我国当代青少年责任感总体正向积极并具有很大的发展空间

社会思潮的多元化、移动媒体的普遍性以及当代青少年成长的特殊背景，都使得他们成为社会关注的焦点。一方面青少年要承担来自社会各方面的压力与监督；另一方面青少年责任感的发展距社会期望还有一定差距，加强青少年责任感的培养任重而道远。

2. 青少年责任感的各维度间呈现发展结构的不均衡性

青少年的责任感包括自我责任感、人际责任感和社会责任感三个维度。调查发现，青少年的人际责任感得分最高，社会责任感得分最低。调查结果说明，青少年重视人际交往，尤其看重同伴关系的建立，但是社会交往和社会实践的参与度较低，导致社会责任感发展相对滞后。

3. 不同青少年群体的责任感发展水平表现出明显差异

青少年责任感发展水平在人口学变量上具有显著差异。女生高于男生，非独生子女高于独生子女，西部青少年责任感水平更高，职校生低于普通高中学生。

4. 个体因素和环境因素对青少年责任感具有显著影响

陈宁等人通过回归分析对青少年责任感形成机制的理论模型中“责任认知深化”和“责任榜样感染”进行实验研究发现，责任观（认知因素）和责任榜样（尤其是家庭和学校的责任榜样）能显著预测青少年责任感水平，这就凸显了父母和教师在青少年发展社会生态系统中为“重要他人”的角色重要性。

（三）青少年运动员责任感培养的原则和方法

1. 青少年运动员责任感培养的原则

（1）主导性原则。青少年运动员属于社会主义大家庭的一分子，在开展青少年运动员责任感培养的时候，要始终坚持和维护社会主义主流意识形态。

（2）主体性原则。突出青少年运动员作为受教育者的主体地位，青少年运动员在责任感培养的过程中并非完全受制于他人的影响，换言之，这个过程本质上是一个自我教育和自我调整的过程。

（3）层次性原则。由于青少年运动员的个体情况不同，教练员不能以一个标准去衡量所有的青少年运动员，因此，在青少年运动员责任感培养的过程中，要从实际情况出发，意识到他们之间的差异性，进行有针对性的培养。

（4）渗透性原则。青少年运动员责任感的形成和发展与日常的训练、学习和生活密切相关，教练员应当将责任感的内容融入青少年运动员的日常训练和生活中，使青少年运动员不知不觉地接受责任感的培养，从而增强青少年运动员责任感培养的有效性。

（5）循序渐进原则。青少年运动员责任感的形成不是一蹴而就的，而是一个曲折漫长的过程。在青少年运动员责任感培养的过程中，依据他们责任感形成的规律，按照循序渐进的原则，从最基础的行为习惯开始培养，稳扎稳打。

2. 青少年运动员责任感培养的方法

（1）提高青少年运动员责任感培养的重视程度。

（2）坚持社会主义核心价值观的引导。

（3）创新培养青少年运动员责任感的方法和途径。

（4）构建由社会、学校、家庭、教练员和自我五位一体的责任感培养模式。

（5）营造青少年运动队良好的风气。

二、青少年运动员自我评价

（一）自我评价与青少年成长之间的关系

自我评价是一种重要的评价方式，指的是人们对自己的能力、状态和发展趋势的评价性认识（何云峰，胡建，2007）。自我评价是心理学的研究热点之一。首先，自我评价会促使人们进行自我验证；其次，在自我验证的过程中，为自我实现提供动力；最后，在自我实现的过程中促进自我完善。自我验证、自我实现和自我完善可看作青少年成长过程中的循环，通过不断的自我评价，持续地促进青少年的成长。此外，青少年的自我评价还影响自我的社会交往技能，对自我的正确评价是对他人正确评价的基础。鉴于自我评价的自我功能和社会功能，教练员要重视其正面价值，促进青少年的成长和发展。

（二）体育运动中影响运动员自我评价的因素

在体育运动中影响运动员自我评价的因素包括主观和客观两个方面。

1. 主观因素

（1）运动员训练的动机和需要。

若运动员在训练过程中经常体验到积极的情感，就会激发运动员更高水平的成就需要，促使运动员产生自我评价的意识，使运动员获得更好的发展。

（2）运动员的自我效能感。

众多研究指出，自我效能感较高的运动员对自我的评价具有较高的信心，有助于激发运动员在困难面前不屈服、不气馁的精神。

（3）归因。

在体育运动中，运动员倾向于做出自我有力偏向的归因，是在自我评价中对自我的一种保护措施，害怕他人对自己的能力做出负面评价。归因不同会显著影响运动员的训练动机和自我评价。

2. 客观因素

（1）运动员自我评价的标准。

掌握了一定的评价标准和基础的评价方法，在运动训练的过程中积累一定的自我评价经验，当运动员具备了独立进行自我评价的能力，才能在体育活动中充分发挥主动作用。

（2）教练员设置的训练目标。

训练目标是教练员预期运动员所达到的训练结果和标准，有助于为运动员进行自我评价时提供参考标准。

（3）运动队中的人际关系。

运动队中的人际关系包括两个方面：运动员与教练员之间的关系，运动员之间的关系。融洽的队员关系以及来自教练员的鼓励都有助于建立自我评价标准，进而提高自我评价能力。

（三）青少年运动员自我评价的特点及规律

1. 青少年运动员自我评价具有性别差异

男性运动员的自我评价显著高于女性。青少年时期，女性的生理成熟速度要快于男性。由于女性身体上的变化，身体自我意识对她们的自我评价影响较大。男性更关注成就获得和能力提高，因此，成就和能力的感受对男性运动员的自我评价影响较大。

2. 青少年运动员自我评价具有年龄差异

随着年龄的增长，青少年的逻辑思维能力日益成熟，运动员能够更加全面、客观、辩证地看待自己、分析自己。青少年运动员的自我评价经历了由“他评”到“自评”的发展过程。

三、青少年运动员领导力与解决问题能力培养

（一）领导力概述

领导力是领导者在特定的情境中吸引和影响被领导者与利益相关者并持续实现群体或组织目标的能力，是一种能力或能力体系。领导力是领导的派生概念，构成领导力的核心要素包括知识、经验、智慧和胸怀四个要素。领导力的主要特征有以下几点：首先，它与领导具有紧密的联系，领导力是在领导过程中形成、发展并服务于领导过程的能力的总称；其次，领导力不同于领导，领导是指一个过程或一种行为，而领导力是指实现这个过程或胜任这种行为的能力；再次，领导力不仅仅是指领导者的能力，在逻辑上也包含被领导者的能力；最后，领导力是最重要的组织资源和核心竞争力之一，在很大程度上决定着组织目标能否实现和实现的程度。

（二）问题解决的心理学基础

问题解决是由一定情景引起的，按照一定的目标，应用各种认知活动，经过一系列的思维操作，使问题得以解决的过程。影响问题解决的心理因素有以下几个。

（1）问题表征的方式。问题表征就是问题呈现的方式。问题表征的方式越符合人们的知觉习惯，问题解决得就会越快、越好。

（2）知识经验的作用。知识储备的数量是影响问题解决的重要因素。专家与新手在知识经验上的差别可能是造成问题解决效率不同的主要原因。

（3）定势的作用。先前的心理操作所引起的当前活动的心理准备状态，对问题解决既有正面影响，也有负面影响。

（4）功能固着。人们将某种功能赋予某种物体的倾向称为功能固着。在现

实生活中，人们不易摆脱事物的固有观念，从而影响问题的解决。

（5）情绪状态。愉快的情绪有利于问题的解决，紧张、烦躁的情绪不利于问题的解决。

（6）动机。动机强度与问题解决的效率呈一条“倒U”形曲线，动机水平过高或过低都不利于问题的解决。

（7）个性特征。具有创新精神、不怕困难、坚忍不拔等品质的人，善于快速解决问题。

（三）青少年运动员领导力的获得方式与途径

优秀运动员通过自身卓越的领导力不仅可以提高队员之间的凝聚力和战斗力，还对全队的训练水平和比赛成绩有影响。鉴于运动员领导力的积极作用，青少年运动员领导力的获得方式有哪些？下面就此问题给予简单介绍。

1. 提高个人气质

人格魅力是领导能力的重要组成部分，领导者在组织中以人格魅力感召追随者，引导追随者，从而实现领导力。首先，领导者要在思想品德方面严格要求自己，做到训练中吃苦耐劳，比赛中团结队友，尊重对手。其次，要想成为一位优秀的领导者，必须有强大的自信心。要想成为整支队伍的领导核心，必须有坚韧的意志力，不惧怕任何挑战和困难。

2. 提高社会交往能力

运动员应该在平常的生活、训练和比赛中真诚地对待队友，尊重队友，为队友提供帮助，与队友建立和谐的人际关系，这样才能赢得队友的支持与信任。

3. 培养领导思维

领导思维是成为一个成功领导者所必备的素质。一个具有高超的个人专业技能、良好的个人修养及一定资历的运动员不一定可以成为全队的非正式领导者，但拥有极强领导思维的运动员可以不断从外界丰富自己的领导知识，成为一位优秀的全队领导者。可以通过观察其他运动队的领导者是如何运用自己的思维领导运动队来培养领导思维。

4. 提高自身的运动技能水平

一个优秀运动员领导者自身的运动技能水平直接影响其领导效力。若一个领导者在其他方面都很优秀，但是自身的技能水平较低，其他运动员不可能对他产生很强的依赖感。要成为一个领导者，必须深刻解读理论知识，同时还要勤于练习，使自己的技能水平不断提高，这样才能成为运动队的典范，进而帮助其他队友完成训练任务。

（四）青少年运动员解决问题能力的培养

青少年运动员解决问题能力的培养策略有以下几个。

（1）教练员与运动员之间建立民主平等的关系。民主、和谐的关系使运动员在碰到问题的时候敢提出问题、善于提出问题。

（2）重视理论知识的学习，加强运动技能的训练。知识经验的积累能够提高运动员的问题意识和解决问题的能力。

（3）加强解决问题的思维训练。培养逻辑思维，重视独立思维，训练发散思维和尝试逆向思维。

（4）教练员向运动员传授一些解决问题的技巧。运动员不仅要会解决问题，还要学会发现问题，并且有质疑的勇气。

四、青少年运动员冲突管控

（一）社会冲突的类型及原因分析

社会冲突是指两种或两种以上的社会力量由于社会利益的差异和对立而产生的外部对抗。社会冲突是人类交往的基本互动形式之一，普遍存在于社会各个领域。社会冲突的类型主要有以下几个。

1. 对抗性冲突和非对抗性冲突

根据冲突的对抗性，可将社会冲突分为对抗性冲突和非对抗性冲突。

（1）对抗性冲突是在对抗性利益基础上产生的冲突，一般发生在利益完全不同而又相互排斥的社会群体间。对抗性冲突群体内的凝聚力强、组织程度高，虽然它的发生频率低，但是强度非常高。这种冲突一旦发生，就会产生破坏性的后果，对社会造成重大的影响。

（2）非对抗性冲突是在根本利益一致的基础上因为具体利益的差异和矛盾而引起的冲突，一般发生于群体内部。非对抗性冲突群体内的凝聚力差，组织程度低，虽然它发生的强度低，但是频率非常高。非对抗性冲突若能处理得当，对社会的发展会产生一系列积极的作用。

2. 经济冲突、政治冲突和文化冲突

按照冲突发生的领域，可将冲突分为经济冲突、政治冲突和文化冲突。

（1）经济冲突是由生产力与生产关系这一人类社会基本矛盾产生的。经济冲突是经济运行过程中产生的经济行为主体、经济活动方式之间的对立，它是社会中最基本的冲突形式，其他冲突都是在此冲突的基础上产生的。

（2）政治冲突是由不同经济基础引起的在不同性质上层建筑之间、上层建筑的各个构成部分之间的对立，主要表现为不同性质政权之间的冲突和阶级冲突，如资本主义国家与社会主义国家的冲突。

（3）文化冲突是由价值观念和伦理道德的不同而导致的对抗，主要包括东西方文化冲突和传统文化与现代文化的冲突。

此外，除了以上冲突，社会冲突还包括宗教冲突、种族冲突与民族冲突等。

（二）运动队中的冲突特点

运动队中的冲突具有双重性。冲突给人的第一印象就是破坏，然而，管理心理学研究者发现，冲突是一把“双刃剑”，积极作用与消极作用并存。运动队中冲突太多导致凝聚力和战斗力下降，但是一点冲突也没有也不是一件好事，有些冲突在一定程度上对整个团队的建设与发展会起促进作用。冲突能够将一些潜在的问题暴露出来，冲突的解决能够改变运动队中僵化的环境，为运动队带来新的变化。一个良好的运动集体是在与错误的思想斗争中发展起来的，若每个运动员都抱着隐忍或多一事不如少一事的态度，就难以建立一个积极向上的运动集体。

（三）青少年运动员常见冲突的类型及原因

1. 自我发展与自我实现的冲突

每个人都有自我实现的需要，青少年运动员也不例外。当运动员的技能水平处于高原期，但是运动员又急于取得成绩时，就会发生冲突；当运动员受伤时，也会出现这种冲突。

2. 教练员与队员之间的冲突

教练员与队员之间的冲突表现在教练员的训练风格和认知偏见上。青少年运动员具有自主性，有思考能力和评判能力，粗暴、独裁、无视运动员的个性特征、要求运动员绝对服从的训练风格，极易引发冲突。有些教练员对某个或一些队员的偏爱会使别的队员感到自己被冷落，感到不公平，教练员的这种认知偏见极易使别的队员被压抑的情绪爆发出来。

3. 个人与集体之间的冲突

运动员的个人利益与集体利益基本上是一致的。如果个别队员将自己的利益看得比集体更重，或将自己的利益凌驾在集体利益之上，就会发生个人在认知与行为上和整个队伍的冲突。例如，刘易斯因破坏运动队纪律而被国家队开除。

（四）从内因和外因两个方面对冲突加以管控

冲突对运动队的发展既有消极作用，也有积极作用。如何对冲突加以管控，规避因为冲突带来的破坏性后果？下面将从内因和外因两个方面进行简单介绍。

1. 内部策略

使用认知重组法来处理个人的内部冲突，重新认知相互矛盾的两个目标或多个目标，采用自我说服的方法，说服自己接受已经选择的目标，放弃剩下的目标。

2. 外部策略

（1）建立统一明确的集体道德规范。每个队员将规范内化为自己的行为准则，避免因私利而引起矛盾冲突。

（2）创造和谐的气氛。融洽、和谐的气氛是避免冲突的心理基础。

（3）改变教练员的管理方式。粗暴和独裁的管理方式更容易引发冲突，因此，在队员的管理方式上应采用民主方式，尊重队员的人格，充分发挥他们的创造性和想象力，反过来，他们也会尊重教练员，服从教练员的决策。

第三节 青少年运动兴趣及培养

一、运动兴趣的内容

（一）兴趣概述

兴趣是一个古老而崭新的话题，它有很长的研究历史，早在19世纪中期，教育学家赫尔巴特就阐述了兴趣对于学习有利的导向作用。杜威在《教育中的兴趣及努力》一书中指出，以兴趣为基础的学习和以努力为基础的学习有着本质区别。关于兴趣的研究在此后沉寂了相当长一段时间，直到20世纪80年代，西方研究者关于兴趣对学习的影响的研究才逐渐恢复。

关于兴趣的分类，目前认可度最高的当数海蒂对兴趣的两分法，她将兴趣分为个人兴趣和情景兴趣。个人兴趣由个人倾向引起，具有高度稳定性，常与经验积累、积极情绪相联系。情景兴趣具有短暂性，可发展为个人兴趣的基础，并在一定条件下成为相对持久的个人兴趣。

（二）青少年兴趣的特点及发展规律

1. 兴趣广度缩小

随着生理的成熟和认知的发展，人们的兴趣范围越来越小，到青少年阶段，人的兴趣点可能只有少数几个，甚至发展到只对某项活动感兴趣，呈现出兴趣范围从大到小的变化规律。

2. 兴趣更趋中心化

随着年龄的增长和知识经验的积累，青少年只对特定领域的事物形成浓厚的、强烈的兴趣。

3. 兴趣更加稳定

儿童的注意力很难长时间集中在一项活动上，当他们对一件东西失去兴趣，就会马上放弃它，转而寻找另一件东西。青少年时期，人的认知能力有了较大发展，能够长时间专注于自己感兴趣的领域。青少年兴趣的发展呈现出“多变—变化—稳定”的规律。

（三）兴趣与人的行为之间的关系

当有机体受到刺激后，会通过心理的中介作用产生一系列外显的活动或动作。行为不同于心理，但又与心理密切相关。心理支配行为，但又通过行为表现出来。人的行为具有个体差异性，除了会受生理因素影响外，还受心理因素的影响，如兴趣 、需要、动机等。这些心理因素在人的行为中起着重要的推动作用。人的兴趣是在后天的实践中慢慢地培养起来的，当人对某项活动充满兴趣的时候，他就会表现出想要置身于该活动中的倾向。有研究指出，浓厚的体育学习兴趣具有强化学生参与体育活动的作用。

二、运动兴趣发展的规律

（一）运动兴趣的分类及产生原因分析

对于兴趣的研究在实践领域具有重要的意义。兴趣是由个体的需要引起的对事物进行探究的心理倾向。当前国内外并没有体育学科独特的兴趣分类体系，因此，目前研究者主要沿用心理学学习兴趣的两分法，将运动兴趣分为个人兴趣与情景兴趣两大类（赵兰兰，汪玲，2006）。个人兴趣具有较高的稳定性，它和知识积累与积极的情感体验相联系。情景兴趣稳定性较差，被认为是对环境刺激输入的一种反应，包括兴趣诱发和兴趣保持两个阶段。个人兴趣和情景兴趣并不是截然分开的，它们可能共同对某一项活动起作用，并且在一定条件下，短暂的情景兴趣会转化为稳定的个人兴趣。

众多研究指出，运动兴趣是运动员积极参与训练的标志，对训练效果和比赛成绩具有重要作用。运动兴趣缺乏会衍生运动员的厌烦情绪，带着强迫感而不是积极主动地去参加训练和比赛，甚至可能导致运动员退出体育活动。因此，对运动兴趣的研究具有很强的实践和现实意义。

（二）不同年龄的运动员运动兴趣发展变化的特点和规律

处于小学阶段的运动员兴趣盲目、稳定性差，对单调的运动项目容易产生厌倦情绪，并且他们的兴趣活动具有受外界因素影响的特点。年龄较小的运动员对简单、有趣的运动具有较强的兴趣，年龄较大的运动员对技术类运动具有较强的兴趣，但是他们的活动都具有很大的盲目性。

初中阶段是运动员运动兴趣形成的关键时期。在此阶段，运动员运动兴趣的盲目性降低，运动兴趣会慢慢地成为相对集中的中心兴趣。

高中阶段的运动员运动兴趣基本稳定。在年龄的增长和其他因素的共同作用下使得运动员的运动兴趣基本定型，形成了终身运动的兴趣。随着运动技能水平的不断提高，运动员在运动中的成就感使得他们的运动兴趣更加稳定。

三、运动兴趣培养的方法

（一）如何利用人的需要培养兴趣

根据马斯洛的需要层次理论，每个人都有追求乐趣、归属集体和自我展示的需要。运动员需要的满足对于兴趣的培养是一剂良药。首先，教练员使用多种教学方法使枯燥无味的训练富有趣味性，运动员只有享受到乐趣才会喜欢体育运动。其次，教练员可以用集体成员的资格作为一种奖励，以激励运动员为提高运动成绩而努力拼搏，同时也可以用集体的行为规范、目标和荣誉感来激发他们的成就动机。运动员只有在体育运动中体验过成功才会对体育运动感兴趣。最后，运动员感到自己有价值或使他人承认自己具有获得成功的能力是运动员在体育运动领域最强烈的需要。自我肯定和来自他人的肯定会使运动员更有信心，能够不断超越自己，自然而然便会对体育运动产生浓厚的兴趣。

（二）已经形成的兴趣如何激发

1. 灵活运用训练方法和手段

在训练过程中，综合使用不同的方法和手段既可以激发运动员的积极性，又可以获得较好的训练效果。例如，准备活动一般比较枯燥，可以在其中穿插一些小游戏，使运动员在完成游戏的过程中达到准备活动的效果；在进行体能训练过程中，可以通过变换训练地点和训练方式等手段，来激发运动员的训练积极性。

2. 发挥运动员的主体性

古人云："授人以鱼不如授人以渔。"在训练过程中，运动员应处于主体地位，教练员在训练过程中要重视运动员的主动性和创造性，注重激发运动员的运动兴趣，让其在自主学习的过程中得到全面发展。注重运动员的主体地位，留给运动员自主学习的时间和空间，有利于调动运动员学习的积极性。例如，在学习一个动作的时候，赋予运动员充分思考和创造的机会可有效激发运动员的兴趣。

3. 让运动员体验成就的喜悦

目标太低，不足以激发运动员的挑战欲望，体验不到成就感；目标太高，会使运动员产生一种挫败感，导致自信心和自尊心受到极大的伤害。可见目标过高或过低都不能让运动员体验成就的喜悦，同时也不利于激发运动员参与运动的兴趣。因此，在训练过程中，教练员要根据运动员的自身状况合理设置目标，让运动员"在跳一跳的情况下摘到桃子"。

4. 注重与教练员的交流

教练员的关心和爱护会使运动员对教练员形成一种强烈的认同感。这种方式是利用教练员与运动员之间的关系来激发运动员的兴趣。

（三）培养青少年运动员运动兴趣的过程中应注意处理的一些关系

1. 处理好教练员与运动员的关系

体育运动的发展，最关键的因素就是教练员与运动员。教练员的教与运动员的学相辅相成，二者缺一不可。教练员过于强势和过于温和均不适合。教练员过于强势，主导运动训练的整个过程，容易引起青少年运动员的反叛心理；教练员给予运动员过多自主性，青少年运动员则会在训练中迷失方向，不知所措。因此，教练员和运动员的关系应该处于既能充分发挥运动员的参训积极性，又能体现教练员的主动性。

2. 处理好运动训练与运动兴趣的关系

运动训练与运动兴趣具有复杂的相互关系，尤其是对于青少年运动员。积极地发展青少年的运动兴趣，使其体验到参与运动的愉悦感，形成对运动的良好心理意向和情绪体验，并不断感受到参与运动训练的乐趣，以此引导运动员主动地、积极地进行训练，形成稳定、良好的发展。青少年运动员通过运动训练水平的提高，能够不断地获得成就感，从而更好地提升运动兴趣。最终，运动训练与运动兴趣形成良性循环。

3. 处理好运动员近期成绩与长期发展的关系

我国现有运动训练评价体系尚不完善，对于教练员的评价制度尚不全面，主要体现在以竞赛成绩为主要评价指标。基层教练员为了在青少年竞赛中取得更好的成绩，往往将眼前成绩视为第一位，而不考虑运动员的长期发展，在青少年训练时期忽视基础，注重成绩。这就造成了青少年时期运动成绩优异，而成年之后由于缺乏发展潜力不得不提早退役。因此，处理好运动员近期成绩与长远发展的关系是极为重要的。

第四节　增强技能水平和降低焦虑的心理技术

一、运动动机的内部与外部强化

（一）动机概述

动机是推动一个人进行活动的心理动因或内部动力。它的基本含义是：能引起并维持人的活动，将活动导向一定目标，以满足个体的念头、愿望或理想等。动机对人们的行为具有始发作用、选择作用和强化作用。动机与需要紧密联系，人们大部分动机都是需要的表现。此外，动机与目的也具有一定的联系，在一定条件下，动机与目的可以相互转换，因此，目的也常常具有动机的功能。

（二）动机的分类及特征

依据不同的标准，可对动机进行不同的分类。

1. 生物性动机和社会性动机

按需要的种类可将动机分为生物性动机和社会性动机。生物性动机是由生物性需要所引发的，如饥饿、口渴而产生的动机；社会性动机是由社会性需要所引发的，如成就动机、交往动机。该分类方法侧重动机与需要的关系，并认为动机的性质由需要的性质决定。

2. 直接动机和间接动机

按兴趣的特点可将动机分为直接动机和间接动机。直接动机是指向活动过程本身的动机，以直接兴趣为基础；间接动机是指向活动结果的动机，以间接兴趣为基础。在训练过程中，运动员同时受到两种动机的驱使。

3. 丰富性动机和缺乏性动机

根据张力的增强或缩减可将动机分为丰富性动机和缺乏性动机。丰富性动机是以体验乐趣、获得满足、达到理解、寻找新奇等欲望为特征的动机，它以张力的增强为目的；缺乏性动机是以排除缺乏、制止破坏、避免威胁、逃避危险等需要为特征的动机，它以张力的缩减为目的。

4. 外部动机和内部动机

根据动机的来源可将动机分为外部动机和内部动机。外部动机是指来源于客观外部的动机，它以社会性需要为基础，人们通过某种活动获得相应的外部奖励或避免受到惩罚来满足自己的社会性需要；内部动机是指来源于主观内部原因的动机，它以生物性需要为基础，人们通过应对各种挑战，展现自己的能力，实现自己的价值，体验到很高的自我效能感。

（三）内部动机与外部动机之间关系的处理原则和方法

外部动机既可能加强内部动机，也可能削弱外部动机。外部动机对内部动机起积极作用还是消极作用主要取决于外部奖励方式的运用以及运动员对内部奖励和外部奖励重要程度的认识。若奖惩得当，外部奖励甚至小范围内的惩罚都可以促进外部动机向内部动机转化。反之，外部动机有可能破坏内部动机。著名心理学研究者德西认为，外部奖励会削弱人们的内部动机，但是在完成任务后给予被试者奖励，其内部动机并未削弱。因此，在处理内部动机与外部动机的关系时，应注意把握给予奖励的时机对内部动机的影响。

在训练过程中，为了促使运动员由外部动机向内部动机转变，教练员必须注意使运动员能够体验到最初成功的喜悦，并认识到外部奖励并非最终的奖励，对所达到的成就产生的自我满足感才是最终的奖赏。

二、青少年运动员压力管理策略

（一）什么是压力

压力是个体在面对难以适应的外界环境或威胁时产生的心理状态，是个体对威胁或挑战性事件的一种反应。压力也可称为应激、精神压力或心理压力。

（二）压力产生的内部和外部原因分析

引起压力产生的原因称为压力源。心理压力常由各种生活事件引起，如亲人去世、事业上的失败、遭遇情感挫折等，这些生活事件就是压力产生的源泉。压力产生的内部原因包括人格、经历体验等。抑郁质的个体在生活和工作中更容易感受到压力。过去的积极或消极的经历体验不光对以后的行为产生影响，而且其本身也会对个体造成一定的压力。压力产生的外部原因包括社会支持、期望和要求等。总之，不管是内部原因还是外部原因，都是因为这些因素发生了变化才使得个体体验到不舒适感。

（三）压力对人身心产生的影响

心理压力对人体的消极作用胜过它的积极作用，当人们承受心理压力的时候，会出现一系列生理的和心理的应激症状。

1. 生理症状

新陈代谢活动发生紊乱、呼吸急促、心跳加快加强、消化液分泌减少、头晕头疼、食欲减退、腹痛腹泻、疲惫不堪，致使个体逐渐患上各种慢性疾病甚至诱发潜在的身心疾病，如胃溃疡、癌症。

2. 心理症状

具体表现为情绪不稳定、对周围环境不满意、疲劳无力感、不安、易激怒、反应过激。可能会因为心理压力承受能力差而导致产生神经质似的心理障碍，严重者甚至会出现情感淡漠、幻觉、妄想、自杀意念等病态心理异常现象。

（四）压力的管理及相应的策略

压力管理包括对由压力源造成的问题本身的管理和对由压力带来的情绪、行为及身体方面问题的处理。在应对压力的过程中，需注意以下两方面：

1. 处理问题的技巧

通常一般人面对自己无法顺利处理的压力源时，常采取较不理想的方式，如逆来顺受、逃避、紧张或鲁莽行事，然而这样的态度往往无法有效处理问题，有时还会带来更大的麻烦。由于问题处理过程扮演压力调节最重要的把关者，一旦处理过程出了问题，压力严重程度可能大增或持续时间更久，即可能造成严重的情绪、生理及行为的伤害，导致各种身心疾病的发生。

2. 压力反应处理

压力处理过程对身体和心理都会造成明显的反应，因此如何适当处理身心的反应，是压力管理中的重要环节。

（1）合理表达情绪。

（2）调节情绪。

（3）乐观态度。

（4）调节生理反应。

三、增强运动员自信度的心理技术

（一）自信及相关的概念

自信是一个具有复杂层次结构的心理构成物，是个体对自己的积极肯定和确认程度，是对自身能力、价值等做出客观、正向认知与评价的一种稳定性格特征。它与其他人格系统是密切联系、相互作用的。

1. 自我意识与自信

自我意识（Self-Consciousness）即反省自我的能力，是一个人对自己及自己与他人关系的意识，是对自己的自觉观念系统。自信就是主体我对客体我的正面肯定与确认程度。由此可以发现，自信是自我意识的组成部分之一，自我意识与自信的关系可视为整体与部分的关系。

2. 自我概念与自信

自我概念（Self-Concept）是主体我意识到的理想或现实的客体我的内容，是个体对自己多方面知觉的总和，包括自己对自己的性格、能力、兴趣等的了解。自信就是正面、肯定、积极的自我概念。自信与自我概念又存在不同，自我概念有正确与否之分，而自信是一个“缺乏自信—自信—过分自信”的连续体，只有“度”的差异。

3. 自我效能与自信

自我效能是班杜拉提出来的一个重要概念，指一个人对自己能否完成一项任务所持的信心和期望，或者对自己成功地完成一项任务所具备的潜能的认识（Bandura，1997）。自我效能与自信关系密切，自我效能水平高者，具有很强的自信心。自信比自我效能更抽象、更概括，自我效能是自信的重要组成部分。

4. 自尊与自信

自尊是对自我进行的整体性评价，是自我概念的评价性成分。自尊与自信是两个不同的概念，首先它们的评判标准存在差异，其次它们所包含的内容也不相同。自尊有积极和消极之分，但是自信没有这样的区分。自尊与自信在一定条件下又具有相关关系，主要表现为自信是积极自尊的基础，自信水平高的个体自尊程度必然高，然而，自尊强的个体自信水平不一定高，积极自尊是自信情感体验的一种方式。

自尊、自我效能、自信都以自我意识为前提和基础，又都属于自我概念所包含的内容。它们之间既相互区别，又相互联系。

（二）自信形成的原因及影响因素

马斯洛将人们的需要分为生理需要、安全需要、爱和归属需要、尊重需要和自我实现需要。这五种需要是由较低层次到较高层次按顺序排列的，当人们的生理需要、安全需要与爱和归属的需要基本满足以后，就会寻求自尊的需要。影响运动员自信心的因素主要分为个人自身因素和个体外在因素两大类。

1. 个人自身因素

个人自身因素主要包括以下几项。

（1）生物遗传因素。

（2）自我认知与评价。

（3）成败经验。

（4）归因方式。

2. 个体外在因素

个体外在因素主要包括以下几项。

（1）替代性经验。

（2）他人的态度与期望。

（3）早期教育经历。

（三）提高青少年运动员自信的心理技能

1. 合理设置目标

（1）青少年运动员可将长期目标转换为中期和短期目标。短期目标的实现容易使他们更快、更明确地看到自己的进步。

（2）具体的目标比模糊的目标更能激发青少年运动员行动的动机。

（3）在现实目标的指导下，青少年运动员通过一段时间的努力而获得成功，自然会加强他们对训练和比赛的自信心。

2. 进行表象训练

运用表象训练提高青少年运动员的自信，即青少年运动员可以在头脑中想象自己以往在比赛中的成功表现，这能够使他们充满必胜的信心，达到最佳的竞技状态。

3. 积极的心理暗示

暗示练习就是利用言语、姿势等对自己的心理施加影响。

四、运动环境中的注意力控制

（一）什么是注意

注意是心理活动或意识在某一时刻所处的状态，表现为对一定对象的指向与集中。

（二）青少年运动员注意的特征分析

1. 一致性与变化性并存

一方面，青少年运动员的注意在不同的情境中表现出一致性的特征；另一方面，他们又能根据场地条件和对手战术改变自己的注意特征，以更有利于操作活动的进行。

2. 个体差异性

不同青少年运动员在注意能力方面存在差异，这种差异提示教练员可以根据专项运动特点选择与之注意类型相匹配的运动项目。

3. 受焦虑与唤醒水平影响

焦虑或唤醒水平的升高会使青少年运动员注意方式改变与注意范围缩小。

（三）在运动环境下提高注意控制能力的方法和手段

（1）逆反口令法。

（2）轻微口令法。

（3）有效口令和无效口令法。

（4）启发教学法。

（5）变换条件法。

（6）目标导向法。

（7）信息引导法。

五、比赛失误的心理调节

1. 什么是失误

失误是指在任务执行过程中由于疏忽或水平不高而造成的差错。

2. 对失误的再认识

造成比赛失误的原因有很多，大致分为个人内在原因和外部影响因素。导致比赛失误的个人内在原因主要有生理机能不能充分调动、心理压力过大、过分紧张等。造成失误的外部影响因素除了天气、场地、观众的干扰外，在对抗性竞技体育运动中，对手的进攻或压迫也是导致失误的一个原因。

3. 消除因失误引起的不良心理状态

（1）自信心的培养。

（2）模拟训练。

（3）想象训练。

（4）暗示训练。

六、规避竞赛心理压力的方法

（一）辩证、客观地面对竞赛压力

竞赛压力是一个复杂的、多构面的心理过程，有的研究者认为竞赛压力是影响运动员竞技水平发挥的源泉，还有的研究者认为竞赛压力其实是一种压力反应，是一种由外界刺激导致的情绪反应，这些外界刺激可能是裁判的误判、恶劣的天气、观众的期待等，这些才是真正意义上的压力源。根据“Choking”（窒息）过程理论可知，竞赛压力下的努力对技术含量要求较高的运动项目会产生负作用，容易发生“Choking”现象。有研究者曾对篮球的投篮和跑步进行比较，结果发现，在压力下，短跑运动员的跑步成绩有所提高，而篮球运动员的投篮命中率反而下降。

（二）竞赛心理压力的应对方法

运动员可采用生理调节、认知调节和环境调节三种方法应对过大的竞赛压力，使自己的心理状态保持在最佳水平。

1. 生理调节

（1）表情调节。

（2）呼吸调节。

（3）活动调节。

2. 认知调节

（1）表象调节。

（2）暗示调节。

（3）宣泄调节。

（4）情志转移。

3. 环境调节

（1）音乐调节。

（2）气味调节。

第五节　促进青少年运动能力发展的动机激励方法

一、运动员动机激励策略

（一）动机激励的策略分析

动机激励是利用各种诱因条件，使个体已有的活动需要由潜伏状态转为活跃状态，成为实际活动的推动力。动机的理论包括认知评价理论、自我效能理论和目标定向理论，可知的影响运动员动机的因素有很多，如认知因素、价值观因素、行为因素等。如何根据这些影响因素培养和激发动机，是摆在教练员和运动员面前的重要问题。

（二）动机激励策略的应用

1. 满足运动员的需要

满足运动员的需要是有效地激发动机的关键。若运动员在训练和生活中体验到的情感需要与其寻求的情感需要相一致，那么这个过程本身就能起到激发动机的作用。（1）满足运动员追求乐趣的需要；（2）满足运动员归属集体的需要；（3）满足运动员展示自我的需要。

2. 合理运用强化手段

强化是指出现可接受的行为时，通过给予奖励或撤除消极刺激以增强该行为出现的频率的过程。强化法主要是从外部激发动机的方法。强化法是一把“双刃剑”，运用得当，不仅可以激发外部动机，还有利于内部动机的培养；运用不当，既破坏内部动机，又破坏外部动机。强化可分为积极强化和消极强化。积极强化是出现特定行为时就给予奖励，消极强化是通过撤销消极刺激来鼓励特定行为，两者都具有增加特定行为出现的作用。

3. 增强运动员的自我效能感

根据社会认知理论，自我效能是促进动机的重要因素，自我效能较高的运动员，其参与训练或比赛的动机也相应增高。运动员可通过想象自己成功的情景、及时得到成绩反馈等途径来提高自我效能感。

4. 引导运动员对比赛成绩进行正确的归因

归因对运动员从事训练和比赛的动机、情绪有直接影响。当运动员对自己的成败进行归因时，若将失败归因于能力不足，会削弱运动员进行训练、比赛的内部动机。应当鼓励运动员将自己的失败归因于努力不够，使运动员的注意力放在个人努力的重要性上。

5. 改变训练环境

教练员要经常变换训练方法和手段，使运动员对训练内容保持新鲜感，以提高运动动机。

（三）激励过程中应该注意的问题

为了提高运动员的运动动机，在教学训练中应注意以下几点。

（1）使运动员的能力适合训练的难度。

（2）教练员在运用强化手段的时候，首先，应明确规定获奖励的行为、奖励的条件及奖励的标准。其次，奖励不能过量，避免德西效应。此外，无规律的强化比有规律的强化效果好。最后，要让运动员懂得，奖励不是最终目的，它只是能力、努力和自我价值的标志。

（3）运用动机激励策略的时候，要因人、因时、因地而异。

（4）训练方法和手段要多样化。

二、运动员心理衰竭的预防与干预

（一）心理衰竭的概述

心理衰竭也称身心耗竭或是崩溃，是由于经常不能有效适应训练或比赛应激要求而产生的一种耗竭性的心理反应，是一种训练应激症状。心理衰竭不仅会对心理健康造成巨大损害，还可能使运动员退出训练或比赛。

（二）心理衰竭产生的原因及运动员心理衰竭的特点

1. 心理衰竭产生的原因

史密斯于1986年提出认知—情感应激模型，他认为当运动情景对运动员提出很高的要求，并且这种要求大于运动员潜在的应对资源时，运动员就会出现应激反应，进而导致心理衰竭。席尔瓦提出的消极训练应激反应模型认为，产生心理衰竭的原因是对训练应激的消极反应。与此同时，施密特和斯坦恩依据他们提出的投入模型，认为运动员产生心理衰竭的原因是由于他们将运动视为一种约束。以上三种理论从个体角度分析心理衰竭产生的原因，并一致认为心理衰竭是训练应激的产物。但是，柯克利指出社会因素对心理衰竭有着不可忽视的影响。当运动员寻求运动以外的发展愿望不能实现或运动员感到自己被训练和比赛所控制，失去了对生活的控制权时，都可能导致心理衰竭。

2. 运动员心理衰竭的特点

研究者认为，运动员心理衰竭在心理和行为上具有以下三个方面的特征。

（1）身体和情绪上的精疲力竭。

（2）人格解体。

（3）成就感和自尊心降低，失败感和抑郁感升高。

（三）青少年运动员心理衰竭的预防

青少年运动员可采取以下措施预防心理衰竭。

（1）设定比赛和练习的短期目标。

（2）沟通。

（3）放松与休息。

（4）学习自我调整的技巧。

（四）青少年运动员心理衰竭的干预措施

当青少年运动员心理处于衰竭状态，可以采取以下措施进行干预。

（1）沟通。

（2）放松与休息。

（3）保持正面看法。

（4）处理赛后情绪。

（5）保持良好的身体状况。

第六节　青少年运动训练伤害的心理疏导

一、运动伤害预防的心理条件

（一）运动伤害对青少年运动员心理的影响

根据应激—损伤理论，青少年运动员在遭受生理伤痛的时候，也会产生心理应激反应。这些反应与他们受伤时的心理状态密切相关。

1. 情绪反应

受伤后运动员的情绪反应可概括为三个方面。

（1）与伤病有关的信息加工。

（2）情绪的剧变及相应的行为反应。

（3）积极的看法与应对。

2. 其他反应

（1）丧失认同感。

（2）恐惧和焦虑。

（3）缺乏自信。

（二）青少年心理特征与伤害事故发生的关联性

研究发现，青少年的个性特征很少与伤害事故的发生有关，个性是运动员所经历的压力与运动员心理应对能力之间复杂作用的一种反映。一般情况下，心理特征本身并不引起运动损伤，当运动员的身体状况处于不利条件下，如肌肉僵硬、不协调等，心理因素就会增加伤害事故发生的概率。一些心理因素，如高焦虑、高易动、A型人格等，都与伤害事故的发生有关。研究还发现，内向型人格的运动员发生伤害事故概率与外向型人格运动员并无显著差异，值得提及的是，伤害事故一旦发生，内向型人格的运动员能够更好地执行康复计划（运动损伤的心理学）。

（三）减少青少年运动伤害事故的心理基础

心理因素是造成运动伤害事故发生的重要原因，在预防和减少青少年运动伤害事故方面，可采取的心理学方面的措施有以下几个。

（1）完善应对行为。

（2）增加社会支持。

（3）有效的应激管理策略。

（4）提高集中注意力的技能。

（5）适当降低动机水平。

（6）充足的心理准备。

此外，认知重组、思维阻断、信心训练、团体凝聚力的培养、放松技能、冥想、催眠、运动表象、注意力控制等，再加上适当的医疗手段都有助于减少运动损伤的发生。

二、受伤运动员康复的社会心理环境

（一）人的心理与运动伤害康复的关系分析

运动损伤发生后，会对运动员造成强烈的心理应激。许多运动员由于不能客观地对待受伤这件事，担心自己的运动水平会下降，担心别人会取代自己等。如果运动员的生理伤害一直比较严重或康复的速度较慢，会导致运动员产生悲伤、低沉、绝望的情绪，这种现象在高水平运动员中更为常见。处于消极情绪状态下的运动员对康复治疗表现出抵触心理。研究指出，运动员伤害恢复的速度依赖于他可以支配的应对资源的多少，如果运动员具有强大的社会支持系统，与队友之间的关系较亲密，并且教练员对受伤运动员表现出符合实际的期待和耐心，同时又掌握一些特殊的心理应对技能，都可以加速运动员的恢复过程。（竞技运动，庞晓东）

（二）受伤后青少年运动员心理变化特点分析

运动心理学家认为运动员在受伤后常会经历五个阶段的反应过程，这5个阶段分别为以下几个。

第一阶段是否认。否认是人们经常用到的一种防御方式，在面临困难的时候，可能产生一种部分性的或完全性的对显示的曲解。

第二阶段是愤怒。运动员常处于愤愤不平的状态，同时伴有恐慌。

第三阶段是讨价还价。运动员通过各种假设或允诺一些无法实现的愿望，以此来改变已经造成运动损伤的这一事实。若到一定时间后仍然未能康复，运动员必将会退回愤怒阶段。

第四阶段是抑郁。当运动员最终认识到无法立即解决伤痛问题，就会变得孤僻、自我怜悯，常常回避教练员和队友的接触，处于意志消沉状态。

第五阶段是接受与改造。当运动员认识到受伤已经是不可避免的事实，并开始计划怎样成功地重返运动场时，心理恢复过程也就开始了。

（三）有助于青少年运动员伤后康复的社会心理环境

社会心理环境的主要成分和内容包括社会认知、社会情感、社会意识等因素，以及在此基础上所形成的心理氛围，表现为社会动机、社会态度和信念等因素。有助于青少年运动员伤后康复的社会心理环境有以下几种。

（1）强大的社会支持系统。运动员在康复过程中如果能得到足够多的社会支持，将有助于他们的康复。

（2）心理学工作者的帮助。帮助运动员疏导负面情绪，并教给运动员一些重要的心理应对技能。

（3）完善的医疗团队。队医在给予受伤运动员必要的医疗救护和康复措施的同时，教会运动员怎样应对伤病的复发。

（4）来自其他受伤运动员的帮助。其他受伤运动员的帮助和建议对处于伤病康复期的运动员意义重大。

三、减少运动员焦虑和恐惧的训练

（一）焦虑、恐惧的概述

焦虑是人们在预感到潜在威胁时，主观上产生的紧张、忧虑、烦恼等心理。适度的焦虑有利于人们的行为表现，但过度焦虑或不当的焦虑都会干扰人们的活动。

（二）焦虑、恐惧对伤害发生的影响

运动员在临近重大比赛前，会表现出焦虑、恐惧等应激心理状态，这样的心理状态与平时训练的心理状态差别明显。一方面，运动员的这种情绪状态会使自身的身心能量不能充分地得到动员；另一方面，在自尊心的驱使作用下，

运动员不顾实际情况强行完成比赛，就会导致运动伤害发生的可能性增加。

（三）如何克服焦虑和恐惧

焦虑和恐惧情绪不仅会增加运动员的受伤风险，还会对运动成绩产生影响，在训练和比赛前，采取措施规避焦虑和恐惧的消极作用是非常必要的。

1. 克服恐惧的方法

（1）降低训练难度。

（2）提供安全保护。

（3）系统脱敏。

（4）表象训练。

2. 克服焦虑的方法

（1）养成良好的任务定向的习惯。

（2）运动聚焦。

（3）放松训练。

（4）音乐表象。

四、运动员伤害恢复期的自信心理调节

（一）伤害事故对青少年运动员自信心的影响

伤害事故是体育运动中难以规避的问题之一。运动员受伤后，会产生强烈的心理反应，其中最直接的反应就是运动员自信心的降低。

美式足球运动员凯斯·米尔拉德是明尼苏达海盗队的著名组织后卫。在一场对弗罗里达坦帕海湾队的比赛中，他在追逐对方球员布坎尼亚斯时突然摔倒在地，膝盖严重受伤。米尔拉德抱头痛哭："我的膝盖受伤了，我的膝盖受伤了，我的整个生涯都完蛋了，一切都完了。"

虽然米尔拉德后来重返赛场，但是当时的运动事故使得他对整个运动生涯都失去了信心。当运动员经历伤病事故时，一个主要的认知反应就是自我效能

感的下降，以及对恢复后重返训练和比赛失去信心。

（二）生理伤害和心理伤害康复过程不同步性分析

运动员受伤后，会对身体和心理造成一定的伤害。在运动员康复过程中，生理伤害和心理伤害的恢复具有不同步性。生理伤害的康复主要通过恢复肌肉组织、活动关节等手段，通过一段时间的休息和恢复，达到身体上的康复。运动损伤对运动员造成的心理伤害的恢复通常滞后于生理伤害的恢复，心理伤害的恢复是一个复杂的、漫长的过程。运动心理学研究者指出，损伤康复后的运动员在重返比赛时，其身体与心理的准备程度是不一致的，许多重返训练和比赛的运动员虽然生理上的伤害已经恢复，但是心理伤害并未完全恢复，因此，重返赛场的心理准备并不充足，容易发生二次损伤事故。

（三）青少年运动员康复期间自信心重建

自信心重建是指运动员在训练或比赛中所受到的损伤康复后，感到自己有信心重新返回训练和比赛场上，并且能够成功完成动作的信念。目标取向和社会支持是自信心重建的主要来源，教练员可依据这两个主要来源采取以下措施来帮助青少年运动员在康复期间重建自信心。

1. 确立提高运动能力和加快康复的目标

运动员自己要参与到目标制定的过程中去。首先，目标的确立要具有现实性。运动员要相信自己能够提高运动技能水平，并且在以后的训练和比赛中有良好的表现。其次，确立的目标要具有挑战性。目标应该处于最近发展区内，具有适当的挑战性。一方面能够发展运动员的技能，另一方面能够使运动员获得成就体验，对自己的能力充满信心，从而能够不断接受挑战。最后，短期目标比长期目标更容易使人产生积极的期望，运动员根据反馈信息，能够对自己的能力有一个准确的认识，同时，当短期目标达到后，运动员的自信心也随之提高。

2. 增加社会支持

一个充满温暖、理解和帮助的生活环境能够促进受损伤的运动员自信心的恢复。教练员可以通过与受伤运动员谈论愉快的事情，给他们安慰和希望，也可以举一些受伤运动员重返赛场的例子给他们鼓励。此外，教练员可以向运动员教授一些心理技能，以加速损伤的康复。家人可以为运动员营造积极的气氛，而不是一味的责备。运动员受伤后容易感到孤独，队友的探望可大大减少他们的负面情绪。

3. 运动员自己的努力

自信心是内在的可控制成分。运动员要勇于面对受伤现实，并将其看作通往成功道路上的一个考验，不要畏惧，勇往直前。在损伤康复期，运动员要经常给予自己积极的心理暗示，如“我的伤口在慢慢愈合”“我一定会好起来的”。此外，运动员可以通过意念训练或表象训练对动作进行训练，以保持原有的运动技能水平。

五、受伤运动员康复的激励措施

（一）社会支持概述

社会支持（Social Support）的概念来源于精神病学，并在心理学、健康医学和社会科学工作者的努力下不断发展并逐渐完善。社会支持的内涵包括两个方面，分别为结构性的社会支持和功能性的社会支持。在体育运动的情景中，拥有结构性的社会支持的运动员凭借其社会连接的存在可形成一个社会支持网络。若运动员的社会支持网络较大，社交范围较广，且经常与其支持者接触，就能导致正向的结果，否则，就可能导致负面的结果。功能性的社会支持分为知觉的支持和获得的支持。若运动员知觉到自己能够获得较多的社会支持，并且已经得到了很多的社会支持，也能够导致正向的结果。研究表明，社会支持与个体社会技能、工作绩效、自我概念和身心健康有着显著的正相关关系，而社会支持的缺乏则与社会惰性、焦虑、担忧和压抑有着显著的负相关关系（王雁飞，2004）。

（二）作为社会支持的激励措施

（1）情感激励。向别人提供情感支持、鼓励，表达关心与爱护，使别人感到温暖、同情与信任。

（2）人格激励。肯定他人，尊重他人，在态度和价值观上给予精神支持。

（3）物质激励。向他人提供物质帮助，帮助他们解决问题和困难。

（4）同伴激励。与他人接触，满足他人人际关系的需要，给他人提供必要的信息、建议和指导，缓解他人的消极情绪，促进积极心态的产生。

（三）用于促进青少年运动员康复的激励措施

（1）来自社会支持系统的持续支持。受伤运动员需要持续稳定的社会支持。运动员受伤后容易产生低落、郁闷、消沉等不良情绪状态，来自家人和朋友的理解、鼓励和支持可以缓解这些不良情绪，使运动员保持乐观心态，从而促进康复。

（2）榜样的力量。教练员可以向伤病运动员讲述其他受伤运动员的典型事迹，讲述他们受伤后通过自己的努力获得康复，康复后经过一段时间的训练，运动技能水平非但没有下降，还有一定提高的经历。教练员通过这些典型事例来激励受伤运动员永不言弃，促使他们早日康复。

（3）制定身体康复目标，并将整个康复目标划分为许多不同的短期目标。短期目标具有时间短和见效快的特点，短期目标的实现容易使运动员受到鼓舞。教练员可以鼓励受伤运动员通过不断达到短期目标来实现整个康复目标。

（4）教练员和队友的关心和期待。运动员受伤后，会逐渐感到自己正在被人淡忘，陷入孤独无助的境地。此时，教练员和队友的关心和期待早日康复的心愿能够激发运动员回归集体的欲望，这种欲望驱使他们积极配合康复计划，争取早日回归集体。

思考与练习题

（1）有关青少年心理发展的理论有哪些？怎样根据青少年运动员情感发育的特点建立教练员与运动员之间良好的师生关系？

（2）青少年的领导能力是怎样形成的？如何消除运动队里所发生的各种冲突和矛盾？

（3）青少年运动员的兴趣具有怎样的发展特点和规律？如何培养和激发青少年运动员的运动兴趣？

（4）什么是焦虑？焦虑对于运动员具有怎样的影响和作用？如何在运动训练和竞赛中调节运动员的心理状态？

（5）什么是动机？如何使运动员形成正确的运动动机？

（6）运动伤害对运动员的心理会产生怎样的影响？如何帮助青少年运动员进行伤后的心理恢复？

参考文献

[1] Andrew Q, Schlenker B. Can accountability produce independence? Goals as determinants of the impact of accountability on conformity[J]. Personality and Social Psychology Bulltin,2002,28(6):472−483.

[2] Bandura,A. Self−efficacy: Toward a unifying theory of behavioral change[J]. Psychological Review,1997,84:191−215.

[3] Shaffer. D. R. 发展心理学[M]. 邹泓，等译. 北京：中国轻工业出版社，2016.

[4] 巴斯 D M. 进化心理学——心理的新科学[M].熊哲宏，张勇，晏倩，译.上海：华东师范大学出版社，2007.

[5] 车丽萍. 当代大学生自信特点研究[D].重庆：西南大学，2002.

[6] 丁强，卢家楣，陈宁. 青少年责任感问卷编制[J].中国临床心理学杂志，2014，22（5）：831−834.

[7] 何云峰，胡建. 自我评价的功能和作用[J]. 湖南师范大学社会科学学报，2007（05）：16−20，32.

[8] 黄希庭，郑涌. 当代大学生心理特点与教育[M].上海：上海教育出版社，1999.

[9] 黄希庭.心理学导论[M].北京：人民教育出版社，1991.

[10] 罗伯特·费尔德曼. 发展心理学——人的毕生发展[M]. 苏彦捷，邹丹，等译. 广州：世界图书出版公司，2013.

[11] 王雁飞. 社会支持与身心健康关系研究述评[J]. 心理科学，2004（05）：1175-1177.

[12] 肖百平. 北京市普通高校排球课教学中学生自我评价应用现状与影响因素[D]. 北京：北京体育大学，2007.

[13] 张积家. 试论责任心的心理结构[J]. 教育研究与实验，1998（04）：43-47.

[14] 张力为.运动心理学[M]. 上海：华东师范大学出版社，2013.

[15] 张向葵，丛晓波. 社会文化因素对心理健康问题的影响[J]. 心理与行为研究，2005（03）：229-233.

[16] 赵兰兰，汪玲.学习兴趣研究[J]. 首都师范大学学报（社会科学版），2006，173：107-112.

[17] 郑士鹏. 当代中国青年社会责任感及其培养研究[D]. 北京：北京交通大学，2014.

[18] 朱龙凤.心理压力产生的原因及其影响[J]. 山西师大学报（社会科学版），2010，37：153.

第五章　青少年运动员教学训练计划的制订与实施

内容提要：

训练目标是对青少年运动员在未来的训练过程应达到的状态目标进行预测，在确定青少年运动员的训练目标时要考虑运动员的现实状态诊断、竞技发展潜力、外部训练条件、竞赛条件等。运动训练计划是根据运动员实际的运动状态所确定的运动目标，综合现有运动条件等因素制订的，是对整个运动训练的过程所做出的理论设计。

学习目标：

（1）明确训练目标的构成，确定训练目标应考虑的因素。

（2）了解设置训练目标应遵循的教学训练原则。

（3）掌握教学训练计划的分类、结构和内容，以及多年、全年、周和课时计划制订的相关知识。

（4）熟悉青少年教学训练计划实施效果的评价。

第一节　青少年运动员训练目标的确立

一、训练目标的内涵及作用

（一）训练目标的构成

训练目标是对青少年运动员在未来的训练过程应达到的状态目标进行预测。一个完整的训练目标应该包含青少年运动员的运动成绩指标、各项竞技能力指标及阶段发展指标等几个部分。

运动成绩指标是期望青少年运动员达到的运动成绩，包括周期性重大比赛、常规年度比赛的名次和竞技水平（例如跑的时间、跳的距离、举的重量、技术等级、得分、名次等）。为了完成最终的竞技成绩指标，青少年运动员必须将自己的竞技能力发展至相应的水平，必须具备各项竞技能力指标。在整个训练过程中，每一个阶段的训练、竞赛等的具体要求及相应的衡量标准（包括竞赛成绩和竞技能力表现）就是阶段发展指标。竞技能力指标把总体的目标分解成若干个任务指标，通过完成每一个具体的任务指标来实现总体目标。阶段发展指标把总体的状态指标和每一阶段的具体状态指标落实到每一个具体阶段中去，并有计划、按步骤落实。这样，青少年运动员训练的状态指标就比较明确，运动训练就变得有的放矢，教练员也可以通过不断地检查和反思来发现运动训练中存在的问题，以便于及时调整。

（二）训练目标的作用

1. 确立明确的奋斗目标

明确的奋斗目标可以激发青少年运动员、教练员的内部动机，从而使他们端正态度，更加积极、自觉地进行训练。

2. 规划合理的训练目标状态

对训练目标进行合理的规划可以为训练计划的制订和实施提供重要的依据，避免目标散乱，无的放矢。

3. 为评定训练指标提供依据

在青少年运动员小学、初中、高中阶段的训练过程中要以训练指标为依据，对青少年运动员现实状态的动态发展过程给予对照评定，检查阶段训练成果，并对反馈的结果进行分析。如果发现问题就要对训练的相应环节进行微调，实现对训练过程的控制。

二、确定青少年运动员训练目标应该考虑的因素

确定青少年运动员的训练目标时一定要从运动员的实际情况出发，实事求是，既不夸大，也不保守，根据运动员的实际身体条件、竞技能力和竞技潜力，以及与训练、比赛相关的外部条件确立客观的训练指标。既要防止揠苗助长式的过早专项化训练，也要杜绝计划盲目、消极懈怠的训练行为。因此，在确定青少年运动员的训练目标时要考虑运动员的现实状态、竞技发展潜力、外部训练条件、竞赛条件等。

（一）现实状态

青少年运动员的现实状态是训练的出发点和落脚点。现实状态包括青少年的训练经历、竞赛基础、身体素质、发育水平等基本状态数据。如果训练过程中不考虑青少年运动员的现有水平，盲目制定训练目标，往往会导致揠苗助长式的过度训练。

（二）竞技发展潜力

竞技发展潜力是青少年运动员进一步提高其竞技能力的可能性，通常包括运动员的发育水平及训练潜力。教练员通过自身经验和观察分析来确定运动员的遗传基础、青少年运动员身高基础、先天身体素质水平、思维敏捷度、领悟

能力、技术动作学习能力、意志品质、节奏感等。同时，要考虑到青少年运动员的发育水平，是早熟型还是晚熟型，只有这样才能真正确定青少年运动员的发展潜力和训练潜力。

（三）外部训练条件

外部训练条件是青少年运动员训练的外在保障，包括教练员配备，训练场地器材和设备，营养、康复、保健、科研支持，家庭及学校支持力度等。外部训练条件好能为训练目标的完成提供强有力的外在支持，同一运动员在不同的外部训练条件下将产生不同的训练结果。如果教练员责任心强，训练态度认真，家庭学校支持力度大将有利于青少年运动员的成长，也是训练成功和取得优异训练成绩的前提和基础。

（四）竞赛条件

竞赛条件是青少年运动员在竞赛过程中所处的竞赛环境，包括竞赛的时间、地点、对手、裁判、规模、设施、饮食、交通、居住条件等。合适的比赛时间和地点、良好的竞赛设施、安静的居住条件、公平的赛场环境、熟悉的对手等将为青少年运动员创造优异的竞赛成绩提供强有力的支持。

三、设置青少年运动员训练目标应遵循的主要教学训练原则

教学训练原则是指导运动训练实践、提高教学训练质量、完成运动训练目标的基本要求，是对长期教学及训练实践经验的总结与概括。构建一个科学的教学训练原则，可以帮助教练员进一步认识青少年运动员训练的客观规律，优化教学及训练过程，提高训练效率，实现运动训练的最终任务。对青少年运动员教学训练的原则制定可以借鉴传统运动训练的原则，但不可完全照搬相关的要求。对青少年运动员教学训练的原则制定需要综合考虑运动训练项目、运动训练方法、运动训练对象等三个方面的因素。通过长期对青少年运动员训练规律的总结，对青少年运动员进行教学和训练应该遵循的主要原则有：健康第一兼顾竞技需要的原则；循序渐进与直观教练的原则；全面发展兼顾个性的原

则；周期安排与负荷适宜的原则；动机激励与有效控制的原则；把握运动员身体发育规律及项目特点的原则。

（一）健康第一兼顾竞技需要的原则

传统竞技训练要求训练服从竞技的需要，从运动员的竞技能力及运动成绩的需要出发，科学安排训练的内容、方法、手段和负荷等因素。多数教练员常常将这一要求理解为“训练完全服从竞技成绩的需要”，造成对青少年进行运动训练时，首先考虑的不是运动员可承受的运动训练负荷以及青少年生长发育的规律，而是大负荷下的竞技能力提高问题。例如，过早对青少年运动员施加超过其承受范围的负荷进行绝对力量训练，造成青少年骨骼变形，破坏其身体形态，影响身体发育。因此，只有教练员建立运动员健康第一的观念，时刻从青少年运动员的生理、心理的发育特点出发，进一步贯彻传统训练理论中竞技需要的原则，才能确保运动训练计划、训练方法、训练负荷制订的科学性。贯彻这一原则有利于保护青少年运动员的健康，减少运动竞技人才的浪费，提高运动训练成才率。

（二）循序渐进与直观教练的原则

这一原则是在青少年生长发育规律以及运动技术形成原理之上提出的。青少年的训练必须与其生理及心理的生长发育规律紧密联系。随着青少年运动员年龄的增长，教练员抓住青少年不同身体素质发育的敏感期，循序渐进地推进不同素质的训练。此外，根据运动技术的形成规律，一般技术形成都是难度从低到高、由易到难、由简到繁，通过循序渐进的教学训练方式可不断完善运动技术。在对人们认识事物过程的研究中发现，人在学习掌握新知识时，首先建立的是对事物具体生动的思维，之后逐渐建立表象，生成复杂的抽象思维，最终学会并可使用新知识。因此，在对青少年教学训练课中应该首先应用直观的教学方法，使运动员建立直观生动的印象，然后循序渐进，使运动技术逐渐形成并牢固掌握。

（三）全面发展兼顾个性的原则

青少年运动员的培养一般作为竞技体育的后备人才梯队来进行训练，青少年运动员多存在于二线或三线以下的队伍，因此，对青少年运动员进行训练的目的是为其以后竞技能力的进一步提高打下体能、技能、心理等方面的坚实基础。教学训练课应该注重青少年一般运动能力的培养，全面发展青少年运动员的身体素质、一般技术能力、战术能力等竞技能力，为他们即将到来的专项能力提高阶段打下坚实的基础。在全面发展青少年运动员一般竞技能力的基础上，要注重运动员及运动项目的特点，做到区别对待。首先，运动员个人特点具有多样性，需要综合考虑运动员年龄、性别、竞技水平、生理和心理特点等因素，因人而异地调整训练方案。其次，运动训练特点的多变性，要求考虑不同项目、不同场地、环境等客观因素，兼顾客观条件的变化性，适当改变训练方案。

（四）周期安排与负荷适宜的原则

人体竞技能力的变化表现出明显的周期性特征。运动训练超量恢复理论是竞技能力周期性提高的基础。一次负荷施加后，机体能量消耗，各器官功能下降造成疲劳，通过超量补偿机制使运动员运动能力得到恢复并产生提高。因此，在青少年教学训练课中应该重视运动训练计划的周期性安排，紧紧把握运动员竞技能力提高的周期规律，提高运动训练效率。在运动负荷施加过程中，只有根据青少年运动员的现实可能以及人体机能训练规律制订合理的负荷量，才能取得理想的训练效果。当训练负荷大小适宜，引起人体相应的应激反应，可以促进人体竞技能力的提高。而负荷过大，超过青少年运动员的最大承受能力时，运动员机体会产生劣变现象，不但无法提高竞技能力还会给运动员的健康造成影响。

（五）动机激励与有效控制的原则

现代运动训练要求运动员长期坚持系统性的训练，并承受生理及心理上的巨大压力。青少年运动员年龄小，心智不成熟，面对高强度的生理和心理压力时难免会产生不良情绪。因此，在教学训练课中要不断地从运动员自身及外部激励运动员保持良好的动机。这对于青少年运动员对训练保持信心，树立新的训练目标，提高青少年运动员的训练效率具有十分重要的意义。除激励运动员的训练动机外，教练员在教学训练课中还要对训练实施有效的控制。由于运动训练的过程是多变的，其受到训练环境、训练者生理及心理等因素的影响，所以教练员为保证运动训练过程及训练目标的顺利完成，需要对运动员及整堂教学训练课进行有效的控制。

（六）把握运动员身体发育规律及项目特点的原则

运动员创造优异运动成绩不是一蹴而就，而是进行长期系统、科学训练的结果。在青少年运动员的生长发育过程中，适合专项的形态、机能与生长发育状况之间存在不均衡，某些运动素质在特定的年龄阶段发展较快，存在着运动素质发展敏感期。例如，男子12~16岁，女子11~15岁为力量素质发展敏感期；男子7~9岁、12~15岁，女子7~11岁为速度素质发展敏感期；男子10~20岁，女子9~18岁为耐力发展敏感期；灵敏素质敏感期为6~11岁；柔韧素质敏感期为6~8岁，运动训练中要充分利用该年龄段的特点及时发展适应专项需要的各项身体素质。

第二节　青少年运动员教学训练计划的制订

一、青少年运动员教学训练计划的制订依据

运动训练计划是根据运动员实际的运动状态所确定的运动目标，是综合现有运动条件等因素制订的，是对整个运动训练过程所做出的理论设计。运动训练计划的实施，对其实施效果进行检验，通过评定结果与计划目标的比较找出差异，通过反馈修正训练计划，可以使运动训练获得满意的效果。运动训练计

划的制订主要依据运动项目竞技的需要、人体生理及竞赛安排的周期规律、运动员竞技水平诊断、教练员自身情况、运动训练环境等。

（一）运动项目竞技需要对运动训练计划的导向

竞技运动项目具有特异性，不同的运动项目有着不同的竞技特点，对运动员的竞技能力要求也不相同。运动员的竞技能力包括体能、技能、战术能力、心理能力、运动智能，不同的运动项目竞技能力的结构不同，各部分对竞技能力的促进作用也不相同。因此，需要对运动项目的特点和竞技规律进行深入的研究。只有建立在对运动项目深入了解的基础上，才能合理地制订训练计划，选择与专项运动相符合的训练内容，运用有效的运动训练方法及运动训练手段，提高运动训练的效率。

（二）人体生理及竞赛安排的周期规律对训练计划制订的导向

人体在运动训练中表现出来的生物适应过程，不仅仅是长期的，而且是有周期规律的。人体对负荷的超量恢复机制就是人体对训练周期性适应的规律表现。机体对一次负荷的反应，表现为工作、适应、恢复、训练效果消失等几个阶段，在长时间的运动训练中，运动员机能的这种周期性变化就是竞技能力的形成、保持和消失三个阶段。为提高运动训练的效率，运动训练计划的制订与实施，需要与运动员竞技能力形成及消失的周期性规律相一致。此外，适宜比赛条件的出现也表现出明显的周期性特点。例如，多数比赛的成绩与气候、天气等情况有十分密切的联系。多数大赛日期的安排与气候、时令也有密切的关系，且具有时间周期性的特点。运动训练计划的制订应围绕着运动员在大型比赛中取得好的成绩，因此，训练应该紧紧把握比赛周期的时间安排，科学地施加负荷，使运动员在比赛期内调整到最佳的竞技状态。

（三）运动员竞技水平诊断对运动训练计划的导向

对运动员竞技能力状态的诊断可以了解运动员当前的实际运动水平及竞技能力，可以为运动训练计划的制订确立一个准确且客观的出发点。以此为基础，教练员可以做出较为恰当的预测，设立更为符合运动员需要的训练指标，进而进行训练阶段的划分、训练内容的选择、训练方法及手段的应用及评定标准的设置。可以说，整个训练计划的制订都是以对运动员现实竞技水平诊断和分析作为出发点展开的。因此，对运动员竞技水平的诊断是制订运动训练计划的出发点，更是重要依据。

（四）教练员自身情况对运动训练计划的导向

教练员是运动训练的组织者，是运动训练计划的总设计师，其各方面的能力水平对运动训练计划具有很大的影响。上文提到，一个教练员需要掌握多学科知识，且需要具备多种优秀能力，兼有良好的素质。教练员的业务水平、教学理念、知识及自身素质水平的高低都会对训练计划产生影响。因此，教练员应该努力提高自身各项能力水平，促进运动训练计划合理有效地制订。

（五）运动训练环境对运动训练计划的导向

狭义的运动训练环境包括训练的器材、场地设施、器材的质量和数量等。训练环境制约着运动训练方法及手段的选取，进而运动训练的内容也会受到限制。因此，运动训练计划的制订需要综合考虑一般运动训练环境情况。此外，运动训练的大环境包括社会环境、经济环境、政治环境等，这些大环境会对运动项目或整个竞技体育环境产生导向影响。所以说，训练大环境和小环境都会对运动训练计划产生影响，引导着运动训练计划的制订。

二、青少年运动员教学训练计划的分类、结构及内容

（一）青少年教学训练计划的分类

按照不同的分类标准，可将运动训练计划分为不同的类型。主要的分类标准有：运动训练计划的时间跨度、训练对象的人数多少、训练的任务的不同、训练所处的不同阶段或不同训练内容。

按照训练计划的时间跨度的长短，可将训练计划分为全程性多年训练计划、

年度训练计划、大周期训练计划、周训练计划和课训练计划。多年训练计划和年度训练计划主要用来安排运动员较长时间的系统训练，这一类属于对运动训练战略性的计划，属于框架式的，内容较为固定。周训练计划和课训练计划是实际执行性的训练计划，内容比较详细、具体，在训练中有较多的变化。

按照训练对象人数的多少，可将训练计划分为个人训练计划和队训练计划。个人项目多以个人的训练计划为主，而且随着运动员竞技能力的发展，训练计划的个人特点也越来越浓。队训练应根据团队或集体性项目的技战术和专位特点，按照训练计划组织实施，训练中既要考虑队员专位特点，也要兼顾全队的技战术特点。个人训练计划可以适当增加集体练习的比重，从而提高运动员训练兴趣；队训练计划需要适当补充个人训练计划，运动员水平越高，其作用就越重要。

按训练任务和训练内容，根据运动训练需要提高运动员竞技能力并在特定比赛中表现出相应的竞技能力，训练计划可分为改善人体形态及各系统机能的训练计划和另一类各种模拟训练、热身赛训练等训练计划。训练计划不同，所选择的训练手段和方法也有很大差异。

（二）青少年运动训练计划制订的结构

虽然运动训练计划的类型有所不同，但在制订运动训练计划时基本结构是相同的。一般主要包括以下10个部分：运动员起始状态的诊断，为整个训练计划的制订提供依据；确定训练指标，用于衡量及评价运动员的竞技能力提高；划分训练阶段，提出各训练阶段的主要任务；确定实现目标的基本对策；安排比赛序列；规划训练负荷的动态变化趋势；选择训练方法和手段；确定各种手段和练习的负荷要求；制订恢复措施；规划检查评定训练效果。不同类型的训练计划有着不同的训练任务，因此，其训练方法、训练手段、负荷安排及组织实施都有各自的特点，但总体来说大体训练内容框架相近。

（三）青少年训练计划的内容

青少年运动训练一般训练周期比较长，需要综合考虑长远的训练情况。可以将运动训练过程归结为准备部分、指导部分、实施部分和控制部分。在青少年的全程性多年训练计划及年训练计划中，注重青少年未来训练发展战略的制订，因此较注重指导部分的制订。而青少年周训练计划和课训练计划，侧重于实际训练过程的实施，因此，这类训练计划较重视实施部分的制订。

准备部分主要包括对青少年竞技运动能力的诊断和建立运动训练的目标。这一部分为整个运动训练的制订提供必需的信息和重要的依据。运动员竞技能力的诊断从训练负荷、竞技能力和运动成绩三个方面入手，对运动员的综合运动能力进行评估，由此获得运动训练过程准确的起点。通过对运动员竞技能力的诊断科学地制订运动训练计划，有效控制运动训练强度的指标，检查评定运动训练效果的指标。

指导部分在运动训练计划中属于统筹全局性的决策，这一部分用于划分运动训练阶段，制订各个运动训练阶段的训练任务。这一部分是根据运动员的竞技能力诊断，在制订的运动训练目标的基础上，提出的对运动员未来竞技能力发展进行的规划，同时根据每个训练阶段的任务和负荷安排比赛的序列。

实施部分主要用于运动训练活动的具体组织实施，对于运动训练的方法、具体手段、训练内容、训练负荷等都需要进行细致的考虑。由于这一部分直接用于训练活动的实施，因此，对青少年运动员的个人特点及竞技运动项目的竞技需要也要进行综合的考虑。

控制部分是根据对运动员起始运动竞技状态的诊断，以及运动员在运动训练过程中的表现等对有关信息进行准确、全面的收集，从而制订可靠的运动训练评定及检查标准，对运动员的训练过程进行有效的监控及评价。这有利于教练员高效地控制运动员的竞技能力发展。

三、青少年运动员基础训练多年计划的制订

（一）青少年运动员基础训练多年计划制订的必要性

构成运动员竞技能力的各个因素，需要经过相当长的时间进行训练才会表现出明显的改善和提高。运动员的体能水平受生理因素的影响，需要经过较长的时间才能产生生物适应现象，机体各器官系统的功能才能得到改善。现代运

动项目，特别是技能主导类运动项目的技术十分复杂，需要运动员进行成千上万遍的重复才能达到动作的定型。此外，高度紧张和激烈的比赛需要运动员具备良好的心理素质，对心理素质的培养并不是短时间内就可以达到的。青少年运动员一般处于基础训练的阶段，因此更要打好运动训练的基础，必须经过长期系统的运动训练获得相应的竞技能力。

运动员竞技能力的状态的转移有阶段性的特点。随着青少年身体发育，身体素质发展的最佳时机出现在不同的年龄段。根据不同项目竞技能力需要的不同，适宜项目竞技能力发展的时机表现出层次性，而这些发展敏感期与青少年身体发育期息息相关。因此，青少年要获得系统的竞技能力，需要在较长的生长期内接受科学的运动训练。

此外，运动员先天遗传性竞技能力与后天获得性竞技能力间获得最佳组合时，运动员表现出最佳的竞技能力。这需要运动员在最适宜比赛的年龄段，体能、技能、战术、心理、运动智能都已经获得最为系统的训练，这些都要求运动员进行长期的运动训练。

（二）青少年运动员基础训练多年计划的主要任务、内容、负荷安排

对于一个运动员而言，全程性多年训练计划包含四个阶段：基础训练阶段、专项提高阶段、最佳竞技阶段、竞技保持阶段。青少年运动员一般处于基础训练阶段，这一阶段有3~5年。青少年基础训练阶段的主要任务是全面打好竞技基础，着眼于提高青少年运动员的基本运动能力、基本技术等一般竞技能力，为运动员以后的发展打下坚实的竞技能力基础。

青少年基础多年训练阶段，注重青少年运动员一般运动能力的全面发展，包括协调能力、基本运动能力、多项基本技术、一般心理品质、基本运动素质等。这一阶段的运动负荷较小，不宜过大，且负荷的结构变化幅度较小，保持较稳定的负荷。这一阶段不应该过早地对青少年运动员施加较高的运动负荷或进行专项运动训练。过高或过早的专项负荷会使青少年运动员过早承受负荷，造成运动素质发展敏感期与训练内容、负荷不一致，不仅使运动训练效果下

降，严重的甚至会造成青少年运动员的损伤。

四、青少年运动员基础训练全年计划的制订

（一）全年训练计划的定义及生物学依据

全年训练计划的制订是在与运动训练相关的人员，包括教练员、队医、助教、科研人员、运动员的协同作用下，围绕全年比赛日程特别是重大比赛日程、运动员各种竞技能力水平及竞技状态发展所需要时间、各种训练要素间的比例等制订的整年时间的训练计划。全年训练计划要比多年训练计划对训练任务的划分更加详细，对教练员和运动员的要求更加严格。运动员的竞技能力及竞技状态不是一成不变的，而是有周期特征的，包括竞技状态的形成、保持、消失三个阶段。大周期、全年性的训练计划就是围绕重大比赛而进行制订的，目的是通过训练方法及手段的干预，使运动员在重大比赛中竞技状态调整到最佳。

（二）基础训练全年计划的分类与组织

根据运动员竞技水平的不同、训练要求的差异，还可把全年训练计划分为单周期、双周期、多周期三种类型。单周期的训练优点是准备的时间比较充足，有利于运动员长时间地锻炼从而获得稳定的运动技能，不断地优化技战术的结构。一般来说，跨度大的单周期有利于运动员基本竞技能力的培养，但是从另一方面来说，单周期的训练目的性较强，所获得的最佳的竞技能力会在赛后逐渐地消退，一般适用于准备赛期较短的比赛。双周期和多周期构成了训练的大周期，训练大周期的设置是为了成功地参加1~2次重大比赛而设计的。在整个训练的大周期中，结构较为复杂，训练的负荷也是呈现波浪形的变化，运动员的竞技能力的保持也是在这种上下交替变化的波浪中逐渐趋于稳定。在训练大周期中所获得的竞技能力要比单周期所获得的竞技能力更为稳定。表5-2-1和表5-2-2是上海市青少年全年训练计划的周期、阶段划分和训练负荷安排及运动员个体现状的基本分析。

基础阶段全年训练计划的主要任务是增进青少年的健康，发展其素质，使

其学习或改进基本的技术动作，不断地学习新战术，增强自身的意志品质。此阶段相当于全年训练计划过程中的准备时期，又可分为一般准备时期和专门准备时期两个部分，准备时期所花费的时间主要是根据比赛类型和比赛的要求而定。全年计划基础训练阶段的比赛较少，青少年运动员在发展素质方面的练习方法也主要是以持续训练法和间歇训练法为主，在改进技术方面的练习方法主要是以分解法为主。练习的手段是多种多样的，这样做的目的主要是增加训练过程中的可变性，提高青少年练习的热情，尽量避免因练习手段的枯燥而致使运动员疲劳现象的发生。对此阶段运动员训练成效的验收主要是看运动员的机体与训练负荷的适应情况，同时还要积极运用各种措施使机体能够得到恢复，避免运动损伤的发生。

表5-2-1　青少年年度训练计划（1）

<table>
<tr><td>全年训练计划的周期、阶段划分和训练负荷安排
（内容包括：周期阶段的划分、起止时间，主要任务和训练时数，运动量、强度安排。要求：用文字描述后，后面在图中画出训练负荷安排曲线。）</td></tr>
</table>

表5-2-2　青少年年度训练计划（2）

<table>
<tr><td colspan="9">对运动员个体现状的基本分析
（内容包括：训练对象的年龄、形态、训练年限、身体素质水平、专项成绩、技战术和心理、作风等方面的情况。要求：用表格结合文字来分析每个运动员的长处和短处。）</td></tr>
<tr><td rowspan="2">姓名</td><td rowspan="2">性别</td><td rowspan="2">年龄</td><td rowspan="2">训练年限</td><td rowspan="2">身高</td><td rowspan="2">体重</td><td>身体素质</td><td rowspan="2">技战术</td><td rowspan="2">专项成绩</td><td rowspan="2">心理作风</td></tr>
<tr><td></td></tr>
<tr><td></td><td></td><td></td><td></td><td></td><td></td><td></td><td></td><td></td><td></td></tr>
<tr><td colspan="10"></td></tr>
</table>

1. 全年训练指导思想

全年训练指导思想是年度训练过程的依据和训练行为的向导，主要包括以下内容：根据运动项目特点和青少年成长的规律、体育总局颁布的青少年训练大纲，以及训练对象的现状、年度目标任务，科学地提出全年训练的总思路、总要求，主要以文字形式宏观描述本年度训练重点关注的内容。

今年的主要目标就是扩充市运会队伍，完成锦标赛任务。全年的训练思路和要求基本上都是围绕大赛制订。在基本技术训练方面要求要严格，每个细小的环节都要练到位、练细。结合实战从中找寻问题，以小带大，多以比赛竞争的形式提高队员的训练积极性；技战术训练方面强调防守的重要性和攻防转换的快速、连续性。加强个人和整体攻防中的强对抗训练，并且通过强对抗的训练手段来锻炼队员心理素质和作风的培养。充分结合实战以局部位置和整体攻防提高个人的技战术运用能力；加强队伍队纪和队风的建设，全面提高队员的比赛心理素质和技战术的发挥水平，切实抓好平时的训练工作，改进和完善专项素质与专项技战术的训练，使队员在技术和身体素质上对自己有一个更高的要求和目标。做好各年龄段队伍的衔接工作，不断充实、壮大队伍的整体实力，确保各年龄段队伍的人数，落实好学校和家长的沟通联系，使他们能积极主动地配合好我们训练工作的开展，提高队员在各方面的成绩，确保学习的同时也能保证训练的顺利开展。

摘自《教练员年度训练计划》

2. 全年训练的周期、阶段划分和训练负荷安排

该项内容包括全年训练的周期阶段的划分、起止时间、主要任务和训练时数及运动量、强度的安排。

该部分内容可以用文字描述，也可以用表格等形式直观地展现，如表5-2-3是教练员以表格形式直观地描述年度训练计划的起止日期、主要任务、训练时数和运动量、运动强度的安排等内容，使我们一目了然地全窥该教练的年度训练安排。

表5-2-3　教练员年度训练计划

起止日期	主要任务	训练时数	运动量、强度的安排
1~2月	加强个人专项技术训练和身体素质训练，提高队员个人和整体的攻防能力和对抗强度	每天一练	训练负荷大
3~6月	以局部位置和整体攻防的技战术配合和快攻的攻防转换能力为主，加强场上应变能力，提高配合默契和相互间的补防、协防意识。打好上半年的锦标赛	每天一练	周五、周六和周日三天的训练负荷较大
7月	提高队伍的整体技战术配合和整体攻防能力，加强个人专位技术，完成全国后备基地比赛任务	每天一练	训练负荷大
8月	暑期外出集训。以教学比赛和身体素质训练为主，以打带练，在比赛中寻找问题	每天一练	训练负荷大
9~11月	保持中等强度的身体素质训练，结合攻防对抗提高个人的攻防能力，完成锦标赛任务	每天一练	周五、周六和周日三天的训练负荷较大
12月	加强小队员的基本技术训练。在基本技术训练方面要求要严格，每个细小的环节都要练到位、练细，结合攻防对抗提高个人的攻防能力，并从中找寻问题。以大带小，多以比赛竞争的形式提高队员训练的兴趣性和积极性	每天一练	训练负荷中

摘自《教练员年度训练计划》

在训练量和训练强度中，教练员可以根据全年的训练周期安排、比赛安排，按照月度画出训练负荷安排曲线。

3. 全年训练的基本任务

全年训练的基本任务是对年度训练需要完成的任务进行概括，主要包括年度发展身体素质、技战术，培养心理素质和队伍作风建设，提高专项水平的基本任务和举措。

身体素质方面。通过系统规律性的身体素质训练，以小肌群的速率、躯干力量和核心力量训练，避免在大赛前出现严重的受伤现象。针对重点队员的个体特点，加强不同程度的专项力量训练，同时在体能方面，尤其是场上攻防转换之间的跑量要达到一定的强度和质量。

技战术训练方面。充分结合实战以局部位置和整体攻防提高技战术运用能力，强调防守的重要性和攻防转换的快速、连续性。加强个人和整体攻防中的强对抗训练，并且通过强对抗的训练手段来锻炼队员心理素质和培养良好的作风。在手球教学与训练中加强战术意识的培养和加深运动员对手球规律的理解程度。

心理素质和队伍作风建设方面。抓好队伍的衔接工作，预备年级队员要抓好基本功及专项素质的训练，尽快使他们能适应手球训练和比赛，无论是从心理还是球场作风上都要做好准备。针对队员之间的水平差距，较大问题要在平时训练课时根据实际情况来进行拾遗补阙，通过队内阶段的测试加强运动员技战术、心理素质作风培养，使运动员素质、技战术、心理素质和意志品质都能有显著提高。

摘自《教练员年度训练计划》

如上述全年训练任务材料中，教练员系统描述了身体素质、技战术训练、心理素质和队伍作风建设等任务，但是对于提高专项水平方面的任务描述较少。

4. 全年训练与比赛目标

全年训练目标应该系统描述训练对象一般身体素质、专项身体素质在现有基础上的发展水平，以及年度测试中应该达到的目标。

年度比赛目标应该对年度比赛的次数、比赛的等级和重要程度方面进行分析，对不同比赛对手的情况和水平应该有所了解，在制订年度比赛目标时还应该根据队员现有水平和能力做出客观的分析，既不要制订过高的不切实际的目标，也不能过于保守，把比赛目标降低。制订比现有能力稍高的比赛目标有利于激励教练员和运动员提高训练水平，同心合力来完成预定比赛目标。（采用表格式，尽量用定量目标）

表5-2-4是上海市区级教练员年度训练和比赛目标中对不同运动员身体素质指标、技战术指标和比赛成绩指标做出的明确规划，但是教练员在运动员专项指标的选择上还比较单一，有待进一步完善。

表5-2-4　运动员身体素质、技战术、比赛成绩分析

姓名	主要身体素质	技战术	专项比赛成绩	
	助跑摸高、折返跑、往返运球投篮	投篮命中率	主项	副项
胡××	二线达标 优秀	中锋50%	保四争三	
马××	二线达标 合格	快攻80% 外围45%	保四争三	
潘××	二线达标 合格	中锋50%	保四争三	
白××	二线达标 合格	快攻80%，外围45%	保四争三	
钱××	二线达标 合格	突破60%，外围50%	保四争三	
陈××	二线达标 优秀	突破60%，外围50%	保四争三	
倪 ××	二线达标 合格	突破60%，外围50%	保四争三	
金××	二线达标 优秀	快攻80%，外围45%	保四争三	
薛××	二线达标 合格	快攻80%，外围45%	保四争三	
夏××	二线达标 合格	快攻80%，外围45%	保四争三	
薛××	二线达标 合格	快攻80%，外围45%	保四争三	
王××	二线达标 优秀	突破60%，外围50%	保四争三	

摘自《教练员年度训练计划》

5. 全年训练的基本手段

训练手段是为了提高竞技运动能力、完成具体的训练任务所采用的练习方法。青少年运动员全年训练基本手段包括身体素质训练、技战术训练、心理素质和作风训练等。青少年训练计划中全年训练基本手段必须符合项目和训练对象的特点，具有较强的针对性、有效性和创造性。这些基本训练手段可以分为增强体能类手段、改善技术类手段、提高战术能力类手段、改善心理状态类手段、一般与专项训练手段、基本训练与辅助训练手段等，根据年度训练计划的阶段特点选择针对性手段来解决训练中出现的问题。

身体素质训练：力量训练以小肌群、躯干力量和核心力量训练为主；体能训练以有氧耐力跑、变速跑和无氧短距离高强度跑为主。其中素质训练还包括弹跳力、反应速度、变向速度、身体协调性、柔韧性和灵活性的训练。

技战术训练要技术与实战相结合：1.强化动作速度。高速度是当今手球比赛的发展趋势。在平时训练中无论是准备活动、步法移动、传球速度还是场上攻守的跑动对抗，都必须要求在快节奏下去完成。只有在平时训练中不断地强化速度，才能在今后的比赛中取胜。2.强化个人技术。个人技术是队伍整体实力提高的关键。在技术训练上要求是非常严格的，小到一个步法动作，大到动作的连续性，只要有一次不到位都要反复练习。在这种严厉的要求下，队员在心理、情绪和身体上都受到了较大的考验，训练质量和强度都已超过了比赛。在个人技术提高的同时，队伍的整体实力也得到了加强。

心理素质和作风训练就是所谓的精神训练，实际上就是队伍作风的培养，队伍在逆境中，比赛落后时的抗压能力。赛场就是战场，比赛就是竞争，不管付出多大的代价都必须取得胜利。在训练中攻防要有奖罚，输的一方要接受加练或者是素质上的刺激。为了进一步提高队员的斗志和凝聚力，还要有“要球不要命”的精神，只有这样，队员才能在比赛中充分发挥出自己的能力和技术水平。

摘自《教练员年度训练计划》

上述材料是上海市区级教练员年度训练计划的一部分，在对于全年训练基本训练手段的选取上涵盖了训练基本手段的主要内容，但是训练手段选取的科学性、实效性方面还有待提高和完善。

6. 个体现状及身体素质、技战术、机能指标测试与年度比赛、综合考核安排

教练员在制订年度训练计划时需要对运动员、运动队的现状进行分析，对运动员的身体素质、身体形态、发育状况要熟悉，对运动员技战术发挥、专项水平和训练比赛作风都要了如指掌。

以下文字和表5-2-5是教练员对带训运动员训练现状的分析。从表中可以看出，教练员对运动员的各项身体指标较为熟悉，对于运动员的个人特点，技战术运用能力，比赛作风等细节描述较为详细，对运动员存在的不足也有所提及，虽然表格中表述较为笼统，但是这样的一份运动员个体现状的诊断对运动训练还是具有积极的指导作用的。

张××：综合身体素质较好，拼抢积极，在技战术运用上还需提高。

钱××：拼抢积极，从守门员改练场上队员，具备一定的综合身体素质，配合意识和技战术运用能力还有待提高。

潘××：作为守门员在技术方面发挥得很不错，身体素质要加强。

童××：个子较小，比较灵活，技术运用较合理，要提高个人技战术运用能力，场上应变能力较差。

李××：具备较好的技战术运用能力，反应较快，作为控球核心队员要加强场上的控制和应变能力。

文××：守门员，条件优越，技术方面发挥得很不错，在心理素质方面还需提高。

陈××：个子较小，技术运用较合理，要提高个人攻防对抗能力，场上应变能力较差。

夏××：意识很好，技战术运用也具备一定的能力，在身体素质方面还需加强。

薛××：十六届重点队员（为表5-2-5中2004年1月出生的薛××）。具备较好的技战术运用能力，反应较快，作为核心队员要加强场上的控制和应变能力。

摘自《教练员年度训练计划》

表5-2-5　运动员训练现状分析

姓名	性别	出生年月	训练年限	身高	体重	身体素质	技战术	专项成绩	心理作风
						800m跑			
张××	女	2001.01	3	166.8	52.8	3′06″	良好	优秀	良好
钱××	女	2002.12	4	163.5	60.6	3′10″	良好	优秀	优秀
潘××	女	2000.02	3	169	52.1	3′55″	良好	一般	良好
童××	女	2000.01	3	167.3	55.1	3′07″	良好	良好	一般
李××	女	2001.09	2	160.4	56.9	3′05″	优秀	优秀	优秀
文××	女	2002.02	2	162.5	42.4	3′02″	优秀	优秀	良好
陈××	女	2004.08	2	172.4	56.6	3′17″	优秀	良好	优秀

续表

姓名	性别	出生年月	训练年限	身高	体重	身体素质	技战术	专项成绩	心理作风
						800m跑			
林××	女	2003.09	2	175	73.6	4′ 02″	优秀	良好	优秀
薛××	女	2004.01	1	168.5	43.6	3′ 00″	优秀	优秀	优秀
夏××	女	2004.08	1	162.2	36.6	3′ 05″	良好	良好	良好
薛××	女	2004.10	1	173.2	60.2	3′ 18″	良好	良好	良好

摘自《教练员年度训练计划》

同时，年度训练计划中需要包括比赛和测试的相关内容，主要包括队伍或队员参加比赛、身体素质、身体形态、身体机能测试的相关安排。

表5-2-6是上海市区级教练员年度比赛和测试的相关内容安排，该表明确描述了运动员年度比赛次数、测试安排及测试指标，使教练员在安排年度运动训练时更加有的放矢。

表5-2-6 运动员年度比赛和测试安排

比赛或测试内容	要求	时间安排
少体校素质运动会	立定跳远、60m跑、800m跑	3月
后备人才基地科研测试	身体指标及机能指标	3月
上海市中学生锦标赛身体素质测试	二线达标	4月
上海市中学生锦标赛	前四名	4月
全国后备人才基地比赛	进前八	7月
后备人才基地科研测试	身体指标以及机能指标	9月
少体校素质运动会	立定跳远、60m跑、800m跑	9月
上海市中学生锦标赛	前四名	10~11月

摘自《教练员年度训练计划》

（三）基础训练周的组织与安排

周训练计划是组织训练活动极为重要的一个训练单位。周训练计划可以划分为基础训练周、赛前训练周、比赛周、恢复周。青少年运动员由于多处于全程性多年训练阶段的基础训练阶段，因此在周训练计划中主要以基础训练周、恢复周为主，赛前训练周、比赛周安排较少。表5–2–7是上海市青少年运动员周训练计划。基础训练周的主要任务是通过特定的程序和反复的练习使运动员能够掌握本项运动的特点和技战术的运用，通过对运动员在训练过程中所施加的负荷的改变，引起生物体的适应现象，提高运动员的多种竞技能力。

表5-2-7　青少年运动员周训练计划设计

<table>
<tr><td colspan="7">周训练计划
（训练课任务、课次和时间、主要训练内容、课运动量大小）</td></tr>
<tr><td>一
（ 月 日 ）
课次时间：</td><td>二
（ 月 日 ）
课次时间：</td><td>三
（ 月 日 ）
课次时间：</td><td>四
（ 月 日 ）
课次时间：</td><td>五
（ 月 日 ）
课次时间：</td><td>六
（ 月 日 ）
课次时间：</td><td>日
（ 月 日 ）
课次时间：</td></tr>
<tr><td></td><td></td><td></td><td></td><td></td><td></td><td></td></tr>
<tr><td colspan="3">本周训练主要任务：</td><td colspan="2">周训练负荷：大、中、小
周训练比例：技战术（ ）%
身体素质（ ）%</td><td colspan="2">周训练课次：
周训练时间：</td></tr>
</table>

基础训练周内容的安排需要依据训练目标以及人体对训练负荷所发生的适应性的变化来安排。对于青少年运动员，一周的训练次数在4~5次，一天训练的时间保持在2~3h。训练的内容主要包括一般体能训练、技能训练等。不同的训练内容会对人体产生不同的“生理”和“心理”负荷，也就是说一种训练内容会使机体某些系统产生深度疲劳，另一些系统则产生中度或较轻的疲劳。因此，相同的训练内容在基础训练周中要交替施加。一般来说，一周当中要进行两次大力量、高强度的练习，这也就是我们平时所说的顶强度。

（四）赛前训练周及比赛周的安排

赛前训练周的主要任务是使运动员机体尽快适应比赛的要求和节奏，把长期训练所获得的竞技能力集中于竞技比赛。比赛周的主要任务是将运动员竞技状态调节到最佳，参加比赛获得最好的运动成绩。

赛前训练周训练计划的内容安排与基本训练周大体一致，通过不同训练内容对身体的刺激，有效地发展运动员竞技能力。在赛前训练周，一般运动训练的内容安排应减少，整体性的专项训练比例应增加，使体能训练、技能训练、战术训练更加贴近实际比赛。此时运动负荷强度应该增强，负荷量可适当降低。比赛周内容的安排要综合考虑不同训练内容对人体施加后机体的恢复时长。需要通过科学内容设计，调节运动员的竞技状态，将无氧高强度专项训练安排在比赛前3~5天，将有氧恢复性训练安排在赛前1~2天，使运动员各项竞技能力曲线的最高点交会于比赛日。

（五）恢复周的组织与安排

恢复周的主要任务是通过降低运动负荷，结合多种恢复手段，使运动员生理及心理上的疲劳得到恢复，并促进超量恢复的产生。恢复周的训练内容较为广泛且安排灵活，如一般性的身体活动练习以及带有游戏性的练习等。恢复周的运动负荷大大降低，也可以保持一定的水平。

五、青少年运动员基础训练课计划的安排

训练课是运动训练活动最基本的组织单位，是整个运动训练计划中最小的单位。根据训练任务和要求的不同，可以把训练课分为不同的类型，如体能训练课、技战术训练课、综合训练课、检查和比赛训练课等。

（一）不同类型训练课的要求

1. 体能训练课

体能训练课的主要任务是发展运动员基本的运动能力。在体能训练课的前半部分，运动员的兴奋度会比较高，所以会把快速力量的练习放在课的前半部分，后半部分安排素质耐力的练习。对负荷量的安排也要注意青少年运动员的

承受范围，把握好负荷的“度”。

2. 技战术训练课

技战术训练课的主要任务是培养运动员对专项运动技战术的运用能力。主要目标是提高技战术的质量，及时纠正错误，同时还要注意安排好技战术训练的顺序。

对于技战术的教学主要是运用分解和完整教学法，教学手段众多。

3. 综合训练课

综合训练课的主要任务是全面发展运动员的多种运动能力。安排时要注意不同内容的交替安排，还要注意负荷的安排。

4. 检查、比赛训练课

这类训练课的主要任务是检验阶段训练的结果。比赛是检验训练成果最有效的手段，在比赛的过程中能充分地把所学的技能发挥出来，也能发现自身的不足，从而客观地反映出运动员的训练状态。

（二）课时训练计划的结构

一堂训练课包括准备部分、基本部分和结束部分三个部分。表5-2-8是上海市青少年课时训练计划设计，表中设计了训练课的任务、训练负荷、参训人数和训练时间，按照准备部分、基本部分、结束部分、课后小结等内容展开，教练员按照表格设计内容填写课时训练计划。

表5-2-8　青少年课时训练计划设计

训练课计划设计及实施情况（　年　月　日　星期　天气　气温　）

课计划教案		
训练课任务： 训练课总负荷：大 中 小	应到人数： 实到人数：	训练时间：
一、准备部分（手段、时间）		
二、基本部分（含训练手段、时间、数量、强度、密度和质量要求，应区别对待）		

续表

三、结束部分（手段、时间）
课后小结：（实施情况的评价、体会等）

1. 准备部分

准备部分的任务是调整运动员的心理状态，使运动员产生“痕迹效应”，这种效应在与运动员神经系统的相互作用下，使运动员的体温升高，做好参加训练的准备。

准备活动可分为一般准备活动和专项准备活动。一般准备活动的主要任务是全面地调动运动员的身体状态，提高器官系统的活动性。此时，有机体各器官系统从日常生活状态开始逐步活跃起来。通常一般性准备活动以有氧活动为主，逐步提高工作的强度，心率保持在130~140次/分即可。一般性准备活动练习的内容较为广泛，并没有特定的要求，一般会根据学生的特点、专业的要求进行安排。

专门性准备活动是专门服务于专项活动的，可结合基本部分的内容进行安排。专门性准备活动的目标是使机体适应特定训练的要求，并且在技术上做好准备，从而保证主要练习内容的完成。专门性准备活动所安排内容的负荷强度要大于一般性准备活动时的负荷强度，趋于基本部分的负荷强度。

表5-2-9是教练员撰写的课时训练计划准备部分的相关内容，相对比较简略，其中采用的练习手段中的跳绳既是身体素质练习的手段，也属于一般性准备活动，射门则属于专门性的准备活动，该部分内容简单地描述了准备活动采用的练习手段和活动时间。

表5-2-9　课时训练计划准备部分示例

准备部分（手段、时间） 1. 跳绳 连续双飞 100次×3组/人 15min 2. 全场运球射门 活动肩关节、肘关节 5min

2. 基本部分

基本部分安排的是训练课主要内容的练习。基本部分的结构和练习的时间依据训练项目的不同而不同。即使是针对同一项目的练习，在不同的练习阶段所对应的时间也是不同的。

（1）单一内容训练课的安排。

内容单一的训练课，练习的内容简单、任务明确、时间集中、内容固定，适用于完成用时较长的训练任务，如基本的技术训练。单一内容的训练负荷较大，从而使运动员的身体发生生物学的适应现象。

例如，长跑运动员在进行专项耐力练习时，为了使个体能够更快产生负荷适应现象，练习的方法是多组固定距离的重复跑，练习的手段就相对单一。

表5-2-10是上海市区级教练员撰写的青少年手球运动员不同位置队员射门训练课课时训练计划基本部分的内容。从表中可以看出，课时计划中既要体现训练手段、组数、次数、持续时间，还需要包括练习的密度、强度和练习的质量要求等内容。

表5-2-10　不同位置队员射门训练课课时训练计划基本部分示例

基本部分（含训练手段、时间、数量、强度、密度和质量要求） 1. 内锋阵地传接球　5~8s/个×4组　训练时间：30min 要求：注意选位和要球位置，引臂和出球要快，突破变向幅度要大。 2. 内锋冲切射门　20~30次/人　训练时间：30min 要求：选择好起动和接球时机，起跳要有速度，先观察后射门。 3. 边锋突破射门　30次/人　训练时间：30min 要求：选择好起跳位置，突破动作幅度大，变向突然，倒地射门，注意手腕角度变化。

（2）综合训练课的练习。

这类训练课的练习内容复杂，变化较多。进行这类训练课的练习时要考虑到以下几个问题：各种内容的练习顺序；改变训练内容时必须做好适应性的专项准备工作；注意不同训练内容的负荷累积效应；安排作用于同一机能系统的练习时，负荷应有波浪形的改变。表5-2-11是上海市区级教练员撰写的青少年课时训练计划的综合训练课基本部分内容。

表5-2-11 综合训练课课时训练计划基本部分示例

基本部分（含训练手段、时间、数量、强度、密度和质量要求）

1. 防守步法　　训练时间：20min

要求：传球后快速上前做好防守动作，站稳，重心要低，盘带球队员左右移动，防守队员左右移动，控制好防守距离。

2. 1对1弱对抗　训练时间：20min

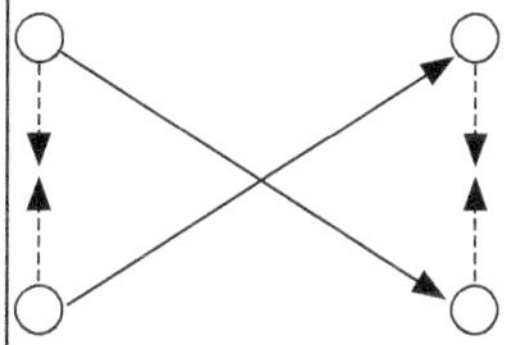

要求：把球停在自身控制范围内，快速带球过人，假动作逼真，防守队员快速靠近进攻队员，破坏其运球。

3.4对4对抗　　训练时间：40min

要求：敢于做假动作，队员之间加强配合，减少失误。

两份课时训练计划详细撰写了练习采用的手段，以及练习时间、组数、次数，练习的要求等，但是对练习的强度和密度都没有提及，都是简单标明练习持续的时间。运动负荷是指人做练习时所承受的生理负荷，它包括运动负荷量和运动负荷强度。负荷强度是单位时间内完成练习所用的力量大小和机体的紧张程度，影响强度的主要因素是练习时的速度和负重量；负荷量主要指负荷的大小。练习密度是指单位时间内重复练习的次数，在运动负荷中反映时间和数量的关系。

3. 结束部分

结束部分的主要任务是消除青少年运动员在心理和生理上的疲劳，从而促进超量恢复机制的出现。训练课的结束就意味着运动员有机体全面恢复过程的开始。表5-2-12是上海市区级教练员撰写的结束部分的相关内容，其中包括放松的手段、方法和小结等内容。

表5-2-12 课时训练计划结束部分示例

结束部分（手段、时间） 1. 放松慢跑50m 时间：5min 2. 静态拉伸（上肢、下肢） 时间：8min 3. 小结 时间：2min

课时训练计划结束部分内容主要包括采用的放松调整手段，以及运用各手段的时间等内容。

在上海市青少年训练计划范本中还包括课后小结内容。如表5–2–13所示，课后小结要对训练课实施的情况进行简单的总结和评价，既要包括对训练课过程的总体评价，也要包括对训练方法、手段、实施效果的评价，还要对青少年运动员个体在训练课中的表现进行点评，对教练员在自身训练中的得失、体会进行总结概括，这样的课时训练总结才能真正做到有的放矢。

表5-2-13 课时训练计划课后小结示例

课后小结：（实施情况的评价、体会等） 传接球注意正面要球，多数队员射门点偏下角较多，打上角只有提醒时才会想到去打。王刚同学冲切速度不够快，步伐过大，没有突然变速。李兵同学射门犹豫，不坚决，动作不协调。

第三节 青少年运动员教学训练计划的实施

教学训练计划的制订是否具有一定的合理性和可行性，最终要在实施的过程中进行验证。训练计划在实施过程中可分为体能教学训练计划、技能教学训练计划、战术教学训练计划、心理教学训练计划和智能教学训练计划等。各类竞技能力训练计划在实施的过程当中也应分为多年、全年、周、课时这样几个阶段。

一、青少年运动员体能教学训练计划的实施

青少年运动员加强体能训练具有以下重要意义：青少年运动员的体能训练是运动员专项体能的基础；青少年运动员体能是技战术水平提高的基础；青少年运动员体能是运动员承受大负荷训练和比赛的基础；青少年运动员体能是运动员在训练和比赛中保持稳定的心理状态的基础；青少年运动员的体能训练有助于预防疾病、损伤的发生，延长运动寿命。运动员的体能是通过在运动中的速度、力量、耐力、协调、灵敏和柔韧等素质表现出来的。体能训练一般通过对上述几大素质的训练来获得提高，因此，青少年体能教学计划主要通过力量、速度、耐力、协调、灵敏和柔能力的训练来实施。下面主要介绍力量、速度、耐力素质的训练。

（一）力量素质训练

力量素质包括最大力量、快速力量、力量耐力三种。发展最大力量时力量负荷较大，在最大力量的80%以上，有时甚至接近极限；最大力量的练习方法主要有重复练习法、阶梯式极限用力法、静力练习法。快速力量的发展主要通过缩短表现最大力量所需的时间来提高；练习方法主要有减负荷练习、先加后减负荷练习等；快速力量训练的效果与中枢神经的兴奋性有很大的关系，因此快速力量训练时要尽量避免疲劳。力量耐力主要是肌肉在静力性或多次动力性工作中，持续保持相应强度的能力；发展力量耐力主要应用持续训练法、间歇训练法、循环训练法、重复训练法。

力量训练中需要注意不同肌肉力量的对应发展，在重视大肌群力量提高的同时也要十分重视小肌群的力量发展；力量训练需要有针对性地选择正确的力量训练方法；处理好负荷与恢复的关系，有些力量训练需要在中枢神经兴奋的情况下进行，因此要十分重视负荷时间与恢复时间；力量训练十分枯燥，要在力量训练课中注意激发青少年运动员的练习兴趣；青少年运动员处于青春发育期，力量训练应该抓住青少年力量发展的敏感期。

（二）速度素质训练

速度素质包括反应速度、动作速度、移动速度。反应速度训练主要通过信号刺激法训练，运动员通过对信号快速做出反应来进行训练；动作速度的训练可用大强度分解技术练习、助力练习、减少负荷的练习等加快动作完成的速度；移动速度的训练常以肢体环节加速摆动的练习手段来促进移动速度。

在速度练习中需要注意：青少年运动员在全面发展速度素质的基础上，要紧密结合专项的训练特点及比赛的要求来发展速度素质；速度素质要求神经兴奋及抑制过程迅速转换，神经灵活性高，而力量素质会降低神经过程的灵敏性，因此应合理地安排速度素质与其他素质的训练顺序及训练时间；合理安排速度素质的训练负荷，长期单调的偏低速度训练会降低神经敏感性。

（三）耐力素质训练

耐力素质根据不同的分类标准可以分为不同的体系。按专项分可以分为一般耐力和专项耐力。一般耐力的好坏取决于运动员的有氧代谢能力，能源物质的储备，支撑运动器官承受长时间工作的能力，以及运动员的心理控制和对疲劳的耐受程度等。因此，要提高运动员的一般耐力水平需要提高运动员的摄氧、运氧、用氧的能力；保持体能储存的能力；提高肌肉骨骼系统支撑长时间运动的能力；加强运动员心理调节能力。一般耐力的训练通常选用持续练习法与间歇练习法，运动方式以长时间单一练习为主，如跑步、骑自行车等长时间周期运动，不仅可以提高有氧能力，还可发展肌肉骨骼系统的运动能力。一般耐力训练时间较长，因此安排的运动负荷不宜过大。

处于基础训练阶段的青少年运动员应该重视一般耐力素质的训练，为以后专项能力的提高打下基础；青少年运动员处于身体的生长发育期，不宜进行无氧耐力的训练；耐力训练较为枯燥，应该组织青少年运动员集体进行训练；耐力训练应与青少年运动员的意志品质、思想作风培养相结合；耐力训练中要注意护膝的科学性，保持摄氧通畅；耐力训练应该注意长期系统的安排。

二、青少年运动员技能教学训练计划的实施

运动技术是完成体育动作的方法，是组成竞技能力的重要因素。运动技术由动作要素和技术结构构成。动作要素分为身体姿势、动作轨迹、动作时间、动作速度、动作速率、动作力量和动作节奏；技术结构包括动作基本结构和技术组合两层含义。运动技术的合理性取决于参加动作的肌群协调能力，这种协调能力又取决于神经系统对肌肉的精细支配，即协调能力。因此，青少年在基础训练阶段应该重视包括协调能力在内的全面身体素质训练。

（一）技能训练方法

青少年运动员技术训练多以基本技术的学习及训练为主，为专项能力的提高打下坚实的技术基础。青少年技术训练要明确目的性且有针对性，在基础训练阶段，青少年的技术训练就以扎实的基本技术为训练的基本目的。选择的技术训练方法要有较强的针对性，可以用多种方法来解决同一技术训练问题。技术的教学训练方法主要包括：直观法与语言法、完整法与分解法、想象法与表象法、减难法与加难法。

直观法是将运动技术的整体结构或部分细节直观、清晰地呈现给青少年运动员，直接刺激青少年运动员的感觉器官，使其建立正确、完整、清晰的动作表象。使用此方法的同时要求运动员积极思考，与运动员的积极思维紧密结合，使刚刚建立起来的对运动技术的感性认识尽快向理性认识方向发展。语言法是在技术动作教学及训练中运用各种语言的形式，通过讲解使运动员掌握技术动作的要领，明确技术动作的概念，纠正错误的技术动作。讲解及纠正动作时的语言要简明扼要，通俗易懂。

完整法与分解法也常用于技术教学与训练中。完整法是从动作的开始到结束完整地进行教学及练习的方法，这种方法的优点在于使青少年运动员对动作技术建立完整的概念，不影响动作结构和各部分之间的联系，多用于动作结构较简单的技术。分解练习法是将运动技术分为几个基本的环节，使运动员分别进行练习的训练方法。分解练习法可以减小运动员在技术学习中的难度，也能使运动员把握运动技术的细节。分解练习法常用于动作结构比较

复杂的技术。青少年运动员在学习运动技术中，对于动作结构不是很复杂的技术可以首先使用完整练习法，再进行分解练习，对于比较复杂的动作可以进行先分解后完整的练习。两种方法结合运用的顺序需要根据具体的技术动作难度及结构来确定。

想象法与表象法是两种较为抽象的技术训练方法。想象法是指在练习前对技术要领进行想象，在大脑皮层中留下“痕迹”效应，后在练习中激活这些痕迹，使运动动作能顺利完成。表象法是指运动员在脑中多次回忆及再现运动技术动作，唤起临场感觉。由于青少年运动员抽象思维能力有限，而思维活跃，造成精力较成年人难以集中，因此使用这两种方法比较困难。教练员需要进行有效的引导，培养运动员想象及表象的能力，对于运动员技术的提高及运动智能的提高都有很大的帮助。

减难法与加难法。减难法是用低于专项难度的方法来训练，常用于技术初学阶段。加难法是以高于专项难度的方法进行训练，这一方法常用于优秀运动员。青少年运动员由于处于基础技术学习阶段，技术水平较低，常应用减难的方法进行训练。

（二）技术评价

运动技术评价是指对运动技术的掌握及完成状态进行描述和评价的活动。运动技术评价目的在于帮助运动员尽快掌握技术动作，提高运动员对技术动作的理解能力，探寻新技术和论证新技术的可行性。运动技术的基本标准主要来自两个方面，即结果评价和过程评价。运动技术训练的最终目的是创造优异的成绩，因此运动技术实效性如何成为评价运动技术的主要标准。此外，运动技术施展的过程是否合理，是否经济省力也是评价运动技术的重要标准。运动技术评价的主要指标有：生物学指标与社会学指标；技术施展的数量与质量。生物学指标主要是运用运动生物力学对技术是否符合生物力学规律进行测量，一般较多应用生物力学进行技术测量来评价技术。运动技术在训练或比赛中应用的数量可以说明这一技术被运动员掌握得较为熟练且使用顺手、有效；技术质量可以从技术经济性和技术有效性两个方面来评定。

三、青少年运动员战术教学训练计划的实施

战术是指为比赛而准备和采用的行动方式与手段、方法的结合，是运动员本身在比赛中所表现出来的个体行动或队员之间相互协同配合的组织形式。战术教学训练是将战术的设计、谋略转化为全队的一致行动，在这一完整过程中，战术科学思维是基础，贯穿于整个战术活动中。竞技战术的构成包括：战术观念、战术指导思想、战术意识、战术知识、战术形式和战术行动等。战术可以根据不同的分类标准分为不同的类型，如表5-3-1所示。

表5-3-1 竞技战术的构成

分类标准	战术名称
战术特点	阵型战术；体力分配战术； 参赛目的战术；心理战术
人数	个人战术；小组战术；集体战术
攻防性质	进攻战术；防守战术；相持战术
普适性	常用战术；特殊战术

（一）个人战术行为的培养

教练员要对青少年的战术意识进行培养，更要清楚战术意识是以哪几个方式表现出来的。例如篮球运动中，当一名持球队员从底线突破时，他的目的是投篮得分，同时应该留意上线同伴的活动情况，当对方封堵时能及时地把球分给上线的插上同伴，形成突分配合，同样达到得分的目的。通常我们说一名队员缺乏战术意识，实际上就是说这名队员的行为缺乏目的性或缺乏对同伴配合行动的预见性，不明确当前需要解决的战术行动任务，对自己的行动后果也不清楚。因此，战术意识的培养就应该从行动的目的和战术行动的关系上着手，即让运动员弄清楚要达到什么目的，什么行动可以达到目的。

从竞赛实践中可以看出，青少年运动员技术动作掌握和运用的熟练程度，直接影响着战术行动的实施，因为只有熟练地掌握了技术动作后，才能把注意力放在如何完成某个技术动作上以及思考下一步的行动，换言之，只有运动员

不再把注意力放在完成某个技术动作上时，才可能表现出战术行为。

青少年运动员的体能也是影响个人战术行为的基本要素。比如，在比赛中，每一名运动员的体能状况是教练员能否选择全场人盯人防守的一个基本出发点。作为人体进行运动的基础——运动员的体能，无论是在战术行为的形式上还是在战术行为的表达上都是不可缺少的组成部分。因此，在身体训练的时候，也应该具有战术的观念。

（二）战术配合的训练

战术配合通常是指两人以上的队员在战术行动上相互协作进行战术活动的行动方法。战术配合的具体形式多种多样，由于参加的人数不同，战术配合的形式和方法也会有所不同。一般来讲，战术配合都包含这样几个要素：参与者之间的行动关系、个人行动目的与配合目标之间的和谐及其相互作用的协调关系。

任何战术配合实质上都是一种协作关系的表现。战术配合能否成功，是否有效，往往与运动员之间在时空上协调与否有密切的关系。因此，使运动员之间建立起相互协调的时空联系，是战术配合训练的关键所在，也是战术行为塑造和培养的重要一环。战术配合的训练是在两个层次上建立起这种协调的时空关系：一是战术形式的操作层次；二是运动员之间的心理层次。二者彼此联系，不可分割。

操作层次上的协调是运动员之间在进行战术配合的学习和训练过程中，通过反复的练习，对某些战术配合的要素达到一种熟练的程度之后，在战术活动中表现出来的一种活动方式上的协调，这是战术配合最基本的协调。因此，战术配合方式的操作训练是战术配合训练最基本的形式和方法。心理层次上的协调是一种具有感情和态度机制的存在于运动员心理上的认同感。所谓心理相容就是建立在这种认同感之上的。我们平时所说的“默契”，不仅仅是一种操作熟练上的反应，更重要的是运动员之间形成了心理协调的一种表现。

在战术训练的实践中，教练员通常注重与战术配合的操作练习，即学习和掌握进行配合的方式方法。但是应该看到，操作上的熟练所达成的协调与心理相容而产生的相互默契毕竟不完全等同。操作上的熟练可以用强制的手段和方法予以强化，可以通过外部的干预来达到熟练的目的，但教练员不能用强制的手段使运动员从心理上相互接受和相互融洽，从而达到心理上的协调。

战术配合的协调机制具有两个层次，战术配合的训练当然也应该在两个层面上予以考虑。首先，战术配合是全队战术的组成部分，战术配合的训练要沿着向全队整体战术打法的框架进行。同时，配合的训练要向运动员的技术提出更高的要求。从操作协调上讲，战术配合的训练主要还是采用对各种战术配合的形式进行练习的方法，可以采用由分解练习法—完整练习法—弱对抗练习法—强对抗练习法—比赛练习法，这样一个逐渐增加训练难度的程序。

（三）全队整体战术的训练

全队战术的训练需要以整体的、系统的观点加以分析和考虑，其立足点是个人技术、战术行为和集体配合训练。在训练中，教练员要强调动作的细节，无论是练习进攻还是防守，除了严格把握技术动作的规范外，还要对身体重心、位置、方向、节奏和运用时机等紧扣不放。比如在进攻中要做到三点：一是怎样创造动作空间；二是灵活运用脚步动作；三是注意观察防守。

在整个训练计划过程中，不管是课时、周训练计划，还是多年、全年训练计划都应该做到在最后形成的全队完整的攻守战术体系中包含着前期训练的全部内容。凡是在前面所练习到的动作、技术、配合、攻守形式等，都体现在整体战术当中。

（四）在训练过程中应注意的问题

在战术训练中首先要树立正确的战术指导思想，它是设计战术的准则；应重视培养运动员的战术意识，这是运动员能在瞬息万变的比赛中机动灵活应变的根本保证；战术训练要与身体训练、技术训练、心理训练和智力训练相结合，以不断提高运动员的训练水平。

（五）战术训练的反馈

战术训练与应用是一个将战术的理论模式转化为一个集体的共同行为的过程，在这个过程中教练员担负着设计、组织、调控与应用的主导作用，在训练实践中这三个部分是互相联系、互相作用、互相影响的。战术的总体设计是为了赢得比赛的胜利而设定的全队配合方法。因此，比赛是对战术设计与训练的最好应用与检验，并提供反馈信息。

第四节　青少年运动员训练计划实施效果评价

青少年运动员训练计划的实施效果的评价也是对青少年运动员一段时间训练情况的总结和评估。训练计划分为全程性多年训练计划、年度训练计划、周训练计划、课训练计划。全程性多年训练计划大多没有评价价值，而以年度或几个周计划组成的中周期训练计划的评价，对于评估运动员竞技能力以及反馈中周期训练计划安排是否合理具有较大的意义。对阶段性训练计划实施效果的评价是对运动员在这一段时间训练效果的评价，也是为下一阶段训练计划的制订提供一个准确的运动员起始竞技状态诊断。所以说，运动训练计划实施效果的评价既是前一段训练结束的考核，也是后一段训练计划的起始状态。

一、青少年运动员训练计划实施效果评价的内容

青少年运动员训练计划实施效果评价的主要参考标准是这一阶段训练计划的训练目标。由于训练内容也是根据运动训练的目标进行制订的，因此，评价标准与评价的内容在训练计划中是相匹配的。评价的主要内容就是运动训练计划中的主要训练内容，主要是运动员竞技状态，即青少年运动员的体能状态、技能状态、战术状态、心理状态等。由于阶段性训练计划有时侧重运动员某一类基本身体素质、运动技术、战术等内容，因此阶段训练效果的评价内容就应该围绕这一重点发展的运动能力来进行效果考核。

上海市青少年业余训练教练员手册的年度训练计划中有部分内容可以作为评价训练内容和效果的指标，主要包括运动员训练出勤表、教学训练大纲测试成绩、运动员文化学习成绩、全年度训练比赛目标完成情况及总结等。

出勤率。青少年运动员每次课的出勤情况反映了训练态度，教练员在执行训练计划时一定要考虑运动员的出勤率、训练态度、练习表现等因素，逐步建立相关因素和运动竞赛成绩的关系，同时在训练队年度总结上为运动员呈现相关出勤率数据，使得训练的过程监控更加完善。

测试成绩。教学训练大纲测试成绩也是运动员训练计划实施效果的重要评价内容之一。上海市年度青少年体育竞赛都对运动员身体素质、专项素质、文化素质等进行测试，相关指标是衡量青少年运动员训练计划实施效果的重要组成部分。教练员也可以通过定期测试相关指标并对比不同年龄运动员的成长数据发现训练中存在的问题，以便于及时调整训练计划。

文化成绩。文化学习成绩是学生、家长和学校最为关注的影响青少年业余训练的关键因素之一，教练员在平时训练中也要密切关注，要经常了解青少年运动员的学习、生活情况，督促青少年运动员端正学习态度，提高校内学习效率，不要因为学习成绩落后最终放弃业余训练。

训练、比赛目标完成情况。训练、比赛目标包括年度训练计划预期的运动员身体形态目标、身体机能目标、身体素质目标、技战术目标、心理发展目标、比赛作风目标、比赛成绩目标等。通过检验目标完成情况反思年度训练计划制订和执行过程中存在的问题。如果目标完成良好，要总结训练中把握了哪些规律；如果未能完成预定目标，要总结经验和教训，并能从主、客观上分析原因，对下一年度的训练要有设想，争取为后续训练提供参考。

表5-4-1是上海市杨浦区体校训练督导对教练员全年、阶段和课时训练计划的评价，每一类训练计划都有7个一级评价指标，并且有相应的权重，该评价表也可以作为各级青少年业余训练单位评价训练计划实施效果的参考依据之一。

表5-4-1 区级少体校全年、阶段、课时计划评价

	全年训练计划	阶段训练计划	课时训练计划
指标与权重	训练基本任务（10%）	阶段任务（15%）	课的任务（15%）
	个体分析（10%）	阶段和全年匹配性（5%）	负荷安排（10%）
	身体素质、技能目标（10%）	训练内容（15%）	准备部分（10%）
	周期划分、任务、时数、手段（20%）	训练内容比例（5%）	基本部分（30%）
	负荷、比赛、考核安排（20%）	阶段训练手段（25%）	结束部分（10%）
	训练指标测试时间和次数（10%）	阶段负荷安排（30%）	实施情况与小结（20%）
	实施计划的具体措施（20%）	比赛、测验、考核（5%）	版面与文字（5%）

二、青少年运动员训练计划实施效果评价的方法

由于阶段性运动训练计划多以几个运动素质或几个运动技术、战术的组合为主，因此评价训练效果的方法涉及体能、技能、战术等多种竞技能力的评价。

多数项目对于训练和比赛中的竞技能力表现并没有精确量化的评价体系，实际操作中多数教练员对青少年运动员训练计划实施效果的评价主要以主观评定和客观测量为主。

主观评定主要通过教练员对运动员平时训练状态的观察，以及运动员对运动训练的主观感受对运动训练的效果进行评价。例如，课时计划中的课后小结可以作为自我评价的重要内容，评价中可以谈训练课的体会，训练计划的执行中哪些是合理的，哪些内容是可以完成的，哪些要求过高，需要调整相关内容，自身在训练安排、训练指导方面存在哪些不足，队伍或者个人在训练中的表现有哪些优点和不足。年度训练计划中运动员的身体发育水平、身体素质变化、技战术学习和运用水平、心理发展和比赛作风等也可以对其进行主观评价。

客观测量主要通过比赛成绩、各项素质测试来获取相关指标，测试可以是全程模拟比赛，也可以是分阶段、分部分的竞技能力测试，通过测试能力来评定运动员运动训练的效果。身体形态类测试指标对于球类、田径、游泳、体操

等项目非常重要，身体机能类测试对于周期性项目取得优异运动成绩至关重要，身体素质类指标对所有运动项目取得优异成绩都非常重要。相关指标对于选材方面的研究比较多，对于专项阶段训练计划实施效果的评定指标十分有限，各个专项并没有形成体系，教练员要多收集基础阶段青少年训练数据，逐步形成自身专项的训练效果评价指标。

同时，在青少年训练计划实施效果的评价参与主体上可以采用教练员自评、教研组评定、团队评定、学校评定和专家组评定相结合的方式进行评价。教练员作为计划的制订和执行者对自身的训练效果有直接的发言权，所以教练员经常对自身的训练计划执行效果进行自评可以及时发现和解决训练问题。项目教研组或者教研团队之间进行互评教学训练计划可以相互取长补短，共同提高训练水平。学校定期对教练员教学训练计划进行评定可以督促教练员认真执行训练计划，提高训练水平。聘请专家督导对训练计划和效果进行评定可以更加客观、公正、及时地了解教练员训练过程和监督教练员进行科学训练。

思考与练习题

（1）训练目标的内涵、构成、作用有哪些？

（2）确立青少年训练目标应该考虑的因素和遵循的训练原则有哪些？

（3）青少年运动员教学训练计划制订的依据有哪些？

（4）青少年运动员教学训练计划按照时间长短可以分为哪几类？制订教学训练计划按照结构可分为哪几类？

（5）全年训练计划可以分为几个类型？周训练计划可以分为哪几类？课时训练计划可以分为哪几类？课时训练计划包括哪几个部分？

（6）青少年加强体能训练的主要意义有哪些？技能训练的主要方法有哪些？战术的构成要素有哪些？

（7）上海市青少年业余训练《教练员年度训练计划》中有哪几部分内容可以作为评价训练内容和效果的指标？

（8）青少年运动员训练计划实施效果评价的方法有哪些？

参考文献

[1] 国家体育总局科教司.现代教练员科学训练理论与实践[M].北京：人民体育出版社，2015.

[2] 雷纳.马滕斯.执教之道[M].钟秉枢，等译.北京：北京体育大学出版社，2007.

[3] 田麦久.运动员基础训练过程与训练计划的制订[M].北京：北京体育大学出版社，2000.

[4] 全国体育院校教材委员会.运动训练学[M].北京：人民体育出版社，2003.

[5] 茅鹏.运动训练新思路[M].北京：人民体育出版社，1994.

[6] 田麦久.运动训练学[M].北京：人民体育出版社，2000.

[7] 张晓敏.关于排球周训练计划的制定[J].长春师范学院学报，2007，26（6）：148.

[8]张霖.中国男子篮球职业队年度训练计划的制订[J].体育科学研究，2007，11（4）：55-56.

[9] 田麦久.运动员基础训练过程与训练计划的制订[M].北京：北京体育大学出版社，2006.

[10] 刘玉林.现代篮球运动研究[M].北京：人民体育出版社，2006.

[11] 姚家新.竞赛心理咨询与心理训练[M].北京：人民体育出版社，1995.

[12] 马启伟，张力伟.体育运动心理学[M].杭州：浙江教育出版社，1989.

[13] 张林宝，宋华辉，李春光.运动训练中的“智能训练”之研究[J].上饶师范学院学报，2008，28（6）：98.

[14] 李春光，谢新涛，弈翠霞.少儿体操运动员运动智能训练探析[J].吉林体育学院学报，2005，21（1）：74.

[15] 刘涛智.对运动训练中“智能训练”的探讨[J].体育教学与研究，2011，25（2）：172-173.

[16] 马汝惠，王德福.青少年训练动机的培养[J].中国体育教练员，1995，3（3）：44.

[17] 张力为，毛志雄.运动心理学[M].北京：高等教育出版社，2007.

[18] 黄凤，林凡涛.高校排球团体凝聚力的影响因素和培养方法[J].内江科技，2010，30（10）：40.

[19] 梁天翔.中等职业学校篮球队的训练管理[J].职业教育，2011（2）：134.

[20] 刘天忠，徐莉.教练员怎样制订训练计划[J].天津体育学院学报，1999，14（1）：64-65.

[21] 李宁.教练员执教行为研究[M].北京：北京体育大学出版社，2015.

[22] 李宁，汪静华.跳远动作技术教学法研究[J].湖北体育科技，1999（4）：63-64.

[23] 丁伟，刘军海，蔡犁，等.现代跳远技术的特征综述[J].山西师大体育学院学报，2004，19（4）：113.

第六章　青少年竞技参赛的特点及组织

内容提要：

竞技参赛是运动员在教练员指导下参加比赛的行为，是竞技体育活动的重要组成部分，它主要关注如何指导运动员参加比赛，有利于将训练所获得的竞技能力表现出来。青少年基础训练阶段的目标指向决定了其与高水平竞技参赛之间存在较大差异，这些差异主要受制于青少年生理发育与心理发展的阶段性特征。竞技参赛包括赛前准备、赛中调控、赛后总结与调训三个组成部分。

学习目标：

（1）了解青少年参赛的类型与原则。

（2）熟悉赛前准备的内容与流程和赛前训练的组织与实施。

（3）掌握教练员临场指导和运动员自我调控的方法。

（4）明确赛后总结的类型与要点。

（5）掌握赛后的恢复与训练手段。

第一节　青少年竞技参赛概述

一、竞技参赛过程的影响因素

（一）运动成绩的影响因素

运动成绩是由运动员在比赛中的表现、对手在比赛中的表现以及竞赛结果的评定行为这三个方面的因素所决定的。其中，运动员自身与对手在比赛中的表现都取决于他们所具有的竞技能力以及在比赛中的发挥程度，比赛结果的评定行为则包含竞赛规则、评定手段及裁判员的道德与业务水平三个方面（图6-1-1）。

不同项目或项群在比赛过程中，对手相互干扰的程度不同（表6-1-1）。拳击、摔跤、柔道等格斗对抗类项目，运动员以对手的身体为攻击对象；篮球、足球、冰球等同场对抗类项目，运动员在规则允许的身体接触中相互制约阻止对手命中特定区域，属于强干扰项目。乒乓球、网球等隔网对抗性项目和棒球、垒球等轮换攻防性项目，运动员用技战术的变化制约对手，但不发生身体接触，属于中度干扰项目。竞速类、射击等项目运动员同时进行比赛，但相互间较为独立；体操、举重、田径中的田赛等项目运动员依据出场顺序依次比赛，不存在直接的攻防关系，可归为弱干扰性项目。与赛双方相互干扰程度的不同，决定了赛中竞技表现可控性的差异。

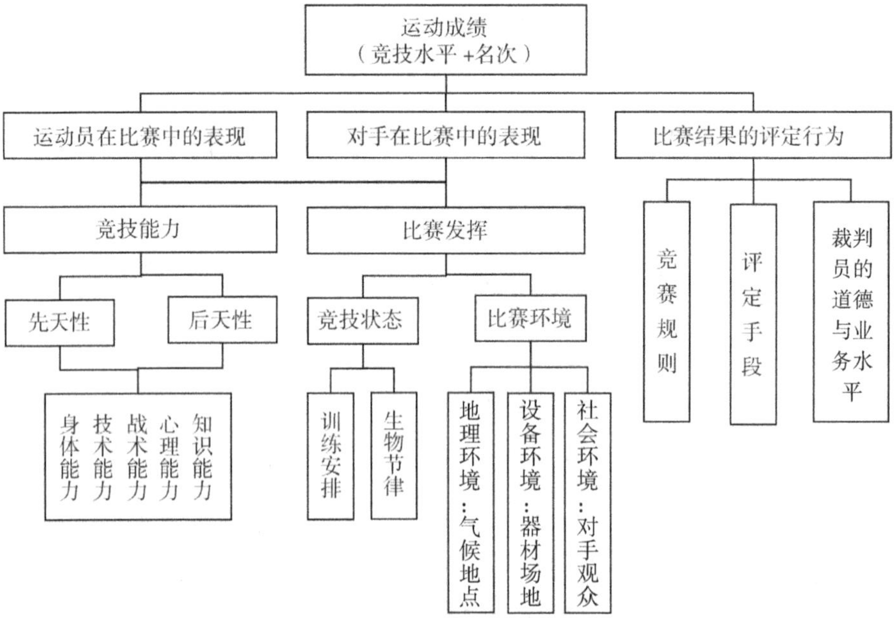

图6-1-1 运动成绩的决定因素

表6-1-1 依据比赛过程中对抗性强弱的项群划分

项目分类	项群特点		
	竞技对抗程度	技术动作抗干扰力要求	战术要求
格斗竞技类	高	高	★★★
（身体）接触性竞技类			★★★★★★
非（身体）接触性竞技类			★★★★★
隔网竞技类			★★★（排球★★★★）
轮换攻防类	低	低	★★
同时竞技类			★
次第竞技类			☆

（依李宗浩改制，2006）

（二）竞技参赛过程的影响因素

竞技参赛过程重点关注如何表现运动员的竞技能力。运动员若要赢得比赛，就需要相比对手有更好的竞技表现，拥有更多支撑竞技表现的“能量”供给。竞技势能即这种“能量”，是指在比赛过程中，项目团队所具备的能力水平和状态，或称参赛者参加比赛所具有的应对比赛的能量，具体包括运动员势能和教练员势能，其中，运动员势能体现在运动员的竞技能力和竞技状态上，教练员势能表现为临场指导能力与指导状态（图6–1–2）。竞技势能是影响竞技表现的内因，也是最根本、最重要的因素。

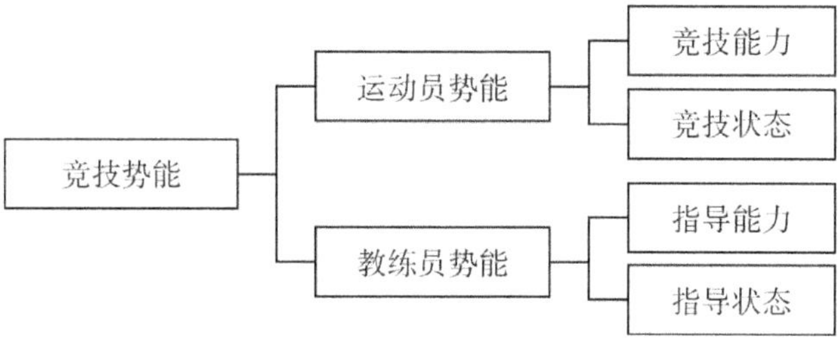

图6-1-2　竞技势能的基本架构

如果将竞技势能置于运动成绩影响因素的体系之中（图6–1–3），可以发现，任何一个竞技项目比赛的运动成绩都是由竞技势能和竞赛环境两个方面的因素决定的，即竞赛环境下的运动员双方竞技表现之差决定了运动成绩。其中，竞技势能体现为运动员和教练员的参赛能力和参赛状态，竞赛环境由比赛结果评定行为和比赛条件构成。

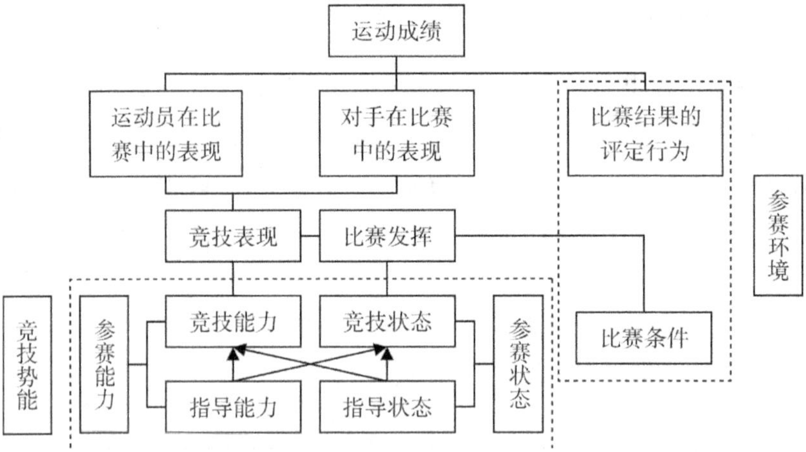

图6-1-3　竞技势能与相关概念群间的关系（陈亮，2013）

二、青少年竞技参赛的类型及目标

（一）训练性比赛

训练性比赛就是为提高青少年运动员的综合竞技能力或提高训练强度，在比赛条件下以实战的形式进行的一种基本训练手段。训练性比赛在训练大周期中使用得较为频繁，其中，在准备时期可适当安排，随着训练阶段的推移，训练强度的逐步加大，训练性比赛的次数可增加。比赛前期有些正式比赛也具有训练性比赛的性质。

（二）检查性比赛

检查性比赛是为检查运动员某项竞技子能力或竞技能力总体发展水平所进行的比赛，其使用较为灵活，既可以在某一训练阶段后检查某一竞技子能力的发展水平，又可以在重要比赛前检验整体竞技能力的发展状况；既可以检验运动专项本身，又可以检验专项所需的某种重要子能力，还可以检验青少年运动员身体机能或素质的发展状况。例如，为检验运动技术掌握的熟练程度和稳定水平，艺术体操、花样游泳运动员在掌握全套动作后进行检查性测验；中长跑运动员在冬训结束后参加越野跑比赛，检查一般耐力的发展情况；集体球类项目在一些特定比赛中检验阵容配备的适宜度以及战术配合的熟练程度等。

（三）选拔性比赛

选拔性比赛是为选拔适宜继续参加训练或参加某一专项训练的青少年运动员所进行的比赛。选拔性比赛的内容和形式灵活多样，并在不同年龄阶段各异。对于已参加专项训练的青少年运动员，可以综合考察专项素质和专项本身，并根据需要适当降低难度，如田径投掷项目降低器械重量、耐力性项目距离缩短、集体球类项目缩小场地或减少人数等。

（四）竞技性比赛

竞技性比赛是为取得优异运动成绩而进行的比赛，是常规全年训练中最重要的比赛活动。依据项目、生理年龄、学龄期的不同，青少年全年可安排1~2组比赛阶段。在一个训练大周期内，安排主要比赛最多2次，时间以相对集中为好，以便青少年运动员能在一系列比赛中创造优异成绩，同时避免疲劳的累加（表6–1–2）。

表6-1-2 青少年参加比赛类型及数量的建议

年龄（岁）	比赛类型	每年参加有组织的比赛的次数（次）
4~7	不参加正式比赛，仅仅是为了娱乐	—
8~11	非正式比赛，强调技术形式而不是输赢，参与其他项目，仅仅是为了娱乐	集体项目：5~10
12~13	参加不以输赢为目的，而是以达到身体、技术、技巧上特定目标为目的的有组织的比赛	集体项目：10~15；个人项目：5~8
14~16	参加正式比赛	集体项目：15~20；个人项目：8~10
17~19	参加初级竞赛来取得参加省内或国内比赛的机会，为在高水平比赛中达到最佳竞技状态做准备	集体项目：20~35；个人项目：15~30；短时间项目：20~30；长时间项目：6~8

（李佩慈，2011）

三、青少年竞技参赛的原则

青少年竞技参赛的原则包括指导青少年行为规范和指导青少年获得理想的竞技表现两个部分，前者用以规范青少年运动员公平、竞争、安全的行为；后者用以指导青少年运动员如何将训练获得的竞技能力最大限度地表现出来。

（一）指导青少年行为规范的竞技参赛原则

诚信参赛原则：指参赛者应以诚信的态度实事求是地参与比赛活动的原则，具体包括以下两个方面。

（1）符合参赛资格的规定。人体的生长发育过程表现出鲜明的阶段性特征，不同年龄人群的运动能力有着巨大的差别。因此，许多运动项目的青少年比赛都对参赛者的年龄有特定的要求，或分不同的年龄组别进行比赛，或限制参赛者的年龄上限。例如，国际游泳年龄组比赛分为U10、U11、U12、U13–14、U15–17、U18及以上等组别分别组织进行；奥运会女子体操比赛限定16岁以上的选手参赛；2009年首次举办的青奥会规定只有14~18岁的运动员方有资格参赛。

（2）依靠正当的竞技行为获得真实的参赛成绩。依据运动成绩的决定因素（图6–1–1），教练员和运动员有多种途径提高自身的竞技表现，以达到获得优异比赛成绩的目的，然而，在比赛规则规定的范围之外，采用非正当手段进行的不正当竞争，必须严厉杜绝甚至惩治，例如使用违禁药物、串通假赛、蓄意伤害等。

遵规守纪原则：指青少年竞技者在参赛过程中的一切言行应严格遵守该项目的比赛规则和具体赛事的竞赛规程的原则。

（1）认真学习和领会比赛规则和竞赛规程。首先要让青少年运动员认真学习和领会规则和规程，这样才能以此为依据进行实施。另外，青少年运动员对比赛规则的深入认识是提高知识能力的重要方式。

（2）树立在赛场上绝对服从裁判的理念。对于青少年运动员而言，牢固树立服从裁判理念，无条件地执行裁判员的裁决既是良好参赛习惯的表现，也是对其竞技素养的培养，对走向高水平竞技生涯大有裨益。为了保护参赛者的正当权益，当裁判员出现明显的误判时，应该鼓励运动员通过合理的方式申诉与抗议，这也是青少年运动员比赛经验积累的途径之一。

积极进取原则：指参赛者在比赛中应努力拼搏，团结协作，力争参赛胜利或表现出个人或团队所能达到的最佳竞技水平或取得理想名次的参赛原则。

（1）全方位、多角度地培养进取拼搏精神。青少年时期是人格形成的关键阶段，更需要树立进取意识，为攀登运动高峰而刻苦训练，把“进取”和“拼搏”作为从事竞技运动过程所应终身坚守的信条。

（2）不断给予参赛者积极向上的动机激励。虽然青少年运动员的训练负荷一般未达到极限，但多年坚持系统的科学训练仍需要一定的心理和生理耐受能力，这就需要从运动员自身和外部不断地激励运动员保持良好的动机，感受比赛过程以及获胜的乐趣与满足，引导其参加长期的系统性训练。

（二）指导青少年获得理想竞技表现的竞技参赛原则

适宜参赛目标原则：指在比赛前应根据青少年生长发育和竞技能力的现实状态、竞技潜力、比赛性质等因素科学制订运动员参赛目标的原则。参赛目标的方向性与适宜度会影响甚至导向着备赛和参赛行为。

（1）制订适宜参赛目标的操作要点。首先要注意全面地收集有关信息，明确组赛方的目的，为制订适宜的参赛目标提供依据；其次对确定参赛目标的各个因素做出分析，客观评价自身所处的临赛状态；最后确定实现参赛目标的概率，同时注意适当留有余地。

（2）认识项群参赛目标的弹性特征。不同项群竞技过程的差异决定了弹性的不同，青少年运动员较弱的应变能力也会使弹性加大。因此，教练员应根据不同专项以及运动员自身特点，确定参赛目标的弹性范围，以免过高或过严预期目标的未完成而影响其训练的积极性。

（3）构建完整的三层次参赛目标体系。运动训练效果评价指标包括运动成绩指标、竞技能力指标和训练负荷指标三个层次。为对运动训练过程实施更为有效的目标控制，应在参赛目标确立的基础上，相应地构建竞技能力模型和训练负荷模型，三者构成完整的参赛目标体系。

竞技状态调控优先原则：指在赛前训练中，教练员、运动员要特别重视和优先考虑力求使运动员在比赛中处于最佳竞技状态的原则。

（1）准确把握运动员竞技状态的变化规律。青少年运动员生长发育“敏感期”的时间差异增加了竞技状态外显的个体性与不确定性，为此，教练员应依据运动员日常表现，认真总结训练和参赛的成功经验和失败教训，借助现代测试仪器和手段，清晰地把握运动员竞技状态变化的规律及峰前状态的个体特征。

（2）及时准确地进行运动员竞技状态诊断。运动员的竞技状态诊断可以从生理学、心理学、训练学三个方面进行。目前，适用于青少年运动员特定生长发育阶段的生理与心理发展特征的诊断尚不系统，主要依据教练员经验进行判断。

竞技能力优化组合原则：指赛前安排中要有计划地把平时训练中分散地、逐一地培养发展的各种子能力有机地组合起来的原则。

（1）准确把握运动员竞技能力的结构特征。“积木模型”和“木桶模型”的复合构建实现了对竞技能力结构认识的统一与分野。对于青少年运动员而言，训练与参赛的正确理念是，在某项能力发展的“敏感期”内，参加了足够的训练，获得了充分的发展，并通过比赛表现出来。对于尚未处于“敏感期”的子能力，训练中切忌揠苗助长。

（2）不同项群完整训练的安排特点。赛前训练阶段，分解练习比例减少，应安排较多的完整技术、战术练习和综合的专项素质练习，同时，身体能力训练更多地与技术训练组合进行。速度性、快速力量性、表现难美性、格斗对抗性项目的比赛时间不长，运动员完成一次完整练习后恢复较快，一次训练课中可以多次用专项本身或高于比赛强度的负荷进行连续练习。耐力性、同场和隔网对抗性项目的比赛时间较长，运用完整训练法时的负荷强度一般低于比赛强度，或持续时长短于比赛时长，且在一次训练课中不可多次重复。

冗余备赛原则：指在赛前准备工作中，在参赛方案、参赛选手、器材设备、时间安排等各个方面做好必要的备份，以保障顺利参赛的原则。

（1）对竞技比赛的复杂性和突变性应有充分的认识和评估。影响竞技比赛结果的主客观因素及变数众多，教练员应该对竞技比赛的复杂性和突变性有充分的认识，鼓励青少年运动员进行思考，使其依据现有经验和认识判断，自主探寻冗余备赛的内容，然后与教练员沟通，将参赛的成功建立在自身充分准备的基础之上。

（2）高度重视竞技信息的收集和解析。虽然青少年竞赛的信息获取途径相对狭窄，对对手水平的判断难度较大，但仍需要积极努力地收集多方信息，解析后做出预想，有助于进行更为清晰的把握和准备。

（3）依据项目特征进行重点冗余准备。对于任何竞技项目而言，参赛方案、参赛对手、器材物品的备份都是不可缺少的，但是不同项目又有着不同的重点。对于直接对抗性项目而言，首先要准备好多种战术方案；竞高、竞难、竞重类项目比赛应对不同难度的进阶做好多种准备；射击、射箭、冰雪运动和船、艇、自行车等项目要特别注意检查器材和装备，并做好必要的备份。

（4）冗余备份的适量把握。对于青少年运动员而言，过多的备份一方面会耗费精力，扰乱其专注力；另一方面又会造成心理紧张，影响竞技表现。一般来说，冗余量的多少与赛事的重要性、突发事件发生的概率及其对参赛结果影响的大小密切相关。

因势应变原则：指面对比赛过程中各种影响因素的变化，相应调整参赛行为，以获得理想比赛结果的参赛原则。

（1）做好充分的赛前准备。教练员应针对青少年运动员比赛经验不足、心理适应脆弱、应变能力有限等弱点，在日常训练中，有针对性地开展训练性和模拟性比赛，以提高运动员的综合竞技能力。

（2）抓住时机果断应变。虽然不同竞技项目各有其主导竞技能力，但临场应变大都以技术或战术的改变来实现，教练员和运动员可以依据赛前目标、赛中现状、阶段性期望，主动做出战术改变。依照变化发生的时机与方式，具体战术改变包括审时起变、察因应变、择优引变和出奇制变四种（表6-1-3）。

表6-1-3 教练员在应对不同变化形式时的能力需求与行为要点

应对策略	教练员和运动员的能力需求	教练员和运动员的行为要点
审时起变	对竞技过程的理解及对时机的掌控	依据经验和知识，综合把握做出判断
察因应变	对技战术使用效果优劣的判断	团队内部，特别是教练员与队长、核心运动员及时全面地进行沟通
择优引变	对不同技战术的优、劣势及运动员优缺点的认识	参赛团队内部及时商议

续表

应对策略	教练员和运动员的能力需求	教练员和运动员的行为要点
出奇制变	对非常规技战术的把握与果断性	依据经验，果断做出决定，对个别运动员或运动员的个别技术做特殊强调与嘱咐

第二节　青少年竞技参赛的赛前准备

一、竞技参赛准备的内容与流程

（一）青少年竞技参赛准备的内容

1. 体能准备

与运动训练相比，竞技参赛的负荷量相对较小，但负荷强度逼近极限，为此需要进行专门化的体能准备，以保证比赛时既产生最大的超量恢复，又使得身体疲劳得以消除，诱导最佳竞技状态的出现。赛前训练阶段要特别注重青少年运动员的训练监控，同时采用多种恢复手段降低机体疲劳，严防过度训练的发生。

2. 技术准备

随着赛事的临近，运动员的技术准备要以提高训练质量为主要基调，扎实有效的技术准备主要体现在以下几个方面：

（1）技术训练要因人而异，既要充分体现运动员或运动队的技术风格与特点，又要兼顾运动员或运动队的技术状态差异。

（2）技术训练要程序化、规范化，尽可能地按照比赛规则严格要求与规范。

（3）减少一般练习和分解练习的数量和比重，主要采用更加接近专项的运动方式，以完成完整的技术动作为训练科目，努力提高练习的成功率和稳定性。

（4）逐步减少技术训练的训练量，提高训练强度，起到赛前诱导的作用，同时避免疲劳后的高强度技术训练，以免伤病等意外状况发生。

3. 战术准备

战术准备是建立在体能准备和技术准备基础之上的，一方面要将常规战术演练稳定，另一方面依据自身特点继续熟练个人风格战术。

（1）准备时要求：①根据运动项目的自身特点；②根据本队运动员身体和技术的具体条件；③根据具体的比赛任务和主要对手的特点。

（2）对于战术指导思想的贯彻与实施：①统一全队思想，这在集体团队项目中尤为重要；②依据本队的实际条件，制订适合于本队情况的具体措施；③在赛前训练备战中，贯彻每项技战术行动，巩固和完善技术使用和战术风格。

4. 心理准备

心理准备的目的是消除赛前或赛中可能出现的某些心理阻碍，使运动员在赛前形成并在整个比赛过程中保持积极而稳定的心理状态，而最佳竞技心理状态也有助于理想竞技状态的形成并在比赛中出现。赛前心理准备主要包括以下几项。

（1）建立正确的比赛定向。正确的比赛心理定向应当是关注自我，关注技术动作、比赛过程和当前的比赛活动，减少对比分、比赛结果以及过去和将来得失的过度考虑。

（2）制订详细、周密的心理准备方案。准备方案可以由运动员单独撰写，也可以与教练员和心理教练讨论或在他们的帮助和指导下完成。方案的内容应该结合本人当时的状况、思想活动、该次比赛的特点等，在综合考虑的基础上，具体详细，有针对性和可操作性，避免空泛。

（3）帮助运动员调整好赛前心理状态。教练员首先要运用心理诊断的理论和方法确定运动员参赛时应处于何种状态及具体程度；其次，有针对性地应用镇静或兴奋等相关心理训练方法，同时请运动心理专家通过心理咨询等手段来帮助运动员调整心理状态。

5. 信息准备

面对准备参加的比赛，参赛者要主动收集有关赛事的环境和条件、竞赛组织管理的要求与特点、参赛对手的水平和状态等竞技信息。在对这些信息进行整理、加工和分析的基础上，力求合理地制订参赛目标，正确地预测比赛进程，科学地制订参赛战术。

6. 物品准备

物品准备主要包括生活装备准备和比赛使用器材准备。部分运动项目需要运动员自己准备比赛器材，如隔网对抗类项目的拍具；表现准确类项目的枪弹、弓箭；竞速类项目的自行车、赛艇、皮划艇等。作为竞赛准备的一部分，必须保持所有器材都处于完好状态。

（二）青少年竞技参赛准备的流程

1. 参赛信息的收集

（1）参赛信息收集的内容。依照运动成绩的决定因素，参赛信息的内容包括己方、对手和比赛环境三个方面，即信息的募集应该尽量做到“知己”“知彼”“知环境”。

（2）参赛信息源。参赛信息分为公开的信息和不公开的信息、第一手信息和第二手信息、基本信息和临时信息。其中，公开信息可以通过官方渠道、各种平面和网络媒体等途径获得；第一手信息可以通过实地考察、观摩比赛录像等途径得到；第二手信息可以将别人收集好的信息进行再分析；基本信息是主要对手或参赛环境相对稳定的信息，可以长期积累；临时信息是有明确起始时间的对手信息，特别是特定比赛的信息，这需要通过对上一场比赛对手的表现、拍摄赛前训练、媒体采访报道等进行综合分析获得。

（3）参赛信息募集的方法。教练组赛前应运用多种途径和方法收集一切与比赛有关的信息。常见的收集方法有：赛前的人际交往；赛前观看对手的比赛录像；调阅以往对手的比赛资料；实地观摩；从各种媒体新闻报道中获取等。

2. 赛前状态诊断

赛前状态与运动成绩之间并非一一对应的线性关系，虽然二者之间存在多种可能关系，但或多或少会呈现出某些一致性或相关性。根据参赛准备的进程和比赛赛程的安排，可以诊断、监控并判断出运动员的赛前状态（表6–2–1）。

表6-2-1 赛前状态的3种主要类型

类型	主要特点
适宜准备状态	中枢神经系统兴奋性适度提高，自主神经系统和内脏器官的惰性得到一定的克服，使进入工作状态的时间适当缩短，从而有利于发挥机体工作能力和运动成绩的提高。
起赛热症	中枢神经系统兴奋性过高，表现为过度紧张，常有寝食不安、四肢无力、全身微微颤抖、喉咙发堵等不良生理反应，因而使运动员工作能力和运动成绩下降。此类型常见于初次参加比赛的年轻运动员，或运动员参加特别重大的比赛，或运动员过分重视比赛结果。
起赛冷淡	由于兴奋性过低，进而影响超限抑制，表现为对比赛的淡漠，浑身无力，不能在比赛时充分发挥机体工作能力。此类型是第二种类型的继发反应。

（王瑞元，2002）

由于专项特征与运动员个体差异的存在，单一的评价指标通常难以反映竞技状态的全貌，应该综合采用训练学标准、生理学标准和心理学标准。训练学标准通常包括成功率、命中率、稳定性、考核成绩等；生理学标准包括脑功能、心肺功能等；心理学标准则包括动机、自信心、注意集中、本体感觉和情绪等方面。

3. 参赛目标确立

运动员的参赛目标是建立在明确个人竞技能力与赛前竞技状态基础上的。对于青少年运动员而言，在比赛经验相对缺乏的情况下，个性心理特征会较大程度影响赛中的竞技表现。

设立竞技参赛目标时，建议确定一个适宜的弹性区间。将经过艰苦的努力有较大可能完成的弹性区间目标定为参赛目标，既能对参赛的运动员和教练员产生激励作用，又为非可控因素的干扰留下了调节的空间。

4. 参赛风险的识别与评估

运动员参赛风险是运动竞赛中发生各种干扰运动员比赛发挥或导致运动员比赛成绩降低事件的可能性，是由竞赛中的不利事件或干扰事件引发的，所导致的可能结果是降低运动员竞赛成绩或使运动员在竞赛中发挥失常。

（1）参赛风险的识别。运动员参赛风险由参赛选手风险、对手风险和比赛环境风险三大类组成，其中，参赛选手和对手风险主要包括体能风险、技术风险、战术风险、心理风险、比赛经验风险、伤病风险、自我管理风险；比赛环境风险包括比赛时间和地点风险、比赛场地和器材风险、比赛规则和规程风险、裁判员风险、气候和地理风险、生活和交通风险、教练员风险、社会支持（观众、媒体）风险、运动队管理风险及其他风险。

（2）参赛风险的评估。风险评估通常包括风险概率和后果严重性两个方面，一般来讲，风险事件后果越严重，发生的概率越低。有些风险后果不严重但经常发生，如运动员的小伤小病，这种风险的发生概率很大，应想方设法减少其发生的概率；有些风险非常严重但极少发生，如运动员比赛中猝死，对这类事件的投入可保持在较低水平；有些较严重的事件可能经常发生，如导致运动员无法参赛的严重伤病，对此应不遗余力地防范和减轻。

参赛风险评估可以采用列表排序法和帕累托分析法。

①列表排序法。列表排序法是在传统的风险发生可能性（P）与后果严重性（S）基础上加入风险可控性（C）维度的一种综合评估方法，其风险量（Rv）的计算公式是Rv=P·S·C。运动员参赛风险评估如表6-2-2所示。

表6-2-2　运动员参赛风险评估

参赛选手可能遇到的风险	风险评估		
	可能性	严重性	可控性
比赛中体力严重不支			
出现较大的技术失误			
战术运用不当			
心理压力过大			
比赛经验不足			
身体发生严重伤病			
日常管理能力差			

续表

来自对手方面可能的风险	风险评估		
	可能性	严重性	可控性
对手体力充沛			
对手技术发挥很好			
对手战术配合非常默契			
对手心理状态很好			
对手比赛经验丰富			
对手身体没有伤病			
对手自我管理能力很强			
参赛环境方面可能出现的风险	**风险评估**		
	可能性	**严重性**	**可控性**
比赛时间或地点发生变化			
比赛场地条件差或比赛器材发生故障			
比赛规则新条款或比赛规程对参赛选手不利			
裁判员的错判、漏判、偏袒			
气候异常、恶劣或高海拔地理条件			
生活（饮食、住宿等）条件不好或交通堵塞			
教练员临场指挥不利			
消极社会支持（观众起哄、媒体干扰、亲友影响等）			
运动队管理不严			

具体应用方法为：教练员根据所从事项目的实际情况，分别评估在即将到来的比赛中运动员参赛风险发生的可能性、严重性和可控性，并在相应的空格内填写0~10的数字，以代表发生的程度。例如，认为某一项参赛风险发生“有点可能”“不太严重”“较易控制”，在空格内分别填上3、3、2即可。

②帕累托分析法。帕累托分析法又称主次图法，将要分析的因素按主次从左向右排列作为横坐标，纵坐标为各因素所占的百分比或累计百分比。通过观

察和分析排列图，把累计百分比分为三类：0%~80%为主要因素，80%~90%为次要因素，90%~100%为一般因素。

将帕累托分析法引入运动员参赛风险评估，目的是寻找主要和次要风险，为防范与应对提供参考。对开放式问卷教练员回答材料进行了各自的内容分析，采用计词法，首先确定与研究问题有关的关键词，然后统计关键词出现的频数和百分比，最后根据统计结果进行帕累托分析。

图6-2-1为我国羽毛球项目运动员参赛分项的帕累托分析图，按照累计百分比0%~80%截取，心理、裁判员、体能、技术、比赛经验、场地器材6项风险为主要因素；累计百分比80%~90%的因素包含了伤病、气候地理、战术3项风险，为次要因素；自我管理、规则规程等其余14项因素为一般因素。

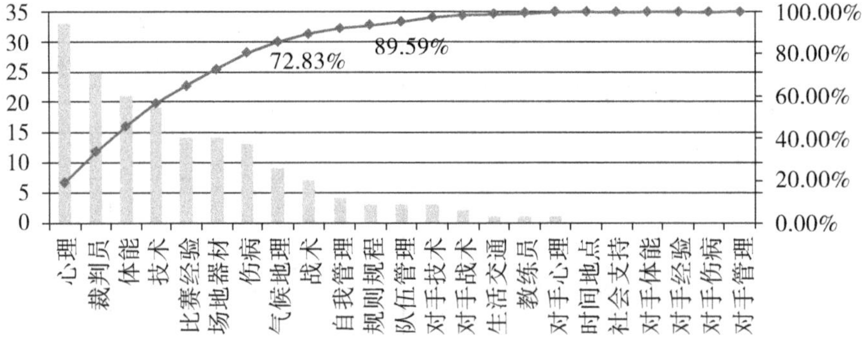

图6-2-1　我国羽毛球项目运动员参赛风险的帕累托分析

5. 赛前计划的制订

赛前准备计划的制订包括赛前训练计划和比赛的专门计划（或称比赛方案）。前者包括周期组成、内容选择、负荷安排等；后者包括比赛的方案设计，比赛任务和要求，双方情况分析，比赛运用的技战术，主力阵容配备及替补队员配置，赛前练习、准备活动的安排与要求，对比赛中可能出现的各种困难情况的预料及应对策略，比赛期间生活作息制度与要求，以及准备会的安排。

由于参赛准备过程和比赛中会发生一些突发事件，如运动员伤病等，因此，制订的参赛准备计划要有一定弹性或灵活性，能及时根据临场的条件变化做出相应的调整。

6. 参赛方案的制订

（1）运动员参赛方案的内容与制订。参赛方案主要包括以下四个方面内容，分别为：参赛指导思想、程序化参赛过程、比赛中可能出现的问题、可能出现问题的应对策略和方法。

（2）程序化参赛的实施。程序化参赛是对赛前准备的系统化安排，从出发开始，每段时间该做什么都应有明确的活动方案或时间表，如几点起床、几点吃饭、几点乘车、几点练习、几点比赛、要带什么、勿忘什么、注意什么等应有尽有。

程序化参赛的实施需要一定的环境条件和运行规范，具体包括前提条件、运行程序图及其说明。

首先，明确教练员和运动员在参赛过程中的任务和职责，并对参赛过程的进展环节加以分析，将运动员参赛的常规行为编制成相应的程序，同时将偶发事件及其应对也一并考虑进去，供运动员比赛时使用。

其次，绘制运动员程序化参赛运行图。通常，运动员程序化参赛运行图是按照比赛的环节或先后顺序确定运动员具体参赛行为，一步一步推理绘制而成的。

另外，要有程序化参赛运行图的实施说明，具体说明每项工作由谁负责、谁来执行等一系列问题。

二、赛前训练的组织与实施

（一）赛前训练的任务

基本任务是促进运动员最佳竞技状态的形成，充分动员运动员各系统的机能水平，为参赛做好准备。从生理学角度讲，运动员机体各器官与系统机能达到较高状态，并在运动中出现“节省化”现象；从训练学角度讲，运动员的运动素质和专项技战术发展达到本人的最佳水准，并且运动素质和专项技战术结合紧密，完成动作准确、熟练、协调；从心理学角度讲，运动员在训练中情绪高涨、精力旺盛、心理稳定，渴望参加比赛。

赛前训练的具体任务包括：实现竞技能力的有效整合；实现机体能力的超量

恢复；完善专项技战术；逐步适应比赛环境；加强运动员心理调控等方面。

（二）赛前训练的时间与阶段

通常，高水平运动员赛前训练的时间一般安排6~8周，依据不同专项主要运用的身体能力产生超量恢复与代偿，以及主导竞技能力适宜状态形成时间的差异，不同的项群和运动项目赛前训练时间安排有所不同（表6–2–3）。由于青少年运动员承受高强度负荷的程度与时长有限，赛前训练时间一般不应长于或短于6~8周。

表6-2-3　不同项群和部分项目高水平运动员赛前训练的时间

类属	类别	训练周数
依氧代谢特点划分项群	无氧类	4~6
	有氧—无氧混合类	6~8
	有氧类	8~10
依不同竞技项目分类	射击、短跑	5~6
	羽毛球、竞走	6~7
	游泳、投掷、跳跃	7~8
	中长跑、田径全能	8~10

（三）赛前训练内容选择的特点及要求

赛前训练内容的确定主要取决于赛前训练的主要任务、专项特点以及运动员的训练状态，内容的安排应主要围绕运动专项竞赛的需要，做到“化繁为简、化难为易”，抓住主要矛盾和矛盾的主要方面，既要突出专项特征，又要强调发挥特长和绝招，还要对运动员明显的缺点和错误进行改正。

1. 训练内容的选择贴近专项的需要

赛前训练内容的选择应紧密围绕不同专项的专项竞技能力展开，把对专项影响最大、表现最突出的竞技能力置于首要位置，强调竞技能力的精细化安排。赛前训练的专项化还表现在：训练内容、练习方式和练习组织更接近专项比赛特点。

对于技战能主导类集体对抗性项目而言，技术训练应在高强度及对抗情景中完成，且不再改变已形成的技术动作；战术训练中，小组战术、集体战术和实战训练比例应增加，开展针对主要对手的“特殊战术”的专门性训练，而个人战术练习比例减少；体能训练既要保持一般身体能力，又要通过专门练习或专项技战术训练发展和提高专项身体能力。

对于技战能主导类个人对抗性项目而言，个人技术训练比例应减少，实战性一对一练习比例应大幅增加，技术训练更加精细，对个人技术“绝招”重点关注。

对于技能主导类表现难美性项目而言，注重成套动作练习，并强调稳定性、成功率及动作难点的精雕细刻，不宜过多进行单个动作练习，更不应该学习新的技术动作，改变已有的技术动作或动作组合。

对于体能主导类项目而言，以专项训练和比赛性训练的内容为主，为了避免过早、过高的竞技状态的出现，还应适当安排近似或模拟专项的训练内容。训练中还应注意其他负荷内容和练习手段的适当搭配，有利于增强运动员承受负荷的能力，避免或减轻生理、心理疲劳的积累（表6–2–4）。

表6-2-4　体能主导类田径项目赛前阶段不同训练内容的比例安排（%）

项目	一般训练	专项训练	比赛性训练
短跑	10	55	35
跨栏跑	10	40	50
中距离跑	10	70	20
长距离跑	5	90	5
跳跃远度项目	10	55	35
跳跃高度项目	10	40	50
投掷项目	10	40	50

对于技能主导类表现准确性项目而言，一方面要巩固已掌握的技能和技巧，提高在不同比赛条件下的发挥能力；另一方面要在精细磨炼技术动作的基础上，根据个人特点进行针对性训练；要以发扬运动员长处为主，克服薄弱环

节，但不宜过分强调，以免增加心理负担，影响取胜自信心。

2. 训练内容的选择更具针对性

首先，针对比赛的要求。要根据比赛的要求及与比赛相关因素有目的地安排赛前训练，如竞赛规程与规则，比赛地区的气候条件、时差等。虽然竞赛规则相对稳定，但组委会设定的竞赛规程存在差异，如比赛轮次、不同轮次之间的时间间隔等。另外，对于国内举行的青少年比赛，南北温差和湿度差、东西时差等将在一定程度上影响不同专项运动员的竞技表现。

其次，针对对手的特点。要针对对手的技战术特点、特长、薄弱环节及训练状况制订训练计划，这对于对抗性项目运动员尤为重要。尽量通过对主要对手的分析，观察对手的训练、比赛或赛前与对手进行交流等途径，获取对手的相关信息，进而结合自身特点，制订并实施克敌制胜的赛前训练计划。

最后，针对运动员竞技状态调控的需要。对于赛前训练阶段之前已承受较大负荷的运动员而言，要特别谨慎地安排大负荷应激强化阶段的负荷量度，保持明显的负荷节奏，给予身体相对充分的恢复时间，并较早实行赛前减量训练；对于此前训练负荷较小的运动员，则可以承受相对高的训练负荷，但要特别注意加强训练监控，以免过度训练的产生；对于训练水平较高的运动员，应着重关注薄弱环节，利用“补短”诱导竞技状态的出现；对于训练水平较低的运动员，可以将重心放在优势能力的进一步提高上，通过“扬长”弥补整体竞技能力的不足。

3. 训练内容的选择更加注重安全性

赛前训练阶段对负荷强度的要求较高，因而应该防止急躁、冒进、不适度地加大训练负荷，特别重视预防运动伤病的发生。内容选择上应注意：一是特别重视训练课前的准备活动和训练课后的整理活动；二是训练安排要注重安全性，尤其是在负荷强度逐渐增加时；三是要严格制定并要求运动员遵守作息制度，注重运动员的人身安全，防止意外伤害事故的发生。

4. 更加注重心理训练

良好的赛前心理表现应该是有适度的动员状态，神经过程的激活水平适当，既振奋又清醒；有高昂的斗志和充沛的精力以及坚定的取胜信心；具有良好的抗干扰能力和自控能力。

赛前心理训练的任务多样，重点是帮助运动员明确比赛任务，建立适宜的目标，激发良好的比赛动机，增强运动员取胜的信心和消除紧张情绪等。同时，应该加强对过度兴奋状态、赛前淡漠状态、盲目自信状态的调控；加强作风培养和思想教育，使运动员全面了解竞技信息，头脑清醒地参加比赛。

5. 更加注重训练监控与恢复措施

首先，及时而准确地实施科学的训练监控。青少年运动员，特别是处于基础训练阶段的儿童青少年，技能和机能评定应用较少，运动员的自评能力有限，更多的是依靠教练员的经验观察。建立适宜不同年龄段青少年的训练监控评价体系将有助于青少年训练科学化的推进。

其次，采用多种恢复措施与加强营养。目前，一般在赛前训练中消除疲劳的恢复措施和手段主要包括按摩、理疗、音乐及其他休闲娱乐等生理与心理学方法，另外，还要依据运动专项的特点以及运动员训练课次的安排，注意运动员赛前的合理膳食调配与营养补充，以促进超量恢复的产生。

（四）赛前训练负荷安排的特点及要求

赛前训练的安排通常以超量恢复原理作为生物学依据，同时也要符合竞技状态的变化规律和竞技状态调控的特点。依据最佳竞技状态形成的时间学规律，赛前训练一般包括两个或三个训练阶段，即一个或两个赛前基础训练阶段和一个赛前减量训练阶段。

赛前基础训练阶段的主要任务是提高运动员为迎接比赛所需要的各项竞技子能力，为下一训练阶段运动员机体形成超量恢复打下良好的基础。就负荷量度而言，此阶段为“大负荷应激强化”训练阶段，专项训练的量和强度均达到很高水平，尤其是增加比赛性负荷的训练量和训练强度，而一般性训练的量和强度则应明显下降。同时，负荷安排应具有节奏性，先增加负荷量，保持一定的负荷强度，即前一半为“强化量”，再提高负荷强度，保持一定的负荷量，即后一半为“强化强度”（图6-2-2）。

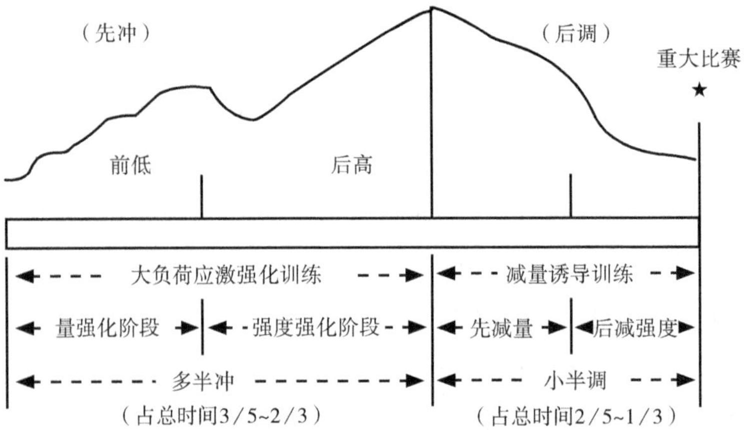

图6-2-2　赛前训练阶段负荷变化的时间学特征

目前，国内外高水平训练采用的减量训练共有三种模式，同样可以为青少年赛前减量训练所借鉴：①直线式，即按照一条直线匀速地减低训练量；②指数式，即以一种系统的指数模式曲线的方式安排减量训练的过程，包括快指数和慢指数两种；③阶梯式，训练负荷以一个恒定的量突然减少，或指在训练中按固定的标准减量（图6-2-3）。实践与理论验证认为，非渐进式的减量模式（阶梯式）不及渐进式（直线式和指数式）模式效果好；在渐进式减量模式下，快指数减量比慢指数减量效果好。

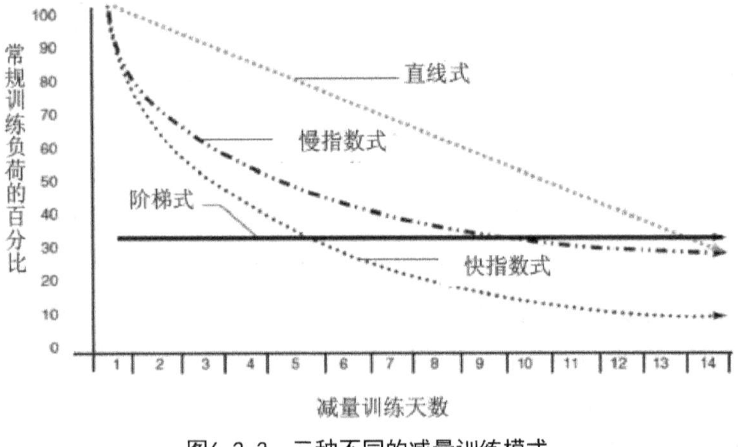

图6-2-3　三种不同的减量训练模式

（五）赛前训练方法手段的特点及要求

根据赛前训练的主要任务，为了整合、协调、完善与竞技参赛密切相关的竞技子能力与整体竞技能力，赛前训练所采用的训练方法一般与准备期和比赛期前期有所不同。例如发展体能主要采用重复法和间歇法，而较少采用持续法；发展技能主要采用完整法，较少采用分解法。除此之外，赛前阶段的训练方法选择还具有如下特征。

1. 采用模拟训练

模拟训练是在获得情报信息的基础上，通过与模仿重大比赛中主要对手的主要特征的陪练人员的对练，在比赛条件相似环境中的练习，使运动员获得特定技战术能力的针对性极强的训练方法。

模拟训练中包含三个基本因素：被模拟系统、同态系统、主练系统。主练系统是指即将参赛的青少年运动员；对于青少年竞技参赛而言，主要对手信息的获取难度较大，模拟训练应主要指向参赛环境和参赛过程。同态系统是设计和创造出的与被模拟系统相似的系统结构，要求与被模拟系统在几何（如参赛场馆的空间大小）、物力（如球速、旋转）等方面具有相似性。另外，几何和物理等方面的相似相对容易，但心理和作风的相似相对困难，此时，可以通过增加比赛难度、故意判罚失误、增设场馆噪声、设定比分差距等方式，提高运动员心理和意志品质的适应性。

模拟训练一般按照如下程序进行：明确被模拟对象，确定被模拟系统的边界，设置同态系统并进行相似性分析，主练系统与同态系统一起练习。同时应注意，如果青少年运动员受训时间较短，不具备一般战术能力，模拟训练难以产生明显效果，另外，在模拟训练中，要树立“从实战出发”的思想，把同态系统视为被模拟系统，努力提高训练质量，从而提高特殊战术能力。

2. 有目的地安排热身赛

热身赛是运动员或运动队参加重要比赛前所组织或参加的准备性比赛，其目的是完善比赛的技术和战术能力，通过这些比赛，提高运动员对未来参赛的场地、气候、对手、观众及裁判等各方面条件的适应能力，以及激发运动员强烈的竞赛欲望。热身赛安排的时间不宜与主要比赛相隔过久，而且应连续进行，以求获得理想的适应效果。

对于比赛时间较短、运动员生理消耗不大的项目，如田径中的田赛和短距离跑，热身赛次数可以多一些，而比赛时间较长、生理、心理负荷较大的项目，如中长距离竞速、集体球类项目应相对较少。对于热身赛距离大赛的时间，应根据项目特点和运动员表现而定，对于比赛负荷较大或技战能主导类项目，间隔时间应相对较长，应不短于15天，以利于运动员机体恢复，同时改进战术；对于比赛负荷较小的项目，间隔时间可相对较短，10~15天较为适宜。

第三节　青少年竞技参赛的赛中控制

一、竞技参赛控制的对象及内容

（一）竞技参赛控制的主体与客体

竞技参赛过程中的施控主体是教练员，他们根据赛事的进展，通过专门的途径和方法对运动员的参赛行为进行有针对性的指导和帮助。这些专门的途径包括竞赛信息的筛选、竞赛环境的适应、参赛风险的规避、参赛变异的应对等。具体的方法有赛前和赛中技战术的布置、安排与调整，以及赛间训练等。具体的手段包括临场的换人、暂停、场边指导、赛间训练的组织与实施等。

竞技参赛控制的客体对象是运动员的参赛行为，包括运动员角色定位与互动、目标设立与调整、动机发端与激发、信息筛选与处理、环境变迁与适应、风险评估与变异应对等。

（二）竞技参赛控制的方式

1. 竞技参赛控制的基本方式

（1）直接指导与间接指导。直接指导是在赛中或比赛间歇利用语言或身体语言提示进行的指导。间接指导是在某些集体球类项目中，教练员通过换人及换人后的战术变化来实现指导意图的指导。

（2）语言指导与借助仪器指导。教练员和运动员之间可以通过语言或身体语言进行交流指导，帆船、橄榄球等项目可以使用通信工具等仪器设备进行指导。

（3）在暂停或比赛间隙进行指导。依据比赛规则，有些项目不允许教练员间断比赛进行指导，而只有在暂停或比赛间隙时才有指导机会。对于不可中断的项目，如田径、游泳、体操等，主要依靠赛前计划或简练的个别语言进行场边指导。对于可中断比赛的项目，可利用申请暂停或固定间歇进行指导。

2. 竞技参赛控制的项群差异

不同项群竞技参赛控制的方式存在差异，并主要体现在调整机会的可得性。从运动项目的比赛规则与竞技特点来看，技术、战术和心理运用是赛中调控的主要对象；比赛时间的长短和比赛间断的多少为调控提供了可能；比赛中教练员的行为决定了其在调控中所能发挥的作用。这样，从技术动作特点、比赛时长与间断、教练员行为三个方面可以综合判定赛中竞技势能调控的项群差异（表6-3-1）。

表6-3-1　不同项群比赛中调整机会的可得性

项群		技术动作特点	比赛时长与间断			教练员行为		调控等级
			固定间歇	申请暂停	换人	场外语言提示		
体能主导	速度	周期性单一	短	无	无	无	无	E
	耐力	周期性单一	较长或长	无	无	无	有	D
	快速力量	周期性或非周期性单一	长	有	无	无	有	C

续表

项群		技术动作特点	比赛时长与间断			教练员行为		调控等级
			固定间歇	申请暂停	换人	场外语言提示		
技战能主导	同场	变异多元组合	长	有	篮、手球有，其余无	有	有	A
	隔网	变异多元组合	长	有	有	排球有，其余无	有	A
	格斗	变异多元组合	较长	有	无	无	有	B
技能主导难美		固定多元组合	短	无	无	无	无	D
技心能主导准确		周期性单一	长	有	无	无	有	C

注：不包括多项组合性项目；A、B、C、D、E代表调整机会的可得性依次降低。（陈亮，2015）

二、教练员的赛中临场指导

（一）教练员临场指导的理念

1. 明确、精练、突出重点

青少年运动员面对高水平比赛时，教练员应抓住比赛的主要矛盾，言简意赅地重点指导。依据项目的不同，教练员制订相应的语言、手势等指导比赛。例如长距离竞速项目比赛中为了实现“超越对手”“保持匀速”“适当加速”等的手势或语言。再如篮球比赛中为完成“全场紧逼”“半场盯人”“区域联防”等战术而专门设计的精练言语或手势等。

2. 以鼓励和激励为主

比赛中的运动员大都处于较高水平的应激状态，此时教练员的指导应该是积极的、建设性的、鼓励的指导。对于训练性和检查性比赛，如果青少年运动员具备了一定的竞技参赛经历，教练员完全可以鼓励运动员对某些赛中变化进行自行调整，并在赛后进行总结与评价，以提高运动员的参赛经验和知识运用能力；对于集体球类项目的选拔性或竞技性比赛，给予替补运动员更多的锻炼机会，是鼓励和激励其快速成长的有效途径。

3. 突出变化

青少年运动员的比赛经验和知识有限，为缩短适应时间，教练员的指导性变化便显得尤为重要。一方面，教练员的赛前布置既要突出本方特点与优势，又不能墨守成规，以免被对手轻松制约，开局即陷入被动；另一方面，赛中的变化，无论是技战术调整还是人员调配，都应既要扭转当前局面，积小胜为大胜，又要树立起全局的观念，不计一时一分之得失，确保参赛目标的实现。

4. 尊重助手及运动员的建议

目前，我国大多数青少年运动队的办训形式实行三集中（学习、训练和食宿）、二集中（学习和训练）或一集中（训练）模式，运动队管理主要涉及运动员的训练和比赛，这就要求教练员要调控各方面的关系，处理好运动员之间、运动员与教练员之间、教练员与文化课教师之间的关系，集中力量到训练和比赛中去。

（二）教练员临场指导的方法

赛中调整机会的可得性决定了教练员临场指导方法的多样性。依据竞赛规则，无比赛间断的竞速类项目，运动员一般难以获得教练员的临场帮助；有比赛间断的体能主导类快速力量性项目和部分技能主导类表现难美性项目，教练员可以在两轮次比赛之间的间歇对运动员进行指导；对抗性项目具有固定间歇，同时教练员可以在场外进行语言或肢体语言提示（表6–3–2）。另外，有些项目还能申请暂停和申请换人，因此教练员的临场指导方式较为多样。

表6-3-2　对抗性项群比赛暂停、换人和场外指导机会

项群	项目	间歇/暂停次数与时间		换人次数	场外指导
		固定间歇	申请暂停		
集体球类	篮球	第1、2和第3、4节间2min，第3、4节间15min	上半场2次，下半场3次，决胜期1次，各50s	不限	划定区域走动指导
	手球	中场10min	半场各1次1min	不限	本方半场走动指导
	足球	中场15min	—	3人次，下场队员不得再比赛	同上

续表

项群	项目	间歇/暂停次数与时间		换人次数	场外指导
		固定间歇	申请暂停		
集体球类	冰球	局间15min	—	不限	同上
	水球	节间休息2min	—	不限	同上
	曲棍球	中场15min	—	16人次	同上
	排球	局间3min；除决胜局外，领先方达8分或16分技术暂停1min	每局各2次30s	6人次，每人仅1人次且替换与被替换对应	同上
隔网对抗（除排球）	羽毛球	局间2min，领先一方达到11分间歇1min	—	—	死球时场外指导
	乒乓球	局间1min	每场各1次60s	—	同上
	网球	交换场地时局间90s，男子3盘、女子2盘后15min	—	—	场外肢体提示
	沙排	局间5min	每局4次30s	—	同上
格斗对抗	击剑	局间1min	—	—	场外语言提示
	拳击	同上	—	—	同上
	跆拳道	同上	—	—	同上
	摔跤	局间30s	—	—	同上
	柔道	—	—	—	同上

（陈亮，2013）

1. 口头语言指导

口头语言是大多数项目竞赛活动中教练员常用的指导方式。尤其是在暂停阶段，教练员都会按照自己的判断和助理教练员提供的信息，对运动员上一阶段比赛片段的技术、战术表现做出小结，对下一比赛片段技战术表现提出要求和安排。特别是对重点运动员或主要运动员完成技战术存在的问题进行专门的传授。

教练员的口头语言表达要抓住重点、准确精练，切忌面面俱到。

2. 肢体语言指导

肢体语言又称身体语言或非口头语言。在竞赛过程中的非暂停情况下，教练员的临场指导大多采用肢体语言来进行（表6–3–3）。

表6-3-3 教练员常见的肢体语言形式

形式	意义
来回走动	受挫，紧张。对运动员未能完成或不能完成技战术要求的表达
上体前倾	对运动员表现的关注
抬头挺胸	自信、果断。对运动员参赛行为的认可
摇头	无奈。对运动员参赛行为的不可控
微笑	满意、同意。对运动员参赛行为的认可
眉毛上扬	诧异。对运动员参赛行为结果或优秀或很差的惊讶或不相信
咬嘴唇	焦虑、害怕、紧张。对运动员参赛行为结果的后怕
抖脚	紧张
双臂环抱	教练员调节自我或习惯性姿态

（熊焰，2012）

教练员在参赛活动中的非口头语言有手势语、头语和触摸三种。

“手势语”是教练员和运动员在训练过程中积累起来的肢体语言，除了某些固定意义，如“竖大拇指”代表肯定和赞扬，教练员还会结合不同专项形成专门语言，如篮球、排球等集体球类项目教练员的特定手势代表特定战术，田径的田赛中，教练员通过手势提醒运动员动作等。

“头语”是利用头部体态动作或表情来表达某种意思和情绪的无声语言，如“点头”意味着肯定和认可，“摇头”代表否定、不赞许、制止等。“头语”往往还伴随着摊开双手、耸肩、双臂环抱等肢体动作，以此加强对运动员表现肯定或否定的程度。

“触摸”大多发生在教练员和运动员近距离的情况下，主要包括握手、搂抱、拍肩膀等动作，用以表达对运动员表现的情绪和态度。

3. 换人

换人是集体球类项目常用的调整球队竞技表现的手段，受制于不同项目对换人次数和时机的规定，以及取得理想竞技表现的需要，换人又分为主动换人和被动换人。

（1）主动换人。主动换人是依据比赛场上形势的发展走向和人员组合配备的需要，采用的具有一定战术目的的队员替换（表6-3-4）。

表6-3-4　集体球类项目比赛中主动换人的原因与方法

原因	方法与目的
对方技战术实施顺利，效果显著；己方队员思想不统一，出现急躁情绪	换上队中威信最高、技术最扎实全面，并且有一定组织能力的队员，稳定队员的情绪，振奋斗志，扭转比赛的局面
发现了对手改变战略战术后己方战术失败的原因，需要改变战术	及时换上在某项技术上有一定特长的运动员，使己方战术有所改变，达到克制对手的目的
双方相持，为了打破场上僵局	试探性换人；若取得效果不佳，则立即换下来，或者频繁换人
战术需要加强防守	在加强攻击的基础上适当换上防守能力强的队员，达到攻防平衡
己方领先，而比赛时间所剩无几	换上防守能力强的队员，通过防守破坏对方的进攻节奏，保住胜利局面
己方落后，比赛即将结束，还存在翻盘希望	换上攻击力强的队员，如篮球的三分投手、足球的前锋，全力进攻，放手一搏
需要盯住对方的核心，制约对方有效进攻	换上防守好的队员重点盯防
对方换人	考虑换上对应的队员，使对方战术得不到有效的实施
需要用换人替代暂停的时候	暂停次数已用完，在不影响场上实力的情况下以换人调节场上情绪，传递教练员意图
比赛胜负已成定局，为了保存实力	避免主力队员受伤，锻炼替补队员

（熊焰，2012）

（2）被动换人。被动换人是在不得已的情况下采取的换人，一般出现在以下几种情况。

①一旦发现场上某队员表现失常，应当立即换下。

②个别队员由于意志薄弱或思想不集中、反应迟钝，不能适应比赛的激烈对抗。

③某队员对裁判员的判罚产生不同意见，或者与对手、队友发生龃龉，情绪激动，甚至出现言语和肢体冲突时。

④某队员由于伤病不能继续完成比赛，或者某队员由于体力不支不能正常发挥自己的作用。

⑤防守时，本队队员明显不如对手，并且不宜在场上队员中调整。

4. 暂停

某些对抗性项目比赛过程中，按比赛规定可在特定时间或特定情况下暂时停止比赛，以便教练员对运动员进行指导。暂停的首要目的是技战术的运用，坚持预定的或者调整、改变技战术的实施。暂停是自我布阵、自我调节的需要，是一种主动的战术行为。

（1）暂停选择的时机与技巧。

①技战术安排不当时。

②按照既定战术实施效果低下时。

③对方及时变换战术，己方运动员判断不清时。

④对方技战术实施奏效，并极大地鼓舞士气和斗志时。

⑤在每场、每节的比赛结束前，可利用暂停巩固和扩大战果，或挽回不利局面。

⑥比赛中，本方队员因为裁判员、观众的原因产生队员间彼此埋怨或计较裁判员的判罚、观众的态度时，或者环境突然变化（如天气变化、赛中意外事件发生等）时，运动员容易产生注意力不集中，甚至会影响比赛情绪，这时教练员应立即请求暂停，调节好队员的心态，把注意力集中到比赛中去。

⑦在某些重大或连续参加的赛事中，运动员出现身体疲劳、力不从心，可以通过暂停使之得以局部调整，重新投入比赛中。

⑧比分接近而临近终场时。

（2）暂停应注意的问题。

①有的放矢。申请暂停之前要冷静分析赛场情况，抓住主要矛盾，做到对

症下药。

②把握节奏。申请暂停要依据比赛对暂停次数的规定，合理分配与掌握暂停时机，把换人、场外语言提示、运动员医疗暂停等综合利用起来。

③暂停的言语行为与风格。同场和隔网对抗类项目的每次暂停都有特定的时间规定，教练员的语言要简明、扼要、精练、切实，不要提一般化的口号和要求，可以利用战术板进行图解分析。另外，最好给运动员留下一点沟通、交流和询问的时间。

（三）教练员临场指导的策略

临场指导机会可得性的不同使得各项群教练员临场指导策略存在较大差异。除了常规性指导方式外，针对不同时段和不同比分状态，教练员也应采用各异的指导策略（表6–3–5）。

表6-3-5　不同项目或项群各阶段与战局下教练员的临场指导策略

	同场与格斗对抗项目	隔网对抗项目	间接次第对抗项目	间接同时对抗项目
开场阶段	坚持赛前布置；试探对手准备与状态	坚持赛前布置；试探对手准备与状态	保证成功率	快速进入状态争取主动
相持状态	先调整阵容，再调整技术，后调整战术，力求打破比赛均衡	先调整技术，再调整战术，力求打破比赛均衡	利用提高难度（重量）的改变给予对手压力	控制速度节奏
领先状态	坚固防守，抓住对方弱点扩大优势	加强控制，避免失误	按照运动员特点稳定完成各轮次比赛	速度保持或适当控制
落后状态	非临近结束时适当调整技战术	非临近局末减少失误，采用稳定与优势技术	力求最大发挥或采用特殊技战术	把握加速时间
结束阶段	调整战术，落后时缩短进攻时间；领先时加强控制	调整技术，落后时采用优势或进攻型技术；领先时采用稳定技术	强调技术稳定性与果敢性，心无旁骛地完成最后动作	把握冲刺时间

三、青少年运动员的赛中自我调控

（一）青少年运动员赛场情绪的自我控制与培养

1. 青少年运动员参赛动机激励与情绪调整

（1）青少年运动员参赛动机的激励。参赛动机是激发运动员进行比赛的内部动力，包括强度和指向性两个方面。其中，强度是指运动员为达到某一目标所付出的努力；指向是指目标方向的选择。青少年运动员的参赛动机是否端正关系着运动员参加比赛的动力，以及他们将要付出的努力和能否取得应有的成绩。

对于青少年运动员而言，竞技获胜的物质奖励有限，外部动机主要来自教练员和家长的赞扬，但随着年龄增长带来的认识多元化，外部动机对支撑青少年运动员训练的作用效果会逐渐减弱。因此，教练员应采用多种方法和手段来激发青少年运动员的内部动机，使比赛成为运动员的内在需要，使其充满刺激和乐趣，使运动员长时间以高昂、稳定的情绪投入竞技参与过程。

（2）青少年运动员参赛情绪的调整。运动员的比赛情绪可分为积极的比赛情绪和消极的比赛情绪两类。

①积极的比赛情绪。积极的情绪状态是运动员对胜利充满了兴奋和自豪感，对所获得的成绩感到满意，并对继续参加比赛充满渴望；失败时，表现为运动员想克服自己的缺点，争取下一次胜利。

②消极的比赛情绪。

——过分激动。主要原因：参赛经验不足、比赛结果重要、比赛环境与平时训练参赛不同等。主要表现：缺乏心理调节能力，过度兴奋引发焦虑不安、行动不协调，过早消耗能量，有时表现为欲战不成、欲罢不能的矛盾状态。

——过分紧张。主要原因：害怕领导、教练员指责；害怕观众起哄；重要场次、关键分数时怯场；赛前制订的战术方案失灵；对比赛中各种变化因素的感知过于灵敏，无法专注比赛等。主要表现为：肌肉僵硬、动作不协调、出现多余动作干扰、临场心率过速、呼吸困难、出虚汗、尿频、血压升高等，并带来各种心理因素异常、注意力分散、反应迟钝等。

——胆怯。主要原因：不能正确评价双方实力，过高估计对方；害怕对手士气高涨与观众起哄等。主要表现为：比赛中行动紧张、瞻前顾后；害怕比赛、观众、对手；缺乏士气与挑战精神、信心不足、动作失控。

——比赛淡漠。主要原因：赛前训练强度过大，出现疲劳期；连续比赛，体力不支；认为比赛的胜负结果无关紧要；因上场比赛失利而心灰意懒；团队人际间出现矛盾等。主要表现：对比赛的兴奋与投入不足、动作缓慢、思维迟钝、意志消沉。

③运动员比赛消极情绪的调整与克服。

——“战绩”回忆。让运动员回忆处于自然放松状态，在身体能力恢复的基础上，诱导运动员运用表象回忆自己最佳运动成绩、最佳比赛场次，以重新认识自己的竞技能力水平，提高比赛欲望和信心。

——表情调节法。紧张和焦虑时，可以有意识地放松面部肌肉，或用手轻搓面部使之有放松感。比赛时运动员自己可以实施表情调节法。

——注意力的集中与放松训练。让运动员在思想和情绪上暂时离开过分紧张的比赛，在头脑中想一些愉快的事情，待情绪稳定后，再将注意力集中到比赛现场中去。

——呼吸调整法。在精神高度紧张的比赛中往往会出现胸闷、气短、呼吸困难等现象，运动员可有意识地放慢节奏进行深呼吸，使心情平静下来。

——自我活动与自我暗示法。比赛间隙，运动员可通过轻松地活动手脚、扩胸等动作，来缓解心理的紧张，还可用命令放松或励志的词语进行自我暗示，使负面思维和消极情绪中断，代之以积极的情绪。

2. 不同项群青少年运动员赛场自我控制能力的培养

运动员赛场行为自我控制主要实施于赛场感知、自我判断和采取相应的应对措施三个过程之中。感知、判断和行动是相互影响、互为条件的，而运动员的情绪对三者都会造成直接的影响，反之亦然。再加上动机对于运动员情绪的原动力（图6-3-1），要求教练员在对运动员赛场行为自我控制的过程中，从动机和情绪入手，在训练中着重加强运动员感知、判断和行动能力的培养。

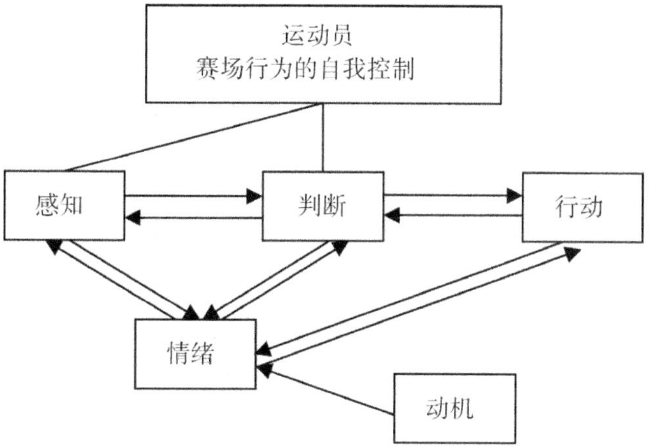

图6-3-1 运动员赛场行为自我控制的影响因素

（1）变异动作组合类对抗性项目运动员赛场自我控制的培养（表6-3-6）。

表6-3-6 变异动作组合类对抗性项目自我行为控制特点和培养侧重点

项目示例	竞赛特点	自我行为控制特点	培养侧重点
足球、篮球、排球、网球、摔跤、拳击、跆拳道等	动作形式多变； 技术动作为变异性组合； 竞技能力的发挥程度和对手有较大关联度； 开放性技能	对运动员的感知觉能力，如视觉、听觉、触觉和本体感觉等的综合感觉能力要求较高； 感知信息多； 阅读情境的能力强； 判断要迅速和精确； 行动选择范围大，要坚决而果断地采取应对措施； 良好的情绪调节能力； 直觉的充分利用	加强运动员知识能力的培养； 形势分析和预案的设计； 模拟训练； 针对每个运动员的个性化小细节调节运动情绪

（2）固定动作组合类间歇重复性项目的运动员赛场自我控制的培养（表6–3–7）。

表6-3-7　固定动作组合类间歇重复性项目自我行为控制特点和培养侧重点

项目示例	竞赛特点	自我行为控制特点	培养侧重点
田赛（如跳高、跳远、铁饼、铅球）、跳水、体操、举重、射击、射箭等	每一次完成技术都要求最完美； 技术动作为固定组合动作； 每次完成动作之间有间歇； 关闭性技能	需要的感知； 流畅状态时的身体和心理感觉；场地的弹性、软硬，器材的特征等； 需摒弃的感知； 失误时的感觉，困难比赛的感觉，成绩信息，无关信息； 自信积极的情绪状态	模拟训练； 将需要的感知、判断和行动设计成行为控制程序，严格进行训练

（3）固定动作组合类周期持续性项目运动员赛场自我控制的培养（表6–3–8）。

表6-3-8　固定动作组合类周期持续性项目自我行为控制特点和培养侧重点

项目示例	竞赛特点	自我行为控制特点	培养侧重点
跑、游泳、划船、赛艇、速度滑冰、滑雪等	动作相对简单固定，呈周期性； 机能的高低和速度、力量、耐力的极限发挥	对身体状态的感知； 肌肉本体感觉，速度感、距离感、放松的能力； 意志力和忍耐力	提高时间间隔知觉能力； 注意转移能力； 自我暗示能力； 放松能力

（二）青少年运动员竞技表现的自我调整

1. 赛场感知

赛场感知是比赛中对可能影响运动员竞技能力表现的自身信息、对手信息及竞赛现场信息的获取和处理，因此由自身状态感知、对手信息感知和竞赛现场信息感知构成。

（1）自身状态感知。自身状态感知包括比赛时自身的生理信息、心理信息和行为信息（表6–3–9）。

表6-3-9　自身状态信息示例

类别	信息内容示例
自身生理信息	“感觉提不起精神”“浑身发软”“精力充沛”“老想上厕所”“赛前两分钟肚子疼，上厕所拉不出来”
自身心理信息	“上场前总感觉别人在看自己”“怀疑自己的动作”“比赛前脑子一片空白”“这次比赛后就进入一线队了，拼了”
自身行为信息	“准备活动没做开”“赛前去看了别人的比赛，对手比我强”“上厕所的次数比平时多”

（2）对手信息感知。对手信息主要包括对手竞技能力信息、竞技状态信息和对手表现信息（表6–3–10）。

表6-3-10　对手状态信息示例

类别	信息内容示例
对手竞技能力信息	“对手人高马大”“对手速度很快、力量很足”“准备活动时，发现对手技术动作很优美”“在比赛前发现对手状态很好，有说有笑”
对手竞技状态信息	“对手好像脚上有伤”“对手害怕自己，不敢和我对视”
对手表现信息	“上场的对手比得很好”“对手比砸了”

（3）竞赛现场信息感知。竞赛现场信息包括比赛结果评定信息、比赛条件信息和其他环境信息。

①比赛结果评定信息：包括裁判信息、评定手段信息和竞赛规则信息等（表6–3–11）。

表6-3-11　比赛结果评定信息示例

类别	信息内容示例
裁判信息	“对手犯规，裁判装作看不见”“今天裁判判罚很严”“这裁判也太黑了”“今天这裁判水平不怎么样”
评定手段信息	“今天起跑发令时感应器出毛病了”“鹰眼系统使用了”“今天裁判员都戴着无线耳机”
竞赛规则信息	“对手好像不适应新规则”“国内比赛都可以这样，在这里不行”

②比赛条件信息：天气信息、场地/器材信息和生活信息（表6–3–12）。

表6-3-12　比赛条件信息示例

类别	信息内容示例
天气信息	“今天风大，且上栏时顶风”“投掷区是个大顺风”“比赛时赛道风浪很大”
场地/器材信息	“比赛时灯光刺眼”“双杠有点硬”“泳池温度感觉有点高”“跳马的跳板弹性好强”“比赛用竿坏了，用了备用撑竿”
生活信息	“新比赛服穿着不合身”“对手穿的是高科技泳装”“昨晚没睡好”

③其他环境信息：教练员信息、队友信息和观众信息（表6–3–13）。

表6-3-13　其他环境信息示例

类别	信息内容示例
教练员信息	“看台上没找到教练员的身影”“我听不清教练员在对我吼什么”“和教练员发生矛盾”
队友信息	“队友受伤被抬下场”“队友不传球给我”“大家都把希望寄托到我身上了”
观众信息	“领导亲临现场观赛”“女朋友在看台上看着我呢”“我上场时，观众的掌声特别响”“摄像机老对着我”

运动员在比赛现场的感知要有一定的指向性，对于可以掌控的信息，可以加强感知能力，如自己正在和将要采用和进行的技术和战术手段、体力分配策略、思维和表象内容等；对于自己难以控制或根本无法控制的信息，如对裁判员、天气、场地、观众、对手水平及发挥情况过多关注，不但会使运动员产生无助感而信心下降，而且会干扰自己的技术和战术准备；对于运动员不应了解的信息，应尽量规避和排除。

2. 自我判断

对于同样的赛场形势，具有不同竞技知识、不同赛场经验甚至不同个性的运动员都会有不同的判断。大多数运动员对比赛形势的判断往往依赖于直觉。一方面，判断是在特定时空、环境中进行的，具有时间和空间的相对性，同一信息可以在不同对象、时间和空间中给出不同的解释；另一方面，行为时的环境条件、行为者的主观认识都是不确定的，判断都可能是极为相对的个体认识活动。例如，对同一场比赛的跨栏运动员遇到的顶风这一赛场信息，会有不同的判断结果：甲的反应可能是“真倒霉”；乙的反应可能是“没事儿，大家都会受到风的影响”；丙的反应可能是“正好，我在家练的就是这种顶风上栏”。

3. 赛场应对

运动员应对方式获得的主要途径是过去的经验、他人的做法、教练员平日的训练与指导、习惯性行为、亲友或领导的指点与帮助、自我学习与认识的总结和心理训练。

一般来说，赛场形势变化对于运动员个体而言有三种类型。

（1）正常表现形势下的应对。运动员赛场行为表现正常与否是通过运动员进行自我判断，即通过运动员的竞技能力发挥程度及其实效性来衡量的，主要判断体能输出与分配、技战术运用与调整的瞬时效果和阶段性效果。在正常表现的时候，运动员时刻注意对手在技术、战术上的变化，坚持既定的战术方案和技术应用，加强自身竞技能力的赛中整合，力争取得个人理想成绩。

（2）失常表现形势下的应对。失常表现的出现与运动员的竞技状态、客观环境及突发事件等密切相关。在失常表现情形下，运动员应该及时回忆和体验成功时刻的行为方式、行为过程及具体手段，用积极肯定的语言来诱导和提示自己，应当尽量按照赛前设定的参赛预案，在比赛中进行针对性的应用。

（3）超常表现形势下的应对。在这种情形下，运动员仍要保持平和的心态，充分感知此时的技战术和心理感受，不要去想结果，要把注意力放在眼前的技战术动作上。在非直接对抗性项目比赛中，运动员应该一如既往地坚持已形成的竞赛优势。

第四节　青少年竞技参赛的赛后认知与调整

一、参赛的总结

（一）赛会参赛总结

赛会参赛总结是指对在规定的地点、空间和时间内所进行的多次系列比赛的总结，具有全面性、系统性、宏观性的特点，参赛人员根据分工有所侧重，主要内容包括赛会参赛总体策略、竞技状态调试效果、系列赛次资源配置、关键赛次典型案例、赛会间隙休整方式、各场比赛衔接安排、重大比赛临场指挥、科医后勤保障效果、未来工作参赛建议等。

（二）赛次参赛总结

赛次参赛总结是指在规定的地点、空间和时间内所进行的单场比赛的专门总结，具有重点性、具体性、前瞻性的特点，涉及人员主要是运动员、教练员和领队，主要内容包括赛前指导思想得失、彼此实战数据对比、竞技状态调控效果、战术案例分析、临场指挥方法及调整、运动员临场表现与状态、裁判员执法宽严程度、比赛间隙安排方式、科医后勤保障效果、下一场参赛工作建议等。

（三）参赛全面总结

参赛全面总结是指在重大赛事后，对参赛之前的训练工作和进入赛区之后的参赛工作，通过全面回顾和探讨所撰写的书面总结，主要适用于系列性比赛或重大比赛结束后，并且赛事准备时间越长、重要性越大，总结内容越应全面。参赛全面总结的内容不仅包括整个参赛过程，还包括对整个训练过程得失的总结。

（四）参赛专题总结

参赛专题总结是指单位或个人对参赛过程某一方面的经验或教训所作的专

门性总结，主要针对参赛后所发现的不足或成功案例进行专题性的工作总结。

（五）个人参赛总结

个人参赛总结是指参赛团队中的每个人在赛后进行的总结。作为参赛主体的运动员和教练员对于参赛进程有着最真切的体验，对于比赛结果有最直接的解释。当然，运动员和教练员临场的感性认识或许会带有主观性，青少年运动员比赛经验相对有限，认知难免狭隘，这就需要综合其他团队成员的观察、测试与体会，客观地、全面地组织好个人参赛总结。

二、赛后恢复与训练

（一）赛后恢复的理论与方法

1. 赛后恢复的基本理论

（1）赛后恢复应以心理恢复为先。竞赛负荷的刺激强度使身体反应更为激烈，心理刺激更为突出。神经性疲劳是参赛疲劳的主要表现之一，并且也先于生理机能疲劳，所以，赛后恢复应将心理恢复放在突出的位置上，强调心理恢复为先。

（2）赛后恢复应为机体超量代偿创设条件。人体生理机制存在能量物质消耗与恢复的基本规律，二者既可以相继存在，如运动后的按摩放松，也可以同时体现，如高强度训练后的低强度慢跑可以起到清除体内乳酸、促进肌糖原再合成等作用。

（3）针对性地选用不同恢复手段。负荷性质与恢复方法之间存在着紧密的对应关系，不同性质的负荷刺激需要采用相应的恢复方法。竞技参赛过程中，运动员需要在高唤醒、高压力、高紧张的生理与心理状态下，克服外界各种干扰，表现出最佳竞技状态，因此，赛后恢复需要考虑专项比赛疲劳产生的特异性，选用适宜并有针对性的恢复手段与方法，做到有的放矢。

2. 赛后恢复的基本方法

（1）心理学恢复方法。对待取得理想成绩的具有积极情绪体验的运动员，要鼓励他们继续保持积极情绪，激励他们更加努力拼搏；对待取得不良成绩但具有积极情绪的运动员，要切实保护他们难得的情绪，赞扬其克服困难、努力拼搏的精神；对待取得不良成绩具有消极情绪的运动员，要在认真总结失利原因之后，及时指出优点及各种有利因素，帮助其增强信心。

（2）物理学恢复方法。目前，国际常采用的物理学恢复方法分为光作用、热作用和磁作用等方法，但在国内青少年运动员中使用相对较少。

（3）按摩恢复方法。按摩可以改善皮肤呼吸，加强皮脂腺和汗腺活动，有助于促进体内代谢物的排泄，促进血液和淋巴液的良性循环，缓解肌肉紧张度，对神经系统的兴奋与抑制起平衡作用。按摩的方法分为自我按摩、相互按摩、医生按摩和器械按摩几种。医生按摩最为常用与专业，健身按摩、经穴按摩能达到更好的恢复效果。自我局部按摩时，可采用按、揉、捏、提、推、叩、压等简易方法。队员之间的相互按摩，面积更广，气氛轻松，有利于运动员之间相互交流。

（二）赛后训练的理论与方法

1. 赛后训练的基本理论

（1）赛后小周期的基本结构。竞赛小周期的基本结构由“比赛日+若干训练课+调整课”所构成。其中，赛后训练课与调整课的组合是一个循环链。若赛事进行较为松散，如每周一次比赛，可以采用两个循环链的训练组织结构；若赛事进行较为紧密，如每周两次比赛，则赛后训练只能安排一个循环链。

（2）赛后小周期训练的安排要点。竞赛小周期的训练安排都应围绕运动员的竞技状态展开，一般来说，不同状态、不同时段赛后训练的工作安排应该遵循如下要点：

①起始阶段保持相对较高且稳定的负荷强度，采用具有游戏性质的训练手段，营造具有比赛特点的外部环境，逐步提高运动员的参赛欲望，提高对比赛环境的适应能力。

②中期阶段适度降低训练负荷，减少单个训练单元的持续时间，提高核心技术负荷质量，凝练关键技战术训练手段，继续保持心理稳定与应激，力求保持稳定的良好竞技状态。

③竞技状态的发展曲线应在关键赛事前达到最佳，因此赛后训练要依据不同对手和赛程发展有计划地抑制或促进竞技状态的提升，力求在重要比赛前诱导出最佳竞技状态。

2. 赛后训练的基本安排

赛事中途的赛后训练，目的是快速消除上一场比赛产生的疲劳，同时为下一场比赛做好体能、技战术及心理准备。由于不同项目或项群的竞技过程和竞赛特征差异较大，因此在训练内容和训练负荷方面存在较大差异（表6-4-1）。

表6-4-1 不同项群赛间训练的基本安排

项群		典型项目	竞赛特点	训练内容	训练负荷
体能主导类	速度性与快速力量性	短距离跑、游、骑，田径的田赛	预赛、复赛间隔时间较短	全身机能热身、关节柔韧、关键技术细节	负荷强度中等偏大，负荷量相对较小
	速度耐力性	中距离跑、游、滑、划	预赛、复赛隔天进行	赛前1h热身采用肌肉拉伤训练和技术复习性训练	赛后低强度恢复，赛前10h做1h适度热身
技能主导类	表现难美性	体操、跳水、武术	预赛和决赛隔天进行	复习技术动作，强化关键技术，完善成套动作	负荷强度较大，质量较高，时间不长
技心能主导类	表现准确性	射击	资格赛和决赛共1~2天	心理调节为主	生理负荷较小
	表现准确性	射箭	个人和团体赛多轮次	心理调节、体能恢复	
技战能主导类	同场对抗性	篮球、足球	循环制或淘汰制，隔天或隔2~4天进行	放松训练、技战术训练、模拟训练	负荷强度较高，持续时间不长，保持球感
	隔网对抗性	乒乓球、羽毛球、网球、排球	循环制或淘汰制，隔天或隔2~4天进行	负荷不大，针对对手的技战术训练	负荷强度不高，持续时间不长，保持手感
	格斗对抗性	跆拳道、摔跤	淘汰制，一天内多场比赛	身体休息，知识能力训练	生理负荷很小

思考与练习题

（1）简述各项群比赛过程中对抗性强弱的分级体系。

（2）竞技参赛过程中的影响因素有哪些？

（3）如何辩证统一地认识青少年竞技参赛基本原则？

（4）如何通过训练学要素的合理搭配调整青少年的赛前竞技状态？

（5）在分析竞技特征的基础上，如何进行自身专项的赛中训练？

（6）结合专项，谈一下教练员进行临场指导的一般性与专项性策略。

（7）结合专项，思考如何培养青少年的赛中自我控制能力。

（8）结合专项，思考青少年赛前训练的组织要点与赛后的调整训练。

（9）结合专项，分析青少年赛前的冗余准备。

（10）针对不同的青少年运动员，如何帮助他们调整赛前与赛中情绪状态？

参考文献

[1] 田麦久，熊焰.竞技参赛学[M].北京：人民体育出版社，2011.

[2] 李宗浩，肖林鹏，杨晓晨，等.奥林匹克运动项目分类及其项目群特征的研究[J].天津体育学院学报，2006，21（6）：461-463.

[3] 陈亮.论“竞技势能”[J].武汉体育学院学报，2015，48（1）：73-78.

[4] 陈亮.对抗性项群比赛中竞技表现的阶段性“涨落”现象[D].苏州：苏州大学，2013.

[5] 陈亮，李荣，刘成，等.高水平个人项目运动员赛前减量训练阶段的负荷变化特征[J].天津体育学院学报，2017，32（1）：8-15.

[6] 陈亮，吴瑛.运动员最佳竞技状态的保持与培养[J].中国体育教练员，2015，2：9-12.

[7] 李佩慈.美国青少年运动训练特征的理论研究[D].北京：北京体育大学，2011.

[8] 石岩.我国优势项目高水平运动员参赛风险的识别、评估与应对[D].北京：北京体育大学，2004.

[9] 王瑞元.运动生理学[M].北京：人民体育出版社，2002.

[10] 徐本力，蔡犁，马吉光，等.优秀运动员大赛前竞技状态调控的时间学规律研究（中）——中短期赛前训练阶段训练安排的时间学特征[J].体育科研，2001，22（3）：7-11.

[11] Mujika I.Tapering and Peaking for Optimal Performance[M].Champaign，IL：Human Kinetics Publishers，2009.

[12] 许小冬.竞技信息及优秀选手对竞技信息的处理[D].北京：北京体育大学，2004.

[13] 胡亦海. 战役性赛事期间恢复与训练的基本特点[J]. 中国体育教练员，2016，24（02）：9-12.

[14] 胡亦海，高平.运动竞赛结构特征的研究[J].北京体育大学学报，2009，32（5）：96-98.

[15] 刘建和.运动竞赛学[M].北京：北京体育大学出版社，2005.

[16] 刘建和.关于运动竞赛的系统研究[J].成都体育学院学报，1997，23（4）：12-17.

[17] 陈小平，梁世雷，李亮.当代运动训练理论热点问题及对我国训练实践的启示——2011杭州国际运动训练理论与实践创新论坛评述[J].体育科学，2012，32（2）：3-13.

[18] 过家兴，延峰，李少丹，等.体能类项群优秀运动员重大比赛前训练安排的规律[J].北京体育大学学报，1995，18（1）：75-81.

第七章　青少年运动员选材

内容提要：

通过常见的手段和方法，挑选未来能够胜任竞技运动的后备优秀人才，是广大教练员走向事业成功的必要前提。全面的选材概念包括了选人和育人的两个完整过程，选材与运动训练不可分割，通过选材去发现运动后备人才身上所具备的运动才能和运动天赋，可以预测其未来在竞技体育领域可能会发展的运动能力和运动水平。

学习目标：

（1）了解青少年运动员的天赋条件与运动能力的关系。

（2）熟悉衡量青少年运动员天赋的常用指标。

（3）掌握衡量青少年运动员天赋的评价方法。

第一节　青少年运动员的天赋条件

现代运动员选材的一个突出特点就是综合运用现代自然科学的成果，特别是应用近代人类遗传学、分子生物学、（运动）人体解剖学、（运动）生理学、（运动）心理学、（运动）生物化学、运动生物力学、体育专业理论、体育教育学和人文环境等新知识、新成就、新技术，使从碰运气的选材或经验选材上升到较为理智、科学地去选材。 挑选世界级优秀运动员是一个发掘遗传基因、身体形态、生理机能、运动素质、心理素质、运动智能、运动技术等各方面潜能的工作。

一、运动能力与遗传规律

在运动员选材中，运动能力是最为关键的。运动能力体现了该运动员能有效地参加训练和比赛所具有的本领，是运动员的体能、技能、智能和心理能力的综合体现。按获得途径不同，可以把运动能力分为先天性和后天性两大部分。

先天性部分是指运动员与生俱来的一些特性，也就是运动员的遗传特性。先天的运动能力可通过运动训练基本保持不变或变化很小，但在某种程度上对运动能力起着最为重要的影响，具有关键性的作用，如发展空中优势的篮球、排球队员的身高可以直接决定这个项目身高具有的优势特征，而体操、武术项目的身高只能是中等偏下，以适合于各种姿势空翻的高度灵活性需要；后天部分是指运动员在后天训练中能够获得的一些特征性的改变，它的改变主要取决于训练水平的高低。

当今世界认为适合从事竞技运动的一整套才能一定是有遗传的，没有运动天才，就不可能出现优异成绩。要了解运动能力的遗传因素，人类遗传学是运动员选材的基础。人类遗传学是研究遗传与变异的，既研究父母与子女间在遗传性状上相似现象，又研究父母与子女间在遗传性状上非相似现象和规律的科学，是20世纪70年代后飞速发展起来的一门尖端学科。目前，遗传与变异的观点，已渗透到运动员科学选材与训练中，逐步会形成“运动才能遗传学”。

（一）运动能力遗传的物质基础

人体细胞核中遗传载体储存了大量的遗传信息——染色体。

染色体主要由脱氧核糖核酸（DNA）、组蛋白、非组蛋白、少量的核糖核酸（RNA）等构成（图7-1-1）。DNA是一个大分子双螺旋长链结构，在链上有遗传的基本物质——基因。

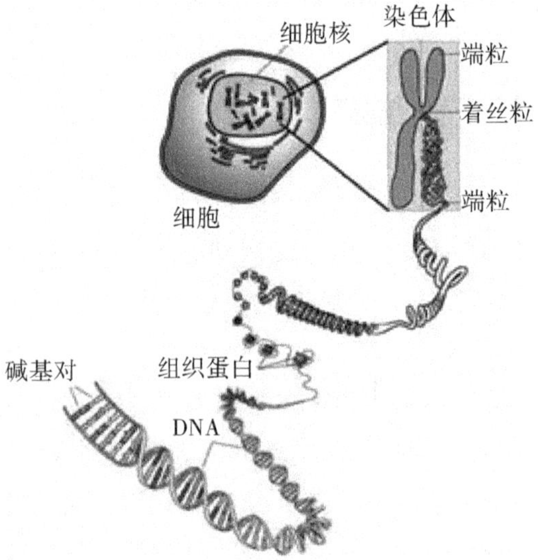

图7-1-1　染色体

这个模型的要点是：两条DNA链绕着同一个轴形成螺旋状长链。链中主要成分是脱氧核苷酸，它由一个磷酸、一个脱氧核糖和一个碱基构成。（图7-1-2）

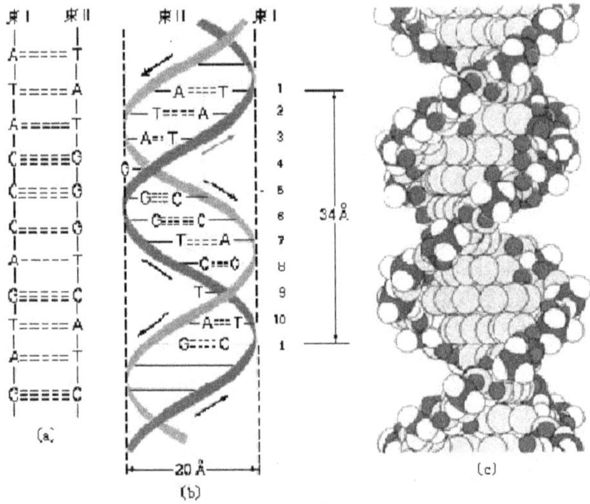

（a）两条被解开的DNA分子链通过氢键与一对碱基相连（没有显示糖原和磷酸盐）

（b）这对DNA分子在双螺旋线中与10个碱基对形成完整的盘绕

（c）DNA立体模型

图7-1-2　染色体分子结构

构成DNA的碱基有四种，分别是腺嘌呤（A）、鸟嘌呤（G）、胞嘧啶（C）和胸腺嘧啶（T）。嘌呤和嘧啶碱基位于螺旋内侧，磷酸与脱氧核糖形成骨架位于外侧，碱基的平面与双螺旋的轴平行，糖基的平面与碱基之间接近直角：螺旋的直径是20埃（1埃=10^{-10}m）。相邻的碱基之间间隔3.6埃，错开36°，每10个碱基均向右盘旋旋转一圈，螺距为34埃，两条链通过碱基之间的氢键结合在一起。腺嘌呤（A）总是与另一条链的胸腺嘧啶（T）配对，鸟嘌呤（G）总是与胞嘧啶（C）配对，组成与排列按照A—T，G—C的原则呈互补关系。只要知道了一条链的碱基序列，就可以读出另一条单链的碱基序列。例如，如果一条链是AGTGCCAT，其互补的另一条链的序列一定是TCACGGTA。根据这一原则，知道了一条链的碱基序列，就可以推导出另一条链的序列。遗传信息就存储在碱基排列顺序中。书写DNA分子就是用碱基来表达DNA的。

DNA自我复制过程中，以自身分子作为模板，随着细胞的有丝分裂，在解旋酶（拓扑异构酶）的作用下，染色体上长链分开，两条新的DNA分子也就分配到两个子细胞中去，利用（dNTP）高能物质，通过氢键配对结合到模板链的碱基上。这样，新的DNA分子好像是原有DNA分子的复制品，这种形成的方式就叫复制。（图7-1-3）

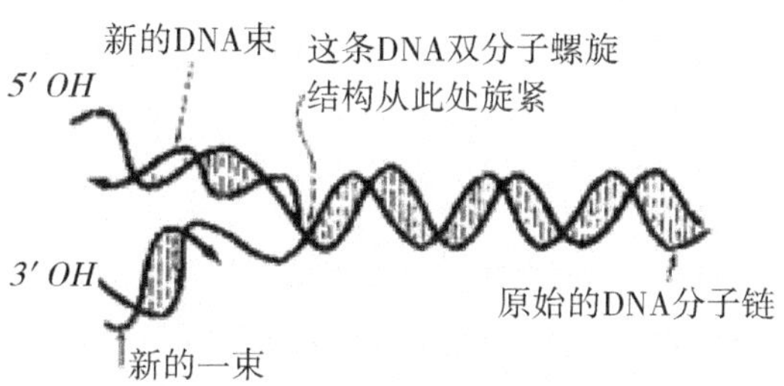

DNA双螺旋分子解旋与子链的复制

图7-1-3 DNA自我复制

DNA是主要的遗传物质，基因在DNA分子上，一个基因相当于DNA分子的一定区域，而基因是有遗传效应的DNA片段。基因对性状的控制是通过DNA转录、转译成蛋白质来实现的。

转录、转译的蛋白质合成是在细胞质里进行的。DNA主要在细胞核内，遗传信息首先要转变成相应的氨基酸序列，需要核糖核酸来实现。RNA主要存在于细胞质中，分为三种：信使核糖核酸（mRNA）、转移核糖核酸（tRNA）和核糖体核糖核酸（rRNA）。RNA分子是由磷酸、核糖和四种碱基腺嘌呤、尿嘧啶、胞嘧啶、鸟嘌呤构成的。

转录时，RNA以DNA分子的两条核苷酸链中的一条作为模板，按照碱基配对的原理（其中RNA中碱基U——尿嘧啶与DNA的A呈现互补关系），把DNA上的遗传信息转录到自己身上，完成转录过程。蛋白质和酶控制了子代的代谢作用，然后进一步控制着生物体的形态结构和生理机能，最后才使得子代能够表现出各种相应的性状特征。

转译是指以信使DNA为模板合成蛋白质的过程，信使RNA形成后，就从细胞核中出来，进入细胞质中与核糖体结合起来。核糖体是细胞内将氨基酸合成蛋白质的场所。氨基酸又是怎样被送到核糖体中的信使RNA模板上去的呢？这就靠转移RNA将各种氨基酸带至蛋白质合成场所。一种转移RNA只能运一种特定的氨基酸，每种转移RNA的一端有三个碱基，能与信使RNA的碱基相配对。另一端是携带氨基酸的部位，这样便把携带的氨基酸放到了相应的位置上，而自己离开核糖体，再去转运相应的氨基酸来完成转译过程。这些氨基酸经过综合作用形成多肽，再由多肽构成蛋白质或酶。蛋白质决定了身体的性状，酶决定了新陈代谢类型，就这样在亲代遗传信息的控制下决定了子代与亲代的相似。

因此，基因对性状的控制作用和遗传信息的转移过程就是在DNA基因控制下通过mRNA转录为蛋白质的过程。近年来的研究还发现，在蛋白质的合成过程中，不单由DNA决定RNA，RNA同样可反过来决定DNA（如肿瘤病毒）。这种遗传信息从RNA→DNA的传递过程就称为反向转录，或称逆转录。

了解DNA的化学结构特征，特别是双螺旋模型的要点，是理解生物遗传分子机理的关键。DNA双螺旋结构模型的提出也意味着“分子生物学”学科的诞生。

摆在遗传学家面前的一项艰巨任务是确定上百万计基因所在的位置。携带着遗传信息的基因，均以单基因遗传和多基因遗传方式留给后代。

1. 单基因遗传

单基因遗传是指遗传性状受一对基因控制。遗传性状是不连续的质量性状，一般是不受环境影响的，如人类中的血型、色盲、血友病、血红蛋白等都属于质量性状。

2. 多基因遗传

多基因遗传是指遗传性状受一对以上基因控制。其遗传性状的变异是连续的，又称为数量性状，如人类许多的形态、机能等。与人类运动能力有关的性状，绝大部分受多基因遗传（数量性状）的控制。

（二）与运动有关的最新基因研究动态

2007年11月9日《自然》科学杂志报道，日本科学家将历来本能怕猫的老鼠利用基因工程造出了不怕猫的老鼠，会依偎在猫身上跟它们玩，表明老鼠怕猫本身是由基因决定的。同样英国剑桥大学Robeit Plomin教授在《科学》上发表了一项科研成果：他从大量单卵、双生卵双胞胎的遗传基因研究中发现，人们的成功32%~62%是由基因决定的，其他才是由环境和后天因素决定的。

有没有运动基因呢？回答是肯定的，运动基因就是能决定人类运动能力的基因。现阶段运动基因与竞技能力有关的报道不是很多，用于选材研究多处于人类基因的标记定位阶段，与形态学、心理学占有同样重要的位置。研究发现了200多种与运动能力有关的基因，如与骨密度和握力相关的基因、与肌肉供氧能力相关的基因、与下肢垂直起跳能力有关的基因，还有与大腿肌力产生联系的基因等，但总体上认为："人类运动基因99%是相同的，只有1%是不同的。正是这1%造成了不同种族在运动能力方面的差异。"

（1）爆发力基因——ACTN3。

最新研究显示，牙买加运动员在田径赛场上给人印象深刻的原因是屡屡打破百米跑世界纪录，如天才名将博尔特。牙买加理工大学教授莫里森特别组织了科研团队，对超过200名牙买加运动员进行了研究，发现其中有70%的人体内拥有一种名为"Actine A"的物质，此物质可以改进快肌纤维特性，让快肌纤维收缩得更快，也就是让运动员跑得更快。澳大利亚科学家首次发现ACTN3（α

辅肌动蛋白3，被誉为“金牌基因”）在短跑、举重这些需要爆发力项目中的世界优秀选手中，携带比例高达92%。Actinen A是速度助推剂——ACTN3的基因。在中长跑等耐力项目中，这个基因出现率只有20%~30%。研究结果显示了牙买加短跑运动员普遍存在特别杰出的爆发力，而澳大利亚田径选手中这个基因只有30%的出现率。它让牙买加人拥有了得天独厚的优势，为创造世界纪录、突破人类极限做出了贡献，同时又让人们不禁感叹种族差异和优越天赋的存在。近年来，澳大利亚体育研究院的研究者调查了737名运动员，普通运动员拥有ACTN3基因的比例为30%左右；高水平的耐力项目运动员，如长跑运动员，拥有ACTN3基因的比例为50%左右；参加奥运会并取得顶级运动成绩的爆发力项目，如短跑、举重项目的运动员，ACTN3基因的携带者比例高达95%，女运动员的比例高达100%。这充分说明了此基因对爆发力项目的重要意义。

即使一个人运动方面的基因很好，具有运动天赋，也离不开后天的培养和刻苦的锻炼。因此，人类还在探索更多、更新的基因与运动关系的存在证明，如ACE基因、CKMM基因、ADRB2基因、CRP基因、GSTPl基因等，以进一步揭示天赋的存在。

（2）耐力型基因——ACE。

《自然》杂志在10年前刊登的一篇研究文章指出：ACE（血管紧张素转换酶）基因与杰出耐力有关。ACE的主要功能是降解血管舒张剂缓激肽，促进血管紧张素I转化为血管紧张素Ⅱ。人的ACE基因属于单基因，也有研究者发现，ACE基因I / D多态性与优秀运动员心血管功能有很大关系。例如，澳洲的Gayagay等对64名澳大利亚优秀划船运动员和普通人400名进行比较研究后提出，ACE I型等位基因在优秀划船运动员中出现的频率明显高于对照组。日本的押田教授组织研究团队，提取了182名运动员血液和唾液细胞，研究了在人体内控制合成肌肉运动能量物质的ACE基因。结果显示，在日本各种田径大赛中名列前茅的31名长跑选手中，约20人有这种“耐力型基因”，女子长跑一流选手中约半数拥有“耐力型基因”；108名一般选手中有“持久型基因”者只占9%，12名优秀短跑选手均没有“持久型基因”。这说明，正是由于这种基因使运动员的耐力素质存在差异，从而决定了耐力项目的竞赛成绩。为此，押田教授得出结论，可以根据上述基因特性发掘运动员苗子，选择适合运动员的竞技项目进行有效训练。

（3）有氧耐力基因——CKMM基因。

CKMM基因能够维持能量代谢过程中的ATP/ADP的动态平衡。由于CKMM基因型与耐力水平有一定的关联，被认为是具有先天耐力训练遗传优势的基因，是耐力项目选材的重要指标。所有运动基因研究尚处在起始阶段，目前国内的研究才刚刚起步。研究虽然很重要，但距离应用还有很长的路要走。首先不要走入误区的认识是一切都由基因决定或命里注定。影响运动能力的因素是由先天的基因和后天环境同时决定的，依靠单方面的力量是不会成功的。基因天分+环境影响+个人苦练，这才是取得成功的关键，成功=基因+环境+个人努力。

二、运动能力与遗传度

遗传学的观点认为，一切人体的外在表现，都是遗传基因和环境因素相互作用的结果。人类只有少数性状一经形成，就不再受环境的影响，但大多数性状均在不同程度上受环境的影响而产生变异。有的性状以遗传因素为主，有的性状受环境因素的干扰占主要作用，有的性状在遗传和环境两种因素中作用几乎相等。为估计遗传和环境对性状表现所起到的作用，就要计算性状的遗传度。

所谓遗传度，是指某一特定性状在遗传和环境因素二者变异中所占的百分比，单位通常用%或度（°）来表示。遗传和环境都十分重要，若各占50%，以遗传因素为主遗传度就高，以环境因素为主遗传度就低。例如，女子身高遗传度为92%或92°，说明环境因素仅为8%或8°，是一个即使通过后天训练也很难改变的遗传指标。

对遗传度高的性状因素，又是此运动项目为主的因素时，选材时必须从严挑选。在训练中应按照生长发育规律，对遗传度高的指标后天环境的可塑性较小，遗传度低的指标后天可塑性较大，后天可塑性大说明少年儿童训练与培养的潜力就大。

了解与认识不同性状的遗传度，将有利于科学选材与育才。下面介绍一些曾经研究过的遗传度指标以供参考。

（一）主要形态指标特征的遗传度

人体形态在遗传上称体表性状，受多基因遗传控制。它的形成同样受多种因素影响，其中遗传因素仍然是最主要的。从表7–1–1中能够看出，各形态指标的遗传度男女之间有一定的差别。

表7-1-1　形态特征的遗传度（%）[1]

指标	男	女	指标	男	女
身高	75	92	胸围	54	55
坐高	85	85	臀围	65	60
臂长	80	87	腿围	60	65
腿长	77	92	体重	68	42
足长	82	82	去脂体重	87	78
头宽	95	76	心脏形态	82	82
肩宽	77	70	肺面积	52	52
腰宽	79	63	胸廓形态	90	90
盆宽	75	85	膈肌形态	83	83
头围	90	72	—	—	—

（二）生理、生化指标的遗传度

运动能力水平的高低，常常受生理、生化机能水平的直接影响，而生理、生化水平的高低，不仅要受生长发育过程环境与训练等多种因素的影响，更要受遗传因素的制约。德国运动医学专家霍尔曼教授曾指出："人体机能至少有60%取决于遗传，只有40%受训练等外界影响的制约。"因此，在选材时，对运动项目主要生理、生化指标遗传度的高低应充分注意。表7–1–2显示的是几项生理、生化指标的遗传度。

[1]　曾凡辉.运动员科学选材[M].北京：人民体育出版社，1992.

表7-1-2 主要生理、生化指标遗传度（%）[1]

指标	遗传度
安静心率	33
最大心率	85.9
肺通气量	73
最大摄氧量	69~93.6
神经系统功能（强度、灵活性、均衡性）	90
月经初潮时间	90
血型	100
血压	42
ATP、CP含量	67~89
线粒体数量	70~92
肌红蛋白含量	60~85
血红蛋白含量	81~99
血乳酸最高浓度	60~81
乳酸脱氢酶活性	65~87
红白肌纤维比例	80
血清睾酮	男：78；女：91
LDH5乳酸脱氢酶同功酶	男：75.8；女：86.2

（三）心理、智力与个性特征遗传度

心理、智力与运动员个性特征主要受遗传因素的影响，一旦形成，就相当稳定，难以改变。1890年，美国心理学家卡特尔提出了一种心理测试程序，从此“心理测验”一词便流传于世。1956年，意大利建立了运动员心理测评系统，用来挑选参加奥运会的选手。我国从20世纪80年代初由国家体委组织开展“优秀运动员心理特征研究”。目前已经公认心理智力与个性特征不仅是运动领域十分关

[1] 曾凡辉.运动员科学选材[M].北京：人民体育出版社，1992.

注的指标，也在高水平运动员的对决中起了至关重要的作用。表7–1–3显示了要成为一名优秀运动员，其心理、智力与个性特征的遗传度均须很高。

表7-1-3　心理、智力与个性特征的遗传度（%）[1]

指标	遗传度	指标	遗传度
基本情绪	75	对反抗的抵抗	95
活力	79	对运动冲动	90
思考能力	72	好奇性	87
心理状态	60	对冲动的协调	86
意志坚韧	77	意志坚韧性	83
运动速度	93	对矛盾的反应	80
判断的果断性	96	运动制约	65

（四）运动素质遗传度

运动素质受多基因遗传控制，在它形成过程中同样受到环境、训练等因素的影响。运动能力是通过具体的运动素质表现出来的，而运动素质又是力量、速度、耐力、柔韧、灵敏五大素质的具体概括。青少年时期只要有足够的遗传优势，势必通过后天环境训练将五大素质在运动场上充分表现出来，形成一个运动能力好坏的表象。选材的首要问题就是观察青少年运动员在运动场上的运动才能是否突出，然后才有育才的可能。因此，对运动素质遗传度的了解具有重要意义。同时，在评价过程中应注意遗传相关性特征（即各个指标之间错综复杂的关系）（表7–1–4）。

表7-1-4　运动素质遗传度（%）[2]

指标	遗传度
反应速度	75
动作速度	50~73

[1]　曾凡辉.运动员科学选材[M].北京：人民体育出版社，1992.

[2]　同上。

续表

指标	遗传度
动作频率	30~73
反应潜伏时	86
绝对力量	35
相对力量	64
无氧耐力	85
有氧耐力	70
柔韧性	70

三、运动能力的遗传与变异

运动能力遗传已在运动实践中大量表现，优秀运动员后代中会涌现出运动天才。中国“篮坛巨子”姚明，其父亲是前上海男篮的主力中锋，母亲方凤娣是前中国女篮队长兼主力中锋；中国足球名将谢晖，其父母是前中国田径优秀运动员；前世界拳王穆罕默德·阿里，其女儿目前也是世界级女子拳王。

然而在运动实践中，大部分优秀运动员的亲代不是优秀运动员，如刘翔、庄泳、杨文意、乐靖宜、陶璐娜、吴敏霞、王励勤等奥运会冠军。还有父母是优秀运动员，却生出了不是运动天才的子代。这些现象可能与变异有关，但也不排除隐性遗传（即隔代遗传）的可能性。因此，遗传是相对稳定的，而变异是绝对的，人类的发展不仅依靠遗传继承下来，同时必须有变异才能真正得到发展。由于遗传，人类能保证子代与亲代相似，维持人种稳定。同样由于变异，人类才能不断进化与发展，运动能力才能不断提高，突破一个又一个人类运动能力的“极限”。

尽管优秀的运动天赋（变异子）为数不多，但若借助于先进的科学技术将它们挑选出来，那将是体育科学的一大进步。

四、遗传与环境的相互作用

遗传是为运动能力的形成和发展提供实现生理、生化等形态结构的物质基础，而环境和科学训练对人体运动能力的开发起到巨大的诱发与促进作用。环境是诱发变异的外部条件，遗传物质为潜在的变异提供了内在的物质基础。有了环境诱发变异的基本条件，遗传物质的发展潜力才有变异可能。

在选材过程中，不仅要了解亲代运动能力的表现，更要注意子代在生长发育过程中，训练环境和科学训练的外部作用。甚至有意创造发挥运动能力的训练环境，让其具备施展运动才能的天地，同时也提供了观察和挑选具有优秀运动才能和体育人才的场所。例如，在能够体现运动才能各阶段敏感期，不关心孩子身心好动的特点，让孩子天天待在家里，看书、做作业、使用电脑等各种“文静”生活，远远脱离孩子健康成长的体育活动和锻炼场所，即使运动，活动量不足、运动量过小，甚至干涉孩子对运动项目的投入和爱好，都有碍于增进身体发育和健康成长，有碍于体育才能的表现和发现体育人才。例如，姚明5~6岁跟着妈妈步入篮球场，接触篮球，几乎每个阶段敏感期都得到充分利用。假如父母工作忙，将姚明圈养在家中长大，就很难发掘出其篮球天赋。

只有紧紧抓住在生长发育不同阶段的敏感期，将遗传基因充分调用出来，并让先天运动才能得到充分表现，这样才能缩短训练培养周期，提高选材的有效性和准确性，选材过程才能变得更加准确、合理和科学。

（一）运动能力的遗传规律

运动能力的遗传不仅遵循人类遗传的基本规律，还遵循单基因与多基因的遗传方式。运动能力的遗传有自身特有的规律与特点，即运动能力遗传以多基因遗传为主，其性状遗传具有三大特点，即连续性、相关性和阶段性。

（二）连续性特征

运动能力的遗传是多基因（数量性状）连续性的结果。人体运动能力中的绝大多数性状是用量来表示其长短、大小和强弱的区别的，它们一般隶属多基因遗传。同一性状在子代的不同个体，表现出一定数量上的差别，在群体则呈现单峰的“常态分析曲线”。研究证明，在运动能力的遗传中，只要有卓越运动才能的亲代不是极端的个体，其子代中不但有50%以上的人具有优越的运动才能，而且有可能出现超越亲代的个体，亲缘关系越远，这种可能性越大。苏联丘尼克教授对冠军家族的研究结果证实，运动能力的遗传在亲代之间是连续的。

（三）相关性特征

运动能力的遗传是根据基因的多效性相关联的结果。在实验研究中，人们发现控制体形各因素、心肺功能各因素、内部器官各因素和神经肌肉各因素等基因和性状是纵横相关的。因此，在研究运动才能遗传时必须全面观测分析，不可一个现象掩盖另一个现象或断然以一个选材指标否定所有选材指标。这些相关性在某种程度上可以相互弥补，如需要发展空中优势项目的篮球队员，身高需求即使很高，但在美国NBA的篮球明星中仍不乏1.75m左右的队员存在，这就是运动能力遗传的相关性质所决定的。

（四）阶段性特征

运动能力的遗传具有发展变化的时间规律和阶段特征。在运动研究能力的研究中，发现人体生长发育并非一条直线，而是一个曲线的过程，遗传因素与环境因素所起到的作用大小也是随着年龄的增长而发生变化的。一个刚出生的孩子是无法预测未来就是世界冠军的，必须根据生长发育规律有目的地进行发掘和培养。

第二节　运动能力与生长发育规律

选材中要充分认识利用好人体生长发育的一些基本知识，因为要造就一个世界冠军，从统计学角度至少要花费10年时间（个别除外）。

即：选材最佳年龄 = 该项目世界冠军普遍年龄 - 培养训练10年

错过这个年龄段就很难事半功倍。通过上述公式可以发现，所选的孩子都很小，如这些年来体操世界冠军男孩在16~17岁，女孩在15~16岁，若扣除10年的培养，挑选的少儿只有5~6岁，事实就是如此，这些孩子都很小；有的项目可以大些进行选材，如力量性为主的田径或举重项目，世界冠军的平均年龄要近20岁，他们可以晚近10岁参加选拔。若年龄很小，又距离青春发育期很遥远，教练员是绝对不能像训练成人那样去训练孩子的，不然孩子很容易练伤，甚至练残。该出成绩的年龄段没有出成绩，从而导致急于求成、昙花一现的局面。要避免这些事情的发生，一定要了解少儿生长发育的规律和特点，科学合理地安排运动量。因此，教练员应仔细观察少儿的发育程度来进行选材和育才。

一、生长发育与规律

首先从了解人体生长发育的基本含义入手，生长是指人体细胞不停地繁殖增多、增大，人体由小变大，由轻变重，发生着人体的量变过程；发育是指在人体生长过程中，各组织、器官、系统在形态学上进行分化，在机能上逐渐专门化，逐渐从量变到质变的过程。生长发育过程的完成，就是人体由量变到质变的过程。

人体生长发育过程可概括成8个阶段，在这8个阶段中，生长发育的速度并不是呈直线上升的，而是时快、时慢，有起伏地波浪式地向前发展，如表7–2–1和图7–2–1所示。

表7-2-1　人体生长发育的8个阶段[1]

胎儿期：出生前	青春期：女11~16岁、男12~17岁
婴儿期：出生后0~1岁	青年期：女17~23岁、男18~25岁
幼儿期：女1~6岁、男1~7岁	成年期：25岁以后到更年期
童年期：女6~11岁、男7~12岁	老年期：更年期以后

幼儿期我国已有不少项目开展了初选工作，如游泳、体操、艺术体操、乒

[1]　曾凡辉.运动员科学选材[M].北京：人民体育出版社，1992.

乓球、花样滑冰等；童年期是绝大部分项目进行选材的大好时机，被誉为选材的“黄金时期”，如田径、自行车、跳水、武术、技巧、大球类、小球类、速滑、射击、射箭等；青春期选材项目开始逐渐减少，如举重、摔跤、柔道等。幼儿期、童年期、青春期三个时期是体育工作者应当密切关注和抢先进行选材的大好时机。

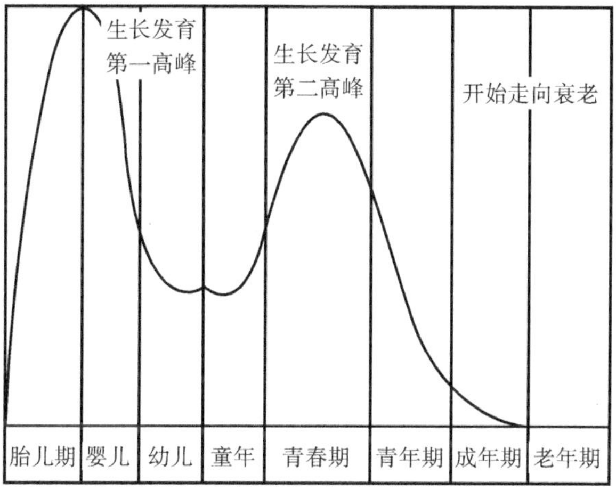

图7-2-1 生长发育8个阶段

二、二次突增

（一）第一次突增

第一次突增阶段，出现在胎儿期到婴儿期，身高年均增长4~5cm。身高在孕中期（4~6个月时）是一生中增长最快的阶段。体重在孕育末期（7~9个月时）是一生中增长最快的阶段。

出生后第一年是人类生长发育过程中的第一次高潮。出生后第二年生长速度减缓，保持一个相对平稳的增长，身高每年增长4~5cm，体重每年增长1.5~2kg，一直保持到青春期前。

（二）第二次突增

第二次突增阶段（生长发育第二高峰）出现在青春期（女11~16岁，男12~17岁）。这时身高一般年增长7~8cm，最快为12~14cm。体重一般年增长5~6kg，多者8~10kg。以后速度增长进一步减慢，直到骨骼骨化完成，发育成熟，身高停止增长。运动系统的肌肉重量与体重比值由原先8岁儿童的27.2%上升到15岁时的32.6%，在17~18岁达到总体重的44.2%，而健美运动员的肌肉比重甚至可以达到总体重的60%；人体大肌肉群的发育要比小肌肉群发育来得早，屈肌的发育比伸肌来得快，躯干肌群的发育比四肢肌群来得快，上肢肌群的发育比下肢肌群来得快；生殖系统在青春发育期前没有丝毫动静，进入青春期后开始迅速启动，4~5年内完成突增，在18岁左右功能开始完善成熟起来。人体的许多系统、器官发育都在青春发育期内迅速地完成“突增”。

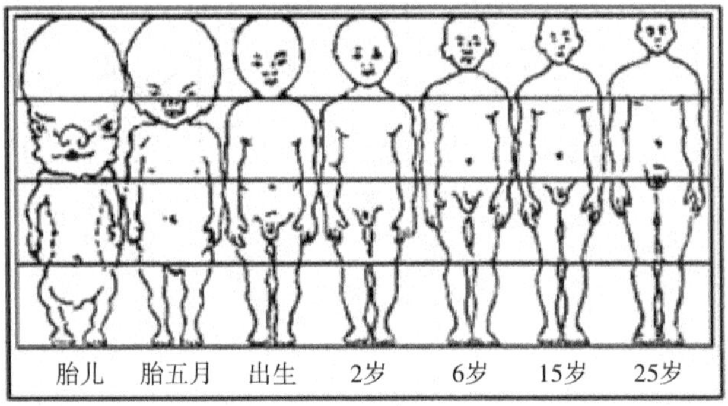

图7-2-2　二次突增

三、两个特点

在生长发育的两次突增阶段中，身体各部分发育的速度比例各不相同，有两个特点特别值得注意：

（一）头尾律特点

在第一次突增期，为保证大脑对全身的支配，大脑率先发育，即长头快、长腿慢的发展规律，称“头尾律”，又称“先头律”。

这个阶段是在娘胎里形成，头颅占身长的1/2，神经系统一直率先发育，两周岁时的头围均值已达到成年人的85%，到了青春期末，头围几乎接近成人般大小；新生儿大脑的重量为380g左右，几乎占了成人脑重量的26.6%，在6~7岁，脑重量已达1200g，接近成人脑重量的90%，在12岁已经接近成人脑重量，约1400g，占成人脑重量的98.1%，青春发育期的青少年脑重量达到了成年人的99%。

大脑重量的增加与神经系统的发育为人体其他各系统功能的完善奠定了基础。受头尾律影响，一直要持续到幼儿期，婴幼儿的身体重心较高，似乎“头重脚轻”，难以控制身体平衡，步行、跑步容易跌倒。随着年龄增大，步入童年期的儿童身体总重心逐渐下移，控制身体平衡的能力也逐渐提高。若要在幼儿期选材，可观察幼儿在激烈奔跑中能否控制身体平衡，很少跌倒其本身就十分不易。这是幼儿头尾律特点所决定的。

（二）向心律特点

在第二次突增阶段中，不以长头为主，而是发展成人体形，即逐步发展头与身高增长比值。向心律指身体发育增长趋势：先长四肢，尤其下肢，再长躯干的向心发育规律。

了解青春期少年身体发育的向心律，直接与选材工作有关。小学5~6年级、正步入青春前期的少儿，向心律逐步显示出肢体修长，线条清晰，“指肩距”明显大于身高，甚至超过身高5~6cm。对于选材人员来说，此时对选拔所有运动项目均具有很强的吸引力。进入中学后，在青春中期至晚期，肢体不再继续长长，躯干开始增长。一旦躯干增长，再继续观察身体比例会发现肢体并不那么长了，甚至嫌短了。不了解向心律，似乎容易被肢体的修长、身材完美“蒙骗”教练员的双眼。因此，对处于青春期的少儿，选材时就要考虑肢体长度留有的余地大些，这不仅对今后运动有利，而且能够间接反映身高增长的趋势状态。

人体九大系统在生长发育过程中呈波浪式地生长，均随两次突增的高潮完善与成熟起来，仅在最后成熟的时间上存在一定的差异。因此，选材应该遵循两次突增规律。

四、鉴定青春发育期最常用的方法

鉴别人体发育程度的方法很多，最终围绕人体生物年龄的增长和成熟度来加以鉴定。所谓生物年龄，是指生物体从发生、发育到最为成熟所经过的年龄，包括成人骨骼、牙齿、第二性征和体形等形成过程的年龄。而生活年龄是记载了从出生到死亡实际生活过的年龄。

一个人生物年龄与生活年龄（即实际年龄）是不可能一样的，根据生长发育规律，生物年龄可能只有17~18岁，而生活年龄可在80~90岁，甚至以上。

选材关心的是生物年龄，而生物年龄与此相对应的生活年龄也会有较大的差异。这种差异主要表现在青春期出现或到来的时刻每个人是不同的，也有阶段性或周期性的波动，从而会发生在成熟度上有偏大、偏小或正常的现象。这两种年龄值总是在正常范围上下有所变动，能否对生物年龄做出客观鉴定，对提高选材的科学评价与预测有重大意义。实践中，教练员和选材人员常根据儿童少年的运动素质、运动能力与同龄人身体发育的成熟度进行比较，来综合评价未来运动员的发展潜力。青春发育期是最能够反映机体成熟度和生物年龄的阶段性标志，最常使用的有青春期第二性征鉴定法和青春发育期的鉴别法。

（一）第二性征鉴定法

第二性征检查安排在安全隐秘的房间内，由同性别检查人员操作。在青春发育高潮阶段，运动能力的自然增长有相当明显的表现，成为预测未来的关键，是教练和选材工作者必备的选材知识。无论男女在进入青春期之前，由于各种激素水平迅速增加，特别是性腺激素分泌水平提高，从而引起青春期的发育。

男性第一次遗精标志着进入青春期，但并不意味着性器官的成熟。第一次遗精的精液中并无精子。

女性月经第一次来潮标志着进入青春期，但这时卵巢重量只相当于成熟时重量的30%。月经初潮前，卵巢内虽有许多卵泡发育，随后又逐渐退化而不能发育成熟和发生排卵。月经初潮后的月经多属于无排卵性月经，多次月经周期之后，才会出现有排卵性月经。

（二）男性少年发育程度与表现

鉴别男性少年的发育程度，一般是观察男性少年的第二性征等的发育情况，然后综合评定其发育程度。

男性的一系列体征逐步出现，如骨骼粗壮、肌力增长。8~15岁，男性肌肉与全身重量之比仅增加5.4%，而15~17岁或5~18岁的2~3年中其增长可达11.6%。男性肌肉一直持续增长到22岁以上才达到高峰。

在青春期开始后不久，骨骼的发育较快，特别是四肢的长骨发育得更快，骨骼肌纵向发育比横向增长明显。此阶段男生的男性心理强烈，容易过高地估计自己的力量，或者片面地从事力量训练，但不易取得预期的效果，或者在对抗性运动项目中，容易因动作过猛而导致受伤。

男性第二性征出现喉结突出，一般从12岁开始出现，到18岁左右增大至成人的约98%的水平。与喉结突起相吻合的是男性的声音变得低而粗，体毛的出现和变化也是副性征的表现。

青春期开始后，有1/3~1/2的男孩乳房有发育现象，乳晕下有硬块，微有触痛，乳头突出等，这种情况数月后即可消失，属于生理现象。腋毛、胡须的发育是男性的一种重要副性征，青春期开始后在唇部出现胡须，逐渐变黑、变长，胡须发育的同时，额部发际后移，逐渐形成成年男性的面貌。

随着青春期的发育，第二性征越来越明显，男生的心理变化也很大，产生强烈的自尊心和自信心，少数人误以为自己已经成熟，加之对异性的神秘感，可能出现早恋心理。有的误以为吸烟、饮酒是男性的特点，在青春期容易染此不良嗜好。

（三）女性少年发育程度与表现

鉴别女性少年的发育程度，一般是观察女性少年的乳房、月经等性征的发育情况，然后综合评定其发育程度。根据乳头、乳晕、乳腺在不同发育阶段的变化，以及乳节（出现在乳晕下的硬块，压迫时有触痛）的出现时间与大小进行分度评价。

女性的副性征有皮下脂肪增厚，其分布以乳房、臀部、上臂内侧、大腿等位置为主。乳房的发育是女性青春期副性征表现的最早标志，其发育顺序按乳头、乳晕和乳房隆起的程度划分。

在身高与体重两个形态指标方面，女孩增长高峰比男孩早1~2年，这也形成男女孩之间在发育均数曲线上有两次交叉，第一次交叉在10~12岁，此时女孩在身高与体重上超过男孩，第二次交叉在13~15岁，男孩又迅速超过女孩。因此，女孩生长快，个子平均比同龄男孩高一些，这与雌激素促使骺软骨骨化（骨骺闭合）有密切关系。

（四）青春发育期高潮到来的特征

青春发育期是生长发育的第二次高峰，又称为第二次突增阶段，是少年向成年转变的关键时刻。在这一阶段中，人体身高突增，体重明显增加，形态逐渐趋向成人，内脏器官趋于健全，生殖系统接近成熟，并出现第二性征。

男性一般在12~14岁开始进入青春突增阶段，出现生长发育的高潮。女性比男性早1~2年，一般在11~12岁出现生长发育的高潮。但是，由于遗传、营养、疾病等因素的影响，在进入青春期开始的年龄早晚上存在着明显的个体差异。

第三节　运动员选材常用指标与评价方法

发现符合优秀运动员的指标最好的方法是参考最优秀的运动员当年所具备的基本条件，即建立起共性的常模和特殊的特征（包括遗传、形态、机能、素质、心理、个性、智能、技术等）。我国现在的选材方式还远没有达到系统、科学、全面地进行追踪、测试和记录，只能从国家级优秀运动员身上反推当年其成功背后的基本条件，这往往会失去很多不够具体的细节，无法一下解决定量标准的采集和管理，也许选材工作的困难就在于此。根据目前选材状况和选材理论的发展，涉及借助科学仪器已经步入发掘遗传基因阶段，但一个大体良好的选材常模的建立也需要依靠突飞猛进的科技手段、科学方法、测试仪器的发展。测试指标的选取来自基层，来自运动实践，又反馈于基层，反馈于运动训练。这些测试指标一定是具有一定共识的测试意义、测试细则和评价标准，能够让后人借以参考，重复应用，为该项目服务的。选材成功是运动员走向成材的第一步，也是教练员事业取得成功的第一步。第二步教练员需要倾注全部心血进行育人，而育人包括在长期的训练过程中，要在运动员思想上、生活上、学习上关心备至，加倍呵护，树立为国争光、顽强拼搏的理念。一个运动员的成长，要倾注教练员极大的心血。其中在运动训练上体现了带队的业务水平和敬业精神，认真学习掌握人体运动的基础知识，建立科学、系统、长期不懈的培养计划，不要急于求成，避免运动员产生过度疲劳和无谓损伤，否则只会让运动员昙花一现，教练员的心血付诸东流。只有在广大体育科研人员、教练员、体育管理人员的共同努力合作下，选材理论和实践才有望进一步发展。

一、常用身体形态测试指标与评价

形态选材是运动员选材中的重要环节。人体形态不仅直观反映了整体体貌特征，还反映了局部形态特点。人的外部形态是功能的良好体现，运动员运动能力的好坏与强弱，可以通过人体形态特征间接地表现出来。大多数运动项目都有着各自在形态上的要求和优势，若继续通过运动能力的测试和验证，经过筛选，选拔出具有世界级优秀运动员在形态上存在的各项应具备的优势，则意味着获取优异的运动水平起点就高，潜力巨大。

如个小体轻的青少年只要内脏器官功能跟得上，就可以从事长跑项目的挑选，也可以从事体操、艺术体操等项目的挑选，还可以接受以重量为级别的摔跤、举重等项目的挑选。身体结实、身材高大的青少年，可以接受三大球、田径、游泳等项目的挑选，也可以接受以重量为级别的大重量项目的挑选，选择余地更大。其中青少年未来实际身高是决定项目挑选的首要指标，各项身高都有世界级优秀运动员作为参考，不能相差太远。根据现代运动员科学选材的研究，形态结构的遗传度较大。优秀的形态指标可以为选材成功提供良好的物质基础，形态选材的成功与否和专项成绩的提高关系密切。运动员形态选材中涉及的形态指标内容十分丰富，整体指标包括体形体态（体重、体脂）、身体比例和身体结构；局部指标包括肢体、躯干和头部的长度、宽度、围度、骨龄、皮纹等。

形态学指标与竞技运动能力之间存在着极为密切的关系。例如，以身高占优势的项目，需要有空中优势，在其他选材指标优秀且相对不变的情况下，身高越高越有利；以重量级别为主的项目，同等重量级别内瘦体重含量高具有明显优势；在以下肢为主的运动项目中，不同的专项对其下肢占身高的比例和长度、围度的要求也不尽相同；在上肢为主的运动项目中，对上肢的长度、围度的要求也有所不同。总之，对形态选材指标的测试越来越引起世界各国选材工作人员和体育工作者的重视，我国各选材基地纷纷建立起优秀运动员形态指标资料库（包括其他指标），尽可能寻找出符合或接近世界优秀运动员的各项形态指标和优势条件，最大限度地提高成材率，降低淘汰率。

（一）对形态测量工作的要求

为了保证研究成果的科学性，要求在整个测量工作中尽可能做到严肃、严密、严格。测量工作之前，须明确任务，统一思想，统一认识，统一方法和要求，并细致分工。整个测试过程需要配备至少6名测试人员。

测试条件和要求如下。

测量工作至少需要固定测量人员1名和记录员1名，相互协作与配合。测量工作一般都设在室内进行，保持室内光线明亮、通风，室内温度控制在18℃~28℃。测量工具无论是购买或自制的都经过挑选，合乎标准。器材自始至终专人使用、专人保管，每次测量前都检查、校正。测量工作结束后，对原始记录进行多遍检查，字迹必须填写清楚。如属测量记录问题，在条件许可情况下进行复测。

每个测量人员负责测量固定的测量指标。记录员除记录测量数字外，还协助监督被测者的体位是否正确，测量数字是否有差错，测量的标志点是否准确；发现测量数字有疑问时，及时提出重测。分工之后反复试测、熟练技术直至测量的误差缩小到允许的范围，做到稳、准、快。

（二）对受试人员的基本要求

要求受试人员（者）服从现场工作人员的安排，听从指挥，按序入场，保持安静。男生着装为赤膊、短裤、赤脚；女生着装为背心、短裤（或泳装）、赤脚。受试时与测试人员密切配合，确保测试工作的有序进行。

上下肢测试原则上应遵循测试非有利臂（非习惯用手）或非有利腿（非起跳腿）。

（三）形态测量允许的误差范围

（1）体重允许的误差不超过0.5kg。

（2）允许1cm误差的项目有：肩臂长、骨盆宽、臀厚、上下肢长、大腿长、小腿长、小腿加足高、胸围、腰围、大腿围、上臂围。

（3）允许0.5cm误差的项目有：身高、坐高、肩宽、前臂围、小腿围、脚腕围。

（4）允许0.2cm误差的项目有：手长、手宽、足长、足宽。

明确测量的具体要求后，需反复试测、培训验证，符合上述测试标准（即形态测量指标允许的误差范围）并被专家认可，测试数值才有效，效验时间尽可能在3天到1周。

（四）测试组织工作流程

选材工作人员安排：设测试组长、副组长各一名，组员若干（6~8人）。如表7-3-1、表7-3-2所示。

表7-3-1 测试工作参考

测试岗位	工作人员名单	职责范围
总调度		全局调度
进口处		发放表格、记录人数

续表

测试岗位	工作人员名单	职责范围
出口处		验收表格
身高/坐高测试点		记录
体重测试点		记录
指距测试点		记录
肩宽/髂宽测试点		记录
下肢长测试点		记录
小腿长测试点		记录
肺活量测试点		记录
场地布置		测试仪器到位
财务		有关报销

测试时间： 测试地点：

表7-3-2 业余运动员（少体校）人数统计

项目	教练员	出席人数		备注	项目	教练员	出席人数		备注
		应测	实测				应测	实测	
田径					摔跤				
	合计					合计			

二、常用形态选材指标

（一）身高

（1）单位：cm。

（2）主要项目：所有；线别：二线、三线。

（3）测试仪器：身高仪或身高坐高计。使用前，应用标准钢尺校正，每米误差不得超过0.2cm。

（4）测量方法：受测者赤足，以立正姿势（上肢自然下垂，足跟并拢，足尖分开呈60°）站于垫板上。足跟、骶骨部和两肩胛间靠拢立柱，躯干自然挺直，头部正直，两眼平视，保持耳屏上缘与眼窝下缘呈水平。测试人员站在受试者右侧，读数时，两眼与水平板呈水平位，记录时，以cm为单位，精确到一位小数。测试误差不得超过0.5cm，如图7-3-1所示。

图7-3-1 测身高

（5）注意事项。

①身高坐高计应选择平坦靠墙的地方放置，立柱的刻度尺朝向光源。

②测量时，要特别注意足跟、骶骨和两肩胛间紧靠立柱。

③水平压板与头顶接触时，松紧度要适度，女性头有发结者应解下。

（二）体重

（1）单位：kg。

（2）主要项目：所有；线别：二线、三线。

（3）测试仪器：体重秤。要放在地面平坦处，测量前校准零点。

（4）测量方法：男性受试者只穿运动短裤，女性受试者穿运动短裤、背心或短袖衫，赤脚轻轻踏上秤台，自然站立在秤台中央，平视前方。测试人员面向受试者，移动游码至刻度尺呈水平后读数并记录。记录时，以kg为单位，精确到一位小数。测试误差不得超过0.1kg，如图7-3-2所示。

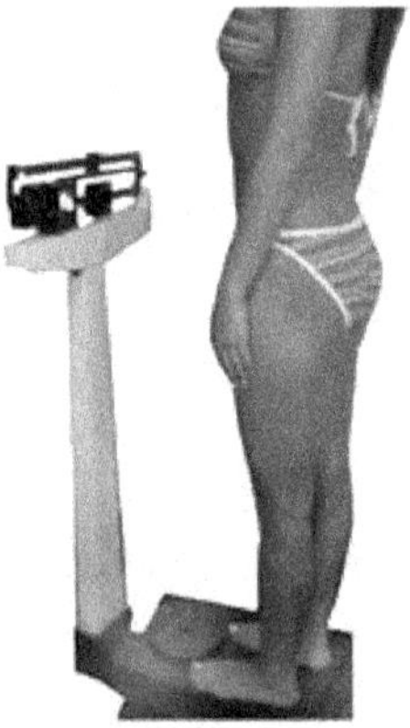

图7-3-2　测体重

（5）注意事项。

①测量前预先检查仪器，要求衣着合格，讲解测试时的正确姿势。

②测试人员预先熟悉体重秤的刻度尺性能和换算标准。

③条件允许时，可采用身体成分分析仪进行测试，身着单衣。

（三）坐高

（1）单位：cm。

（2）主要项目：短跑、跳高、铅球、铁饼、篮球；线别：二线、三线。

（3）测试仪器：身高坐高计。使用前，应用标准钢尺校正，每米误差不得超过0.2cm。

（4）测量方法：受试者先弯腰将骶骨靠近立柱后坐在座板上，使骶骨部和两肩胛间紧靠立柱。躯干和头部正直，两眼平视前方，耳屏上缘与眼窝下缘呈水平。两腿并拢，大腿与地面平行并与小腿呈直角。上肢自然下垂，手掌不要撑住座板，双足平踏在地面或垫板上。测试人员站在被测者的右侧，将水平压板轻轻下滑，松紧适宜地压在被测者的头顶，两眼平行于水平压板读数。记录时，以cm为单位，保留一位小数。测试误差不得超过0.5cm，如图7-3-3所示。

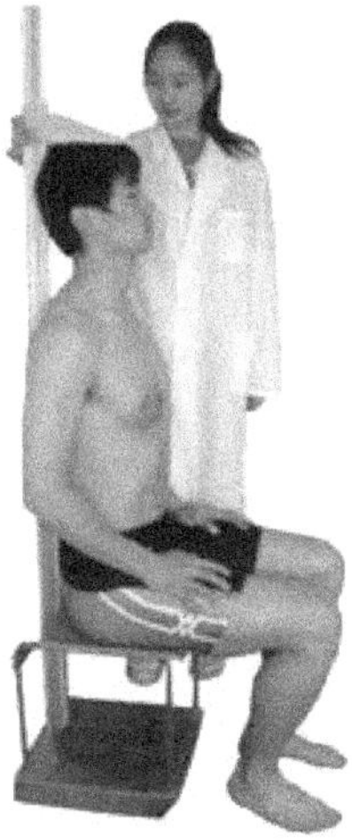

图7-3-3 测坐高

（5）注意事项：受试者骶骨部和两肩胛间应紧靠立柱，头顶部必须去除发髻及发夹。

（6）评价参考方法。

①用坐高／身高×100%来反映坐高与身高的比例关系，表示躯干占身高比例中的相对长度。指数值大，说明躯干相对长；指数值小，说明躯干相对短。

②欧洲成年人平均坐高指数：长躯干指数为52.5以上，短躯干指数为52以下。日本成年人坐高指数为53.8。

我国的情况与日本基本相似，13~14岁的男、女孩为53.5左右，反映出儿童腿短，躯干长的体形特征。在运动员选材中，坐高指数小，躯干相对短，对绝大多数运动项目而言，坐高指数小是有利的，如田径和球类都需要坐高指数小的运动员。

1982年，国家体委科研所选材研究组曾调查表明，我国女子排球运动员的坐高指数比较小。国家队队员的坐高指数平均为52.4，甲级队队员的坐高指数平均为52.9，运动成绩与坐高指数呈负相关。因此，在排球选材时尽可能选坐高指数较小的儿童少年。

（四）指距

指距又称指间距或肩臂长，是两个手中指末端间（不含指甲）在水平位时的最大直线距离，是肩宽加两侧上肢长度的指标。通过它可以了解肩宽加两侧上肢长与身高比例之间的关系。

（1）单位：指数（%）或cm。

（2）主要项目：游泳、跨栏、铅球、撑竿跳、标枪、铁饼、皮划艇、赛艇、篮球、排球、水球；线别：二线、三线。

（3）测试仪器：2m以上指距测量尺。

（4）测量方法：将测量尺固定在平台上，受试者两脚分开，两臂左右侧平举，上体伏在测量尺上，一侧上肢的中指末端固定标尺零位，另一侧上肢尽量向侧方伸展，两手臂呈一条直线。测试人员观察受测者两中指尖末端（不含指甲）之间的距离后，读取和记录数值。测试误差不得超过0.5cm，如图7-3-4所示。

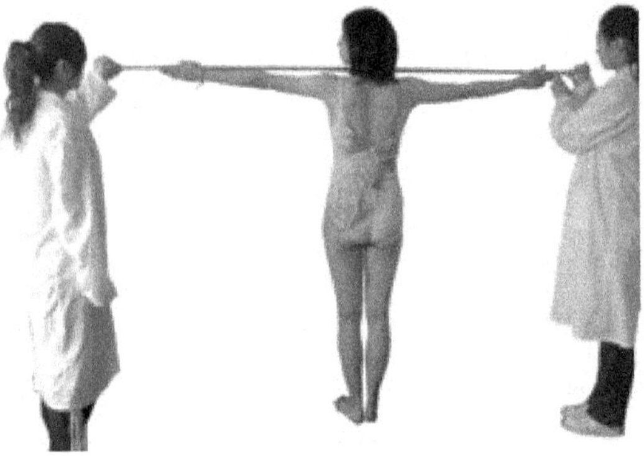

图7-3-4　测指距

（5）注意事项。

①受试者双臂与胸骨紧贴桌面与尺，上肢尽量向另一侧充分伸展，两臂呈一条直线。

②受试者一只手的中指末端固定在标尺零位上不得移动。

（6）评价参考方法。

①常用“指距—身高”指数平均值进行评价。指距指数越大，说明上肢越长。指距的增长变化与身高变化的规律相似，增长最快阶段，男性少年在12~15岁，女性少年在9~15岁。

②指距长短与竞技体育中许多项目的成绩与技术直接相关。例如，体操中抓握器械的支撑点高低；投掷项目摆动臂做功的半径长短、出手点的高低；排球拦网、篮球防护范围的大小等直接与指距的长短有关，对成绩与技术的发挥产生了直接的影响。由于肩宽和上肢长度遗传性都很大，所以指距主要受遗传控制，通过训练来改变的可能性很小。国人指距减身高指数的平均值，大大低于欧美的白种人和黑种人。

我国一些体育工作者发现指间距大的人运动能力一般较强，这似乎成了一个规律，所以在选材中要充分注意指间距这个指标，尽可能选指距大的儿童少年。以上海为例，男性指距要到12岁时才超过身高，17岁时平均超过身高2.78cm。女性指距减身高指数平均值，在各年龄组均呈负数，指距均短于身高。

白种人在一岁半时，指距就超过了身高，所以最后指距明显大于身高。例如，著名的苏联男子短跑名将、1972年慕尼黑奥运会100m和200m冠军获得者V.鲍尔佐夫，指距超过身高24cm；男子200m自由泳、100m蝶泳世界纪录创造者德国著名运动员格罗斯指距超过身高28cm，被泳坛称为“信天翁”。

黑种人与白种人相似，如古巴女排的桑切斯指距超过身高20.3cm，全队平均超过身高13.4cm；而我国女排指距超过身高最大者仅5.3cm，全队平均超过身高3.19cm，因此，与欧、美、非各州相比，仍有一定差距。

许多选材工作者认为，指距大与肩带和肩关节的柔韧性好坏有关，柔韧性好上肢末端的运动幅度就大些，对从事投掷、体操、篮球、排球、击剑等运动项目都非常有利，如国际优秀投掷运动员的指距一般都比身高高出15cm左右。在选材工作中，虽然对指距指标应给予重视，但也要考虑到种族遗传差异带来的制约。

（五）上肢长

（1）单位：指数（%）或cm。

（2）主要项目：射箭、铅球、铁饼、标枪、击剑、体操、乒乓球、羽毛球、水球；线别：二线、三线。

（3）测试仪器：马丁尺。

（4）测量方法：受试者呈立正姿势，双脚稍分开，双臂伸直自然下垂，双眼平视前方。测量人员站在受试者右侧，将马丁尺端点固定肩峰，另一端垂直向下，指针对准中指末端点（不含指甲）的垂直距离，读取和记录数值。测试误差不得超过0.5cm，如图7-3-5所示。

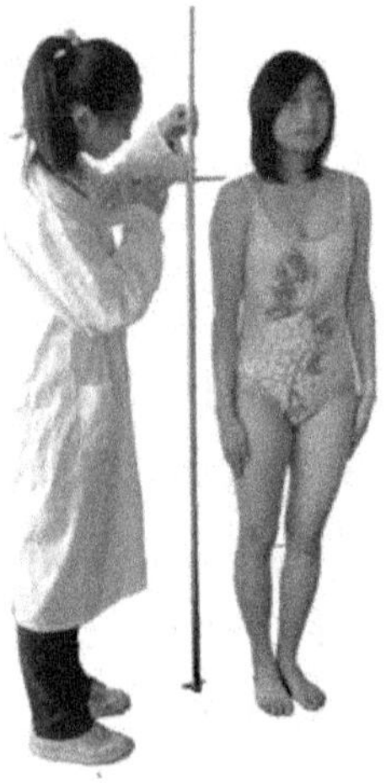

图7-3-5　测上肢长

（5）注意事项。

①受试者双肩齐平，不能一高一低，上肢下垂尽量伸直。

②测试人员的马丁尺要垂直地面。

③有条件的情况下，测量双侧上肢长，进行优势手对比。

（6）评价参考方法。

①常采用指数公式：上肢长/身高×100%；上肢长/下肢长×100%。

②通过这两个指数来反映上肢长与身高、上肢长与下肢长的关系。

我国曾经在20世纪70年代前后专门对青少年运动员身体形态进行了11个项目的人体测量，结果显示体操、游泳上肢长指数最大，与其他运动项目相比居首位，排球其次，近于田径男子三铁运动员，大于其余各项，而撑竿跳高运动员在田径各项中上肢长指数最大。这说明上肢长能使动作幅度加大，有利于增加工作距离。儿童少年的上肢长同许多运动项目都有很重要的关系，如击剑、体操、篮球、排球等项目都需要上肢较长。很难设想一个上肢很短的运动员能在击剑攻防比赛中拥有距离上的优势。

（六）上臂长

可用上肢长减去前臂长A（加了手长）获得，即：上臂长= 上肢长－（前臂长＋手长）。

（七）前臂长A

（1）单位：cm。

（2）主要项目：铅球、铁饼、羽毛球；线别：二线、三线。

（3）测试仪器：国产马丁尺。

（4）测量方法：测试人员站在受试者前面触摸并用钢尺的零位对准受试者尺骨鹰嘴突端点后，测量从尺骨鹰嘴突端点到中指末端（不含指甲）的水平距离，为前臂长A。测试误差不得超过0.5cm，如图7-3-6所示。

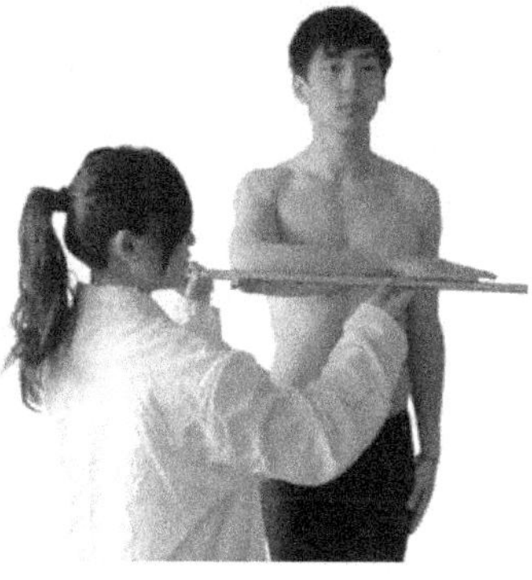

图7-3-6　测前臂长A

（5）注意事项。

①受测者两臂尽量伸直呈直线。

②测试人员使用长直钢尺或木尺测量时要对准尺骨鹰嘴突端点与中指末端。

（6）评价参考方法。

①常用前臂长A／上肢长×100%指数来反映前臂和上肢长度之间的比例关系。

②经体育工作者研究发现，前臂长A越长对运动越有利，要求上肢较长的运动项目，也要求前臂长A尽可能长。

（八）手长

（1）单位：cm。

（2）主要项目：铅球、铁饼、游泳、篮球、水球；线别：二线、三线。

（3）测试仪器：马丁尺。

（4）测试方法：测试时受试者手掌放平于桌面，掌心向上，贴于钢板标尺上，测掌面平齐桡尺骨茎突腕横纹至中指末端间（不含指甲）的直线距离。测试误差不得超过0.2cm，如图7-3-7所示。

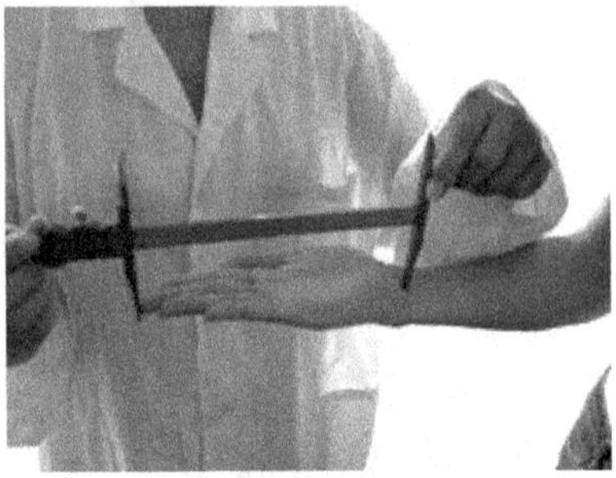

图7-3-7　测手长

（5）注意事项。

①手要充分伸直，手指不能翘起，测量不含指甲的中指端尖。

②桡尺骨远端腕横纹的确定，可在测定时用一只手的拇指、食指夹住桡尺骨茎突远端关节缝处，取其相应的那条皮肤皱纹。实际以腕掌部最近端第一横纹线为基准，测量至中指之间的直线距离。

（九）手宽Ⅰ

（1）单位：cm。

（2）主要项目：游泳；线别：二线、三线。

（3）测试仪器：马丁尺。

（4）测试方法：受试者将手前伸，掌心向上，拇指分开放，四指并拢伸直平于桌面。测试人员用尺固定在桡侧掌骨点和尺侧掌骨点，测量两点间的直线距离。测试误差不得超过0.2cm，如图7-3-8所示。

图7-3-8 测手宽Ⅰ

（5）注意事项：测量时松紧应适宜，不挤压手掌，两点位置要找准。

（十）手宽Ⅱ

（1）单位：cm。

（2）主要项目：铅球、铁饼、篮球、水球；线别：二线、三线。

（3）测试仪器：带滑板的短钢板尺。

（4）测试方法：受试者将手前伸，掌心向上，拇指分开放，四指并拢伸直平于桌面。测试人员站于受试者左侧前方，测量拇指指尖与小指指尖外缘的水平宽度。测试误差不得超过0.2cm，如图7-3-9所示。

图7-3-9　测手宽Ⅱ

（5）注意事项。

①手要充分伸直，长尺夹得要松紧适合，只需要轻贴皮肤即可，不要有紧夹或压迫感。

②测量手长时，手要充分伸直，手指不能翘起，指甲不得超过指端尖。

③桡尺骨远端腕横纹的确定，可在测定时用一手的拇指、食指夹住桡尺骨茎突远端关节缝处，取其相应的那条皮肤皱纹。

（6）评价参考方法。

①可用手宽/手长×100%指数来反映手的大小和长宽之间的比例关系。

②可用手长/上肢长×100%指数来反映手长与上肢长度之间的比例关系。

手的长短宽度同有力地抓握器械关系密切。体操、举重、篮球、排球、手球、游泳及投掷运动员的手都应长而且宽，同器械打交道对抓握器械较方便；同球类打交道能灵活地控制球，有助于投篮、扣球和拦网；同水打交道可以增加水的接触面积等。

我国曾经测量了女排和女篮国家队员，手长的平均值为19.5cm，而平常人的手长平均值只有17.1cm。手长、手宽已成为当今选材工作者所重视的一个指标。

（十一）下肢长A

下肢长A是髂前上棘点上缘至地面的垂直距离。髂前上棘点是大腿摆动起来的最高点，能表现出下肢运动的最大弧度。

（1）单位：指数（%）或cm。

（2）主要项目：短跑、中长跑、跨栏、跳远、跳高、撑竿跳、标枪、击剑；线别：二线、三线。

（3）测试仪器：马丁尺。使用前用标准钢尺校正。

（4）测量方法：受试者两脚分开，与髋同宽，膝关节伸直，自然站立，测试人员站于受测者左侧，量左下肢髂前上棘至站立面之间的垂直距离。测试误差不得超过1cm，如图7-3-10所示。

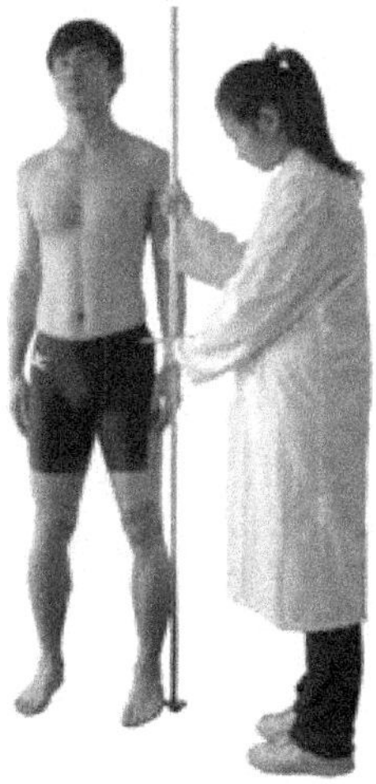

图7-3-10　测下肢长A

（5）注意事项。

①地面要平，站立时下肢肌肉要放松，体重应平均落在两脚上。

②髂前上棘位于骨盆最前上方的转角处。

③马丁尺须垂直于支撑面。

（6）评价参考方法。

①下肢长A／身高×100% 指数是反映运动员下肢长短通用的指数。

一般情况下，指数是：55%为身材等长；56%为下肢较长；57%为下肢明显长。在选拔正处于青春发育期高潮的运动员时，下肢长A指数尽量留大，否则会由于先长四肢、后长驱干的向心律原则，而失去了“长脚”优势。这一变化，在选拔处于青春期初期和中期的少年时应特别注意。

下肢长同样存在种族差异。黑种人与白种人一般比黄种人下肢要长。古巴女排与中国女排相比，她们身高相近（古巴平均为179.78cm，中国为179.46cm），但古巴队下肢长平均为58.5%，最长达59.9%，最短也在57.3%，中国队平均为55.2%，最长者55.9%，最短者54.7%，指数明显低于古巴。因此，在不是特殊需要下肢长的运动项目中，不应在下肢长A/身高×100指数上过分要求，更不应苛求。

（十二）下肢长B

下肢长B是大转子上缘最高点至地面的垂直距离，被称为“下肢真正的总长度”。

（1）单位：指数（%）或cm。

（2）主要项目：短跑、中长跑、跨栏、跳远、跳高、撑竿跳高、铅球、铁饼、标枪、游泳、击剑、赛艇、跳水、自行车；线别：二线、三线。

（3）测试仪器：马丁尺。使用前用标准钢尺校正。

（4）测量方法：受试者赤足，两腿并拢站在水平地面上。测试人员在受试者左侧，测量尺垂直立于地面，尺的固定端（零位）在下，移动游标至大转子点读数。记录时，以cm为单位，保留一位小数，如图7-3-11所示。

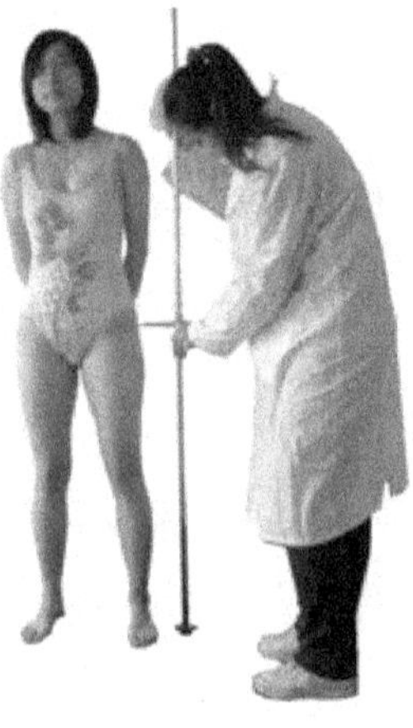

图7-3-11　测下肢长B

（5）注意事项。

①地面应平整，膝盖要伸直，体重应平均落在两脚上。

②大转子点要找准。

③测试误差不得超过0.5cm。

（6）评价参考方法：常用下肢长B／身高×100%指数来反映运动员下肢长中的功能（转动中心）位置高低的指数，也是选材工作形体测量下肢长的通用指标。

（十三）下肢长C

下肢长C是臀纹最低点（即臀部与大腿凹陷处的纹路）至地面的垂直距离，它反映出臀部位置的高低。

（1）单位：指数（%）或cm。

（2）主要项目：短跑、跨栏、跳高、跳远、撑竿跳高、标枪、游泳；线别：二线、三线。

（3）测试仪器：马丁尺。使用前用标准钢尺校正。

（4）测量方法：受测者自然站立，两脚分开，与肩同宽，双膝伸直。测试人员站在受测者的后方，使界于臀部和大腿之间的臀纹线暴露出来，将游标水平对准臀纹线，读取记录从臀纹线至支撑面之间的垂直距离。测试误差不得超过1cm，如图7-3-12所示。

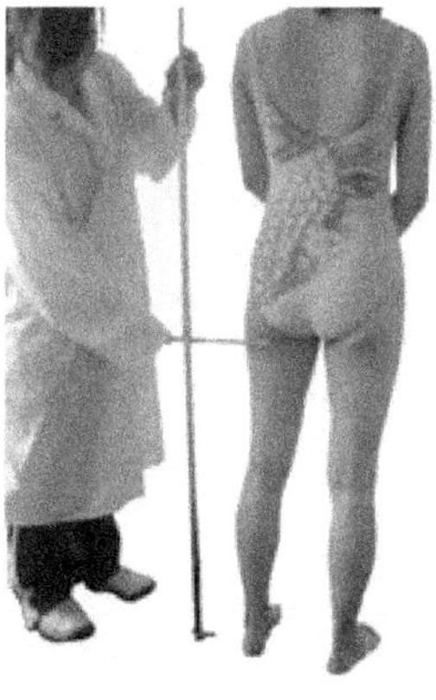

图7-3-12　测下肢长C

（5）注意事项。

①测试时，令受试者适当撩起短裤下缘，能清晰地观察到臀纹线为止。

②髂嵴后上方指标需触摸准确，位于骨盆后上方最高点的外侧缘。

③游标指针要水平准确地对准髂嵴后上方和臀纹线，马丁尺须垂直于支撑面。

（6）评价参考方法：下肢长C／身高×100% 指数是反映运动员下肢长中臀部位置高低的指数。

（十四）下肢长H

下肢长H是髂嵴最高点至地面的垂直距离，反映了人体下半身（包括下肢长在内）的总长度，近似人体重心的高度。

（1）单位：指数（%）或cm。

（2）主要项目：短跑、中长跑、跨栏、跳高、跳远、撑竿跳高、标枪、游泳；线别：二线、三线。

（3）测试仪器：马丁尺。使用前用标准钢尺校正。

（4）测量方法：受测者自然站立，两脚分开，与肩同宽，双膝伸直。测试人员站在受试者的左侧后方，触摸出髂嵴最高点。将游标水平对准髂嵴最高点外侧上缘（骨盆最高点），读取记录从髂嵴最高点至支撑面之间的垂直距离的数值。测试误差不得超过1cm，如图7-3-13所示。

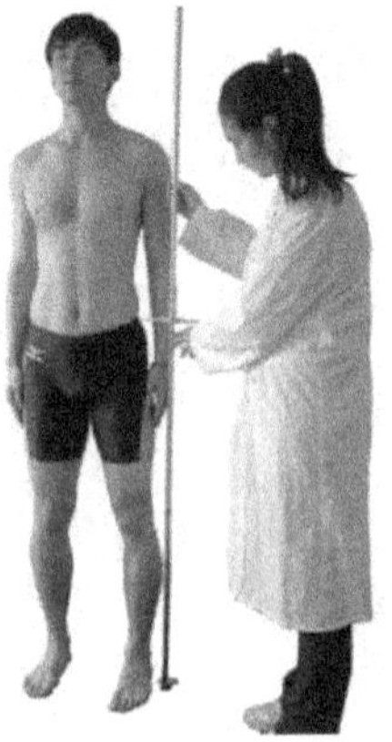

图7-3-13　测下肢长H

（5）注意事项。

①测试人员令受试者骨盆保持水平不动，不可倾斜。

②测试下肢长H时，游标指针要水平准确地对准触摸到的髂嵴正上缘外侧点，马丁尺须垂直于支撑面。

（6）评价参考方法。

①目前很少单独用该指标对下肢进行评价。

②下肢长A、B、C 、H对于以下肢部运动为主的运动项目，与爆发力、弹跳力等素质关系密切，在选材中要给予足够重视。

有研究显示：

用“下肢长A / 下肢长H=95%”来反映下肢动作弧度能达到最大。

用“下肢长B / 下肢长H=90%”来反映运动弧度将受到限制。

用“下肢长C / 下肢长H=80%”来反映三点绕B点中心运动，且运动最有利。

朱建华的“下肢长A/身高乘100%”指数达58.9%，为他三破男子跳高世界纪录提供了良好的形态条件。在选材中，对那些下肢比例特大者，若超过58%，应专门对他们进行素质和内分泌检查，以排除是由于内分泌紊乱所导致的“无力型”和发育不良的“长脚”而被误选。

我国优秀田径运动员以上三个指数分布情况中，能达到最理想比例的人数很少。因理论上的理想化，在竞技体育的人才挑选中，形态虽重要，但还要有相应的机能来体现。我国优秀游泳运动员三个指数平均值并不突出，但在最优秀游泳选手中，A点更接近H点者为多，这是他们共有的特点，论证了理想比例指数。四个下肢长指标的关系常被认为，如果A点与H点高度相等或接近，说明髂前上棘已与髂嵴最高点相近，大腿抬起来将与髂嵴最高点平行，达到腰部水平，下肢动作弧度可以达到最大；如果A点远低于H点，臀部将呈梨形，大腿与臀部在运动摆动中不能形成一体，下肢运动中送髋动作将遇到困难，运动弧度将受到限制。如果B点能成为H点、A点、C点共同的圆心，A点又与H点高度相等或接近，那么大腿、臀部将成为最好的“统一体”，有利于运动中送髋动作的完成，出现大腿与臀部最省力的协调运动。

（十五）小腿长

（1）单位：cm。

（2）主要项目：短跑、中长跑、跨栏、跳高、跳远、撑竿跳高、铅球、铁饼、标枪、击剑、体操、跳水、乒乓球、羽毛球、篮球、排球、自行车；线别：二线、三线。

（3）测试仪器：马丁尺。使用前用标准钢尺校正。

（4）测试方法：受试者站立，左腿抬起，屈膝将全脚掌平稳贴踩踏于凳面上，小腿与凳面垂直。马丁尺垂直于测量腿的内侧。测试人员面向受试者，位于测量腿右侧，触摸和测量受试者左胫骨内侧髁上缘（膝关节缝隙）至凳面的垂直距离。误差不得超过0.5cm，如图7-3-14所示。

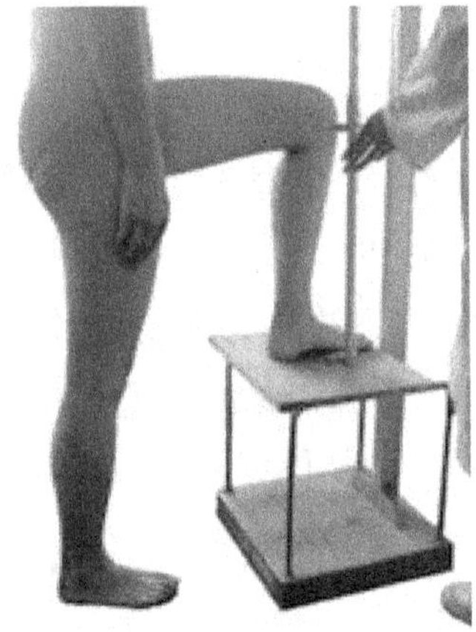

图7-3-14　测小腿长

（5）注意事项。

①胫骨内侧髁上缘测试者可张开右手扶好膝关节的同时，拇指内侧沿膝关节缝触摸到小腿内侧最上方，即可摸准该点。

②受试者左小腿与地面垂直，马丁尺平行于胫骨上缘缝。

（6）评价参考方法。

①常用小腿长／下肢长（A或B）×100%反映小腿长与整个下肢长度之间比例关系的指数公式。

②可用小腿长/大腿长×100%反映大、小腿长度之间比例关系的指数公式。大腿长=下肢长（A或B）-小腿长（即可间接获得）。

我国人股骨长于胫骨7~10cm，单纯小腿（胫、腓骨）长度不可能接近和超过股骨的长度，只有增加了足的高度才能使小腿的长度大于股骨的长度。因此，小腿长指数大，说明小腿相对较长，对运动就越有利；指数小，说明小腿相对较短，不利于运动。小腿长指数的发展变化大体上与下肢长指数的发展变化相似，男性13岁、女性12岁之前，小腿长/身高×100%指数随年龄增长而增大。男性13岁、女性12岁时，小腿长指数达到最大，男、女分别为26.7和26.5。之后，指数呈下降趋势，18岁以后，基本稳定。18~25岁成人，男女均为25.9。运动实践已证明，小腿加足高大于大腿长，有利于运动。运动员一般小腿加足高的长度大于大腿长，这一特点在田径运动的径赛和跨跃项目上更为明显，游泳运动员也是如此，在选材中应特别引起重视。

（十六）跟腱长

跟腱是小腿三头肌肌腱，指腓肠肌内侧头肌腹下缘至跟骨结节间的直线距离。

（1）单位：cm。

（2）主要项目：短跑、中长跑、跨栏、跳高、跳远、撑竿跳高、击剑、跳水、体操、乒乓球、羽毛球、篮球、排球、自行车；线别：二线、三线。

（3）测量仪器：马丁尺。

（4）测试方法：受试者赤足面向墙站立，两腿自然分开，两手扶墙提踵，使小腿三头肌充分收缩。测试人员用笔在受试者左腿腓肠肌内测肌腹下缘画一条短标志线，然后让受试者还原成自然站立姿势，用尺的固定端（零刻度点）对准跟骨点（直立时，足跟最向后突起的一点），移动游标至肌腹下缘标志线读数，记录时，以cm为单位，保留一位小数。测试误差不得超过0.5cm，如图7-3-15、图7-3-16所示。

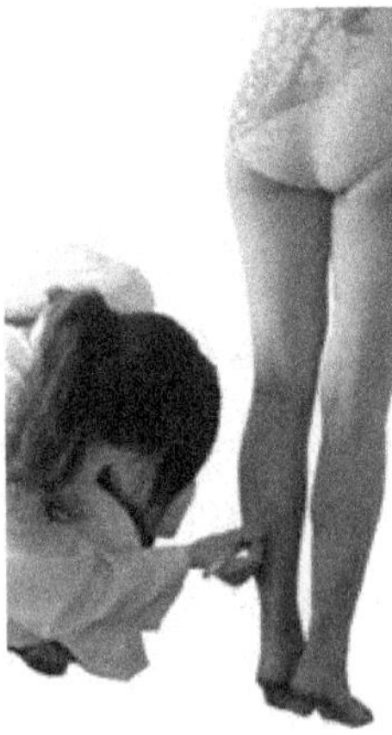

图7-3-15　提踵测跟腱长

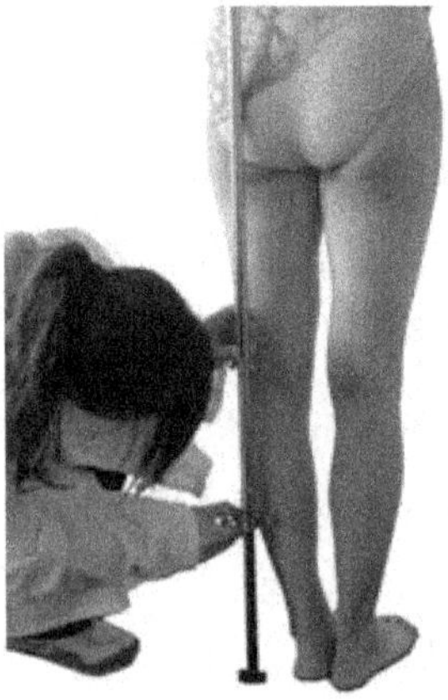

图7-3-16　落地测跟腱长

（5）注意事项。

①在画标志线时，腓肠肌外形必须充分显露，皮肤不得移动。

②地面与凳面应平整，大腿与小腿必须呈直角。

（6）评价参考方法：常用跟腱长／小腿长×100%反映跟腱占小腿长的百分比。我国一般人该指数平均在44%~45%。在生长发育过程中，从小到大无显著性差异，比较稳定，易于预测。优秀运动员跟腱指数高于一般人（如：三级跳运动员为46.20%±3.12；撑竿跳高运动员为47.27%±4.04；女子跳高运动员为47.77%±3.57），说明运动员跟腱比一般人长，并具有更强大的力量。跟腱的长短与运动能力有一定关系，跟腱越长对运动越有利。尤其是对爆发力和速度要求较高的运动项目，都需要跟腱清晰而长。

（十七）踝围长

（1）单位：指数（%）或cm。

（2）主要项目：击剑、跳水、乒乓球、羽毛球、篮球、自行车；线别：二线、三线。

（3）测试仪器：标准卷尺。

（4）测量方法：受试者一条腿站立，另一条腿抬高，脚踩在凳子上，测试人员将带尺水平绕过凳子上小腿踝关节内外踝上方最细（跟腱）处水平位置，量其最细处的围度，读取和记录数值。测试误差不得超过0.5cm，如图7-3-17所示。

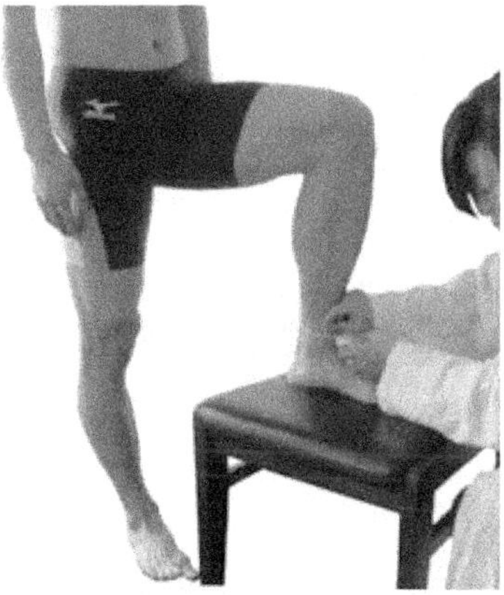

图7-3-17　测踝围长

（5）注意事项。

①站立时，体重应平均落在两脚上。

②注意带尺水平绕环。

（6）评价参考方法：常采用踝围／小腿长×100%来反映小腿形态和最细围长的指数公式；小腿最大围-踝围＝小腿粗细之差，差值大，说明小腿三头肌发达，跟腱清晰而长，踝围小。经研究认为，以下肢为主的运动项目，踝围较小，跟腱又长，对运动有利，所以在选材中应挑选踝围相对较小的儿童少年。小腿围度可反映小腿肌肉发育状况和小腿曲线是否清晰。大腿过粗，小腿肚过大，踝围粗，跟腱短，肌腹下坠且臃肿，小腿曲线不清，都是不利于从事体育运动的小腿形态特征。

（十八）肩宽

肩宽是指左右肩峰点之间的水平距离，是反映躯干上端的横径指标，能明显地体现体形。其遗传力和坐高的遗传力一样都比较大，是一个在训练中不易改变的指标。

（1）单位：cm。

（2）主要项目：射箭、中长跑、跳远、撑竿跳高、铅球、铁饼、标枪、游泳、皮划艇、赛艇、体操；线别：二线、三线。

（3）测试仪器：马丁尺。

（4）测量方法：受测者两脚分开，与肩同宽，自然站立，双肩放松。测试人员站在其背后，先用两手指沿肩胛冈向外摸到肩峰外侧缘中点，再用马丁尺测量两肩峰间距离，如图7–3–18所示。

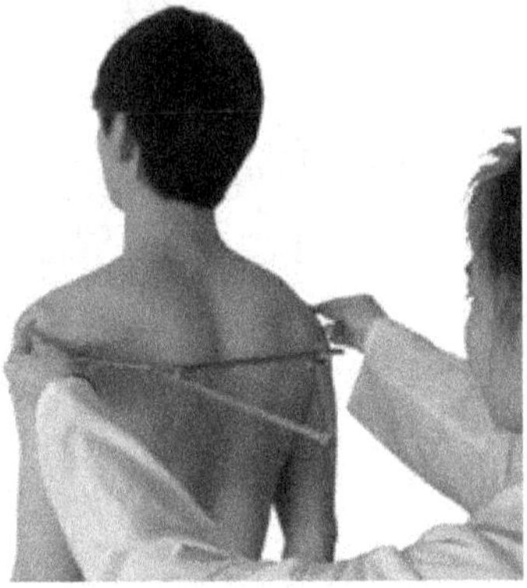

图7–3–18　测肩宽

（5）注意事项：受测者双肩自然放松，两肩要同高，不能低头、含胸、耸肩、挺胸。测量时马丁尺应保持在水平位下。

（6）评价参考方法：常采用肩宽/身高×100%来反映上体发育情况和肩宽与身高的比例关系。指数大，说明上体横径相对较大，上体较发达；指数小，说明上体横径相对较小，上体发育较差。

该指数基本在18岁后趋于稳定并达到最大值，总体上增长较慢。肩宽是一个比较重要的体形指标，肩宽与上肢肩带的力量有很大关系。指数较大，肩带力量相对也大；指数较小，肩带力量相对也小。如投掷运动员就需要选指数较大者。大多数项目都需要指数较大者，但也有少数运动项目需要指数较小者，如中长跑、跳高项目就要求指数相对较小者为好。

（十九）足弓蘸迹法

（1）单位：指数（%）或mm。

（2）主要项目：短跑、中长跑、跨栏、跳远、跳高、撑竿跳高、铅球；线别：三线。

（3）测试仪器：平整场地或平面凳桌椅1块，透明薄层玻璃板、薄层锦纶棉（长50cm×宽30cm）1张；珠印油50g，少许、均匀地涂抹在薄层锦纶棉上；自行设计塑料图尺1张（标有长、宽刻度）；干净毛巾2块；50g洗洁精备用；微型计算机1个，如图7-3-19、图7-3-20所示。

图7-3-19　测足迹

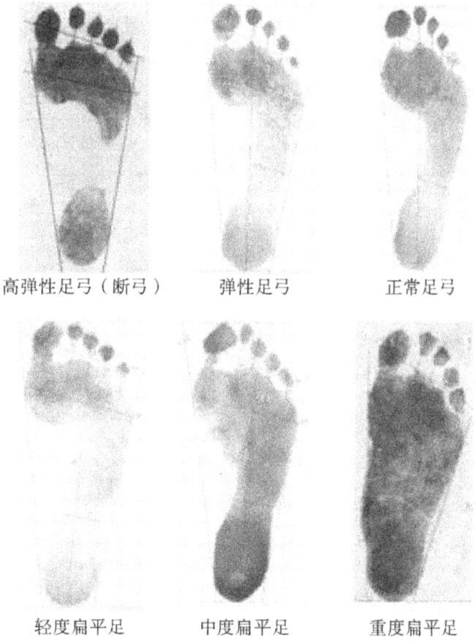

图7-3-20　观足迹

（4）测试方法：测试时，受试者赤脚踩蘸印泥（脚底不得搓动），平稳地站到透明薄层玻璃板上，两脚不得移动，以免印记模糊，待站稳后离开玻璃板。结束后受试者自己用干净毛巾蘸少量洗洁精，将足下印泥擦去。测试人员根据足的印记，将评价图尺放在薄层玻璃板下，图尺中轴线对准足跟印记终点内侧缘并连接第二趾骨末端纵轴延续线上，读取第一跖骨头外侧缘与第五跖骨侧头外侧缘的宽度为足底印记最宽度，然后读取足底印记最窄处外侧缘的宽度并记录。

（5）注意事项。

①测试人员要根据受试者足的大小事先尝试，将珠印油少量、均匀地涂抹在薄层锦纶棉上，以足纹能够清晰反映出来为标准。量多、量少都将影响测试效果。

②受试者踩蘸印泥（脚底不得搓动），呈立正姿势平稳站到透明薄层玻璃板上，测试结束轻轻提起足后离去，测试结果如表7-3-3所示。

（6）评价参考方法。

足弓蘸迹法指数＝足底最窄印记宽/足底最宽印记宽 ×100%。

表7-3-3　足底最窄宽度占足底最大宽度印记指数

（%）	0~39	40~54	55~64	65~79	80~100
评价	高弹性弓	弹性弓	正常足弓	轻度扁平	重度扁平

三、常用生理机能测试指标与评价

（一）肺活量

（1）单位：mL。

（2）主要项目：中长跑、游泳、皮划艇、赛艇、跳水、羽毛球、篮球、排球、水球、自行车；线别：三线。

（3）测试仪器：肺活量测试仪。

（4）测试方法：将吹嘴装在吹气管进气口上，受试者手握吹气管，将导压软管保持在吹气管上方。按下测试开关，受试者头部略向后仰，尽力深吸气后，对准吹嘴做一次性深呼气，直到不能呼气为止。共测两次，仪器自动记录最大值，测试结束屏幕显示受试者肺活量数据和得分。

（5）注意事项。

①测试必须用一次性吹嘴，做好个人卫生与消毒工作。

②受试者嘴与吹嘴须紧密接触，防止漏气，呼气时不可用力过猛。

③受试者手握吹气管时不可堵住吹气管出口，个人操作有问题者可以使用鼻夹。

④测试人员在测试前应向受试者讲解测试方法和动作要领，并做示范。对个别始终不能掌握要领的受试者，只做记录，不予统计。

（6）评价参考方法：常采用肺活量/体重指数来评价。肺活量的变化通常随着年龄的增长而增长，我国成年男子的肺活量为3 500~4 000mL，女子为2 500~3 000mL。我国城市少儿肺活量从7~14岁，男孩从1 377mL升至3 175mL，女孩从1 235mL升至2 596mL，而经过长期体育锻炼的运动员，其肺活量为4 500~5 000mL。这对承受大负荷有氧运动十分有利。

（二）神经动作和反应速度

（1）单位：ms。

（2）项目：射击、击剑；线别：二线、三线。

（3）测试仪器：食指摆动测试仪（指频仪）。测试神经肌肉反应速度、频率、动作反应时间、节奏感等综合能力指标。

（4）测试方法：测试过程中要求受试者以正常的坐姿进行测试（头正、两眼注视前方的摆幅框），掌指关节拱起，用掌根和外侧三个手指接触桌面，食指延长器撑在伸入摆幅框内。受试者均统一套上8cm长的轻质延长器，以调整食指长度，使其食指摆动幅度和角度一致。受试者在练习1~2次后进行正式测试。测试人员按开始键，受试者已经做好准备，手指不动，一听到发令枪响便自动开始记时，被测手指急速摆动，直到设定时间完成自动停止记时，在单位时间内显示完成次数。

食指摆动频率测试仪是一种通过手指摆动频率和速度测量人体速度素质的方法，通过手指摆动频率获取信息，用于反映神经系统发放频率与冲动。时间精度达千分之一秒，通过软件控制和记录，手指摆动频率数据由显示屏实时显示，数据通过USB接口输出。仪器采用成熟的光电产品和便携式单片机进行测试，有限制手指摆幅框架的限制高度，角度控制在30°。手指不达高度，仪器不会自动识别。时间设定为8s，如图7-3-21所示。

图7-3-21　测指频现场

（5）评价参考方法："指频仪"在选材研究中可以为挑选速度类型项目运动员提供参考。我们选取77名男女一级、健将、国际健将优秀跑步运动员为实验对象（48名短距离跑），29名中长距离项目为对照组，进行食指摆频测试。结果显示：①男子100m、200m短跑和中长距离项目运动员8s指频均值为85.26次，平均差距为9.89次（P＜0.01）；女子为74.54次，平均差距为8.48次（P＜0.05）。②对100~200m短跑和不同项目（赛艇、皮划艇）1 500m以上中长距离的男女运动员进行"指频"混合比较，男女短跑和中长距离项目为81.87次，平均差距为7.89次（P＜0.05）。

提供选材的建议如下。

①男子短距离项目指频应达到90次、男子中长距离项目应达到80次；女子短距离项目应达到78次、女子中长距离项目应达到70次。

②指频仪的研发与成功应用达到了检测运动员速度素质的目的，为竞技运动早期发现人才提供了一种便携式检测仪器。

（三）握力感

（1）单位：kg。

（2）主要项目：射击、射箭；线别：二线、三线。

（3）测试仪器：WCS-1000数显电子握力器，为北京东红健身器材厂产品。

（4）测试方法：使用有计量单位的电子显示握力器，仪器回归零数值。首先测量优势手的最大握力，然后要求受试者试着握出最大握力的50%，正式连续测量3次，取平均值，记录并算出均数与标准差。另外，也可以在测试时给出500g、1 000g两种重量，首先让受试者感觉用力轻重程度，然后开始测试。每种重量测3次，求平均值。一般手感误差在40g左右为优良。

（5）注意事项。

①测量时，受试者脸部偏向另一侧。

②受试者在安静的情况下进行测试。

四、常用身体素质指标测试与评价

（一）背力

（1）单位：指数（%）或kg。

（2）主要项目：短跑、跳远；线别：二线、三线。

（3）测试仪器：背力计。

（4）测试方法：受试者站在背力计底盘上，身体前倾30°，握把高度可调节到受试者自然站立、两臂下垂时中指尖的高度。双手反握（掌心向后），双腿、双臂伸直。开始时，集中腰背力量挺直腰杆，当背力计指针随着腰背挺直而停止摆动时，指针指向的读数，即为背肌力值。共测两次，取最大值。

（5）注意事项。

①要求受试者在测试前做好充分的准备活动，防止受伤。

②受测者靠腰背伸肌力量从前倾30°位置挺直腰背来拉动背力计，不得借屈臂、屈腿、提踵和身体后倒的力量助力。

（二）转肩距

（1）单位：指数（%）或cm。

（2）主要项目：标枪、游泳、跳水；线别：二线、三线。

（3）测试仪器：50cm长的牛皮带、标准卷尺。

（4）测试方法：受试者自然站立，两脚分开，与肩同宽，两臂伸直，双手抓紧牛皮带，虎口相对，用先宽于肩的握距开始为准备活动，向后翻肩（直臂旋转过头）。若不能旋转过头，可重新调整增加两手虎口间的距离。测量人员站在受试者后方，用标准卷尺测量过肩后抓握皮带手的两个虎口之间的握距并记录。每人测两次，取最小值记录。

（5）注意事项。

①受试者应充分做好准备活动，避免拉伤。

②旋转时，手臂不得弯曲。

③测量人员密切观察受试者的测试状态，为避免强行过肩造成损伤，应戛然而止。

（三）肩胸角

（1）单位：度（°）。

（2）主要项目：撑竿跳高、标枪；线别：二线、三线。

（3）测试仪器：自制直角规、记号笔。

（4）测试方法：男女受试者均穿背心、短裤，先自然站立。令受试者面墙而立，双脚离开墙壁1~2个脚掌，脚跟不能离开地面，有利臂（单臂）尽力垂直上举，手掌五指并拢贴紧墙壁，肩部充分打开，用力挤压肩部，另一只手臂用手扶墙，支撑住，稳定身体平衡。测试人员在受试者有利臂或投掷臂的肘关节后方尺骨鹰嘴处和同侧骨盆外上方髂嵴最高点处用记号笔标上记号，使摆动臂和固定臂中线连线对准这两点当中不动。活动发生在直角规圆心，直角规圆心对准肩峰（肩关节中心处）。在受试者伸肩达最大限度并停顿2~3s的时间范围内，这个夹角即为肩胸角，读取和记录数值，如图7-3-22所示。

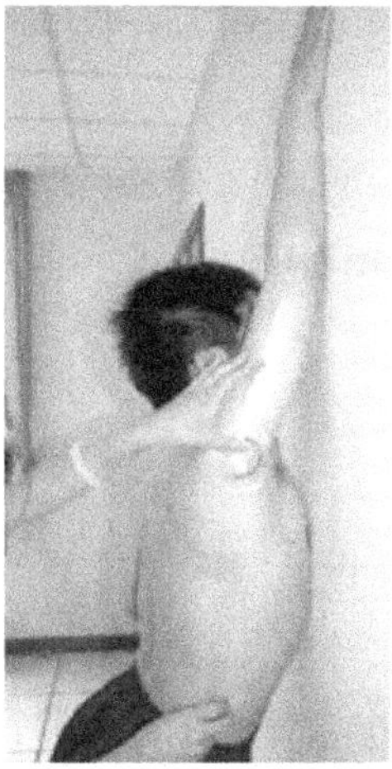

图7-3-22 测肩胸角

（5）注意事项。

①受试者面墙而立时，头可以转向一侧，但上体必须保持与墙壁平行，另一只手扶墙帮助平衡身体。

②测试人员三个点的采集要准确，直角规位于受试者体侧，并尽量保持三点投影的平行。

③由于受试者手臂上举，事先的体表标记因皮肤的牵拉会上升，正式测试时准确观察身体事先标记与直角规的垂直投影。

（四）原地纵跳

（1）单位：cm。

（2）主要项目：跳高、撑竿跳高、跳水、羽毛球、排球、水球、自行车；线别：二线、三线。

（3）测试意义：反映下肢蹬伸能力和弹跳能力的力量指标。开始后迅速向上方跳起，对控制身体平衡能力、下肢弹跳力和爆发力方面具有重要意义。

（4）测试仪器：电子显示纵跳仪。

（5）测试方法：站在测试板上，开始姿势是两腿开立，与肩同宽，两臂后摆，下肢三大关节弯曲，两眼平视前方。起跳时双手上摆，尽力垂直跳起达最大高度，测试人员观察电子显示纵跳仪数字显示并作记录，共跳两次，取最大值。

（6）注意事项。

①受试者试跳前要做好充分的准备活动，防止受伤。

②受试者双脚同时跳起离地，跳前不要向前垫步，垂直。

（五）握力

（1）单位：kg。

（2）主要项目：举重、体操、武术、球类、投掷类、撑竿跳高、划船、摔跤、柔道；线别：二线、三线。

（3）测试仪器：WCS-1000数显电子握力器，为北京东红健身器材厂产品。

（4）测量方法：受测者自然站立，两臂下垂，先用一只手握，连续握两次，取最大值，再换另一只手同样测试两次，取最大值。

（5）注意事项：不得摆动握力计或借助与身体接触的助力。

（六）踝关节屈伸度

（1）单位：度。

（2）主要项目：游泳；线别：二线、三线。

（3）测试仪器：关节活动度测规（课题研制）。

（4）测量方法：（略）

（七）仰卧剪腿

（1）单位：cm。

（2）主要项目：标枪、铁饼、铅球；线别：二线、三线。

（3）测试仪器：1m直钢尺或标准卷尺。

（4）测试方法：受试者仰卧，双臂展开呈两臂侧平举姿势（掌心朝下紧贴地面），一条腿伸直不动，脚尖朝上，另一条腿屈膝，与直腿形成直角交叉。高抬交叉腿的大腿与腰部平行，脚尖勾起，足跟抵住伸直腿的膝盖加以固定，然后利用自身肌力扭转脊柱下腰部并下压，用膝关节内侧缘去接近地面。测试人员测量内侧缘（即从胫骨内侧髁上缘中点）至地面的垂直距离。距离越短，说明扭转度越大，柔韧性越好。反之，距离越大，说明扭转度越小，柔韧性越差，如图7-3-23、图7-3-24所示。

图7-3-23 测仰卧剪腿

图7-3-24 测仰卧剪腿

（5）注意事项。

①受试者应充分做好准备活动，避免拉伤。

②受试者仰卧位做动作时，上体与手臂保持不动。下肢伸直腿的脚尖朝上不可转动。

③受试者交叉腿的足跟贴紧伸直腿的膝盖骨作为固定点不动。

④测量人员丈量受试者时，应准确触摸到胫骨内侧髁中点上缘。测量钢尺或标准卷尺要垂直于地面。

（八）伸腕幅度

（1）单位：度。

（2）主要项目：铅球、标枪、跳水；线别：二线、三线。

（3）测试仪器：直角规（自行研制的关节运动度专用测量器具）。

（4）测试方法：受试者自然站立，两脚分开，与肩同宽。五指并拢伸直，双手胸前合掌（为伸）与合背（为屈），双掌并拢或双背并拢贴胸下沉，腕关节屈或伸幅度越大越好。直角规的圆心对准两手中间，平齐于腕关节中心，固定臂中线延长于前臂中轴（肱骨外上髁与尺骨小头之间），转动臂中线延长于两手中间缝隙（两手腕中间缝隙与末端手指连线）。测试人员面对受试者，于前下方读取转动臂经圆心上的刻度，如图7-3-25所示。

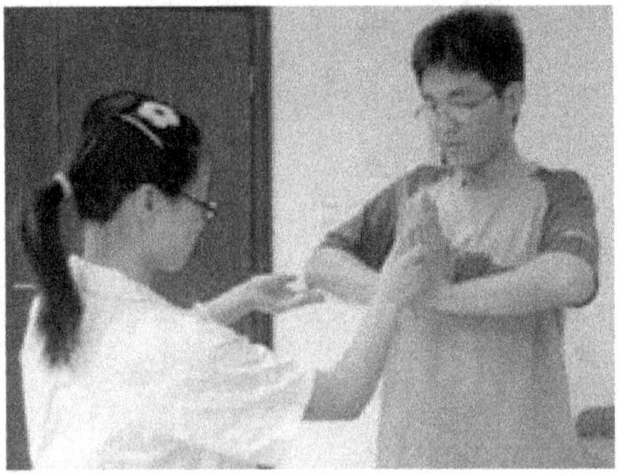

图7-3-25　测伸腕幅度

（5）注意事项。

①要求受试者前臂裸露，待完成上述动作后，测试人员在肱骨外上髁和尺骨小头上用笔点上标记。

②受试者双手胸前合掌与合背时，用力挤压集中于手腕，肩肘部不得晃动。

③测试人员在读取刻度时，须将直角规与手和前臂平齐。固定臂和圆心不可移动。

（九）臂伸直度

（1）单位：度。

（2）主要项目：射箭、撑竿跳高、铅球、铁饼、标枪、击剑、体操；线别：三线。

（3）测试仪器：自制直臂量角规一个。（类似马丁尺，区别在于一个是直臂，一个是曲臂）

（4）测试方法：要求受试者呈解剖学姿势站立，测试部位为惯用的伸直手，手肘关节用力伸直。测试人员面对受试者，五指并拢，双手张开，轻扶受试者双肩，虎口端平，拇指触摸肩关节正前方的肱骨大结节后不再推动皮肤。

（5）注意事项。

①确定受试者上臂肱骨大结节与肘关节的肘窝中心，取一条直线。

②确定肘关节的肘窝中心连接腕横纹中心（前臂腕部前方），取一条直线。

③最后测量两条直线在肘窝中心之间出现的夹角，用直臂量角器读取度数。评价方法见表7-3-4。

表7-3-4 评价方法（单位：度）

男	≤0.5~-3	≤0.5~-2.5	≥2.6~8.5	≥8.6~12.9	≥13~17	≥17.1~25
女	≤2.8~-4	≤1~2.9	≥3.0~9.5	≥9.6~13.9	≥14~18	≥18.1~27
评价	重度畸形	轻度畸形	优秀	良好	正常	轻度畸形

（十）坐位体前屈

（1）单位：cm。

（2）主要项目：跨栏、跳远、游泳；线别：二线、三线。

（3）测试条件和仪器：体前屈测量计（测量前校正游标刻度并调到零位）、体操垫或草坪。

（4）测试方法：受试者赤脚，双腿分开5~10cm宽度并伸直，坐于地面，双脚跟勾紧，上体保持正直。体前屈测量计平放，固定于脚底前方（游标与足低平行）。请一同伴轻轻按压膝关节，防止用力时屈膝。开始时上体尽量前屈，双臂伸直尽量前伸，中指末端（不含指甲）尽力动态触摸和推动体前屈标尺上的游标板，以增加其远度或距离，直到不能推进的距离为止；连续推动三次，直到体前屈游标板不能移动，测量人员读取刻度值。每人测推三次，取最大值记录，如图7-3-26所示。

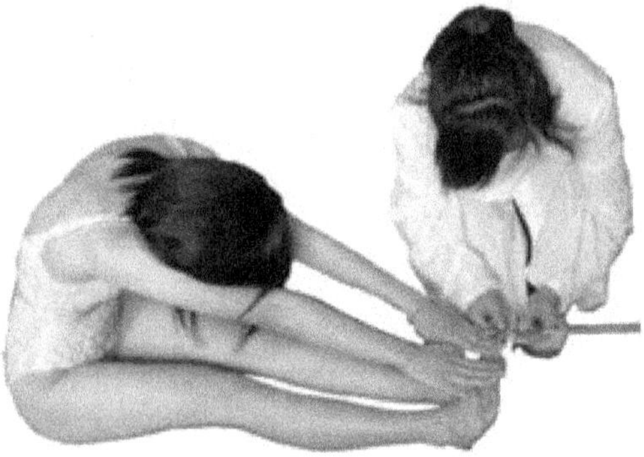

图7-3-26　测坐位体前屈

（5）注意事项。

①测量前受试者应做好充分的准备活动，防止拉伤。

②要求受试者双手同时推动体前屈测量计游标板，若两手距离（成绩）不同，可将两者相加除以2。

③受试者不能采取突然向前振动的方式，而要以平稳缓慢的方式推动游标板，在让手指与游标板保持1~2s的接触时间后，才能作为正式的值记录，否则成绩无效。

（十一）跖趾关节柔韧性

（1）单位：度。

（2）主要项目：短跑、跳远、跳高；线别：二线、三线。

（3）测试仪器：自制直角规一个、记号笔一支、平面桌子一张。

（4）测试方法：测量人员事先令受试者赤足（有利脚），在第一跖骨头内侧中心和胫骨内踝尖（内踝下缘）上用记号笔点上标记。开始测试时令受试者赤足站到桌子上，裸露小腿，面墙而立，脚尖距墙面20~30cm，两脚分开，与肩同宽，向上做提踵动作（踮起脚尖），双手扶墙不断摸高，上升至不能摸到的高度为止，坚持2~3s。此时间内测试人员将直角规的固定臂平放在桌面上与桌面呈水平，直角规圆心和转动臂的纵轴通过第一跖骨头中心和胫骨内踝尖的标记，测量人员迅速读取地面与脚背（上述2点）之间形成的角度数值并记录，如图7-3-27所示。

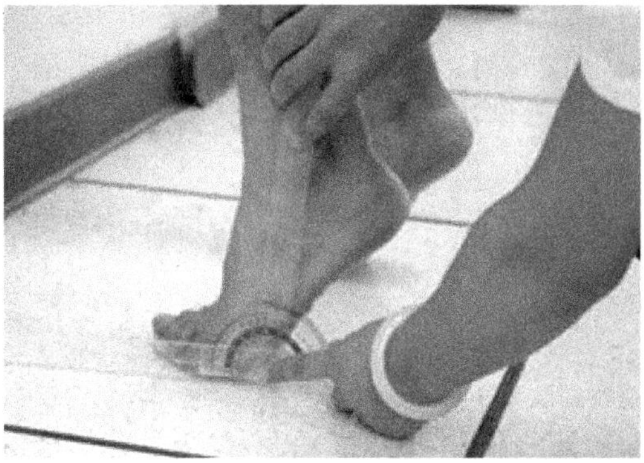

图7-3-27 测跖趾关节柔韧性

（5）注意事项。

①受试者面墙而立时，头可以转向一侧，但上体必须保持与墙壁平行，双手摸高的同时，保持身体平衡。

②测试人员标记点时，可以先令受试者充分屈脚趾关节，第一跖骨头会充分显露，标记位置不在第一跖骨头上方，而是在第一跖骨头内侧中心。

五、常用的心理指标测试与评价

（一）综合反应

（1）单位：ms，错率（%）。

（2）主要项目：射击、射箭、游泳、击剑、体操、篮球；线别：二线、三线。

（3）测试仪器：心理测试专用软件、电脑或其他功能相同的仪器。

（4）测试方法：受试者端坐，双手握住操作仪器上的手动键，双脚轻放在脚踏键上，双眼注视屏幕上的图形。一屏有6幅图形，每个图的四个角上各有一个方块，虚线箭头表示受试者应完成的一次按键（按键后图形消失）。左上角对应左手键，右上角对应右手键，左下角对应左脚键，右下角对应右脚键。当受试者准备好，按任意键即开始计时。每一次按键做对了，所对应的小方块随即消失，如果做错了，电脑就会发出响声提示受试者立即改正，但必须做对了才能继续往下做。受试者顺着线条标记方向，顺图向下操作，如图7–3–28、图7–3–29所示。

每一屏上6幅图形的操作顺序是：

①→②→③

↓

⑥←⑤←④

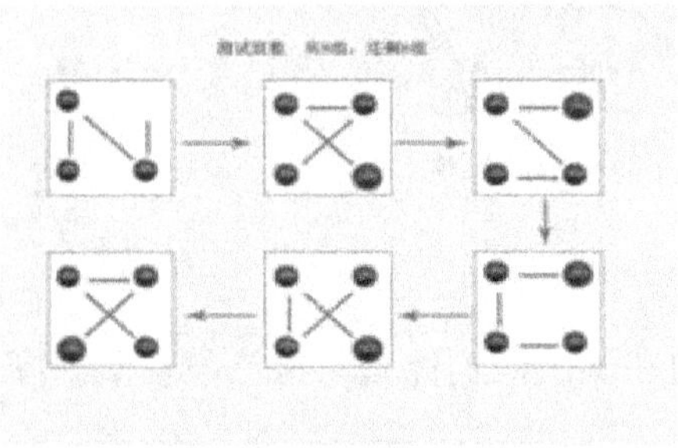

图7–3–28　测综合反应

图7–3–29　测综合反应

当第①和第②图之间出现一个小方块时，即为开始信号，受试者应立即从第①图做到第⑥图，要求在做对的前提下，完成速度越快越好。

测试时，先试做第一组，然后正式测试后七组，最终记录七组中最快的一组，为最优组成绩，以ms为单位，取小数点后二位，同时记录同组的错误次数、七组的平均时间及标准差。

（5）注意事项：受试者理解后开始测试。仪器应放置在比较安静的测试室内，尽量减少环境对受试者的干扰。

（二）方位反应

（1）单位：s，错次。

（2）主要项目：射击、击剑、乒乓球、羽毛球、排球、水球；线别：二线、三线。

（3）测试仪器：原被动反应测试、心理测试专用计算机软件。每两幅图片出现的间隔时间设置为300ms。

（4）测试方法：受试者坐在显示器屏幕前，手和脚按、踏在同侧上下的开关键上。当屏幕右（左）上（下）角出现红色方块信号（或图形）时，同侧的手（脚）即按（踏）开关键，以迅速消除红色方块或图形，后者出现24次信号为一组，测两组，取时间最短的一组，并记录出错率。

（5）注意事项：测试仪器应放置在较安静的测试室内，尽量减少测试时环境对受试者的干扰。

（三）眼手反应

（1）单位：ms。

（2）主要项目：射击、击剑、乒乓球、羽毛球、篮球、水球；线别：二线、三线。

（3）测试仪器：心理测试专用计算机软件。

（4）测试方法：受试者呈坐位，用优势手拇指轻按在按键上，注视屏幕上的小灯或图形。当出现亮点（红灯）后，立刻用手按键，反应越快越好。共测5次，去掉最大值和最小值，剩余的3次取平均值。（图7-3-30）

（5）注意事项：测试仪器应放置在较安静的测试室内，尽量减少测试时环境对受试者的干扰。

图7-3-30 测眼手反应

（四）耳脚声反应

（1）单位：ms。

（2）主要项目：短跑、跨栏、游泳、自行车；线别：二线、三线。

（3）测试仪器：Psy Tech心理实验系统。

（4）测试方法：受试者呈坐位，思想集中，脚轻放在踏板上，戴上耳机，注意力集中。当听见声响时，立刻用脚踩踏板，反应越快越好。共测5次，去掉最大值和最小值，剩余的3次取平均值。

（5）注意事项：测试仪器应放置在较安静的测试室内，尽量减少测试时环境对受试者的干扰。

（五）时空判断

（1）单位：s。

（2）主要项目：射击；线别：二线、三线。

（3）测试仪器：心理测试专用计算机软件。

（4）测试方法：受试者坐于仪器前，用优势手按红色键，注视显示屏。准备好后测试人员发出信号，首先在屏幕上出现一小球（在中央），然后从左（右）边出现一运动小球，要求受试者在适当的时候按键，使运动着的小球到达中央小球位置时停住，小球左右各出现5次（图7-3-31）。

评价：记录5次的平均误差。

指导语：屏幕中央闪动的小球提示此处是屏幕中心，一按红键从两边出来的小球就停止移动。小球出现后，争取将运动中的小球停在屏幕中心小球的位置上。

（六）注意力集中能力

（1）单位：s，次。

（2）主要项目：射击、击剑、乒乓球；线别：二线、三线。

（3）测试仪器：EP701C型注意力集中能力测试仪（图7-3-32）。

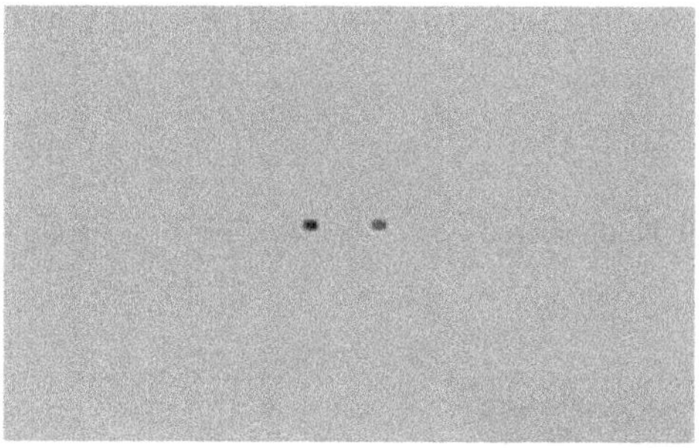

图7-3-31 测时空判断

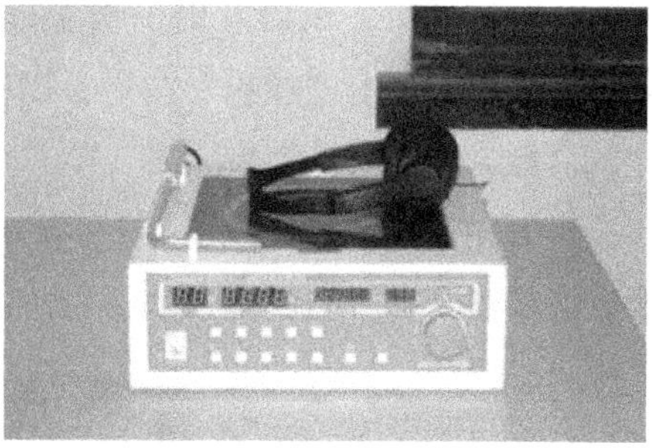

图7-3-32 注意力集中仪

（4）测试方法。

①硬件连接：将L形光笔插头插入主机反面“光笔输入插座”处，如需干扰，则将耳机插头插入主机的“耳机输出”处；如需外接干扰信号，可通过CSX3-3.5型的立体声插头插入“干扰信号输入”处。

②打开电源开关，仪器自动进入上电复位状态（也可任意时刻按红色“复位”键复位）。仪器面板上转速显示“30”，定时“0120”，在靶时间显示“0000.00”，并且转速显示在不停闪烁。

③仪器进入转速设置及定时设置，此时仪器转速显示开始闪烁，此时按定时定速键组的按钮，选择转盘速度，在每个键的左上方分别标有“10、20、30……90”，选择相应的键，以决定转盘速度。例如，按标有30的键，则转盘速度是30r/min。完成转盘速度选择后，转速显示停止闪烁。仪器定时显示开始闪烁，按定时定速键组的按钮，选择定时时间，在每个键的右下方分别标有“1、2、3-0”，按动相应的按钮，输入定时时间数值即可，如分别输入“1”“2”“0”，即完成定时120s。此外，仪器也可以按缺省运行，跳过定速、定时设置步骤，直接按“开始”键，仪器即按转速30r/min，定时120s运行。

④调节干扰噪声音量旋钮，可改变干扰强度。一般情况下将噪声量开到最大。

⑤受试者按测试人员的要求将L形笔放在实验图形板的轨迹上的某一处（由主试确定）。一般情况下设置并测量最外周边圆形的追踪转速。

⑥测试人员按“开始”键，受试者即可以进行测试。受试者手持L形光笔跟踪图形板下运动的红色接收靶，当光笔第一次跟踪到红色接收靶时，仪器正式

开始计时、计次。仪器发出“嘀嘀”两声，以示仪器开始正式测试。当定时结束后仪器再次发出“嘀嘀”两声，以示结束。

⑦测试人员记录结果。

⑧当完成一次测试后，转速及定时时间显示闪烁。如再次按下“开始”键，仪器将以刚才的设置参数运行（图7-3-33）。

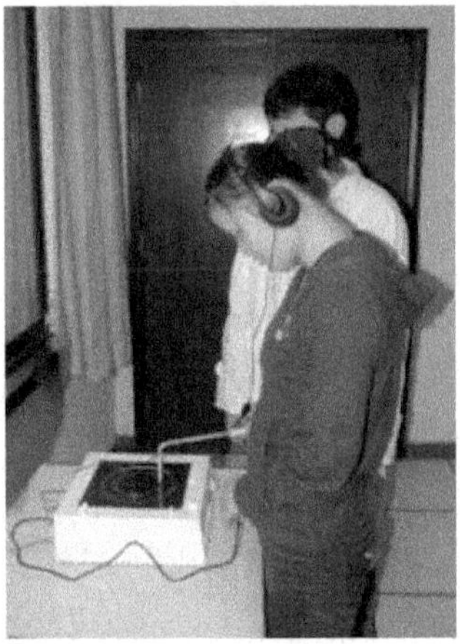

图7-3-33　测注意力

评价：取被试追踪时间百分比及出错时间百分比。

（5）注意事项。

①仪器干扰信号需外接时，应把输入的信号强度控制在0分贝下，以获得最佳效果。

②由于L形光笔头发出的是被超声波信号调制红外线，通过实验图形板下的转动接收靶反射到转轴中心的接收器上，因此，灵敏度极高，所以在测试时受试者应使光笔头轻轻放在图形上或离开1~2mm，以保证实验结果的正确。

③仪器工作时，接收靶转动，此时严格禁止任何物体接触转动的接收靶，以免损坏仪器的传动机构。

④仪器在不使用时，将一块实验图形板放在仪器的安放图形板位置上，以防灰尘。

⑤插入耳机输出、干扰信号输入插座的插头，必须使用直径为3.5cm的

CSX3-3.5型立体声插头，禁止使用其他类型的插头，以防信号短路，损坏设备。

（七）神经类型

（1）单位：类型及K值。

（2）主要项目：所有；线别：二线、三线。

（3）测试量表：808量表（旧表）。

（4）测试方法：受试者共需进行3次共3张表的测试（每张5min）。每次测试前，测试人员应朗读指导语，讲清楚本表测试方法，受试者听懂后方可开始测试。当测试人员发出“开始”口令后，受试者应从表上第一行起逐行由左向右逐个符号查阅，在规定的符号上画一个“—”，说明已经将规定符号检出。在规定的时间内要力争不漏画、不错画（错误后涂改仍算错），查阅符号多者为好。测试人员宣布5min到时，受试者应当在当时正阅到的符号上画“√”为记号，说明第一次测试完毕。

第一表的规定符号：由测试人员从表上8个相似符号中任意规定一个（可画在黑板上）。

第二表的规定符号：表上每一行最左边的一个符号，即为该行的规定符号。

第三表的规定符号：除与第二表一样，以表上每一行最左边的一个符号为该行的规定符号外，还要在“*”和“#”两个符号中任意指定一个，为本次测试规定的条件抑制符号（可画在黑板上）。凡紧接在规定的条件抑制符号后面的一个符号是原来按第二表测试方法应画“—”的符号时，则改为在该符号上画“○”（否则为错）。

（5）注意事项。

①需要一个安静的教室环境，每位受试者一个座位，秒表统一记时。

②测试人员讲解测试方法时，应要求受试者将808量表翻成反面向上，认真听讲，待测试人员发令后，再将表翻至正面开始测试。

③测试第二表、第三表时，每行左边第一个符号也要画“—”，否则算漏。

④统计与分析K值。

（八）CRT（瑞文智商IQ）指数

（1）单位：分值。

（2）主要项目：所有；线别：二线、三线。

（3）测试量表：CRT 瑞文智商量表。

（4）测试方法：安静环境下，每位受试者分发一本图本和答案纸（或在计算机上答题），由测试人员念指导语施测，并讲解第一道题，理解和掌握要求后开始测验，40min后收卷，评分时记录原始分数，分别按CRT CC瑞文联合型城市、农村常模表给予评分，再换算成IQ值。

联合型瑞文测验为非文字智力测验，材料是由72幅图案构成72道测题的一本图册，共分6个单元（A、AB、B、C、D、E），每单元12题。按从易到难的原则依次排列，每个单元的智慧活动各不相同，为直接观察到间接抽象推理的渐进过程。前三个单元（A、AB、B）主要是测量儿童的直接辨别能力，后三个单元（C、D、E）主要是测量儿童的类比推理能力。（图7-3-34）

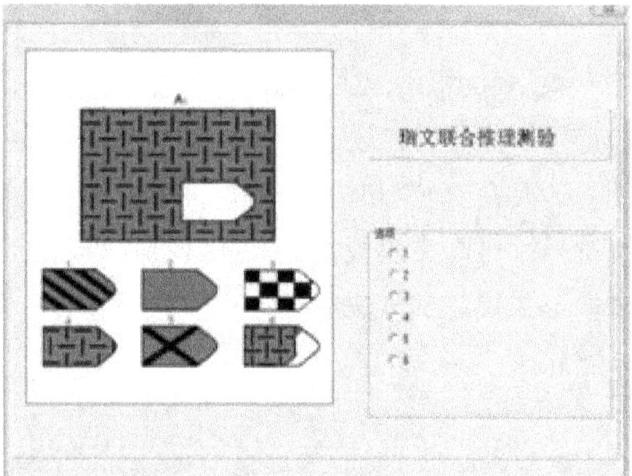

图7-3-34 瑞文联合推理测验

指导语：（共同打开图册第一页）看上面一张图（A1），右下角缺了一块，请从下列的6小块图片中选一块最适合的补上去。找找看，哪一块补上去最好，最配得起来？当然，正确答案是4，请将数码4写在记录纸上与A1相对应的左边空格里。

在受试者都掌握了方法以后，接着翻到下一页（A2），并告诉大家每一张图上都有缺失的一角，要求从下面6~8个小块图中找到一块最适合的补上去，并将它的号码写到记录纸上相应的空格里。注意，每张图只有一块是对的。A2的唯一答案是5。对一下看有无选错，写错了马上纠正过来。好，现在开始一页页地做下去。注意不要翻过页，不要跳着做，要对好题写，不要写错位置。限在40min内交卷，能做多少就做多少。计时开始。

（5）注意事项。

①受试者年龄为5~75岁，团体测试10~50人。

②受试者处于安静状态。一定要强调需要比较安静的测试环境，譬如教室、办公区域、一人一桌等要求。

③防止受试者之间相互抄袭。

④强调图册绝对不能写数字或胡乱涂写，因为图册是准备多次使用的。

（九）人格因素

（1）单位：分值。

（2）主要项目：射击、射箭、乒乓球、篮球、排球、击剑、水球、自行车；线别：二线、三线。

（3）测试量表：卡特尔16种人格因素测试（简称“16PF”）及评分软件。

（4）测试方法：使用16PF测试性格。按测试计算结果并评定人格因素。15岁前使用儿童版，15岁后使用成人版。指导语是指测验时测试人员向受试者所做的有关测验要求的说明。每次测试时，都应采用统一的指导语。

16PF指导语：本测试包括一些有关个人生活情形的问题，每个人对这些问题会有不同的看法，每个人的回答也就自然会有所不同。因而对问题如何回答，不存在“对”与“不对”之分，只是表明您对这些问题的态度。请您尽量表达您个人的意见，不要有所顾忌，要尽量坦率地表达自己对这些问题的真实态度，一一写在答题纸上。答题时请注意以下五点：

①答案只能填写在答题纸上，不能在问卷书上留下任何书写痕迹。

②每一个问题都有三个被选项，每个问题必须回答且只能选择一个答案。

③除非在万不得已的情形下，尽量少选如“介于a与c之间”“不一定”等中性答案。

④如果想了解真实的自我，务必根据自己的实际情况回答。

⑤本测试应凭自己的直觉反应进行作答，不要迟疑不决，拖延时间。一定要在一个小时以内完成整个测试。

（十）特质焦虑

（1）单位：分值。

（2）主要项目：射击、射箭、排球、游泳、击剑、体操、跳水、乒乓球、羽毛球；线别：二线、三线。

（3）测试量表：特质焦虑问卷测试（STAI）。

（4）测试方法：阅读问卷中每一个与焦虑有关的陈述，然后根据自己当时最恰当的感觉进行选择。其中，“完全没有”选1，“有些”选2，“中等程度”选3，“非常明显”选4。

（5）注意事项：

①答案没有对或错，不要对任何一项陈述花太多的时间考虑，但所给的回答应该是当时最恰当的感觉。对于年龄较小的运动员，需要测试人员进行个别词语的详细解释。

②分别计算出特质焦虑与状态焦虑值，主要依据前者得分进行评价。

③作为运动员选材指标，只评判特质焦虑得分。

思考与练习题

（1）运动能力遗传的物质基础是什么，何为基因？

（2）目前与运动能力有关的最新基因有哪些？分别起什么作用？

（3）何为遗传度？包含哪些方面？并举出6~8个你的运动专项中较高的遗传度指数。

(4) 基因变异有哪三种？分别有何表现？

(5) 遗传与环境是如何相互作用的？

(6) 运动能力的遗传规律有哪三大特征？

(7) 何为运动能力的“敏感期”？

(8) 每个专项选材的最佳年龄是几岁？

(9) 人体生长发育的8个阶段是如何划分的？其中适合选材的是哪几个阶段？

(10) 人体生长发育中有哪两个突增？有何特点？了解这些对选材有何意义？

(11) 如何鉴定男女青春期的到来？为何要用青春期高潮到来的特征来鉴定？青春期有几年？对运动训练意味着什么？

(12) 何谓骨龄？

(13) 了解骨龄的实际意义是什么？

(14) 选材中的形态结构指标内容主要包括哪些？

(15) 形态测量允许的误差范围包括哪些方面？允许多少误差？

参考文献

[1] 唐锡麟.少年儿童生长发育[M].北京：人民卫生出版社，1991.

[2] 刘宝林.骨骼发育的研究及应用[M].北京：北京医科大学、中国协和医科大学联合出版社，1995.

[3] 王金灿.运动选材原理与方法[M].北京：人民体育出版社，2005.

[4] 哈雷.训练学——运动训练的理论与方法学导论[M].北京：人民体育出版社，1985.

[5] 谢燕群.运动员选材学[M].成都：四川教育出版社，1990.

[6] 曾凡辉，邢文华.运动员科学选材[M].北京：人民体育出版社，1992.

[7] 沈勋章.青少年选材育才研究[M].上海：浦江教育出版社，2015.

[8] 赵桂银.体育人才学[M].北京：人民体育出版社，1993.

[9] 钟添发，田麦久.运动员竞技能力模型与选材标准[M].北京：人民体育出版社，1994.

[10] 张文耀.田径运动员的选材.运动员科学选材讲义（国家体委群体司、科教司），1983.

[11] 余竹生，沈勋章，朱学雷.运动员科学选材[M].上海：上海中医药大学出版社，2006.

[12] 叶义言.中国儿童骨龄评分方法[M].北京：人民卫生出版社，2005.

[13] 田麦久，刘大庆，熊焰. 竞技能力结构理论的发展与“双子模型”的建立[J]. 体育科学，2007（07）：3-6.

[14] 刘献武.运动选材学[M].北京：人民体育出版社，1992.

[15] 戴灼华，王亚馥，粟翼玟.遗传学[M].2版.北京：高等教育出版社，1999.

[16] 陈竺，强伯勤，方福德.基因组科学与人类疾病.[M].北京：科学出版社，2001.

[17] 杜若甫.中国人群体遗传学[M].北京：科学出版社，2006.

[18] 周多奇，胡扬，刘刚，等. 耐力训练效果与CKMM基因A/G多态性的关联研究[J]. 体育科学，2006（07）：36-39，95.

[19] 王小芦.我国优秀青少年田径运动员相对年龄分布特征及原因分析[J].现代生物医学进展，2011，11（4）：703-706.

[20] 韩志忠.运动训练方法论[M].昆明：云南教育出版社，1996.

[21] 铁铮，于力，唐万斌.天津市双生子形态运动素质的遗传学研究[J].口岸卫生控制，1997，3（2）：18-21.

[22] 过家兴.运动训练学[M].北京：北京体育学院出版社，1986.

[23] 何方生.运动人才学[M].福州：福建人民出版社，1992.

[24] 刘大庆.运动员竞技能力非衡结构补偿理论[D].北京：北京体育大学，1997.

第八章 青少年运动损伤与运动伤病预防

内容提要：

运动损伤是青少年运动员因各种原因在运动场上或运动过程中出现的程度不同的损伤或伤病，每个青少年在运动生涯中几乎均难以避免，教练员更需要面对这一问题。一旦发生损伤，必须要进行正确的伤后处理和理论指导，让损失降到最低限度。运动损伤会使有高度训练水平的运动员无法参加训练或比赛，会使有的运动员产生心理阴影，妨碍其体育运动水平的发挥、运动成绩的提高，以及未来运动寿命的延长。了解、掌握和熟悉运动损伤的基本成因和防治知识，采取针对性措施，使运动损伤的风险降低到最低限度。

学习目标：

（1）明确运动损伤的基本成因和防治知识。

（2）掌握训练后的恢复，预防损伤。

（3）掌握开放性软组织损伤的处理原则与方法。

（4）掌握肌肉拉伤的基础知识与处理方法。

（5）掌握踝关节扭伤的基础知识与处理方法。

第一节 青少年运动员的运动损伤

青少年运动损伤的产生与防治是运动医学的重要组成部分。每一个参加系统训练的青少年及其教练员，都应该了解、掌握和熟悉运动损伤的基本成因和防治知识，对大多数运动损伤的发病机理有所了解，以便采取针对性措施，使运动损伤的风险降低到最低限度，从而达到预防的目的。

一、运动损伤的分类

运动损伤是指运动中由于外部或内部的力量或暴力造成的身体损伤或持续的创伤。了解运动损伤的成因、机理、如何预防和治疗损伤，可以帮助教练员、运动员认识运动技战术和训练量的安排是否科学合理，为不断提高运动成绩、延长运动寿命服务。

运动过程中发生身体各部位损伤与运动项目的特征有密切关系。例如，体操是以上支撑为主的项目，运动员受伤部位多集中在腕、肩及腰部，与体操动作中的上支撑、转肩、跳跃、翻腾等技术有关；网球肘多发生于网球运动员与标枪运动员；足球是以下支撑为主的运动项目，受伤部位多集中在膝关节和足踝部等，多数是受到强烈对抗引起的机械性冲击和物理性方面因素造成的伤害。运动损伤的分类方法很多，虽角度不同，但均有各自道理，常见的分类如下：

（一）按是否有损伤创口进行分类

按是否有损伤创口可分为开放性损伤与闭合性损伤两种。

（1）开放性损伤：指创口与外界相通，容易引起出血和感染，常见有组织液渗出和血液自创口流出，如运动中的擦伤、裂伤、切伤和刺伤，开放性骨折也可以归在此类。

（2）闭合性损伤：指创伤口不与外界相通，如挫伤、肌肉筋膜拉伤、关节囊和韧带扭伤、肌腱腱鞘和化膜囊炎症及损伤等，其特点是皮肤、黏膜虽然完整，但内部已处于损伤状态。

（二）按导致损伤名称进行分类

可分为肌肉韧带的拉伤、撕裂、挫伤、骨折、关节脱位、脑震荡、内脏破裂、烧伤、冻伤、溺水等。一般情况下运动中严重的创伤少见，大部分属小创伤或轻微伤，最多的显示为肌肉、筋膜伤、肌腱腱鞘、韧带和关节囊的拉伤或撕裂，其次是肩袖软组织的损伤和半月板撕裂，以及髌骨软骨病等。

（三）按损伤病情程度进行分类

根据损伤程度可分为急性损伤和慢性损伤。

1. 急性损伤

急性损伤是指一瞬间遭受直接暴力或间接暴力造成的损伤，通常致伤时间短而快。这类损伤病情一般较重，如单杠前臂卷缠骨折、跟腱断裂等。急性损伤很多情况下属于非运动技术损伤和意外创伤，不具有专项训练的特点，多为直接暴力致伤。

2. 慢性损伤

慢性损伤是指长时间逐渐积累的劳损或陈旧性损伤，如足球踝、投掷肘、网球肘等。这是预防的重点，可以通过调整运动量和训练手段很快取得效果，往往不需要停止训练，只需规避受伤部位进行训练。劳损多是由于训练安排不合理使局部过劳或多次轻微损伤积累而成，而陈旧性损伤是由急性损伤处理不当转变而来。

（四）按动作技术所造成的损伤进行分类

1. 由动作技术所造成的损伤（又称技术类损伤）

由动作技术所造成的损伤属于应用动作技术不合理，违背了人体结构特点与功能所致，即损伤发生与运动技术之间密切相关，有的甚至发生急性损伤，如股后肌群断裂、跟腱断裂等，但多数属于劳伤，由慢性微小损伤逐渐积累而成的，如足球踝、网球肘等。

2. 非技术类损伤

多属于意外伤害，并且是与运动技术无关的意外损伤。

（五）按运动能力丧失的程度进行分类

（1）伤后能按锻炼计划进行锻炼的为“轻度伤”。

（2）伤后不能按锻炼计划进行练习的，需停止患部练习或减少患部活动的为“中度伤”。

（3）完全不能锻炼的为“重度伤”。

二、运动损伤的成因

造成运动损伤的原因是多方面的，可分为直接诱因和间接诱因。

（一）直接诱因

1. 年龄

年龄偏大的人脊柱和关节的柔韧性普遍退化降低，维持关节稳定性的结构和力量均下降，随着运动强度的提高，运动损伤出现率也会有所上升。有研究显示，青少年运动损伤大多是由于骨发育跟不上运动量或强度从而导致骨折的发生，特别是生长发育的青春期，先以骨发育的长长、长高为主，后再生长肌肉围度，因此肌肉力量较弱，在肌腱附着部极其容易发生扭挫伤或骨质撕脱（骨折的一种）。

2. 性别

黄种人男性身体内脂肪含量平均是体重的13%，而女性高达23%。肌肉含量女性相对少于男性，所以膝关节部的运动损伤发生率女性比男性高。此外，女性激素呈周期性分泌，若月经紊乱，会造成雌激素分泌低下而导致疲劳性骨折。

3. 体格

瘦体重含量高的同龄青少年运动员体格发达，身体素质好，特别是在对抗性项目中不易受伤，反之脂肪含量高、体重重的人会使肌肉发达度减小，身体的灵活性、耐久力等相应较差，易造成损伤。

4. 心理素质

运动中如果情绪不稳定、易急躁、急于求成，或因畏难、恐慌、注意力不集中或害羞而犹豫不决的人，容易造成运动损伤。另外，对于运动新手来说，技术技能尚不熟练，恐慌后很容易发生损伤。

5. 准备活动不适度或不充分

（1）不做准备活动：各器官没有被动员起来就训练，肌肉、韧带等软组织伸展受限，协调性也差，拉伤和扭伤就在所难免。

（2）准备活动适度：兴奋性尚未达到适宜水平。

（3）准备活动与训练内容脱节：训练中主要用力部位没有活动到。

（4）准备活动的量过大：在进入正式训练前机能已疲劳，正式训练时又不处于最佳状态甚至有所下降。

（5）准备活动距正式训练时间过长：开始训练时准备活动引起的生理反应已减弱或消失。

6. 大重量训练过频

大重量常会使骨、关节、肌肉发生轻微创伤，特别是软组织。若大重量训练过频，韧带、肌腱得不到充分的恢复，就会发生肌腱炎，甚至发生肌腱和韧带撕裂破损。大重量训练过频还会使肌肉与骨骼力量的增长不相适应，特别是肌腱附着点的骨质被扯破，休息一段时间后还没有彻底好，破损的骨质会代偿性地增生，如股四头肌的止点胫骨粗隆在不断被扯破又不断修复的状况下，高高隆起像个小山丘，造成骨骼变形或劳损等。

7. 身体状况

在身体状况不良的情况下，对意外事件缺乏敏锐的判断和快速准确的保护性反应（慢性疲劳、贫血、感冒、痛经、睡眠），患病带伤或伤病初愈及身体疲劳、生理功能和运动能力下降，此时参加训练很容易因肌力较弱、反应迟钝、身体协调性差导致受伤。另外，睡眠不足或休息不好，甚至营养不良，使体能跟不上运动量的过度消耗等也可能导致运动损伤。

（二）间接诱因

1. 自然环境

气温过高，易发生中暑和疲劳；气温过低，易发生冻伤，导致肌肉僵硬，身体协调性下降；潮闷热，易大量出汗，发生肌肉痉挛或虚脱。

2. 人为环境

锻炼者使用劣质器械，如活动哑铃螺丝松动，做动作时可能掉下来；杠铃杆太滑，手上没有抹镁粉就去抓杠；训练场地太滑，器械转动不灵，年久失修或维护不良，以及器械安装不牢固或安放位置不当，器械的高低、大小与轻重不符合锻炼者的年龄、性别和训练水平的特点；锻炼服装和鞋子不合适，缺乏必要的防护器具，如护膝、护踝、护腰皮带、加固关节的支持带等；运动场光线不良易使人反应迟钝，地面不平坦，有小碎石或杂物硌破足底等，都是造成受伤的原因。

3. 对运动损伤的预防认识不足

运动损伤的发生往往与体育运动组织者、教练员和青少年对预防运动损伤的意义认识不足有关。由于运动员缺乏运动损伤的基本知识，以及教练员平时不注意对运动员进行安全教育，在训练和比赛中，未积极采取各种行之有效的预防及保护措施，发生运动损伤后又未认真分析原因，总结经验，从而导致运动损伤时常发生。

4. 不遵守科学的训练原则

科学的训练原则就是严格遵循训练的客观规律，按照机体负荷大小与应激程度的适应性规律合理安排训练计划。教练员应主要把握好系统性、循序渐进性、个别对待、巩固性、自觉性和积极性等原则。例如，运动队中最常见的错误是不顾年龄大小、性别差异、训练程度好坏及伤病情况等，盲目采用大运动量或单打一的训练方法，一份训练计划对待所有的队员，严重违反机体对负荷的适应性规律，致使许多优秀运动员因此受伤而提前退出运动队。

5. 缺乏医务监督

在条件允许下，运动员在训练前或赛前应常进行运动机能的监测与评价，为教练员提供科学的信息，同时可以合理地调整安排训练计划和运动量。因此，缺乏医务监督是导致运动损伤的重要原因之一。

6. 训练中缺乏保护与帮助

保护对体操与技巧项目尤为重要，不仅教练员要学会保护与帮助，运动员也要学会自我保护，学会借助伙伴语言和助力来进行锻炼，防止动作粗野、盲目逞强，防止不遵守运动规则的动作出现。

第二节　青少年运动员运动损伤的预防

运动损伤的预防从技术上分为一级预防、二级预防、三级预防。一级预防的重点是提高健康水平，防止损伤发生；二级预防的重点是早期诊断、早期正确治疗，阻止功能丧失（即治疗）；三级预防的重点是减少或纠正存在的功能障碍，防止潜在疾病的发生（即康复）。

运动中及时提供损伤预防的建议是非常有价值的。实践中既可使用常用的预防损伤技术，如对运动员的踝关节进行支持带加固，也可针对运动员专项技术事先检查，消除潜在的致伤因素来预防损伤的发生。

对运动员以往损伤进行问诊是损伤预防的开始。运动员应经常与教练员配合讨论预防与治疗建议。运动员在入队集训前及训练中，都应对伤病进行检查。特别是结合专项特点普查易伤部位，早期发现各种劳损，以便与教练员配合及时处理，合理安排运动量和运动强度。预防损伤的重要因素有：

一、做好适度和充分的准备活动

参加运动之前要做准备，不同种类的运动要有不同的准备活动。全面合理的准备活动必须由一般性和专项性两种类型组成。一般性的准备活动是为达到专项运动的量和强度服务的，包括从事专项前的慢跑或进行强度不大的球类活动、跳跃、全身各关节的牵拉（拉伸除骨以外的软组织），进行小重量的抗阻练习等，达到浑身发热、发汗为止。专项性的准备活动应包括即将从事的专项运动所涉及的技术、战术和体能练习。做好适度或充分的准备活动具有重要意义。

（1）加速肌肉血循环的血流量。

（2）加速氧和血红蛋白的结合与分离，改善肌肉的供氧状况。

（3）加速血循环，减少血管阻力。

（4）加速肌红蛋白释放氧气。

（5）提高细胞新陈代谢率。

（6）使肌肉收缩自如，提高肌肉的机械效率。

（7）加大神经传导速率。

（8）加大神经受体的敏感性。

（9）减少α神经纤维的活动，降低肌肉对牵拉的敏感度。

（10）增加动作幅度。

（11）降低结缔组织的硬度，减少撕裂伤的可能性。

（12）改善心血管对应激刺激的反应。

（13）使心理放松、精神集中。

（14）使大脑皮层兴奋与抑制转换速度加快。

（15）始终动员机体处于最佳兴奋状态而不过度兴奋。

把握气温（体温）高低来做准备活动，时间一般控制在15~30min，气温高（体温）时间就短，如夏天；气温低（体温）时间就长，如冬天。准备活动的强度应根据项目而定，原则上达到浑身发热、发汗又不感觉疲劳为止。准备活动后的良好效应一般可持续30min。因此，在上专项强度前，既不宜过早进行准备活动，又不宜在完成准备活动后让身体逐渐冷下来，如天冷可采用棉被裹体，以防止过度的准备活动消耗热能或过早地能量耗尽，又防止机体不能达到最佳的兴奋状态。

二、加强热身后拉伸练习

热身后应加大关节的柔韧性练习，可以减少关节活动过度或活动度不足而导致的肌肉僵硬和关节囊上韧带的紧张程度，减轻肌肉的酸痛和软组织的撕裂损伤。人体除了骨和软骨外，几乎都是软组织（肌肉、肌腱、关节囊、韧带、皮下脂肪、皮肤、神经、血管，以及肠胃道等脏器），在没有受到牵拉时，具有极强的物理特性（即伸展性、弹性、黏滞性），直接与体温成反比。体温越高黏滞性越小；体温越低黏滞性越大。黏滞性是不以力量大小来转移的，在体温低、黏滞性极大的情况下，即使用力很大，其软组织起止点之间距离也不易拉开，硬要用力拉开，会导致拉伤撕裂。因此，损伤与柔韧性的特殊关系一直受到广大教练员和运动员的重视。除了体操运动员柔韧性可加大关节的活动范围，提高体操的成绩之外，其他项目中柔韧性拉伸对提高成绩、防止损伤均具有重要意义。

拉伸练习可分为静态牵拉法、震荡牵拉法及动静结合牵拉法三种类型。

（一）静态牵拉法（不可能涵盖专项和一般身体素质）

静态牵拉法是利用某个动作施加外力或自身重力，动作缓慢柔和地持续30~60s地挤压某种身体姿势的拉伸方法（图8-2-1），如搁腿（将腿搁在杠上，上体前倾缓慢挤压）。

图8-2-1 静态牵拉法

（二）震荡牵拉法（动态拉伸法）

震荡牵拉法是利用运动或行进间的人体爆发性、有节奏地牵拉软组织达到极限，再利用惯性弹射力进一步牵拉，重复进行，如行进间踢腿、行进间弓箭步压腿，体操、芭蕾舞演员提踵后，脚尖、脚跟反复转换等。这种牵拉法比较接近于运动实践，属于动态拉伸法。大部分运动项目多在动态情况下完成动作（瑜伽项目则以静态为主），因此，特别需要练习和建立动态情况下肌肉、关节内的本体感觉。其缺点是由于急速的弹射力可使肌肉反射性收缩，难以控制震荡强度，容易失控拉伤。

（三）动静结合牵拉法

动静结合牵拉法是利用动态和静态牵拉相结合的练习方法，即用相同或雷同的动作，静态牵拉20~30s后，继续用动态方式进行牵拉。例如，搁腿是以静态牵拉为主，持续20~30s后转换到震荡牵拉状态。此种牵拉可以保留上述两种方法的优点（图8-2-2）。

图8-2-2　动静结合拉伸法

三、合理安排好训练课和训练周期（量与强度）

不恰当地安排训练是受伤的常见潜在因素，科学安排训练是预防损伤的基础，合理科学地安排测试也是预防损伤的基础。教练员和队医不仅应了解训练的每一个环节，了解每个环节与损伤的关系，还要了解受伤队员的训练史，了解训练的详情，从中找到与损伤有关的原因，及时采取措施防止再次受伤。一旦确定某个训练因素与损伤有关，应立刻更正训练计划。在保持高质量、高强度实施训练计划的同时，不应导致损伤，不能超过生理极限。

四、加强训练后的恢复

训练后得到较为迅速又及时的恢复，对于预防损伤和提高运动成绩具有重要意义。不及时采用恢复手段既会影响动作技术的正确掌握或正确完成，影响动作和训练课质量的提高，又会产生运动性疲劳。如果所能承受的训练负荷明显下降，说明机体“过量”了，如不及时纠正就会出现过度疲劳。以往，运动员对过量训练采用加大训练来克服无力和运动负荷机能下降的做法是错误的，反而会加速损伤和过度疲劳的产生。科学的方法是及时采用恢复手段。

运动员、教练员应及时审核训练计划及身体的机能状态，这是非常重要的。训练日记应详细记录训练情况、睡眠、休息日及晨脉。如果晨脉连续增加，特别伴有成绩下降、疲劳无力，则应减量或停训1~2天。

训练计划应包括恢复，应有休息日、放松日、紧张周、轻松周。

放松恢复的方法应包括整理活动、温泉浴、按摩、营养补给、心理放松等。

按摩可以消除训练后肌肉紧张，增加肌肉运动幅度，增加血流、营养供应，改善软组织功能。按摩也可以让队医了解队员的肌肉状态，早期发现和预防损伤。如果按摩解决不了软组织损伤问题，应及时转往运动医学部门治疗，避免损伤加剧。

按摩能改变队员的状态包括：过度疲劳、促进局部活血祛瘀，改善局部营养不足、肌肉和骨的疼痛等。如有条件，按摩医师可在训练后的整理活动阶段就及时参与机能恢复。

五、加强心理调节能力

心理因素可以控制心血管系统和呼吸系统的功能，也会影响运动中和运动后的物质代谢过程，因此心理因素在运动训练的恢复中应发挥重要作用。过度的心理紧张会导致肌肉紧张而影响正确动作技术的完成，紧张的肌肉使原动肌和拮抗肌之间的协调配合失衡，加大了损伤发生的可能性。另外，身体机能状态处于低潮会导致心理产生疲劳，看到运动场兴奋不起来，多表现为注意力不集中，可使运动员的反应能力下降。心理淡漠、心不在焉地对待运动训练，表现为对运动失去兴趣，有时连准备活动也不愿意做，如此状态下极其容易出现伤害事故。

六、加强营养补充

若大运动量训练中糖供应不足，蛋白质、脂肪的分解会增加。蛋白质分解影响肌肉蛋白丝的合成与修复，以及导致其他软组织的损伤。因此，营养不良是大强度训练中肌肉拉伤的主要原因之一。不能及时补充水分会使血液的黏稠性增加，造成肌肉脱水发生抽搐、拉伤等。

七、运动保护器材

正确选择和使用运动保护器材对防止多种损伤的发生具有重要作用。这不仅在对抗性的运动项目中是如此（如足球、曲棍球、长曲棍球），在非对抗性的运动项目中也是如此，如隔网类中的乒乓球、羽毛球和网球项目等。运动保护器材应配备全面，有严格的维护标准，包括如何使用。若使用破旧、损坏、不合适的器材，会增加损伤的危险性，因此要极为重视。

八、合理使用贴扎术

运动中必要的保护和帮助可以避免意外事故的发生，增强运动员的信心。运动员必须根据项目特点学会自我保护的方法，教练员也应熟练掌握保护与帮助的技术，建造一些必要的保护设施。此外，运动员还必须学会正确使用各种保护支持带，以减少损伤的发生。贴扎术对保护运动员与治疗运动损伤具有非常重要的作用。每种技术都需大量实践才能做到熟练运用。运动损伤预防中，常用弹力绷带、粘布支持带和肌内效贴布进行贴扎（图8-2-3）。

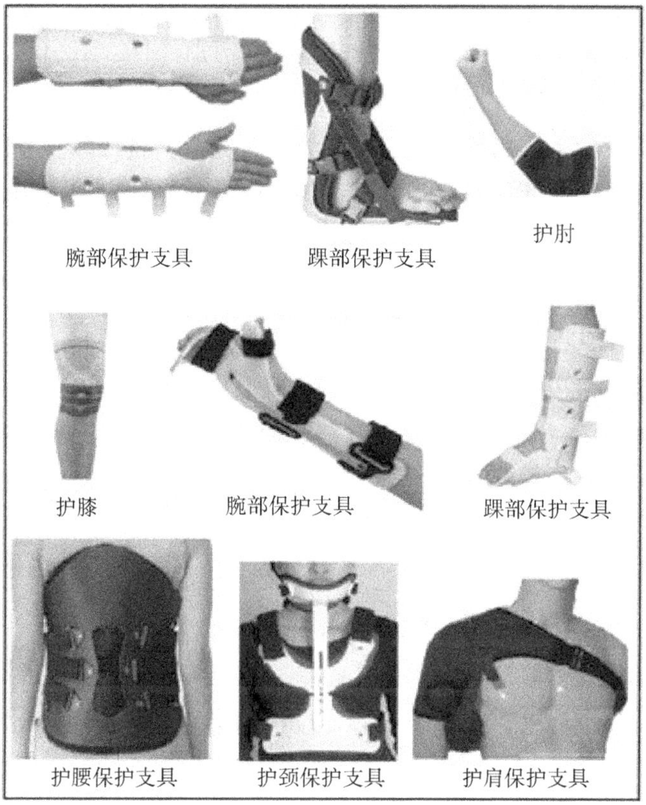

图8-2-3 贴扎术

（一）弹力绷带

绷带运用得当可在运动损伤的预防和恢复过程中起到非常重要的作用。绷带运用既不能太紧而影响循环，也不能太松而导致敷料滑脱。弹力绷带由于具有弹力而在运动医学中被广泛应用。其可延伸的特点使它适用于任何部位。弹力绷带还具有“活动性”优点——运动员采用时，可进行各种活动而无任何限制。在需要限制出血和水肿时可用弹力绷带来加压，同时还可以保护软组织。黏性弹力绷带可以提供均匀、持久的压力，它质量较小，并可适应身体任何部位的形状。黏性弹力绷带上覆有一层黏性物质，从而避免了使用金属别针进行固定。

弹力绷带的宽度和长度可依被包扎部位而有所不同。应引起注意的是，包扎绷带应避免皱褶、接缝及一切可能刺激皮肤的因素。

运用弹力绷带进行包扎时，应由优势手拿绷带，将绷带一端置于伤处，另一手按住，优势手逐渐松开绷带进行缠绕。缠绕时应注意用力均匀。环形缠绕时，还需注意绷带常常需要从一手交换至另一手。

为取得最佳效果，缠绕时应用力均匀，缠绕固定，但不应过紧。过分或不均匀的压力均可能阻碍局部的正常血流。绷带包扎注意事项如下。

（1）包扎局部应置于肌肉收缩和循环的最佳位置。

（2）用中等压力进行多圈数的包扎要优于压力过大、圈数少的包扎。

（3）绷带的每一圈应盖住上一圈至少1/2的部分，以防运动时滑脱。绷带滑脱可能会刺激皮肤。

（4）包扎肢体时，应经常检查手指、脚趾有无循环障碍。肢体出现异常的冰冷，指、趾青紫都是绷带压力过大的体征。

弹力绷带包扎一般都以环形包扎起始，如果可能，最好从肢体远端如腕、踝关节开始，逐渐向上。包扎结束后，应用固定技术进行固定。常用的固定技术有打结和使用黏合剂。拆除黏性弹力绷带可使用解开或剪开的方法。不管使用哪种方法，都要注意不要造成额外的损伤。

（二）粘布支持带

粘布支持带是运动训练的重要护具，也是体能教练员应该熟练掌握的技术。粘布可限制关节的活动范围，保持关节的稳定性，防止韧带受伤或其他组织的松弛，给薄弱、松弛的关节和韧带施加外力支持，防止损伤，并可限制肌肉、肌腱超常的活动范围，避免已伤组织再伤加剧，还有利于伤后的修复。粘布支持带的使用方法如图8-2-4所示。

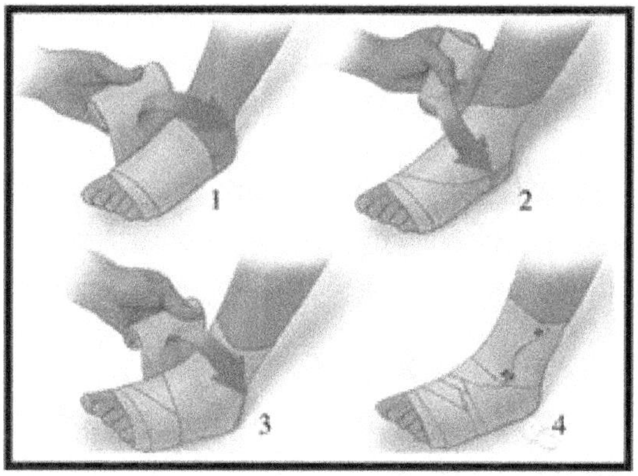

图8-2-4 粘布支持带

1. 粘布的准备

使用粘布时应先用肥皂和水将皮肤表面的尘土和油脂除去，防止粘布因汗液和尘土不能很好地黏附于皮肤上。同时应将毛发刮除，以防去除粘布时引起额外刺激或损伤。粘布的缺点是会刺激皮肤，为避免这个问题，很多运动员使用时在皮肤上加了保护垫。常用的中等弹性物质有聚酯和聚氨酯泡沫塑料，它们都轻、薄，具有弹性，能够紧密贴合于被包扎的部位。粘布下的保护垫不宜太厚，不宜超过一层。

2. 正确的贴扎技术

合适的粘布宽度取决于被覆盖部位的面积，以贴合被覆盖部位的轮廓为宜。例如，手指和脚趾通常使用1.25cm或2.5cm的粘布；踝关节使用3.75cm的粘布；皮肤面积较大处，如大腿和后背，使用5~7.5cm的粘布。

3. 粘布应用的注意事项

（1）若粘布应用的部位是关节，将其用于需要固定的位置。如果是肌组织，留出肌肉收缩和伸展的余地。

（2）避免连续缠绕。同一部位用粘布反复缠绕可能导致压迫，因此建议一次只缠一圈，每一圈覆盖上一圈约1/2部分。这个原则尤其适用于无弹性的亚麻粘布。

（3）粘布放于皮肤上后，应迅速将其抚平。可由双手的手指、手心和手的根部来完成。

（4）使用粘布应能显示出皮肤平滑、自然的轮廓。亚麻粘布虽没有足够的弹性，但应尽可能贴合于机体，显露自然轮廓，否则会产生皱褶而刺激皮肤。

（5）在需要最大支持力的部位，粘布应直接黏附于皮肤上。对于敏感皮肤，也可黏附在其他介质上，但在皮肤和介质中间可能会产生一定的移动。

（6）在皮肤处于治疗引起的极热和极冷的状况下，以及有皮肤病或炎症者，禁止使用粘布。

4. 使用粘布支持带时的必备用品

剃刀——去除毛发；

肥皂——清洁皮肤；

酒精——去除皮肤上的油脂；

黏性喷剂——绷带黏附；

保护垫——保护皮肤；

足跟垫和鞋垫；

氧化锌粘布（亚麻粘布）；

粘布和弹性粘布；

皮肤膜——防止过敏，保护皮肤；

粘布剪；

粘布刀；

弹力绷带（2cm、3cm、4cm、6cm）。

（三）肌内效贴布

1. 肌内效贴布的原理

肌内效贴布简称肌肉贴，是近年来在国内外临床上逐渐兴起的具有弹性的保护性贴布，它本身没有像传统膏药或药贴那样有药性，相比之下不容易造成皮肤过敏或不良适应，与一般运动员常用的运动贴布（白贴）又不同，因为运动贴布没有伸缩性，其主要功能为固定及保护，而肌内效贴布具有伸缩性，其效用主要是利用贴布的黏弹性质与力学方向，配合肌肉动力学及生物力学的原理，针对特定的肌肉给予强化或放松来达到保护治疗目的。此外，贴布的黏性与弹性及黏胶的水波纹形状，可以通过粘贴时的胶布密度差来牵动皮肤的走向，增加皮肤与肌肉之间的间隙，进而影响到皮下筋膜组织的流向，让筋膜系统能够有足够的通透性与流通，促进淋巴及血液循环，使筋膜系统帮助身体移除体内众多疲劳代谢物质、疼痛产物、发炎反应所留下的代谢物质、内部微小的出血等，同时可保持肢体的自由活动，来达到治疗疾病的效果。因此，它的神奇功效来自本身具有的拉力与弹性的设计，无论是贴布本身上层的“布”，还是下层贴于皮肤的“胶”，均是依照生物力学及生理机制设计出来的。

2. 肌内效贴布的作用

肌内效贴布可增加皮肤与肌肉之间的间隙，促进淋巴及血液循环，减少引致疼痛的刺激物质。其贴布张力更可以减轻肌肉紧张及疲劳，支撑软弱的肌肉组织。如配合正确的部位贴法使用，便可达到减轻疼痛、肿胀、促进康复机能及增进运动表现等效果。使用时，其平直的好坏对于治疗的效果影响甚大，主要功效有：①缓解疼痛；②改善循环；③减轻水肿；④促进愈合；⑤支持软组织；⑥放松软组织；⑦训练软组织；⑧矫正姿势；⑨改善不正确的动作形态。

3. 肌内效贴布的使用方法

贴的方向不同，其侧重的功效不同，如图8-2-5所示。

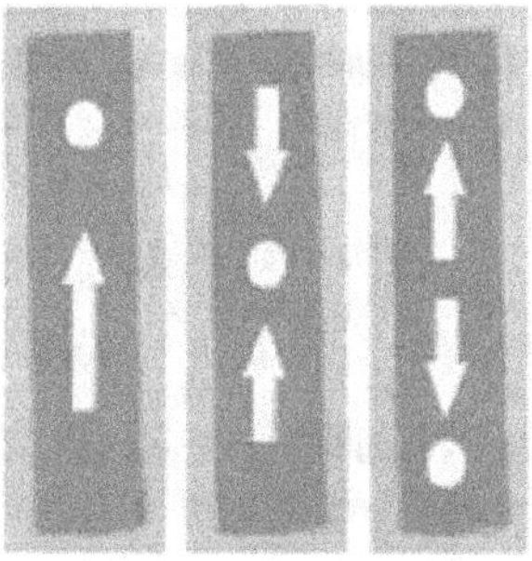

固定端　　贴布回流方向

图8-2-5　肌内效贴布的功效1

剪裁形状不同，所侧重的功效也不同，如图8-2-6所示。

I形：当固定端位于贴布一端，对局部软组织提供单一方面强大引导力量，可以针对痛点促进循环代谢，以贴的方向决定肌肉放松或是诱发收缩；当固定端位于贴布两端，则提供最大的固定效果。

Y形：剪裁对半的胶布能调整肌肉张力以及促进循环代谢，适用于放松紧绷和肿胀的肌肉或促进协同肌收缩，引流效果较I形更佳。

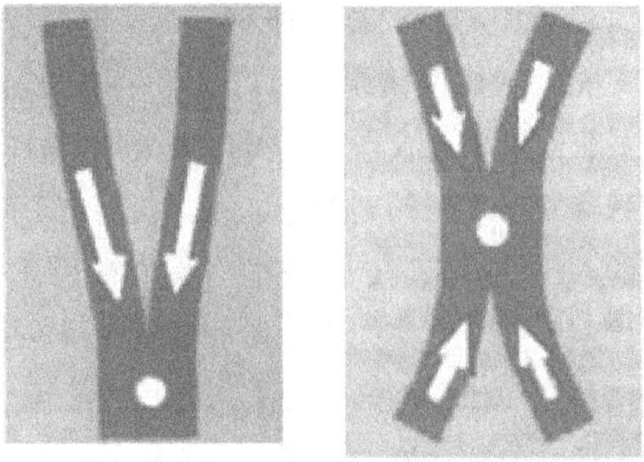

固定端　贴布回流方向　固定端　贴布回流方向

图8-2-6　肌内效贴布的功效2

X形：可以促进固定端位置的血液循环和新陈代谢，有效达到止痛的效果，降低痛点的疼痛。

第三节　青少年运动员常见的运动损伤与处理

一、开放性软组织损伤的处理原则

治疗开放性软组织损伤的目的是修复损伤组织，并恢复到正常的生理功能。处理复杂的伤情时，首先应确定有没有危及生命的问题。对一般开放性软组织损伤主要以局部治疗为主，处理中包括定位、止血、清创、修复等过程。开放性损伤一般均有不同程度的污染，需进行清洗和消毒，尽量除去伤口中的细菌和其他污染物，然后根据不同的损伤种类和损伤部位进行处理。

（一）擦伤

皮肤表面受粗糙物摩擦所引起的损伤称为擦伤。其主要病理症状为皮肤的表层损伤、脱落，真皮层也可能受损，有较小的出血点和组织液渗出。伤口无感染则易于干燥结痂而愈；伤口有感染则局部可发生化脓，有分泌物。

小面积擦伤可用1%~2%红汞液或1%~2%紫汞液涂抹，无须包扎。面部擦伤宜涂抹0.1%新洁尔灭溶液。关节部位的擦伤一般不宜裸露治疗，否则容易干裂而影响运动，可用消炎软膏涂抹后包扎。

大面积、污染较重的擦伤，先用生理盐水冲洗伤口，然后在1%盐酸利多卡因局部麻醉下，用毛刷轻轻刷洗，清除沙砾等异物，敷以1%的雷佛奴尔或凡士林纱布，加盖消毒纱布并用绷带加压包扎。伤口应每日或隔天换药，必要时应遵医嘱服用抗生素。

（二）裂伤、刺伤、切伤

1. 裂伤

裂伤是指人体遭受钝性暴力的打击引起皮肤和皮下软组织撕裂性损伤。其伤口边缘不整齐，组织损伤广泛，常有不同程度的污染和出血。

2. 刺伤

刺伤是指尖锐长细物刺入皮肤、皮下及深部组织器官的损伤。其特点为伤口小，创道深，创底常有污染。

3. 切伤

切伤是指锐器切入皮肤及皮下组织的损伤。伤口边缘整齐，多呈直线，出血较多，但周围组织损伤较轻。深的可切断大血管、神经、肌腱等组织。裂伤、刺伤和切伤，轻者可先用碘酒、酒精将伤口周围皮肤消毒，再用消毒纱布覆盖，加压包扎。伤口较大、较深、污染较重的，应及时送医院由医务人员进行清创术，清除污物、异物、坏死组织，彻底止血，缝合伤口，口服或注射抗生素以预防感染。伤口小而深和污染较重者，应注射破伤风抗毒素1 500~3 000ug，预防破伤风。

二、闭合性软组织损伤

（一）急性闭合性软组织损伤的处理原则

急性损伤指的是由于一次暴力导致的损伤。其特点是伤者可以清楚地描述损伤的时间、地点及损伤动作。急性闭合性软组织损伤多由钝力或突发性过度负荷所致，如肌肉拉伤、关节扭伤、急性腰扭伤等。急性闭合性软组织损伤的病理过程可分为四个阶段：第一阶段是损伤组织出血；第二阶段是急性炎症反应；第三阶段是组织修复与再生；第四阶段是瘢痕组织的形成。

急性闭合性软组织损伤的治疗原则，按不同的病理过程可分为早、中、后三个时期。

1. 早期处理原则和方法

急性闭合性软组织损伤在24~48h内为早期阶段。此时的损伤导致局部组织的撕裂或断裂，血管损伤出血、渗出，出现明显的炎症反应，产生明显疼痛和功能障碍。局部肿胀和炎症反应引起的血液循环障碍可压迫邻近组织，造成组织缺氧，引起进一步组织损伤。适宜的处理方法可以将这个过程对人体的影响降到最低限度。早期处理的主要目的是尽快止血，防止或减轻局部炎症反应和肿胀，减轻疼痛。处理原则有制动定位、休息止血、防肿镇痛、加压包扎、抬高伤肢等措施。

（1）制动定位：可通过夹板固定折骨，关节脱位、拉伤可采用其他措施加以固定保护，不要轻易移动，防止损伤再加重。

（2）休息止血：运动员受伤后要立即退出比赛，未经医生检查允许，不能恢复比赛。继续运动会加重损伤。

（3）防肿镇痛：及时冷疗［采用局部冷（冰）水浴、冰按摩、冰袋和局部喷射冷冻剂的方法］降低受伤组织的温度。损伤后的24~7h，可以使局部血管收缩从而减少出血和渗出，减弱炎症反应，减轻由于充血、出血和渗出引起的疼痛和肿胀，降低组织的代谢率，减少对营养物质和氧气的需求量。

每次冷疗时间为15~20min，伤后24~48h，每隔1~2h可重复进行一次。

24~48h不要在肿胀局部进行热疗，热疗会使血管扩张和增加局部血流量，从而加重充血和肿胀。

（4）加压包扎：加压包扎可在冷疗之间或之后进行，可以使组织间隙压力升高，从而减少出血和肿胀。从损伤部位的远端向近端牢固包扎，每层绷带有部分重叠，开始部分包扎得紧一些，向上到达伤口部位时稍微松一些。冰袋可以放在加压包扎的绷带上面。另外，要经常检查皮肤颜色、温度和损伤部位的感觉，保证绷带没有压迫神经或阻断血流。24h后可以拆除加压包扎。

（5）抬高伤肢：在损伤后的24~48h，尽量使伤肢的位置抬高至心脏水平，这有助于加速静脉血液和淋巴液的回流，减轻肿胀和局部瘀血。早期根据受伤组织的情况可以介入局部轻微的主动或被动活动，促进静脉血液和淋巴液回流，减轻肿胀，但疼痛严重者不适合轻微活动，甚至需要镇痛药加以控制。

2. 中期处理原则和方法

损伤48h后进入中期阶段，这时受伤部位的出血停止，急性炎症逐渐消退，但仍有瘀血和肿胀，肉芽组织开始生成，形成瘢痕组织。

中期处理的主要目的是促进损伤部位的修复。处理原则是改善伤部的血液和淋巴循环，减轻瘀血；促进组织代谢和渗出液的吸收，加速再生修复。

常用的处理方法有热疗、按摩、针灸、拔火罐等，同时这个阶段要根据受伤情况进行适当的功能锻炼，适当使用保护支持带，使受伤组织在保护下进行主动或被动的运动，以避免肌肉、关节和韧带的再损伤。

3. 后期处理原则和方法

运动损伤后期的主要表现是损伤部位已经基本修复，临床症状基本消失，但功能尚未完全恢复，运动时仍感疼痛、酸软无力。有些严重病例可因粘连或瘢痕组织限制了肌肉收缩，出现伤部僵硬、活动受限等情况。

这一阶段的主要目的是功能恢复。处理原则是增强和恢复肌肉、关节的功能。如有瘢痕，应设法使之软化、松解。治疗方面可采取热敷、按摩、拔罐、药物治疗（如外敷活血生新剂）、中药外敷或熏洗，同时应根据伤情进行适当的康复功能锻炼，以保持机体神经、肌肉的良好功能状态，维持已经建立起来的条件反射以及各器官与系统间的联系。

（二）慢性闭合性软组织损伤的处理原则

慢性损伤指的是由于反复微细损伤的积累，或者是由于急性损伤后处理不当，过早恢复训练导致局部发生以变性和增生等为主的损伤性病变。这类患者常无法说明损伤发生的确切时间及损伤动作。处理原则是改善伤部血液循环，促进组织新陈代谢，注意合理安排局部负担量。因为损伤部位对运动负荷的承受能力会明显下降，如果不控制好运动量有可能导致损伤重复发生。

处理方法与急性闭合性软组织损伤后期基本相同，治疗方法以按摩、理疗、针灸、封闭和功能锻炼为主，适当配以药物治疗，如用旧伤药外敷或海桐熏洗等方法。

三、常见青少年运动员的运动损伤与临床处理

（一）挫伤

挫伤是指身体某部遭受钝性暴力的直接作用而导致的闭合性损伤。

1. 挫伤的起因

在激烈运动时互相冲撞或被踢打，或身体某部碰在器械上皆可发生局部挫伤。挫伤多发生于篮球、足球、武术散打、拳击、跆拳道、体操等运动项目中。损伤的程度与作用力的大小及组织器官的结构特性有关。轻度挫伤以皮肤、皮下组织损坏，淋巴管与小血管破裂为主要病理变化；严重挫伤可引起肌肉部分肌纤维损伤，组织内出血产生血肿或并发脑组织和内脏器官的损伤。

2. 挫伤的损伤程度与症状

单纯肌肉挫伤，局部出现疼痛、肿胀、皮下瘀斑、压痛和功能障碍等症状，血肿严重者可出现波动感。严重的复杂性挫伤有合并症时，可出现全身症状或某些特殊体征。如头部挫伤可出现脑震荡症状，或出现剧烈头痛和喷射性呕吐等颅内高压的症状；胸、背挫伤可出现呼吸困难，以及血胸和气胸症状；

腹、腰部挫伤合并内脏损伤可出现休克症状；股四头肌、腓肠肌严重挫伤可引起肌肉断裂而出现肌肉断端隆起，断裂部明显凹陷等。因此，应根据暴力大小和受伤部位判断伤势的轻重。

3. 挫伤的处理

对于一般挫伤可采用急性闭合性软组织损伤处理原则。如在局部冰敷后外用新伤药，加压包扎，抬高患肢。头部挫伤伴有脑震荡或喷射性呕吐、剧烈头痛等颅内高压症状者，腹部和睾丸挫伤伴有休克者应首先进行急救处理，并及时送医院抢救治疗。股四头肌、腓肠肌的严重挫伤伴肌肉断裂者，多有严重出血，应将肢体适当固定后及时送医院手术治疗。

4. 挫伤的预防

训练和比赛时应加强必要的保护，提高自我保护意识与能力，穿戴好保护装置，纠正错误动作，严格公正裁判，禁止粗野动作。

（二）肌肉拉伤

肌肉主动强烈收缩遇阻或被动过度拉长所造成的肌纤维拉伤，部分撕裂或完全断裂，称为肌肉拉伤。

1. 肌肉拉伤起因

往往是准备活动不当，肌肉的生理机能尚未达到适应运动需要的状态；训练水平不够，肌肉的弹性和力量较差；疲劳或过度负荷使肌肉能力降低，力量减弱或协调性下降；错误的技术动作或运动时注意力不集中、动作过猛或粗暴；气温过低，肌肉僵硬；空气湿度过大、场地和器械的质量不良等都可能引起肌肉拉伤。

（1）主动收缩遇阻拉伤：肌肉做主动的猛烈收缩时，收缩力超过了肌肉本身所能承担的能力而发生拉伤。例如，举重运动员弯腰抓提杠铃时骶棘肌由于强烈收缩而拉伤，跳远中用力蹬地或短跑时膝关节从屈（折叠）到伸（用力后蹬）致腘绳肌拉伤。其主要是在肌纤维缩短时发生，往往为原动肌或协同肌肌力比值不合理（伸肌过于发达，而屈肌力量跟不上）导致断裂拉伤。

（2）被动牵拉伤：由于肌肉受暴力牵拉时，超过了肌肉本身特有的伸展性而发生拉伤。例如，在做压腿、劈叉等练习时，因拮抗肌被拉长的范围超过了原来的伸展程度而致伤。体育运动中肌肉拉伤多见于腘绳肌、股四头肌、股内收肌、腰背肌、腹直肌和小腿三头肌等。

2. 肌肉拉伤的程度与症状

根据肌纤维损伤的程度不同，肌肉拉伤可分为三级。

第一级为拉伤，仅有少数肌纤维撕裂，其周围的筋膜完好无损，纤维的断裂只在显微镜下能见到，肌肉在抗阻力收缩或被动牵拉时有疼痛，在开始的24h内可见到轻度肿胀与皮下瘀斑。

第二级为部分断裂，有较多数量的肌纤维断裂，筋膜可能也有撕裂，肌腹与肌腱连接处有部分肌纤维断裂，运动员有肌肉拉断的感觉，并可听到“啪”的断裂声，常可摸到肌腹与肌腱连接处略有缺失与下陷。

第三级为肌纤维完全断裂，受伤时有剧痛，并能摸到明显的缺失，拉伤的肌肉功能丧失。

伤部疼痛、肿胀、压痛，可有肌肉紧张或痉挛，触之发硬，功能受限或障碍。受伤肌肉主动收缩或被动拉长时疼痛加重，肌肉抗阻力试验呈阳性。肌肉断裂者可感到或听到断裂声，肿胀明显，皮下瘀血严重，局部可触到凹陷或一端异常膨大。肌肉轻度拉伤有时会与运动后的延迟性肌肉酸痛相混淆。一般肌肉拉伤大多有外伤史，症状在受伤即刻或稍后的时间出现，疼痛的性质趋于锐痛，疼痛范围小，最痛点常局限于伤处，继续活动时则症状可加重。肌肉延迟性酸痛无外伤史，症状发生在休息一段时间（一般24~48h）后，疼痛性质为酸痛或胀痛，疼痛范围广，常涉及有共同功能的一组肌肉，继续活动时症状不加重。

3. 肌肉拉伤的处理

肌肉拉伤及肌痉挛者，取局部阿是穴及邻近腧穴用针刺疗法会取得显著疗效。肌纤维部分断裂者在伤后早期按闭合性软组织损伤的处理原则进行冰敷、加压包扎，将患肢放于肌肉松弛的位置。48h后开始按摩，手法要轻缓。此时，应将患肢改置于使肌肉牵张位固定1周，以免伤肌瘢痕粘连或挛缩，导致日后肌肉被动伸展不足。怀疑有肌肉、肌腱完全断裂者，应在局部加压包扎、固定患肢的情况下，立即送医院确诊，必要时还要接受手术治疗。部分断裂者，局部停训2~3天，健肢及其他部位可以继续活动，以后逐渐进行功能锻炼，如水池中行走、骑固定自行车及伸展练习。在做伸展练习时以不增加伤部疼痛为度。一周后可逐渐增加肌肉抗阻力量训练和柔韧性练习。10~15天后，症状基本消除。伤侧肌肉力量达对侧同名肌群水平或至少90%的水平，可参加正规训练。运动员在投入正常训练前，应进行肌肉强度训练测试。常见的错误做法是队员疼痛一消失即回队进行正常训练。因为伤后数天的愈合期肌肉有一定程度的萎缩，肌力较差，所以有条件应采用等动练习器（如CYBEX等）对受伤肌肉进行拮抗肌之间合理的力量比值训练，这是避免再度损伤的重要康复措施。

4. 肌肉拉伤的预防

应做好科学的准备活动，其中静态牵伸（即将肌肉处于拉长位，然后缓慢地被动牵伸）各组大肌肉群是十分重要的。除此之外，合理安排运动量，纠正和改进动作和技术上的缺点等，均有助于预防肌肉拉伤的发生。加强易伤肌肉的力量和伸展性练习，使拮抗肌组的力量达到相对平衡是防止肌肉拉伤的有效措施。有条件应采用等动练习器（如CYBEX等）常测试拮抗肌力量之间是否合理，以防止关节一侧肌肉力量过于发达，而另一侧过于薄弱导致拉伤。

（三）疲劳性骨膜炎

疲劳性骨膜炎又称为应力性骨膜炎，是一种过劳性损伤，在运动员和体育运动参加者中非常多见，易发生于胫骨、腓骨和跖骨，也可见于尺、桡骨。

1. 疲劳性骨膜炎的起因

运动员训练水平差，动作不正确，以及运动量突然加大，或运动场地太硬等原因，均可导致该病的发生。例如，田径运动员在一段时间内过多的跑、跳的过程中，足用力后蹬或蹬跳起，小腿的肌肉长期处于紧张状态产生疲劳。或场地过硬使小腿受到较大的反作用力，增加了局部的负荷等，均会使胫骨、腓骨或跖骨发生疲劳性骨膜炎。在体操运动中前臂过多地支撑和旋转，自行车运动中道路不平产生的颠簸振动，都可使桡骨或尺骨发生疲劳性骨膜炎。

多数学者认为，疲劳性骨膜炎是由于剧烈活动时，肌肉附着部的骨膜长期受到牵扯使该部骨膜组织松弛或分离，骨膜充血、瘀血和水肿，血管扩张，血液溢出至骨膜下，形成骨膜炎。也有学者认为，在跑跳或支撑时，身体的重力和与地面的反作用力作用于骨弯曲度的凸面（如胫骨前面），引起骨外膜内层中的成骨细胞分裂增生，从而导致局部反应性炎症。青少年在发育阶段，骨承重时骨膜反应较成年人明显，因此发病数较多，如图8-3-1所示。

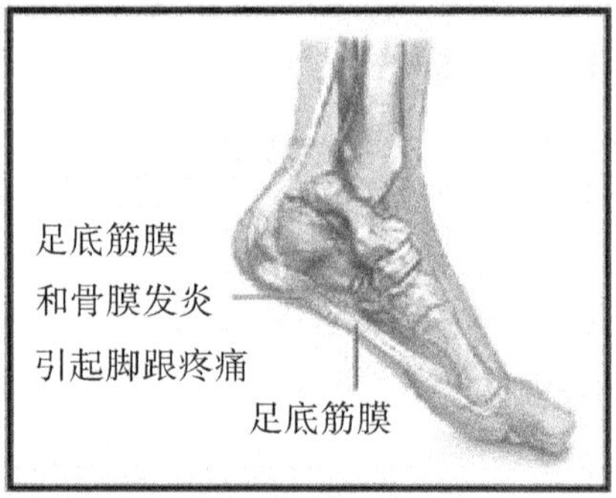

图8-3-1　疲劳性骨膜炎足底部位

疲劳性骨膜炎是骨的反应性炎症，在急性炎症阶段如能调整运动量、减少局部负荷，并给予适当治疗，就可使炎症消退、组织修复，从而由不适应转化为新的适应，并可使负荷能力提高。否则，有可能使病情进一步发展，甚至产生疲劳性骨折。

2. 疲劳性骨膜炎的损伤程度与症状

（1）疼痛常在运动后发生，多为局部钝痛或刺痛，有的在训练后可出现搏动样疼痛。腓骨骨膜炎的疼痛多在距离下端10cm附近；胫骨骨膜炎的疼痛常位于中下1/3内侧缘及前骨面；跖骨骨膜炎常见于第二或第三跖骨部。

（2）肿胀：局部多有凹陷性水肿。早期肿胀面积较大。

（3）压痛：为骨膜炎的主要特征。在骨面上能摸到压痛点，有的较局限，有的较分散。其压痛部常可触及单一或串珠样结节。

（4）后蹬痛或支撑痛：胫、腓骨骨膜炎和跖骨骨膜炎患者常有后蹬痛；尺、桡骨骨膜炎患者有支撑痛。

（5）局部灼热：早期可有局部皮肤发红，触之有灼热感。有的患者夜间灼热感更为明显。

（6）X线检查：早期骨膜无明显改变，以后逐步出现骨膜增生，骨皮质边缘粗糙、增厚、骨质疏松、骨纹理紊乱等。

3. 疲劳性骨膜炎的处理

早期或症状轻者，应适当减少局部运动量，调整训练课内容。伤肢局部以弹性绷带包扎。随着训练负荷能力的提高，经3~4周后症状可自行消失。

症状严重者，除减少局部负荷外，可先用冰敷，然后外敷新伤药并加压包扎。1周后，改用温水浸浴配合按摩治疗，点压阿是穴和附近的穴位。亦可用紫外线照射患处，以加速异位骨化。待症状缓解后，逐步增加局部负荷，但仍应避免做单一的、长时间的跳跃或支撑动作。

经以上处理后，如局部症状无改善甚至加剧者，应考虑是否有疲劳性骨折，需做X线摄片检查加以确诊。如系疲劳性骨折，按骨折处理。

4. 疲劳性骨膜炎的预防

训练中遵守循序渐进的原则，防止突然连续加大运动量，避免长时间过分集中的跑、跳、后蹬、支撑等练习。训练前充分做好准备活动，训练后可采取自我按摩或其他放松练习，使肌肉放松，自然就会减少对骨膜的牵扯。避免在过硬的场地上做过多的跑、跳练习。

（四）青少年运动员的骨骺炎

骨骺炎是儿童和青少年骨发育的一种重要结构，因而骺软骨损伤是儿童及青少年运动员特有的骨损伤。

1. 骺板和骨骺炎的起因

在儿童和青少年时期，长骨的长长是由两端庞大的骨骺与骨干之间软骨层的不断增生与骨化（变成硬骨）来决定的，这层软骨叫骺软骨，又叫骺板或骺线，具有特殊的让长骨生长的能力。随着年龄的增长，这层软骨逐渐变窄，直至完全被硬骨组织取代而消失，其长长能力也终止，此称为骨骺封合（指骨骺与骨干的闭合），通常男性发生在17~18岁，女性发生在16~17岁。这时长骨的骨干与骨骺端联结成一根完整的长骨，人不再长高，即骨龄达到最大年龄。

长骨的骺软骨主要受到两种力，一种压缩力和一种牵拉（张）力。压缩力承受由关节传来的压应力，参与关节的组成，并提供了向纵轴生长的力。当发生损伤或病变时，特别是滋养血管同时受累，就有可能造成骨的发育障碍，从而引起肢体长度和关节形状的改变。

牵拉（张）力来自肌腱和韧带的附着处，如股骨大、小粗隆及胫骨粗隆部的骨突等承受的是肌腱和韧带的拉应力，而不是压应力。牵拉（张）力与骨的纵轴生长无关，因此牵拉（张）力并不直接影响骨生长的长度。骺软骨（骺板）的强度不到肌腱和韧带强度的1/5，这是骺板极易损伤的重要原因。

2. 骺板和骨骺炎的损伤程度与症状

骨骺损伤可分为急性损伤和慢性损伤两类：

（1）急性损伤（骺板分离或骨折）。

骺板分离或骨折占儿童骨折的15%左右。男孩多见于12~13岁，女孩为9~12岁，男性多于女性。受压骺板分离或骨折多由于剪切、挤压、弯曲和牵拉等暴力所致。

（2）慢性损伤（骺板骨骺炎）。

不论何种原因造成骨骺血液供应障碍，从而引起其组织细胞变性、坏死以及骨骺生长发育不良者称为骺板骨骺炎，或骨发育障碍病。多数学者认为，局部负荷过度或慢性损伤导致骨骺部缺血是运动员中引起骺板骨骺炎的一个重要致病因素。受压骨骺的缺血性损害称为骺板骨骺炎，牵拉骨骺则称为骨突炎。第二骨化中心融合后再出现的缺血性损伤称为无菌性坏死。该病男性多于女性，下肢多于上肢，爱好运动者多于一般人。少年儿童的易发部位为股骨头、胫骨粗隆、坐骨结节、跟骨结节、第二跖骨头、肱骨小头、桡骨远端的骨骺等，以体操运动员肱骨小头骨骺炎发生率最高，足球运动员胫骨粗隆骨骺炎也较多见。成年人则可发生腕部月骨、舟骨的缺血性坏死。

3. 骺板和骨骺炎的处理

（1）急性处理。急性损伤者关节部常有明显的扭伤或关节脱位史，伤部肿胀、疼痛，关节活动障碍，沿骺板处有压痛，有的可触及骨擦音或移动性骨块。X光片对诊断有参考价值，最好同时拍摄健侧的正、侧位片以便对照。由于软骨部的折线在X线下不能显现，有的骺板分离或骨折后又可能自动复位，给正确诊断造成困难，故容易漏诊或误诊。因此，对儿童少年的关节部位损伤，首先应考虑是否有骨骺损伤。在诊断过程中，还要注意详细了解病史和受伤机制，认真进行临床检查，切忌单靠X光片做结论。

受压骨骺的慢性损伤，早期表现为局部轻微疼痛，多为隐痛或不适感，以负重后或夜晚疼痛明显，休息后疼痛减轻或消失。随着病情的逐渐发展，疼痛有所加重。患者常有轻度跛行或支撑负重受限，关节部肿胀、压痛及功能障碍。病程长者可有患肢肌肉萎缩。若有软骨片剥脱，可出现关节绞锁现象。牵拉骨骺的慢性损伤，主要表现为局部肿胀、疼痛、高突畸形，尤其以附着于该部的肌肉的抗阻力收缩或被动拉长时疼痛更明显，同时伴有关节活动受限。疼痛常在数月或数年后消失，骨骺部逐渐长大，可遗留永久性包块。疼痛消失后，不影响关节功能。X线检查可明确诊断。

（2）慢性处理。骨骺分离或骨折的处理原则与一般骨折基本相同，需尽早整复和固定。由于其愈合较快，一般固定2~3周即可。对下肢受压骨骺的可疑损伤要送医院检查，不负重休息3~4周，待局部肿胀消退，伤肢无压痛和肢体远端无纵向叩击痛时，方可解除固定，逐渐进行全面的功能锻炼。伤后半年到一年内定期进行X光片复查。

对慢性受压骨骺损伤者应尽早发现，并采取正确的治疗，减少和控制局部负荷，固定患肢，定期进行X光片复查，直到骨骺完全恢复正常，方可逐渐进行关节功能活动和肢体负重，配合治疗。待局部肿胀、疼痛完全消失，方可恢复正常训练。

4. 骺板骨骺炎的预防

急性骺板骨骺炎造成骺板分离即骨折的一种，多是由于剪切、挤压、弯曲和牵拉等暴力所致。因此，青少年在运动中要避免暴力冲撞动作出现。不断牵拉生长发育期的骨骺会造成慢性损伤，应控制对骨骺有强烈牵拉的肌肉群活动，减小牵拉应力。由于早期专业化训练的广泛开展，青少年运动员骺软骨损伤的发病率明显增加，因此要严格控制早期专业化训练的运动强度，应根据青少年骨发育特征安排运动量和运动强度。

（五）掌指关节、指间关节扭伤

掌指关节和指间关节由掌骨与节指骨及近、中、远各节指骨构成。关节囊背侧松弛，关节前面有关节囊增厚形成的掌板，以限制掌指和指间关节过伸；关节两侧有侧副韧带加固以限制侧向运动。掌指关节和指间关节扭伤多发于篮球、排球、手球和水球等项目，以及足球守门员等。

1. 掌指关节、指间关节扭伤的起因

多系手指受到侧方或扭转暴力，引起掌指和指间关节产生过度内收、外展或旋转而致伤。例如，篮球、排球、手球、水球运动中手指被球撞击，或接球技术动作错误，皆可引起侧副韧带或关节囊损伤，严重者可引起掌指或指间关节脱位和撕脱骨折。关节扭伤常发生于拇指掌指关节和其他各指近侧指间关节。

2. 掌指关节、指间关节的扭伤程度与症状

有明显的受伤史，受伤后关节周围肿胀，疼痛剧烈，局部有压痛，关节活动受限，伸屈不灵活。侧副韧带损伤时，关节损伤侧肿胀，压痛明显，向对侧搬动远端指节时疼痛，如有韧带断裂则侧搬时有松弛感，重者有开口感。关节脱位者有畸形，功能丧失。指间关节脱位可伴有指骨基底部骨折，X线检查可助诊断。

3. 掌指关节、指间关节扭伤的处理

轻度扭伤关节稳定性正常者，可于微屈位轻轻拔伸牵引，然后局部敷中药，固定。掌指关节扭伤固定在屈90° 位置；指间关节扭伤可用胶布与伤侧邻指一起固定于微屈位（图8–3–2）。

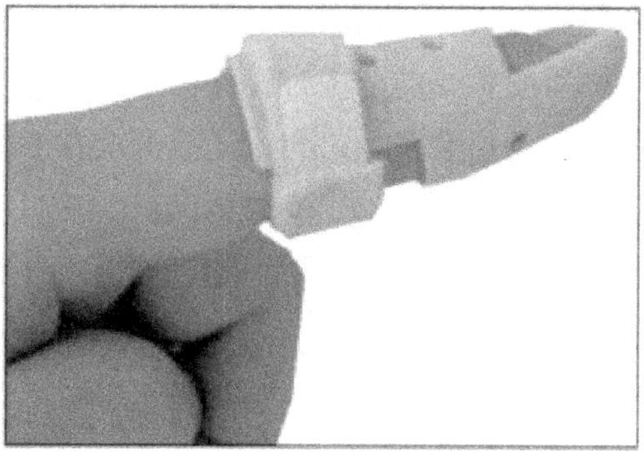

图8-3-2 指间关节扭伤的处理

2~3天后用舒活酒泡洗伤指，每日2次，每次10min左右，效果较好。3周后解除固定。侧副韧带断裂及指间关节脱位者，应及时送医院就诊。此外，指间关节扭伤不宜做局部按摩，以免过多刺激引起局部组织增厚。固定或敷药不能超过3周，以免影响指关节功能。固定治疗期间，局部停止活动。解除固定以后至伸屈功能完全恢复以前，不做或慎做手指易于触碰器材的活动。轻度扭伤参加比赛或训练者，宜用粘布支持带对患指加以保护，限制受伤关节活动范围。

4. 掌指关节、指间关节扭伤的预防

凡用手指从事专项训练的运动员，应加强手肌力量练习以增强掌指、指间关节的稳定性。提高动作的技术水平，如准确判断来球的方向、高度、力量，纠正手的错误动作，运动时注意力应高度集中。

（六）急性腰扭伤

由于腰部用力超过腰部软组织（肌肉、筋膜、韧带等）的生理负荷量所造成的程度不同的纤维断裂或小关节微小错位，称为急性腰扭伤，在中医学中属于“闪腰”“岔气”的范畴。腰部是脊柱运动中负重大、活动多的部位，为身体活动的核心枢纽。

1. 急性腰扭伤的起因

身体负重过大超过所能承受的范围时，可发生腰部肌肉和筋膜的撕裂伤。例如举重运动，当举起杠铃后若重量过大，运动员腰背部肌力不足，不能保持身体平衡，重心不稳发生扭闪；武术运动的旋风腿，跳起后身体扭转过猛等均能导致腰部急性扭伤。训练中动作（姿势）不正确也是致伤的常见原因。如举重的提铃动作不正确，即直腿弯腰提杠铃，阻力矩过长，重力全部落在腰骶部，从而易使肌肉和筋膜发生撕裂伤。

腰部的过伸或过屈活动超越了脊柱的功能范围，可导致棘间韧带损伤或棘突上骨膜炎。例如，举重过度挺腹塌腰、挺身式跳远腾空、跳水时下肢过分后伸、体操练的“桥”、艺术体操的“鹿结环跳”等过伸动作，使棘突之间发生彼此挤压撞击，导致其间的肌肉和韧带损伤。又如跳远腾空落地时收腹过猛，脊柱过度前屈，可使棘上韧带或肌肉过度牵扯发生撕裂伤。

2. 急性腰扭伤的程度与症状

可有明显的受伤史，严重受伤时有撕裂感。伤后腰部有不同程度的肿胀、疼痛和皮下瘀斑。轻者双手叉腰缓行，重者需他人搀扶行走。咳嗽、打喷嚏时疼痛加重，部分患者可向腹股沟和股后部辐射。脊柱生理弯曲度改变，可出现侧弯，腰曲减小或消失，腰部活动障碍和肌肉痉挛。

疼痛和动作的关系：腰背肌拉伤者弯腰和侧屈时疼痛，抗阻伸脊柱运动试验阳性；棘上韧带损伤者，过伸、过屈脊柱都可感疼痛，而侧屈时疼痛不明显。损伤的局部一般有明确的压痛点，肌肉损伤以第三腰椎横突压痛明显，而棘突发炎和棘上韧带损伤以腰背部中线棘突和棘间隙压痛明显。

3. 急性腰扭伤的处理

急性疼痛期应卧床休息，腰部垫一薄枕以便放松腰肌，也可与俯卧位相交替，避免受伤组织再受牵扯，以利修复。轻度扭伤需休息2~3天，较重扭伤需休息1周左右。

按摩对部分腰扭伤效果较好。患者俯卧位，脚下垫枕，使腰部放松，以舒活酒做擦摩，用掌根做揉、推压、按压等动作，力量逐渐由轻到重，然后在压痛部位进行分筋、理筋、按压、叩打，以及针灸阿是穴、环跳、委中、肾俞等穴。

阿是穴采用针刺，得气后留针30min，有较好疗效。此外，外贴活络止痛膏，内服活络止痛药，火罐疗法、理疗及局部封闭均有一定疗效。急性腰扭伤后，一般应卧床休息至疼痛减轻，然后，逐渐开始进行肌肉锻炼，如仰卧，踝背伸、直膝举腿（屈髋）内收；仰卧，屈膝“拱桥”（将腰臀部抬起）；足踝做跖屈，腰腿后伸引体向上；仰卧，抱膝压腹和站立位左右旋腰等。受伤两周左右可开始参加非对抗性的体育活动，但应在无痛情况下进行活动或者活动以后不使疼痛加重。损伤组织完全愈合后才能参加正规训练。

4. 急性腰扭伤的预防

加强腰背肌力量练习，负重练习效果更好，充分做好准备活动，经常对腰部进行自我按摩，担抬重物时应屈腿直腰再起立，以避免腰部肌肉筋膜损伤。

（七）半月板损伤

半月板损伤是常见的膝关节损伤之一（图8-3-3），多见于足球、篮球、排球、体操、跳跃、举重等项目的运动员及矿工、搬运工等。

半月板是膝关节间的半月形软骨板，内、外两个半月板分别覆盖于胫骨上端两髁关节面上，加深了关节面，使股骨和胫骨的内、外髁关节面更相适应。两个半月板前方有膝横韧带相连。

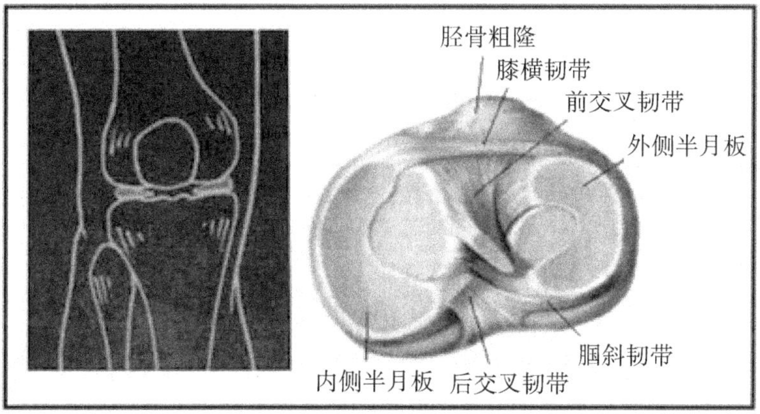

图8-3-3　半月板损伤解剖示意

内侧半月板两端间距较大，呈“C”形。前角附着在胫骨髁间前区，前交叉韧带的前方；后角附着在胫骨髁间后区，后交叉韧带的前方；边缘与关节囊及内侧副韧带深层相连。外侧半月板两端间距较小，犹如“O”形。前角附着在胫骨髁间前区，前交叉韧带的后方；后角附着在髁间后区，内侧半月板附着点的前方。它的外侧有关节囊和腘肌腱，故外侧半月板不与外侧副韧带相连。

半月板血液供应主要来自膝内、外动脉。实验证明，血管穿入的范围是半月板宽度的10%~30%，而内缘（近中央）2/3宽度为无血管区，其营养来自滑液。

半月板的主要功能有：①使股骨髁和胫骨髁关节面吻合；②传导载荷、吸收震荡、保护骨关节面；③维持关节稳定；④协助润滑关节；⑤调节关节内压力等。

1. 半月板损伤的起因

当膝关节伸直时半月板被股骨髁推挤向前，屈膝时半月板则向后移动。膝关节半屈位做小腿外展旋外或内收旋内时，两侧半月板位于一前一后，若动作突然半月板来不及滑移，就会使半月板在股骨髁和胫骨平台之间发生剧烈的研磨，即可引起各种类型的损伤。例如，篮球运动员争球切入投篮跳起或落地时，往往同时伴有身体改变方向；足球运动员中追球疾跑转向或急停转身跌倒；体操空翻及各种下法落地时，由于重心不稳往往造成膝关节急剧左右闪动，并有屈伸扭转的动作等均有可能导致半月板撕裂。膝关节突然过伸、过屈动作可损伤半月板前、后角。此外，长期反复小创伤或磨损也可导致半月板损伤。例如，煤矿工人常需半蹲位或蹲位工作，使半月板重复多次被挤压和磨损，虽未遭受急性损伤暴力，也可逐渐发生退行性变，引起半月板损伤。

2. 半月板损伤的程度与症状

（1）外伤史：多数患者有确切的外伤史，往往是膝关节突然旋转扭伤，或跳起落地时扭伤。

（2）疼痛：一般认为，半月板损伤牵扯滑膜是引起疼痛的原因，疼痛恒定在一侧是半月板损伤的特点。半月板撕裂即刻往往合并滑膜损伤，或半月板移位牵拉滑膜产生剧烈疼痛，尤其以损伤侧明显。如果单纯半月板中部撕裂而未影响滑膜，当时可无明显疼痛。半月板损伤后期，其正常应力关系受到破坏，运动时对滑膜产生牵扯的张力可引起疼痛。

（3）关节肿胀：由于伴有韧带和滑膜损伤产生积血、积液，其多少与运动量及强度有一定关系。

（4）关节绞锁：患者于活动中突然发生伸直障碍，但常可屈膝，经自己或他人协助将患肢旋转摇摆后，突然弹响或弹跳，然后即可恢复正常。一般认为，此为破裂的半月板嵌夹于关节内不能解脱所致。

（5）股四头肌萎缩：74%以上的患者可以见到股四头肌萎缩，此种现象多出现于慢性期或有症状的病例，以股内侧肌最明显。

（6）压痛：膝关节间隙压痛，压痛点固定而局限，多次检查位置不变。压痛恒定在伤侧，为诊断半月板损伤的重要依据之一。

3. 半月板损伤检测方式

（1）膝关节过伸试验：患者仰卧位，检查者一手固定患侧股骨远端，另一手抬起足跟，膝关节前缘疼痛，提示有半月板前角损伤。

（2）膝关节过屈试验：平卧位，被动极度屈膝关节出现疼痛者，提示有半月板后角损伤。

（3）膝扭转屈伸（McMurry）试验：患者仰卧，充分屈膝、屈髋，检查者一手握患肢踝足部，另一手扶膝上，小腿内收、外旋，两手协调配合使膝缓缓伸直，如感到关节内有响声并出现疼痛，即表示内侧半月板损伤。如果将以上方法反方向进行，外侧出现疼痛和弹响，即为外侧半月板损伤。

（4）膝提拉研磨试验：患者俯卧，健肢伸直，患侧屈膝90°，检查者一膝跪压患肢大腿后方以固定，两手握住患足向下加压旋转研磨，如出现疼痛为半月板或关节软骨损伤；如向上提拉旋转出现疼痛者则为关节囊或侧副韧带损伤。

（5）半月板重力试验：试验主要用于检查盘状半月板。因盘状半月板均在外侧，故令患者患侧卧位，使外（腓）侧处于下方，并将大腿垫起，使膝关节离开床面。检查者扶握患者健肢，然后嘱患者自己做患侧膝关节的屈伸运动。由于重力作用，此时的内侧关节间隙加大，外侧关节间隙受挤压，如果为盘状半月板则有响声或疼痛，然后反方向侧卧，同样做该膝关节的屈伸活动，由于外侧在上膝关节间隙没有挤压作用，所以没有疼痛和声响。

以上症状和体征在每位患者身上不一定都表现出阳性，检查时应综合分析才能得出正确诊断。对疑有半月板损伤又不能临床确诊时，可用其他方式辅助检查。常用的有关节造影、超声波、磁共振成像及关节镜检查等。

4. 半月板损伤的处理

近年来，通过对大量手术后病例的长期观察认为，半月板是功能重要的结构，常规切除破裂半月板未必能改善患肢的功能，甚至反而加重患膝的症状。因此，对半月板损伤一律行手术切除的治疗方法应持慎重态度，宜采取传统治疗和手术治疗相结合，以期收到更为满意的效果。

急性期单纯半月板损伤有绞锁症状，应先理筋解锁。嘱患者仰卧位腘窝下垫枕，在膝部上下的大小腿部位，用推摩、揉、揉捏和推压等手法，由轻而重地按摩，以放松肌肉，然后一手握住患者踝部，另一手托住腘窝部，轻轻屈伸膝关节，幅度由小到大，最后大幅度地屈伸2~3次。如仍未“解锁”，可使膝关节在屈伸过程中，同时做内收或外展，或小腿旋内、旋外的动作，即可“解锁”。整个操作过程要求缓慢、轻柔，严禁用暴力。“解锁”后，如急性创伤性滑膜炎症状加重，积血明显，可在无菌条件下抽出积血，加压包扎。最好用大棉垫和铁丝托板将膝关节固定在伸直位2~3周，同时局部外敷活血、消肿、止痛的中药。

慢性期在膝关节周围可做揉、揉捏、搓等动作和刺激足三里、阳陵泉、血海、梁丘等穴位，但切忌做膝关节的强力被动活动。

局部外敷活血生新、续筋强筋的中药，如紫河车12g、白芨12g、土鳖12g、儿茶9g、血竭9g、丹参12g、骨碎补12g、乳香12g、没药12g、象皮15g、茯苓12g、牛膝12g等，也可选用理疗，如超短波、超声波等，并根据症状的轻重进行功能训练和肌肉力量训练，但应严格避免重复受伤动作，以免再次损伤，影响愈合。

急性期半月板损伤伴关节绞锁，关节积液严重，怀疑有交叉韧带断裂或关节内骨软骨切线骨折时，应立即送医院做急诊手术或关节镜探查术，修补或切除损伤的半月板，并同时修复关节内其他损伤。对慢性期半月板损伤诊断明确，症状严重，肿痛明显，经常绞锁而妨碍训练者，也应手术修补或切除半月板。

半月板损伤不管是在非手术还是手术治疗前后进行功能训练，均是十分必要的。术前训练：弓步桩（伤腿在前）和马步桩，每次2~10min，每天2~3次；股四头肌的渐进抗阻练习；髋伸、屈、外展、内收的负重或不负重练习各20~25次。膝关节股四头肌和腘绳肌的等动训练。

急性期初步治疗或手术后次日，膝关节肿胀开始消退即可开始训练。未拆线前，患肢伸直抬腿练习5min，要求上抬快，下放慢；股四头肌抽动练习，每分钟6次，练习5min；未伤肢体关节及全身进行锻炼。肿胀疼痛消失后，可做膝关节股四头肌渐进抗阻练习。如运动至某一关节角度有疼痛时，可避开此角度做短弧等张或等速练习以及多角度等长练习。术后2周可扶拐行走，3周后正常行走，3个月后如下蹲起立无疼痛、无响声，可循序渐进地进行跑步、变速跑、8字形跑、突停、跳跃等训练。如未引起疼痛或肿胀，关节活动度充分恢复，肌力恢复至90%（与健肢对比）以上，才能参加正规训练。

5. 半月板损伤的预防

注意加强下肢肌肉的力量训练确保膝关节稳定性。此外，还应加强关节灵活性和协调性的训练，掌握自我保护的方法。训练和比赛前应充分做好准备活动。

（八）踝关节扭伤

踝关节扭伤较为常见，占关节韧带损伤的首位，以球类、田径、体操、滑雪、跳伞等项目发生率高。

足关节以距骨为界，距骨以上称踝关节，距骨以下由距下关节和距跟舟关节两部分组成。其中踝关节内外踝及胫骨关节面后下缘共同组成踝穴，距骨上面的关节面位于踝穴中，外踝较内踝长0.5cm，距骨体前宽后窄。踝关节的功能主要是背屈（勾脚尖26°~27°）、跖屈（绷脚尖41°~43°）约70°的活动范围。背屈时较宽的距骨滑车进入踝穴，踝关节较稳定。距下关节由距骨下的关节面与跟骨上关节面构成，主要完成足的内翻和外翻。距跟舟关节由距骨的舟骨关节面与舟骨的后关节面构成，也有内外翻的功能。

踝关节的韧带主要有内侧副韧带、外侧副韧带和胫腓骨下韧带。

内侧副韧带又称三角韧带，强韧，呈三角形，起自内踝尖，从后向前分别为距胫后韧带、跟胫韧带、胫舟韧带和距胫前韧带。其功能是防止足跟外翻、距骨异常外翻及前后错动，还可限制足的背屈。内侧副韧带的纤维比较致密、坚强，故单纯内侧副韧带损伤较少见，若一旦损伤则往往造成内踝尖撕脱骨折。

外侧副韧带主要有距腓前韧带（限制距骨向前脱位，足的过度跖屈及内翻）、距腓后韧带（防止距骨向后脱位）及跟腓韧带（限制距骨及足跟的内翻）。外侧副韧带较之内侧副韧带薄弱而分散，而外踝比内踝长（低），因而足的内翻活动比较容易而外翻活动受到一定限制，所以外侧副韧带，尤其是距腓前韧带和跟腓韧带的损伤较常见。（图8-3-4）

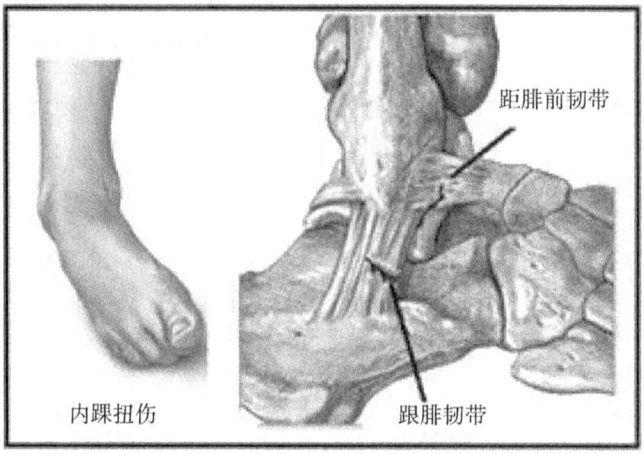

图8-3-4　踝关节外侧副韧带损伤示意

胫腓骨下韧带主要有胫腓前下韧带和下胫腓后下韧带。

踝部的肌肉群主要有跖屈肌群（小腿三头肌、胫骨后肌、拇长屈肌、趾长屈肌、腓骨长肌和腓骨短肌)；背伸肌群（胫骨前肌、拇长伸肌、趾长伸肌和第三腓骨肌）；内翻肌群（胫骨后肌、拇长屈肌和趾长屈肌）；外翻肌群（腓骨长肌、腓骨短肌）。

1. 踝关节扭伤起因

体育运动中由于场地不平整，碰撞或因跳起落地时失去平衡，或不慎踩在他人足上，均可使踝关节过度内翻或在跖屈伴随内翻、背屈伴随外翻时，造成踝关节内外侧韧带的损伤。

由于踝的跖屈肌群的力量比背伸肌群强大，内翻肌群力量比外翻肌群力量大，加之外踝比内踝长，内侧三角韧带比外侧3条韧带坚强，因此，跖屈、内翻比背伸、外翻活动度大。此外，距骨体前宽后窄，当足跖屈时，踝关节较不稳定。在跑跳运动中运动员离开地面处于腾空阶段，足就自然有跖屈伴有内翻的倾向。如果落地时身体重心不稳向一侧倾斜，或踩在他人的足上、球上，或高低不平的地面上，均会造成足的前外侧着地而引起足的过度跖屈和内翻，导致外侧副韧带损伤。其中以距腓前韧带首当其冲，力量再大则跟腓韧带，甚至距腓后韧带亦相继受伤，还可同时损伤内侧的距胫前韧带。外侧韧带损伤约占整个踝关节扭伤的80%以上。如果落地姿势不正确，身体重心向内侧偏移使踝关节突然外翻，则会导致内侧三角韧带损伤。严重的踝关节扭伤可发生韧带断裂，或伴有胫腓下联合韧带损伤和骨质撕脱，以致胫腓联合分离，距骨向外侧移位（图8-3-5）。

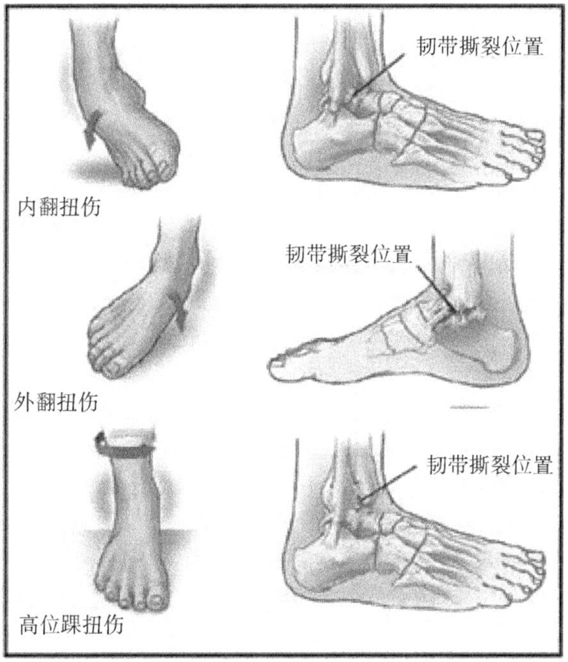

图8-3-5　踝关节扭伤起因示意图

2. 踝关节扭伤程度与症状

有明显的踝足突然跖屈、内翻或外翻的扭伤史，损伤后踝关节外侧或内侧疼痛，走路及活动关节时最明显；踝关节外侧或内侧出现迅速的局部肿胀，并逐渐波及踝前部及足背；可出现皮下瘀斑，以伤后2~3天最明显。

检查时局部有明显压痛。距腓前韧带损伤，压痛点在外踝前下方；距腓后韧带损伤，压痛点在外踝尖偏后下约1cm处；三角韧带损伤，压痛点在内踝前下方或内踝尖下方。踝关节被动内、外翻时疼痛加重。

常采用踝关节前抽屉试验来检测：检查者一手握患部的小腿，另一手握足跟在踝稍跖屈位使距骨向前错动，如果有距骨前移为阳性，说明有距腓前韧带断裂。应注意检查和鉴别是否合并有第5跖骨粗隆骨折、伸趾短肌损伤或内踝撕脱骨折等。

3. 踝关节扭伤的处理

伤后立即给予冷敷，加压包扎，抬高患肢，固定休息，外敷新伤药。固定时应将损伤韧带置于松弛位，即外侧韧带损伤固定于外翻位，反之亦然。

受伤24~48h以后，可在踝关节周围用轻轻的推摩、揉、揉捏、切法、理筋等手法按摩后，再用一手的拇、食指分别夹持内、外踝间隙，另一手握足趾，在跖屈位做牵引，并在牵引下使足左右轻轻摇摆和内外翻数次，而后做背伸、跖屈，同时夹持踝关节的拇、食指下推、上提两踝（背伸时下推，跖屈时上提），如此反复数次。同时点压昆仑、太溪、解溪、足三里、三阴交、悬钟等穴。也可结合采用中药熏洗、理疗等方法，会取得更好的效果。疑有踝关节韧带完全断裂或合并有踝部骨折者，经现场急救处理后及时转送医院进一步诊治。

急性期应抬高患肢，固定休息。肿痛减轻后，即应在粘布支持带或弹力绷带固定下着地行走或扶拐行走。1~2周后可进行肌肉力量练习。外侧副韧带损伤时应着重腓骨肌练习，内侧副韧带损伤时应着重胫骨后肌的练习。

可根据具体情况选用外翻肌力练习、内翻肌力练习、背伸肌力练习、跖屈肌力练习等。开始练习时负重1kg，每个动作需维持5s后放松。10个动作为1组，每次2组，每天2~3次。以后逐渐过渡到负重5kg，每次5组，每天3次。此外，应进行斜板练习，每个动作维持10s，10个动作为1组，每次练习3组，每天3次。

4. 踝关节扭伤的预防

训练或比赛前应充分做好准备活动，搞好场地设施，培养和提高自我保护能力，提高足踝部的肌肉力量和踝关节的稳定性、协调性。训练和比赛时应戴保护支持带。

（九）脑震荡

脑震荡是一种轻度原发性脑组织弥散性损伤，是头部受外力作用后，大脑发生一过性的意识和功能障碍，而无显著的脑解剖性和结构性组织损害。

1. 脑震荡的起因

脑震荡是头部受直接的暴力打击或撞击，以及由间接暴力传递到脑部所致，如棒、垒球运动员头部被球棒击打或被重而急的球击中，运动中摔倒时头部撞击地面，两个运动员头部相撞，职业性拳击选手被重重地击中头部等。此外，高处摔下臀部着地，其反作用力也可传递到头部引起脑震荡。

脑震荡的特点是头部损伤后，即刻发生短暂的脑功能障碍及逆行性遗忘症。一般认为，脑震荡引起意识障碍主要是脑干网状结构受到损害的结果。这种损害与颅脑损伤时脑脊液的冲击，脑室液受冲击，暴力打击瞬间产生的颅内压变化，脑血管运动功能紊乱，以及脑干的机械性牵拉或扭曲等因素有一定的关系。

2. 脑震荡程度与症状

头部有明显的外伤史，伤后有短暂的意识障碍，可由数秒、数分到半小时。昏迷时四肢肌肉松弛无力，瞳孔散大，皮肤和肌腱等神经反射减弱或消失，脉细缓，呼吸表浅。伤员清醒后对受伤时情况及受伤经过不能记忆，但对受伤前的事情能清楚地回忆，这种现象称为逆行性遗忘。伤者常伴有头痛、头晕、耳鸣、心悸、失眠等。少数患者有恶心、呕吐、心烦不安、注意力不集中等。以上症状大多于数日后逐渐减轻或消失。

诊断依据：①有明确的头部外伤史；②受伤后确有即时短暂的意识恍惚或丧

失；③有明显的逆行性遗忘；④受伤后神经系统检查无明显的阳性体征，血压、脉搏和呼吸正常，腰椎穿刺脑脊液压力和细胞数正常；CT检查无阳性发现。

研究显示，临床诊断为脑震荡的患者中，相当一部分的CT检查呈阳性，包括脑水肿、脑出血、硬膜外血肿等。尤其是这些损伤灶位于产生临床症状甚少的区域（如额叶的基底等），应注意与脑震荡进行鉴别。

3. 脑震荡的处理

首先进行急救。立即让伤员平卧，保持安静，防寒或防暑，不可随意搬动伤员，昏迷不醒者可掐人中穴使之苏醒。

由于脑震荡可与颅内血肿或脑挫伤等并存，因此伤员急救处理后应卧床休息，严密观察，以便及时发现其他颅脑病变。

脑震荡一般采用对症治疗，如头痛者，用去痛片；恶心、呕吐者给予氯丙嗪；心情烦躁、忧虑失眠者，可服用安定等；可服用复合维生素B和维生素C，也可配合针灸、按摩、中药等手段治疗。

有下列症状之一者应立即送医院处理。

（1）昏迷时间在5min以上；

（2）耳、口、鼻流出脑脊液或血液；

（3）清醒后头痛剧烈，有喷射性呕吐；

（4）两瞳孔不对称或变形；

（5）清醒后出现第二次昏迷。

护送时患者平卧，头侧用衣物等固定，避免摇晃、震动，以免加重病情。

脑震荡治愈后是否能参加体育运动，可采用“闭目举臂单腿站立平衡试验”来初步判断。在恢复运动的最初阶段，要密切注意动作的协调能力，以了解是否痊愈。

思考与练习题

（1）常见的运动损伤是如何进行分类的？

（2）运动损伤按是否有损伤创口，可分为哪两种？

（3）何为急性损伤和慢性损伤？

（4）何为技术类损伤？

（5）运动损伤的成因主要包括哪两大类？

（6）如何加强训练后的恢复预防损伤？

（7）何为肌肉拉伤？肌肉拉伤有哪两类？

（8）肌肉拉伤的程度可分为几个等级？

参考文献

[1] 曲绵域，于长隆. 实用运动医学[M].北京：北京大学医学出版社，2003.

[2] 王安利.运动医学[M].北京：人民体育出版社，2008.

[3] 陈文彬.诊断学[M].北京：人民卫生出版社，2004.

[4] 姚泰.生理学[M].北京：人民卫生出版社，2005.

[5] 吴在德，吴肇汉.外科学[M]. 北京：人民卫生出版社，2004.

[6] 全国体育学院教材委员会.运动医学 [M]. 北京：人民体育出版社，2002.

[7] 冯连世，冯美云，冯炜权.优秀运动员身体机能评定方法[M].北京：人民体育出版社，2003.

[8] 范振华，周士枋.实用康复医学[M].南京：东南大学出版社，2002.

第九章　青少年运动员的营养学基础与应用

内容提要：

与科学训练同样重要，合理的膳食结构和营养补充不仅能够增强青少年运动员的体质健康，还可以提高运动训练成绩，有利于运动性疲劳的恢复。目前大部分青少年运动员都存在三餐热能分配不合理、三大能源物质摄入不均衡、矿物质和维生素补充不足以及补液不科学等问题，因此应提高运动员合理膳食基本原则的认知水平，走出膳食误区。同时根据不同项目训练特点及能量代谢差异，让运动员学会合理选择食物及营养补充剂，防止运动性贫血及免疫力低下等常见身体问题，满足运动员生长发育的需求以及运动项目供能的需求。

学习目标：

（1）掌握青少年运动员合理膳食的基本原则。

（2）了解青少年运动员营养摄入存在的问题及解决对策。

（3）掌握不同项目青少年运动员的营养补充特点及对策。

（4）掌握运动导致的青少年运动员常见身体问题的营养补充对策。

儿童和青少年需要摄取充足的热量和营养来满足身体发育、健康的需要，而运动中的儿童和青少年运动员与积极参加体育锻炼的成年人一样，更加需要优化的营养方案来帮助他们生长发育和保证运动训练的营养需求。研究证明，处于青春发育期的运动员的能量和营养素的摄入水平高于普通人群，如果低于推荐水平，就会增加其患病和受伤的风险，降低其潜在的运动能力。相对于成年人，完成同等运动时，儿童和青少年单位体重所需能量更高。8~10 岁儿童较成年人的能量消耗高20%~25%，11~14 岁青少年较成年人高 10%~15%。因此，在运动强度和能量摄入上找到平衡是非常重要的，而且必须给予他们充足、全面的营养，才能保证身体健康发育和运动训练的需求。本章所要阐明的内容不仅包括青少年运动员要遵守的合理膳食营养原则，营养摄入的问题和对策，还包括不同项目运动员的营养注意事项和一些常见由运动导致的青少年健康问题的营养策略。

第一节　青少年运动员合理膳食的基本原则

一、平衡膳食原则

平衡膳食是青少年营养最基本的原则。平衡膳食是指膳食种类多样化；食物中所含的各种营养素种类齐全，数量充足，但是又不会摄入过量；各种营养素之间的比例适宜；膳食所提供的营养素和热量与身体的需要量保持平衡。

二、合理膳食制度原则

要教育和引导青少年从小养成良好的饮食习惯，形成合理的膳食制度。

（1）进餐时间和次数。首先，应保证定时和定量进餐，这样不但能够减轻胃肠道的负担，而且容易促进胃液的分泌，帮助消化和吸收。其次，根据需要可适当增加餐次，但加餐要以不影响正餐为原则，达到既可保证营养又能调节补充膳食的目的，从而防止由于饮食和营养上的疏忽引起的一系列营养问题。

（2）一日三餐热量的分配。一般来说，青少年一日三餐的要求是早餐吃好，午餐吃饱，晚餐吃少。早餐、午餐和晚餐的热量应占日总热量的30%、40%和30%。

（3）饮食要均衡。应均衡地吃多种多样的食物，不要偏食和挑食。

（4）养成良好的饮食卫生习惯。良好的饮食卫生习惯可以促进青少年心理和身体的发育，有利于食物的消化、吸收和利用。要细嚼慢咽，不可暴饮暴食。

三、个体化原则

参加各项运动的青少年合理膳食的个体化原则主要包括两个方面：一是指膳食结构和食物摄入量应与青少年的体力活动相一致；二是指膳食结构和食物摄入量应与青少年的营养状况和身体状况相一致。

不同的青少年由于体力活动差别很大，因此在为其安排饮食时要考虑到这个差别。如果食物摄入量过大而体力活动较少，就会导致摄入过多的能量，从而产生肥胖。同样的道理，如果食物摄入量过小而体力活动较多，就会导致摄入能量不足，身体消瘦，甚至影响正常的生长发育。青少年晚餐后一般没有太多的体力活动，因此晚餐不宜吃得过多。相反，上午和下午是青少年体力活动比较多的时候，早餐和午餐应该适当增加摄入量。另外，对于体力活动比较多的青少年来说，碳水化合物和优质蛋白质的需求量较大，应该适当增加主食类食物和动物性食物的摄入量。

不同的青少年，身体状况和营养状况也不一样，其膳食结构和食物摄入量也应有所区别。例如，有些青少年属于体重过高或者肥胖，那就应该适当控制食物摄入总量尤其是高脂肪的食物摄入量；有些青少年属于体重过轻，那就应该适当增加食物的摄入总量尤其是动物性食物的摄入量，促进肌肉的生长。

第二节 青少年运动员营养摄入存在的问题和对策

一、青少年运动员营养摄入存在的问题

我国青少年的营养和健康状况不容乐观，营养知识的缺乏和不良的饮食习惯导致营养缺乏与营养结构失衡现象同时存在。为了青少年的健康成长，营养问题必须引起足够的重视。青少年运动员膳食容易产生不平衡，如果是在食堂和家庭就餐，烹饪者主要目标就是使膳食满足青少年的口感，而忽略了符合青少年生长发育需求的科学膳食加工原则，如食物烹调方法和食物搭配不当、烹调中使用太多的油、没有生吃的蔬菜、主食品种少、含高脂肪的肉太多等，且对运动营养知识的了解不足而忽视合理平衡，导致青少年运动员脂肪和蛋白质摄入过多，同时，主食、奶、蛋、海产品、蔬菜和水果的摄入比例也不合理。

1. 碳水化合物摄入不足

青少年男运动员普遍认为：膳食中摄入的肉越多，越有营养，认为“吃肉长肉”，相反，主食如米、面和一些新鲜的含碳水化合物70%以上的食物几乎完全被忽略；女运动员经常认为吃主食会增加体重，因而会盲目地节食，有些女孩子还会发展成神经性厌食症。对运动员的训练和比赛而言，碳水化合物是最理想的能源，碳水化合物摄入不足不仅会严重影响运动员训练质量和运动能力，也会影响其他物质的正常代谢。

2. 脂肪和蛋白质摄入过多

脂肪和蛋白质摄入过多对青少年的运动能力发展有害，因为蛋白质在人体内的分解产物较多，其中氨、酮酸及尿素等对人体会产生副作用，不仅增加肝脏负担，还容易引起消化不良，长此以往，不仅能量摄入过多会造成肥胖，还会影响肝、肾的功能。

3. 部分维生素摄入不足

膳食调查显示，部分青少年运动员存在维生素A、B、C 摄入不足。维生素

A对于生长发育和机体免疫功能非常重要。B族维生素在体内以辅酶或许多酶前体形式存在，有助于营养素转化为能量。当碳水化合物摄入不足时，维生素B的缺乏会进一步加重运动中能量供应的不足。维生素C 能增强抗氧化能力。

4. 三餐热能分配不合理

一日三餐热能分配应与青少年运动员的训练相一致。许多青少年运动员不吃早餐或早餐吃得不足，早餐和午餐比例明显不合理。晚餐吃得过多会影响运动员训练期的能量供应和训练质量。

5. 钙、铁、锌等摄入不足

膳食调查表明，部分青少年运动员存在钙、铁、锌摄入不足，钙摄入不足的原因主要是运动员忽视奶和豆制品的摄入。钙在骨生长、肌肉收缩和神经兴奋性方面都有重要作用，青少年运动员在膳食补充上应给予足够的重视。如在生长发育突增期，钙摄入不足会导致骨密度无法达到最佳水平，从而影响一生的健康。

6. 运动中脱水，补液不科学

已有研究表明，运动中脱水会引起血容量下降，增加心脏的负担。青少年运动员缺乏合理补水的知识，往往把口渴作为脱水的指征。实际上，当一个人感到口渴时，其体液丢失已经达到体重的2%~3%，此时运动能力也已经受到损害。此外，运动员应补充含矿物质、维生素和糖的水，因为，在训练中若仅饮纯净水或茶，由于其渗透压极低，反而会通过排汗导致更严重的脱水。

个案分析（一）

采用三天食物称重法对蹦床青少年运动员进行膳食调查，记录、称重三天内早中晚三餐的全部饮食情况（图9-2-1），并计算能量摄入、营养素供能比、三餐比等。

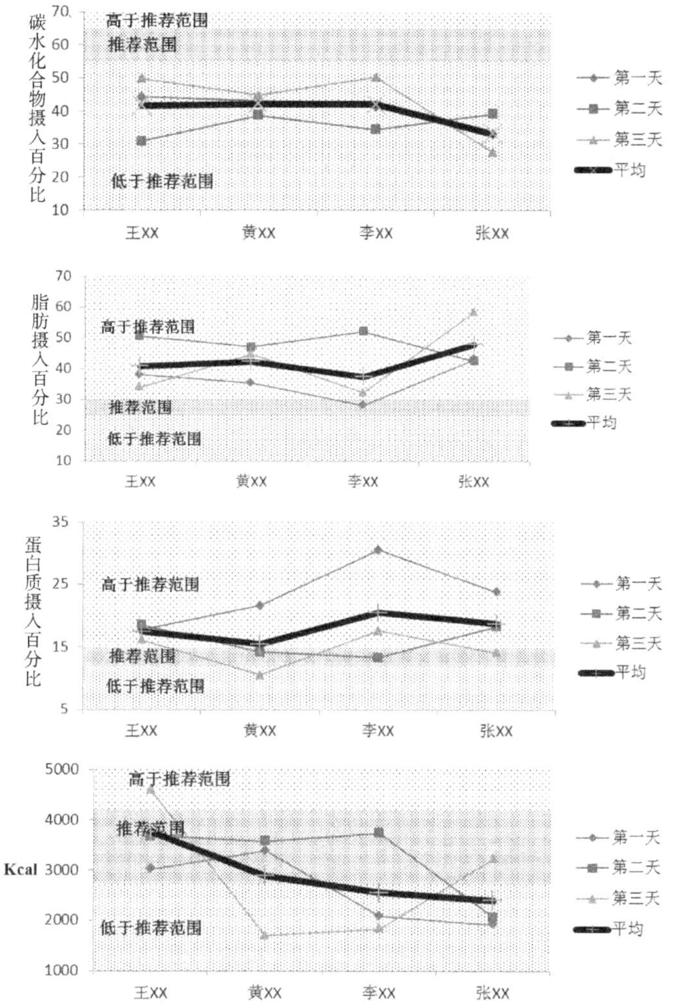

图9-2-1 蹦床项目青少年运动员膳食能量摄入情况

1. 能量摄入情况

参考运动员的能量摄入推荐，王××、黄××三天的膳食摄入均在正常范围，但黄××第三天能量摄入明显偏低；李××、张××三天的膳食摄入均低于推荐范围，不能满足日常训练能量消耗的需求。

2. 营养素摄入情况

产能营养素为碳水化合物、脂肪以及蛋白质，它们为人体供能的推荐百分比分别为：碳水化合物55%~65%、脂肪25%~30%、蛋白质10%~15%。经计算，该4名运动员的碳水化合物摄入量为推荐量的55%~65%，碳水化合物摄入不足，则大负荷训练期间不利于恢复肌糖原，易产生劳累和肌肉疲劳的感觉；三天饮食中脂肪摄入较高；王××、黄××三天平均蛋白质摄入量较为合理，李××、张××三天的平均蛋白质摄入量稍高于推荐量，每日蛋白质产能比例均较高，会增加肾脏负担。

二、针对青少年运动员的合理营养摄入对策

（一）摄入合理的三大能源物质

摄入充足能量对于保障青少年运动员的正常生长发育和体力活动极其重要。与成年运动员相比，三大基础物质的配比情况对青少年运动员而言影响较小。一般来说成年运动员基础物质的配制比例，建议碳水化合物占60%，脂肪占25%，蛋白质占15%，但青少年运动员能够从脂肪中获取的能量要高于从碳水化合物中所得。研究发现，在进行高强度的运动或长时间的耐力性运动时，儿童消耗脂肪所得的能量占30%，较成年人消耗的脂肪更多，利用碳水化合物供能的比例较小。因为脂肪中储存的能量更高，所以青少年运动员只需要利用少量的高脂肪摄入就能满足身体对高能量的需求。但在冬季运动时，可适当增加一些脂肪摄入。

（二）注重能量代谢的平衡

青少年运动员应注意每天体内能量的代谢平衡，充足的能量是机体维持生命和进行日常活动的保证。运动时体内代谢增强，机体所需的能量大大增加，因此运动员能量的补充，除了满足机体的正常需要外，还要使运动员能保持充沛的精力，并有一定的热能储备。

（三）注重一日三餐的比例

青少年运动员日常一日三餐的主食和副食应该粗细搭配，动物性食品和植物类食品要有一定的比例，最好每天吃些豆类、薯类和新鲜蔬菜。一日三餐的科学分配是根据每个人的生理状况和工作需要来决定的，按食量分配，早、中、晚三餐的比例为30%、40%、30%，但围绕比赛期的青少年运动员的一日三餐食物的热量分配要根据训练和比赛任务而具体科学地安排。

（四）合理的维生素补充

维生素是一类有机化合物，是组成酶和某些细胞结构的重要物质，对于维持人体正常生理功能和健康至关重要，虽然需要量不多，但是一旦不足就会引起生理功能的障碍和维生素缺乏病症，会进一步影响运动能力和身体健康。维生素需要量与运动量、机能状态及营养水平有关。剧烈运动时对维生素的需要量增加，可使维生素缺乏症提前出现，而儿童少年对维生素缺乏的耐受性比一般人差，早期维生素缺乏症表现为运动能力下降，容易疲劳，免疫力减弱，一旦维生素得到补充时，因维生素缺乏而失去的运动能力将会随之得到恢复。维生素分为水溶性和脂溶性两种，水溶性维生素需要在水环境，脂溶性维生素需要在脂肪的环境状况下才能够发挥作用。

青少年运动员维生素的摄入量应该被严格控制，摄入过多的维生素会导致中毒现象的发生，过多或者过少都会影响其生长和发育，关键是度的把握。由于维生素B族与机体物质代谢和能量代谢的关系密切，且维生素B_1、B_2、C都有助于提高肌肉的耐力，有消除疲劳的作用，因此，我国一些专家建议，经常参加运动的儿童青少年每消耗1 000kcal（4.185.85kJ）的能量，维生素B_1、B_2的供给量为1mg，烟酸为10mg，维生素C为35~40mg。大量的体力活动后，儿童青少年应该多吃水果、蔬菜，尤其要吃深绿色和橙黄色的蔬菜、水果以补充各种维生素。

（五）矿物质的补充

矿物质就是我们常说的无机盐，是构成机体组织和维持正常的生理活动的必要物质。运动员在参加体育训练的过程中，会有大量汗液产生，汗液中含有多种矿物质，其中铁和钙元素最容易缺乏，尤其是女运动员。女孩生长发育突增期从 10~11岁开始，12岁会达到最高峰，15~16岁停止发育，男孩较女孩晚两年，12~13岁开始，14岁达到最高峰，通常在19岁停止发育。钙摄入不足并非小问题，可导致应力性骨折，并进一步导致骨质疏松。青少年运动员建议摄取的无机盐每日供给量如下表9-2-1所示。

表9-2-1　青少年运动员每日无机盐建议摄取量

无机盐	建议摄入量	备注
钾	3~4 g	
钠	< 5g	高温训练< 8g
钙	1 000~1 500 mg	
镁	400~500 mg	
铁	20 mg	大运动量或高温环境下增加到25~30mg
锌	20 mg	大运动量或高温环境下增加到25~30mg
硒	50~150 mg	
碘	150 mg	

（六）适时补充水分

青少年运动员相比较于成年运动员出汗量较少，单位体重产生热量更高，核心温度上升更快，体温调节功能相对较差，会引起“自动脱水”，对热环境的适应能力低于成年运动员。这些因素使青少年运动员发生热损伤的可能性明显增加。因此，教练员应充分了解脱水和热损伤发生时运动员的精神状态和身体表现，并注意周围环境的温度和湿度，采取相应措施降低风险。一般运动时，身体对水的需要和平常没有明显的差别，为2 000~2 500mL，事实上，青少年运动员即使在有充足的饮料供给时，也会有脱水现象的发生，因为他们不能保证适时补水。这就要求教练员鼓励他们饮水并观察其补水方式。在热环境下，体育课前、中、后都应适量补充水分。课前应适量饮水，使体内储备充足的水分。课中和课后的饮水应少量多次，速度不超过1L/h，一次120mL，每次间隔15~20min，饮水的温度最好在5℃~15℃。一次性大量饮水会增加排尿和出汗，使体内的盐分丢失，还会增加心脏和肾脏的负担。不要单纯饮用白开水，因为大量饮用白开水会使血液稀释，从而使过多的水分从汗液中丢失。给青少年运动员提供的饮料应该口味偏甜并含有无机盐，能有效保持血容量和出汗率，并且根据周围环境的温度和湿度，制订确切的补水模式时间表。运动时水的供应要以补足失水量、维持水平衡为原则。运动后可根据体重减少的量来补充，一般每减少1kg体重，补水量为1L。

个案分析（二）

采用三天食物称重法对某田径青少年运动员进行膳食调查，记录、称重三天内早、中、晚三餐的全部饮食情况，并计算能量摄入、营养素供能比、三餐比及微量元素摄入量等。调查结果如表9-2-2和表9-2-3所示。

表9-2-2 田径青少年运动员王××膳食调查能量及营养素摄入情况

日期	能量（kJ）	碳水化合物（%）	脂肪（%）	蛋白质（%）
第一天	7 957.59	32.2	18	49.8
第二天	6 726.90	26.4	16	57.6
第三天	7 212.48	30.3	32.4	37.3

表9-2-3 田径青少年运动员王××膳食调查主要维生素及矿物质摄入情况

		摄入量
主要维生素	维生素B_1（RNI3~5mg）	0.68
	维生素B_2（RNI2.0~2.5mg）	1.08
	维生素C（RNI140~200mg）	31.23
	维生素E（RNI 15~20mg）	8.16
	烟酸（RNI 20~30mg）	13.90

续表

		摄入量
主要矿物质	钠（RNI <5 000mg）	522.37
	钙（RNI 1 000~1 200mg）	424.64
	铁（RNI 男20~25mg、女25~30mg）	12.19

从表9-2-2和表9-2-3可以得出以下结论。

1. 能量摄入情况

参考运动员的能量摄入推荐，女子短跑运动员为2 700~4 200cal，考虑到身高及体重控制，并且运动中可能有运动饮料等干预的影响，建议能量摄入女子在2 700cal左右。根据表9-2-2所示，王××膳食调查三天的膳食摄入量均低于推荐范围，不能满足日常训练能量消耗的需求。

2. 营养素摄入情况

产能营养素为碳水化合物、脂肪及蛋白质，它们为人体进行供能的推荐百分比分别为：碳水化合物55%~65%、脂肪25%~30%、蛋白质10%~15%。经计算，该运动员的碳水化合物摄入量分别为125.21g，140.736g，209.28g，产生热量仅占总能量的32.2%，26.4%，30.3%，远远低于推荐量55%~65%。碳水化合物摄入不足，则大负荷训练期间不利于恢复肌糖原，易产生劳累和肌肉疲劳的感觉；三天饮食中脂肪产能占18%，16%，32.4%，最后一天脂肪摄入较高（主要为蛋挞2个，肉臊面等食物的摄入），由于脂肪摄入增多导致总能量也比较高。每日蛋白质产能比例均较高，会增加肾脏负担。

3. 维生素摄入情况

维生素B_1、维生素B_2、维生素C、维生素E和烟酸的摄入量均没有达到最低标准值。

4. 矿物质摄入情况

钠的膳食摄入量达到推荐值标准。钙、铁的膳食摄入量均低于最低标准。

5. 其他方面

另外，发现该运动员水果、牛奶、蔬菜、豆制品摄入偏少，可能是导致维生素和部分矿物质摄入不足的原因，会引起免疫力降低。

针对以上发现的问题制订了相应的营养对策：①该运动员总能量摄入均不足，食物选择上主要问题为碳水化合物摄入较少，建议多摄入主食，如米饭、面条、土豆等，通过主食的增加来增加总能量的摄入。②建议该运动员在运动后多选择摄入蔬菜、豆类等碱性食物帮助恢复。③建议多食用新鲜蔬菜和水果，补充维生素和矿物质。④建议每日乳制品（包括牛奶或酸奶）的摄入量为500mL。⑤建议尽量少选择蛋挞、炸鸡等高脂、高热量的食物。

第三节　不同运动项目青少年群体的营养补充

不同运动项目具有不同的能量代谢特点，比赛和训练的特性、运动员的体格差异等决定了运动员在营养策略上也应该有所不同，特别是青少年从事这些运动项目时既要考虑到生长发育的需求，又要考虑到运动项目的供能需求。

一、力量性运动项目青少年运动员的营养

力量性运动项目要求力量和速度，如短跑、有阻力的骑车、短距离游泳、划船、冰球、足球、橄榄球、举重、投掷、摔跤等。此类项目要求青少年运动员具有较好的神经肌肉协调性和较大的力量，并在短时间内爆发力量。另外，此类运动项目具有强度大、缺氧、氧债大、运动有间歇以及无氧代谢供能等特点。与其他项目一样，力量性项目运动员也应平衡膳食，膳食中应含有丰富的碳水化合物、维生素和矿物质等营养素。在剧烈运动或比赛前几天，糖原负荷对一次性冲刺运动无强力作用，但仍推荐适量摄入糖以支持日常的大强度训练。

（一）摄入充足的蛋白质

力量性项目青少年运动员蛋白质代谢增强，对蛋白质的需要量增加。国外建议力量性项目运动员蛋白质供给量应在1.49~1.89g/kg体重，或占总能量的12%~15%。《中国居民膳食营养素参考摄入量》中推荐成人每人每天蛋白质的摄入量是65~90g，或者按总能量的10%~12%即可满足代谢需要；世界粮农组织、世界卫生组织、联合国大学于1985年提出的必需氨基酸需要量的估计值，成人为83.5mg（kg/d）。关于蛋白质的补充一直以来存在争论：美国营养师协会推荐力量—耐力运动员的蛋白质摄入量为1.2~1.7g/kg体重，澳大利亚营养专家塔诺波尔斯基认为耐力和力量运动员膳食中蛋白摄入达到总能量摄入的15%即可满足需求，而在目前运动营养应用在竞技体育特别是力量性项目运动员时，认为刚刚从事专项训练的运动员需要补充高比例的蛋白质，如格伦推荐女运动员蛋白质摄入量为1.0~2.8g/kg体重，而男运动员可以达到1.5~4.0g/kg体重。服用过量时，蛋白质在人体内的分解产物较多，其中氨、酮酸及尿素等会对人体产生副作用，不仅增加肝脏负担，还容易引起消化不良，长期还会影响肝、肾的功能，造成免疫功能低下。尿钙排出量增加，会增加患肾结石的风险。

青少年运动员摄入乳清蛋白推荐方法：每天运动后或者睡前补充，可以促进肌肉蛋白质的合成以及缩短肌肉酸痛的时间，促进疲劳的消除。

值得注意的是，生长发育期的青少年运动员往往过分重视蛋白质的补充，而忽视了碳水化合物的作用，导致蛋白质摄入过多，引起体液酸碱失衡、钙丢失、肝肾负担加重。为防止因蛋白质摄入过多而引起体液偏酸，应增加体内的碱储备。力量性项目运动员的食物中应含有丰富的钾、钠、钙、镁等矿物质，并增加蔬菜和水果的摄入量，合理摄入蛋白粉类功能性营养品。

（二）肌酸

力量性项目青少年运动员可以适当补充肌酸，增加体内磷酸肌酸储备量。美国运动医学会证明，肌酸增加磷酸肌酸池以迅速合成ATP，肌酸营养补剂的摄入量为20~25g/天，服用5~7天，再以3~5g/天的剂量继续摄入，将提高人体维持短距离的自行车、短跑、游泳、跳高和摔跤的输出功率。肌酸存在于鱼、肉中，但0.5kg肉只能提供1g，而每日摄取肌酸营养补剂的作用为填充肌肉肌酸量，促进力量增长，提高肌肉质量。有研究认为，运动员短期补充肌酸，瘦体重增加0.8~1.7kg；长期补充（6~8周）肌酸+抗阻力训练，瘦体重增加2.8~3.2kg。大量研究表明，补充肌酸能提高短距离、动力性、高强度及间歇性运动的运动能力：有研究给予对照组摄入安慰剂，实验组摄入肌酸（每天20g），连续服用6天，在功率自行车上进行20次6s的大强度运动，实验组可以在摄入后更好地保持140r/min的运动频率。另一项研究对照组摄入安慰剂（葡萄糖），实验组摄入肌酸（每天4次，每次5g），连续服5天，发现对照组在实验前后膝关节最大力矩没有发生变化，而实验组的肌肉收缩最大力矩明显增加（$P<0.05$）。

（三）其他强力营养物质

某些氨基酸（如精氨酸、鸟氨酸、赖氨酸和亮氨酸等）和中链脂肪酸能提高运动能力，可适量补充。蛋白质的合成速率在抗阻训练后的24h甚至48h内都有增加，而同时蛋白质的分解速率也得到了提高，为了得到肌肉蛋白的净增长，就需要适当地摄入营养素。在抗阻运动后摄入氨基酸能够提高人体肌肉中蛋白质的合成率从而导致正氮平衡（即蛋白质合成率大于蛋白质分解率）。关于这种现象的发生存在不同的理论解释，有人认为氨基酸获取量的增加导致更多的游离氨基酸被转运到肌肉中并因此刺激肌肉中蛋白质合成率的增加；另一种理论认为这种刺激效应是由某一个或者某一种氨基酸造成的，如支链氨基酸特别是亮氨酸。有研究表明，抗阻运动后补充含有亮氨酸的蛋白质水解液所导致的蛋白质合成刺激作用要高于不含亮氨酸的水解液。

此外，力量性项目运动员，尤其是控制体重期的运动员，还应定期检测运动前后的体重，尤其是减轻体重期的尿液颜色、尿比重等，以了解是否存在脱水情况，并及时纠正。

青少年运动员摄入谷氨酰胺和支链氨基酸推荐方法：①谷氨酰胺。每天4.5g，训练后即刻、睡前或两餐之间补充，每天1次。谷氨酰胺是骨骼肌内含量最高的游离氨基酸，具有促进肌肉合成、促进生长激素分泌、促进疲劳消除等多重作用。②支链氨基酸。每天3~5g，分两次餐前补充。支链氨基酸具有氧化供能、参与肌肉合成、预防和减轻中枢疲劳等作用，对于青少年运动员来讲非常重要。

此外，在大强度训练、体重控制期还可以增加维生素和矿物质的补充，如：①复合维生素制剂。每天至少1次，以满足大运动量训练时青少年对于维生素的需求，否则容易导致维生素缺乏。②复合矿物质制剂。每天至少1次，以满足大运动量训练时青少年对矿物质的需求，也可以通过补充运动饮料的方式来进行营养补充。

二、耐力性运动项目青少年运动员的营养

耐力性运动项目的特点是运动时间长、运动强度较大、运动负荷总体很大、能量消耗多，所以如何有效地供给和补充能量，来满足机体的能量需要和弥补能量亏损，是关系运动能力的根本性问题。耐力运动一般处于70%~90%最大摄氧量范围内，属于亚极量强度运动。这类运动肌糖原利用的速率相当高，糖原消耗量大，因此，有限量的肌糖原储备量是这类运动的限制因素，运动至力竭的时间与运动前肌糖原储量成比例。肝脏释放葡萄糖对运动能力的影响也反映在耐力运动上，与维持运动中血糖水平及中枢神经系统的供能有关。血糖是长时间运动时骨骼肌可利用的重要肌外燃料，所以，肝糖原储量对维持长时间运动时血糖浓度起重要作用。利用补糖来提高体内的糖原储量，降低运动时糖原利用速率，加快运动后糖原恢复，对耐力运动能力的提高尤为重要。

在运动训练期，耐力性项目运动员的能量主要来源于体内肌糖原和肝糖原的有氧分解，但也不能摄入过多能量，如果能量储备过多，将引起体脂增多，身体发胖，这样对长时间耐力运动不利。因此，在补充能量时，既要考虑饮食中食物的热量，又要注意运动员每天训练的能量消耗。从事耐力性项目的运动员每天的能量消耗为1 674~1 840kJ，青少年正处在长身体的阶段，合成代谢大于分解代谢，在运动员每天的膳食安排中，要根据不同运动强度和运动量所消耗的能量的不同，来安排饮食的结构和能量的补充。耐力性运动项目主要供能是糖和脂肪的有氧氧化供能，在比赛期注意高糖膳食可以有效地提高血糖和肌

糖，为运动提供足够的能源储备。一般普通成年人蛋白质的推荐摄入量是每天每公斤体重0.8~1.0g，成年运动员则需要摄入每天每公斤体重1.2~1.5g的蛋白质，对于青少年耐力运动员来说，建议摄入1.5~1.8g每天每公斤体重。耐力性项目的青少年运动员对脂肪的摄入要适量，相对来讲，从事耐力性项目的运动员对脂肪的需要量比其他运动员要多，一般每天每公斤体重需脂肪为1.49g左右，在寒冷条件下可以适量增加，在炎热环境下可以适量减少。在膳食中，如果25%~30%的能量来自脂肪，那么其中应该大部分是不饱和脂肪酸。有益于健康的不饱和脂肪酸主要来自植物油料作物和鱼类，饱和脂肪和动物脂肪的摄入应该低于或等于膳食总能量的10%。因此，耐力性项目的青少年运动员膳食中脂肪不宜过多，以免使人长时间产生饱腹感而减少食量，影响对其他营养素的摄入，但也不能过少，过少的脂肪摄入将会影响脂溶性维生素的吸收和利用。

耐力性项目的青少年运动员对矿物质的需求量比常人更多，因为大强度的训练和比赛，使得大量的矿物质随汗液丢失，若不及时补充，就会引起机体的代谢紊乱，影响运动成绩的发挥和运动能力的提高。如果机体中氯化钠缺乏，就会出现肌肉无力、消化不良、食饮不佳，甚至有头晕、恶心和肌肉痉挛等症状；肌体中缺乏钾，糖的利用受限，ATP合成与氧化磷酸化过程受干扰，肌肉的血流量减少，导致肌肉无力、心律紊乱等。因此，对于从事耐力性项目的青少年运动员进行一般训练时，每日需要额外地补充电解质饮料。这种由于运动而引起任何一种矿物质的损失都可因排汗和尿量的增加而增加，为此，维持青少年运动员机体内矿物质的平衡是一个必须注意的问题。

三、控体重运动项目的青少年运动员的营养

青少年从事竞技体育的不少项目中，需按体重进行分级，运动员的体重已经成为影响比赛成绩的重要因素之一。这类运动项目大体可以分为两种情况：一种是举重、摔跤、拳击、柔道等按体重级别参加比赛的项目，为参加较低级别的比赛而减体重；另一种是体操、跳水、花样滑冰等技巧性很强的项目，他们减轻和控制自身体重，是为了取得生物力学上的优势，使动作的难度更高，完成得更轻松和姿态更优美。可以说减体重和控体重已成为运动员训练和比赛计划的重要

内容之一。

减体重分快速和慢速两种。在一周内迅速将体重减少到某一既定目标为快速减体重，减重时间超过一周则为缓慢减体重。缓慢减体重是通过热量摄入与热量消耗呈较长时间负平衡而实现的体重减少，丢失的主要成分为脂肪。快速减体重在大量地减少食物摄入的同时，还可以配合运动或蒸汽浴脱水的方式。快速减体重对机体代谢的影响不同于慢速减体重，因此这些项目的青少年运动员营养的及时补充非常有必要。那些年龄较小的技能性项目运动员，例如女子体操运动员，在其达到生长发育、运动训练和竞技状态的最高峰时，由于种种原因往往难以获得足够的营养补充。对于这类运动员，需要经常检测以确保其保持健康状态和正常的生长发育速度。有的运动员在控重阶段存在误区，认为不吃饭就可以显著减轻体重，结果造成身体虚弱，影响正常训练。事实上，虽然控重阶段补充一定的能量会造成控重效果的倒退，但是这部分能量能够保证运动员在接下来的训练中承受更大的负荷，从而消耗了更多的能量。控体重的效果一定要与训练质量相联系，以训练质量下降为前提的控体重是不可取的。实施营养恢复计划时，注意评价指标、训练和营养补充三者的关系。它们之间是一个动态的关系，要根据实际情况的变化不断地做出微调。

在慢速控重阶段除了补充能量以外，其他机体所需的营养成分都要得到补充，且要保证正常的胃功能，避免胃功能失调。因此，要掌握的保证营养的方法为：适时、适量补糖，维持高质量的负能量平衡；不能一味脱水，要有充足的运动饮料、补液；要注重补充因减少进食而亏缺的优质蛋白或特殊氨基酸、维生素、微量元素等营养品；补充营养，降低因减重引起的各种平衡失调或紊乱；善于用膳食纤维素营养品补充，降低饥饿感，保护好胃功能。

在快速控重阶段，注意在训练课补充少量运动饮料以保证运动时的能量需要；补充维生素、电解质等营养品，数量超过慢速控重阶段；为减轻胃部不适的重要因素。摄取少量蔬菜、水果，摄取不含能量或低能的填充物，既能达到控体重的目的，也能保证营养，如魔芋、膳食纤维等。

（一）控体重食品（高密度低热量）

推荐的控体重食品如表9–3–1所示。

表9-3-1　减体重推荐食品（高密度低热量）

食品类型	食品
一般的碱性类	凉拌海带、银耳；可以生吃的蔬菜：圆白菜、生菜、菠菜、芹菜、西红柿、黄瓜、洋葱、胡萝卜、莲藕（注意预防农药中毒，未切和洗净之前先泡一个小时）
弱碱性类	豆腐 、油菜、大豆、番薯、芋头、香菇、牛奶、 蛋白、蒸茄子（放麻酱、蒜末，不放油）
其他碱性类（热量比前两类食品稍高）	西瓜 、葡萄、香蕉、苹果、草莓、板栗、柿子、咖啡 、红糖

（二）肥胖青少年减脂的营养方法

中国内地大城市7~18岁的儿童青少年中，100个男孩就有12个超重、5个肥胖；100个女孩就有7个超重、3个肥胖；超重和肥胖的发生率近几年呈快速上升趋势，而体质呈下降趋势。对此专家指出，国民整体能量摄入提高，西式快餐、含糖和碳酸饮料及甜食摄入增加是主要原因，而有的青少年对肥胖以及减肥方法的认识，还存在误区，往往因过度控制食物摄入导致厌食或采用药物减肥等伤身方式。

针对青少年，合理适当地减少食物的摄入量，控制每日摄入的热量，这确实是一个不错的减肥方式，但是绝对不能发展到节食甚至厌食的地步。对于节食来说，或许能得到一定的减肥效果，但这个所谓的效果也仅体现在体重数值上的变化，而且会导致影响生长发育和内分泌紊乱等严重问题。一个好的减肥方式，不仅是体重的变化，同时还需要有身体成分测试后各项指标的改善，如体脂率、肌肉含量、水分这些，都需要达到一个合适的水平，不能太高，也不宜过低。

有些青少年特别是女孩会盲目地买减肥药物减肥，而减肥药物对减肥的作用，一是控制食欲，减少摄入量；另一个就是促进排泄。市面上的减肥药种类特别多，相关的广告也很多，有的减肥药中添加了药物性添加剂，要注意辨别，不要被不实的广告所欺骗，伤财又伤身。

（三）生酮饮食减脂

近年来生酮减肥的方式开始受到了很多人的追捧，认为是最具可行性的减肥方式。生酮饮食是指控制食物配比（高脂肪、低碳水化合物）模拟饥饿时的代谢效果。通过限制碳水化合物的摄入，构成饥饿性酮症，将甘油三酯分解转化为可溶的酮体从尿中排出，同时升高的血酮浓度还有抑制食欲的作用，可进一步减少食物及能量的摄入。具体的优点如下。

1. 生酮饮食操作简单方便

生酮饮食是一种不用吃药，不用节食，不用手术，且没有创伤的减肥方式，操作起来也非常简单方便，仅仅通过控制碳水化合物的摄入就能达到一个较好的减重效果，是一种靠吃肉就能减肥的减肥方式。这对于爱吃肉的人来说就是一种幸福的减肥。

2. 生酮饮食改善皮肤

生酮饮食对于皮肤方面的改善主要原因在于，生酮能够促进脂肪的消耗，对于痤疮这类的脂溢性皮炎来说有很好的治疗效果。另外也有研究证明，低碳饮食也能够改善皮肤质量。

3. 生酮饮食期间无需特意运动

在生酮期间不用特意地去运动，靠生酮配餐就能很好地减肥。这当然不包括对形体各方面要求较高的人了，如对身材比例、肌肉线条有要求的人，还是要进行一定的运动训练的。对于不想运动，想仅靠吃就能减肥的人来说，生酮减肥就是一个好的选择，减肥对于他们来说不再那么痛苦，反而会感觉轻松快乐。因为生酮减肥的趣味就在于每天体重的变化，以及不同生酮菜式的不断创新和改变，同时还不会挨饿，因为生酮饮食的脂肪含量比较高，会产生饱腹感，这样即使少吃，也不会有太明显的饥饿感。这对于减肥期间的生活质量的改善也是有一定促进作用的。

4. 生酮饮食对肌肉的损耗量较低

对于减肥，人们除了关注体重的变化外，还有一个普遍关注的，那就是肌肉量的情况。人们对于减肥对肌肉的损耗都是非常担心的。其实，生酮饮食对肌肉的损耗量低，而且，生酮对于脂肪的消耗是非常明显的，特别是内脏脂肪，相信这也是人们推崇生酮减肥的原因之一。

生酮饮食减脂过程中需要注意的事项：

在青少年应用生酮饮食的过程中一定需要专业人员进行身体成分评估，制订合理膳食计划，定期监测血酮和尿酮水平、体重变化和补充维生素与膳食纤维。考虑到相关专业人员数量不足，生酮饮食减脂疗法目前不宜全面推广，适用于生酮饮食的人群暂定为：BMI>28、肝肾功能正常的单纯性肥胖人群。

生酮饮食减脂疗法的禁忌：脂肪代谢途径中关键酶的缺陷和功能丧失的人群。

要注意生酮饮食会产生不良反应，如低血糖反应、饥饿感、面色潮红、便秘、皮肤瘙痒等，可对症处理。

个案分析（三）

某体操运动员范××控体重期间的一日膳食，体操女队员在训练期一日的能量摄入最低为2 200kcal（1kcal≈4.19kJ），根据公式计算运动员的基础代谢率，女性：655+（9.6×体重）+（1.7×身高）–（4.7×年龄），算得其基础代谢为938.325kcal。以两者的中间值（约1 570kcal）为标准，制订该运动员的一日食谱。（表9–3–2）

表9-3-2 减体重推荐食品（高密度低热量）

餐次	食物	克数（g）	热量（kJ）	脂肪（g）	脂肪供热百分比（%）	蛋白质（g）	蛋白质供热百分百（%）
早餐	脱脂牛奶	200（1杯光明减脂90%脱脂鲜牛奶）	267.9	0	0	3.2	20
	鸡蛋	50（1个）	288.83	4.5	58.7	6.35	36.81
	鸡蛋白	30（1个）	75.35	0.03	1.5	3.48	77.33
	切片面包	60~70（2片）	447.9	1.19	10.01	1.33	4.97
	酱牛肉	20（2片）	205.95	2.38	43.54	6.28	51.06
	苏打饼干	35（5片）	267.9	2.7	16.76	2.94	8.11
	蔬菜	不限			18		40
早餐合计			1812.91	10.8	21.49	23.58	20.86
午餐	粳米	100（2两饭）	489.76	0.3	2.31	2.6	8.89
	牛肉	50（1块）	221.86	1.15	19.53	10.1	76.23
	蔬菜	不限			18		40
	豆制品	70（2片豆腐干）	410.23	2.52	23.14	11.34	46.29
	鱼汤	250	473.86	4.65	36.97	14.05	49.65
	脱脂酸奶	100（1盒）	238.6	0.4	6.32	3.3	23.16
	水果	100（半个中等大小的苹果）	173.72	0.16	3.47	0.16	1.54
午餐合计			2008.02	9.18	17.22	41.55	34.65
晚餐	粳米	100（2两饭）	489.76	0.3	2.31	2.6	8.89
	虾	75（5只河虾）	230.23	1.8	29.45	12.3	89.45
	蔬菜	不限			18		40
	牛肉	25	110.93	0.575	19.53	5.05	76.23
	蔬菜汤	200	145	0.24	6.24	1.78	20.55
	水果	100（半个中等大小的苹果）	173.72	0.16	3.47	0.16	1.54
晚餐合计			1149.64	3.075	10.08	21.89	31.88

续表

餐次	食物	克数（g）	热量（kJ）	脂肪（g）	脂肪供热百分比（%）	蛋白质（g）	蛋白质供热百分百（%）
其他	食用油	<30	<1130.22	<30	<100	—	—
	糖	<30	<502.32	—	—	—	—
	白水	550mL					
一日合计			6683.12	53.055	29.91	87.02	21.80

第四节　运动导致的青少年常见身体问题的营养补充

青少年想要获得最大生长潜力需要足够的能量供应，营养不良有可能导致器官发育不良。对于能量和营养素摄入不足的青少年运动员的饮食尤应予以重视，这是确保其获得健康状态的关键因素。

一、运动性贫血

（一）运动性贫血简介

运动性贫血是指由于剧烈运动而引起的外周血中单位容积内血红蛋白（Hb）的浓度、红细胞计数（RBC）及红细胞压积（HCT）显著下降甚至低于相同年龄、性别和地区正常标准的现象。血液学指标包括血红蛋白（Hb）、红细胞压积（HCT）、红细胞（RBC）、红细胞分布宽度变异数（RDW-CV）和铁蛋白等，是反映红细胞数量、形态和铁代谢及铁储备的指标，可用来判断机体的造血机能、血液的携氧能力和蛋白质的营养状况等。国外诊断运动性贫血的血红蛋白标准为：女Hb<120g/L，男Hb<140g/L；国内采用的是世界卫生组织贫血临界值，即女Hb<120g/L，男Hb<130g/L，作为诊断运动性贫血的参考值；对于青少年运动员，实际多采用男、女Hb<110g/L的诊断标准。根据对儿

童少年运动员贫血情况的调查，青少年运动员的贫血发生率（39.5%）明显高于成年运动员（22.4%），且女运动员的贫血发生率（45.3%）远比男运动员（33.3%）高。大量的研究结果显示，运动训练会导致运动性贫血的出现概率上升，且缺铁性贫血在运动性贫血中占较大比例。

对于青少年运动员，他们虽然处于业余训练阶段，训练负荷和强度也比专业运动队的队员小，但一方面运动员年龄相对较小，生活自理能力还不是很强，有很多运动员存在偏食的现象，不能保证合理的膳食以提供训练、学习生活中必需的能量；另一方面他们白天还要进行文化课学习，相对于同龄人，这些尚处于生长发育阶段的青少年的能量消耗会更大一些。当他们的血红蛋白水平低于诊断运动性贫血的参考值但尚未达到临床诊断贫血的标准时，对于普通人群可能影响不大，但对于运动员可能已经不能完成正常训练，甚至已经出现口唇、脸色发白和头晕等轻度贫血的症状。如果能在这一阶段及时地调整训练量，注意饮食营养，血红蛋白水平可能会有所提高，否则机体的机能水平将进一步恶化，要再进行治疗可能就很难了。

铁缺乏可引起贫血，贫血则会降低血液运输氧的能力。当机体铁的储备降低时，即使没有引起明显的贫血，也有可能干扰肌肉细胞的氧化代谢过程。青少年女运动员发育成熟后有月经周期的女孩营养需求要加以重视，月经周期失血会让铁丢失，青春期女孩出现缺铁症或患上缺铁性贫血的概率大大增加。14~18岁女孩的膳食铁推荐摄入量为15mg/天。如果不能从食物中获得充足的铁，因铁摄入不足引发的缺铁、运动能力下降、免疫功能受损，会迫使运动员寻找其他易耐受的途径获得足够的铁。另外，有部分运动员红细胞破坏和丢失增加，剧烈的运动训练可导致红细胞破坏而溶血，使红细胞达不到120天的正常寿命，红细胞平均体积小于8L（甚至是小于7L），但他们的血红蛋白处于正常状态。从其他的指标来看，这部分运动员的红细胞计数相对较大，一般都在5.0×10^{12}以上。很明显，这是一种代偿现象，也是一种自身水平的适应。血红蛋白是红细胞内的主要成分，红细胞携带氧（O_2）和二氧化碳（CO_2）的机能是靠它们来完成的。血红蛋白通过在肺内的氧合作用和组织内的氧离作用实现氧的运输与交换，以供细胞代谢。这样，血红蛋白的含量就成了决定运动员最大摄氧量的主要因素，血红蛋白含量降低，红细胞运输氧和二氧化碳的能力及物质能量代谢能力就会下降，最终影响运动能力。对于这部分运动员，他们就是通过增加红细胞的数量，来满足体内氧交换和运输的。这部分运动员的血红蛋白水平虽然处于正常状态，但他们的稳定性和耐受性不高，也就是说，他们的适应性只是体现在一般的训练强度下，当教练员的训练强度有了调整，他们的血红蛋白水平也会很快地受到影响，甚至降到较低的水平。

（二）青少年运动性贫血的营养预防和补充措施

运动员应定期检测血红蛋白和血清铁蛋白（血清铁蛋白是反映机体铁储备状况的最灵敏指标）。在这两项指标达不到理想水平时，选择适当的营养品进行强化补充，着重于影响红细胞代谢过程的营养素即铁、蛋白质、各种氨基酸、维生素、微量元素的均衡补充。

科学地调整运动量再加上合理的膳食是预防运动员贫血的主要措施。青少年摄入平衡膳食是预防缺铁性贫血的主要方法，同时通过含铁高的食物和优质蛋白、维生素C、维生素B_{12}、叶酸的补充，充分保证造血物质的每日摄入量。上述成分含量高的食物有动物肝脏和血、牛奶、蛋黄、豆制品、绿色蔬菜、海带、紫菜、黑木耳等。如果出现血色素下降甚至贫血，可采用中药、特殊铁制剂、抗氧化剂、细胞保护剂等升血方法。

个案分析（四）

如表9-4-1所示，击剑项目某青少年女运动员刘××，2017年3月份测试中发现血红蛋白、红细胞压积、平均红细胞容积、平均红细胞血红蛋白、平均红细胞血红蛋白浓度较低或处于临界值，铁蛋白测试值极低。该运动员训练后感觉劳累，训练强度上不去，完成不了训练计划。相应对策：一方面教练对其调整训练负荷，另一方面帮助该运动员均衡营养，合理膳食，监督膳食中适当增加动物肝脏、血、牛奶、蛋黄、豆制品、绿色蔬菜、海带、紫菜、黑木耳等食物的比例，并发放特殊铁剂海默醇、抗氧化剂番茄红素等运动营养品。2017年5月份测试发现，血红蛋白和铁蛋白等指标已恢复至正常水平，能较好地完成训练计划。

表9-4-1　击剑项目青少年女运动员刘××血红蛋白、铁蛋白等贫血指标测试结果

日期	血红蛋白（11~15g/d）	红细胞压积（32%~54%）	平均红细胞容积（79~101L）	平均红细胞血红蛋白（26.9~33.8 pg）	平均红细胞血红蛋白浓度（32~36.2g/d）	铁蛋白（11~310ng/mL）
2017.3	10.6	33.7	8.0	25.1	31.4	6.1
2017.5	12.8	38.2	8.4	28.3	33.2	32.4

二、运动性免疫力低下

（一）运动性免疫力低下简介

要使青少年运动员实现训练和比赛的目标，科学地制订运动负荷量十分必要。负荷适宜且恢复措施及时，机体就会出现良好的适应性变化；训练负荷太小，运动能力提高则不明显；训练负荷过大，会出现过度训练、免疫力低下等问题。一些青少年运动员在大强度训练和比赛后机体免疫力降低，抵抗力下降，易感染疾病，尤其是上呼吸道系统疾病。

机体免疫力水平是评价青少年运动员过度训练的重要指标。过度训练可能导致过度训练综合征，表现为神经内分泌失调，运动员在比赛或训练期运动能力下降，不能维持原有训练量，血液中儿茶酚胺分泌降低，易疲劳，易发生感染，睡眠欠佳，心情烦躁易怒。大量资料证明，长期过度训练可以抑制循环中淋巴细胞的数量，导致增殖反应能力下降，中性粒细胞的功能下降，血清和唾液中免疫球蛋白浓度、NK细胞数目和周围血中细胞毒反应能力降低。在这期间，运动员抵抗能力下降，各种致病因子尤其是病毒容易进入体内，使运动员感染疾病率升高。因此，青少年运动员要注意免疫系统的机能监测：免疫系统的监测生化指标有白细胞数目、免疫球蛋白（IgG、IgM、IgA）、白细胞分化抗原（CD4/CD8）、NK细胞和血清谷氨酰胺等，最常用的是白细胞数和免疫球蛋白。当白细胞低于4.0×10^9g/L时，表明免疫功能低

下，应注意预防疾病；当在4.0×10^9~11.0×10^9g/L时，机体免疫功能正常；当持续高于11.0×10^9g/L时，运动员个体可能出现炎症，有感染的可能，应注意观察和积极治疗。免疫球蛋白是人体主要的体液免疫物质，IgG的正常范围为8~16g/L，IgM的正常范围为1.4~4.2g/L，而IgA的正常范围为0.5~1.9g/L。在对青少年运动员进行评价时，如果运动员免疫球蛋白，特别是IgG、IgA低于参考值下限或在参考范围内较低，说明免疫机能可能下降；如果免疫球蛋白高于参考值上限或在参考值范围内较低，提示运动员可能患有疾病。

运动训练可以导致明显的免疫抑制现象，但运动训练并不能因此而中止。教练员需要做的是，一方面注意利用青少年运动员免疫机能的变化信息调整训练，另一方面加强对青少年运动员免疫机能的保护。

营养上可以通过在膳食调控基础上应用营养补充品进行免疫调理，还可以利用我国独特的中医药优势，在中医专家的指导下进行青少年运动员免疫调理等方法的尝试。

（二）青少年运动员训练后免疫力低下的营养补充

如何防止训练引起的青少年运动员免疫功能下降是非常重要的，大量的研究结果表明，给运动员补充维生素、碳水化合物、谷氨酰胺及抗氧化剂等可以减弱运动引起的免疫抑制。

1. 注重补糖

补糖时间不宜距离开始训练的时间过近，以免引起胰岛素效应反而导致运动时血糖浓度降低。运动中，少量多次，浓度不宜过高；运动后，补充时间应在训练后抓紧进行，以便既有利于维持血糖水平，促进免疫机能恢复，又有利于糖原的再合成。可通过鼓励运动员多进餐米饭、面条等主食增加糖的摄入量。

2. 谷氨酰胺的补充

运动员训练时间较长，特别是大强度训练后往往会出现持续性疲劳，运动能力和免疫力会下降，这称为“过度疲劳综合征”。如果出现过度疲劳综合征会严重影响运动员的运动能力。有实验表明，补充谷氨酰胺可以缓解运动员慢性疲劳和提高运动员免疫力，对于缓解运动疲劳综合征有积极的作用。谷氨酰胺是人体肌肉含量最丰富的一种氨基酸，占细胞内外氨基酸总量的50%以上，在肝脏中起重要作用，是氨基酸、蛋白质、核苷酸和其他重要的生物大分子合成的必需物质。谷氨酰胺是运动员重要的免疫营养物，免疫系统所有细胞的复制都需要谷氨酰胺。

运动研究发现，谷氨酰胺具有增强免疫力的作用，对大强度训练引起运动员免疫系统功能下降有积极的恢复作用。由于免疫系统对谷氨酰胺的利用率很高，而它是免疫系统的重要能量来源，并且是合成免疫细胞嘌呤和嘧啶核苷酸的重要氨基酸来源，从理论上来讲，运动后血浆谷氨酰胺浓度下降会影响机体免疫系统的功能。目前，较为普遍使用的免疫增强剂是谷氨酰胺和恢复冲剂，运动后服用谷氨酰胺显然对预防继发感染是有益的。恢复冲剂以L-谷氨酰胺为主要成分，配以葡萄糖、维生素、肌酸等制成。肌酸是天然地存在于机体的营养素，95%的肌酸都存在于骨骼肌中。肌肉内充足的肌酸可以帮助人体增强力量，增加做功能力，增长肌肉，并使人体不会过早发生疲劳。葡萄糖可以促进胰岛素这种内源性合成激素的释放，葡萄糖与谷氨酰胺和肌酸一起摄入，可以增加谷氨酰胺和肌酸的利用率，从而提高补充后的恢复效果。

3. 适量的维生素和矿物质

寒冷环境中，由于代谢加强和出汗、尿液较多等原因，一些矿物质损失较多，较易丢失的无机盐是钠和钙，因此，可适当地增加食盐的摄入量，同时注意多摄入一些富含钙的食物，如奶制品、虾皮等，还需要补充足够的维生素。维生素种类很多，目前已知有30多种，分两大类：一类为脂溶性维生素，如维生素A、D、E、K等；另一类为水溶性维生素，如VB_1、VB_2、VB_6、VB_{12}、VC、泛酸等。具体地讲，维生素A在维持人体生长发育、保护视力、皮肤黏膜代谢方面具有重要作用。维生素B族能促进体内物质代谢，保护神经系统和消化系统健全并可提高免疫力。富含B族维生素的食物包括粗粮、动物肝脏、牛奶和坚果等。维生素D能维持血清钙磷浓度的稳定，降低罹患乳腺癌、结肠癌和卵巢癌的风险。人体可以通过光照补充维生素D，这部分维生素D的产生占身体维生素D供给的90%。维生素C可提高人体组织的生物氧化过程，促进物质代谢和造血功能，增强人体抵抗力和应激能力，参与解毒等生化过程，而且实验证实，摄取大剂量维生素C可提高机体的耐寒性，使机体在寒冷环境中体温下降较少，同时有助于提高机体的抗氧化能力，减少细胞损伤。因此，维生素不仅有参与人体物质代谢、维持机体正常生理功能的作用，对预防运动性疾病等也有重要意义。青少年运动员可以从膳食中补充维生素，比如摄入大量的蔬菜、水果，同时可以通过维生素补剂补充维生素，可有效地预防维生素缺乏引起的体力及抵抗力下降。

4. 抗氧化剂

运动员的机体自由基代谢较强，抗氧化剂的消耗增加，因此，在进行大运动量训练时，可服用抗氧化物用来对抗自由基。自由基不仅可以调节免疫机能，而且是重要的致疲劳物质，因此，补充抗氧化物可谓“一箭双雕”，不仅有利于调理免疫机能，而且有助于促进疲劳的消除和身体机能的恢复。增加抗氧化剂的摄入量对保护受损细胞，减少体内氧自由基，防止组织细胞损伤，提高机体免疫力有重要意义。针对自由基的大量生成，要注意维生素C、番茄红素和葡萄籽提取物等的补充，降低自由基的危害性。因此，青少年运动员平时的饮食中，应加强含有这些营养素的食物摄入。富含维生素C的食物一般是水果和蔬菜，而番茄红素富含于橙黄色的食物中，如西红柿、柿子椒、橙子等，此外还可以补充番茄红素和葡萄籽提取物。

思考与练习题

（1）什么是平衡膳食？

（2）合理膳食的个体化原则包括哪两个方面？

（3）青少年运动员营养不平衡的六大主要表现是什么？

（4）维生素A有什么功能？

（5）运动中应该如何合理补液？

（6）青少年力量性女运动员和男运动员蛋白质摄入推荐量分别为多少？

（7）耐力性运动项目主要的供能物质是什么？

（8）简要说明生酮饮食有哪些优点（至少3个）？

（9）青少年运动员控体重时应掌握哪些保证营养的方法？减体重的具体食物有哪些？

（10）运动性贫血的概念及临界值是什么？

（11）预防缺铁性贫血应补充哪些含铁量高的食物？

（12）运动员免疫力低下的营养补充有哪些方法？

参考文献

[1] 李荣华.常用营养补充剂对青少年机体运动能量影响探析[J].青少年体育，2017（04）：42–43.

[2] 徐文杰.浅论青少年运动员的营养补充策略[J].新西部（理论版），2012（05）：186.

[3] 曹建民，李妍.我国青少年运动员的营养状况及对策[J].青少年体育，2012（01）：116–117.

[4] 徐学慧.男性青少年运动员膳食调查及膳食营养干预的研究[J].北京体育大学学报，2009，32（07）：63–65.

[5] 黄新.青少年运动员膳食营养状况及营养认知的调查分析[J].湖北体育科技，2008（03）：262–263.

[6] 全凯.耐力性青少年运动营养的研究[J].体育科技文献通报，2007（12）：61–63.

[7] 吴坤.营养与食品卫生学实习指导[M].北京：人民卫生出版社，2006.

[8] 焦颖. 运动·营养[M].北京：北京科学技术出版社，2005.

[9] 陈吉棣. 运动营养学[M].北京：北京医科大学出版社，2002.

[10] Hoch AZ, Goossen K, Kretschmer T. Nutritional requirements of the child and teenage athlete[J]. Phys Med Rehabil Clin N Am, 2008(19):373–398.

[11] Meyer F, O' Connor H, Shirreffs SM, Burke L, Maughan R, Shirreffs S. Nutrition for the young athlete[J]. Journal of sports sciences, 2007, 25 Suppl 1 (sup1) :S73.

第十章　运动训练管理理论与实践

内容提要：

鉴于运动训练教育目标的独特性和训练过程的复杂性，以及我国运动训练长期以来的路径依赖，要使这样一个系统体现它的高效运转，多出人才，出好人才，就必须对它实施科学的管理，分析运动训练管理的客观规律性，找到运动训练管理各因素间的最佳结合点。运动训练管理涉及多方面的因素，这个过程既包含运动训练目标的合理界定、训练组织结构的有效衔接、运动员身心的科学监控，又包括运动训练中的教练员素质、教练员团队的协调以及场地、器材与设备管理等。协调好这些方面的内容，把握好当前管理的社会环境和经济环境，并从竞技体育要素的全球化发展进行考量，就能够不断提高运动训练成绩，提高运动训练管理的效益性。

学习目标：

（1）明确运动训练管理的概念和内涵。

（2）了解运动训练管理的要素。

（3）初步掌握运动训练管理的特征及要点。

（4）熟悉运动训练管理的过程。

（5）掌握运动训练管理的评价方法。

运动训练是指运动员在教练员的指导下，为不断取得优异的运动成绩，促使身心全面发展的教育过程。运动训练是培养人的过程，在这个过程中会涉及政策指导、目标制订、训练组织架构、场地设施、训练及生活保障等方方面面。同时，运动训练不仅在于推动运动员取得优秀的运动成绩，其过程还是一个深刻的运动员教育过程，尤其对青少年运动员来说，其身体、心理和社会化等都是训练过程中重点包含的内容。当然，运动训练过程也是一个教练员从平凡到卓越的提升过程，教练员是运动员成长的一面镜子，在这面镜子中将折射出运动员的奋斗标准。管理水平的高低决定着运动训练成绩的好坏和训练过程的优化。我国早在20世纪90年代中期就颁布并开始实施《奥运争光计划》，目的在于为运动训练制订科学的发展目标，推进运动训练的科学管理，使我国的运动训练水平不断迈向新的台阶。由于实施《奥运争光计划》，我国竞技体育水平自21世纪伊始，连续在雅典奥运会、北京奥运会和伦敦奥运会上取得优异的成绩。同时，我国的冬季奥运项目在21世纪也有了重大突破，2002年第19届盐湖城冬奥会上，杨扬首次为中国队获得金牌，截至2014年第22届索契冬奥会，中国队总计获得12枚冬奥金牌。由于竞技体育水平的快速提高，中国竞技体育在全球范围内具备了显著的影响力，北京成为唯一既举办过夏季奥运会又即将举办冬季奥运会的城市，也使得北京荣获“国际体育大都市”的称号。竞技体育成绩的提升源于我国运动训练整体管理水平的改善。

第一节　运动训练管理要素

【案例导入】如何理解运动训练管理的目标构成？

一个胖的人和一个瘦的人在一段废弃的铁轨上各站一条铁轨，准备进行50m走比赛。事先做了相关的约定，两人同时出发，但谁从铁轨上掉下来3次，即以失败告终。比赛开始后，就出现了一个奇怪的现象，瘦的人很快就掉下铁轨3次，输掉了比赛，而胖的人丝毫不受铁轨的影响，不仅没有掉下来，反而大踏步地往前走，并顺利走到了终点。如果两个人从来没有走过铁轨，实验证明，胖人的成功率一定远高于瘦人，试分析其中道理。

【案例分析】

这个案例其实告诉我们这样一个道理，胖人和瘦人走上铁轨时的感受是一样的，都会因为本能，而看自己的脚，但胖人因为身体条件，无法直接看到自己的脚，只能把眼光放远一点。胖人看到的点和身体构成一条直线，而瘦子看到的仅仅就是一个点，因此，胖人走稳的概率大大超越瘦人。

胖人走铁轨形成的这条直线能够说明目标的什么问题呢？至少说明目标的构成主要包含以下方面：①目标是具有方向性的；②现实离目标是有距离的；③目标是需要通过努力一步步来实现的；④目标是可以实现的；⑤目标是可以测量的，通常由量化的指标构成；⑥目标是可以评价的。

这就告诉我们：在运动训练过程中，唯有目标指向清晰，运动训练管理的过程才能更好地进行，运动训练管理才会有评价的依据。

一、运动训练管理概念与组成要素

（一）运动训练管理概念

我国体育领域的专家学者，如孙汉超、徐本力和秦椿林等在探讨运动训练管理的过程中，都曾给运动训练管理下过明确的定义。专家、学者给运动训练管理所下的定义，综合起来大致有以下界定。

（1）运动训练管理是指管理者遵循运动训练的客观规律，运用有效的手段和方法，为不断提高功效，实现训练工作目标，而对运动训练系统进行计划、组织、控制、协调的综合活动过程。

（2）运动训练管理旨在遵循运动训练的客观规律，紧密围绕运动训练过程，不断改进运动训练的组织方法和工作方法，为提高运动训练水平服务。

（3）运动训练管理是指管理者遵循运动训练的客观规律，运用有效的方法和手段，对运动训练系统进行计划、组织、控制、协调，以不断提高效率，实现运动训练目标的综合活动过程。

（4）运动训练管理就是对运动训练中的个体动机、训练设备、运作过程、法律和信息技术等方面进行管理的过程。

综合以上专家、学者给出的运动训练管理概念的界定，我们认为运动训练管理是指根据运动训练环境的变化，在一定的运动训练组织中，为了实现运动训练的预期目标，以教练员和运动员为核心，所进行的各种协调活动。从这个定义上看，运动训练管理至少有以下内涵。

（1）运动训练的管理过程必然产生于运动训练管理的组织之中，通常把运动训练组织称作运动队，运动训练组织为训练管理提供了平台和可能。

（2）运动训练管理目的就是要完成运动训练过程中的预期目标。这些目标通常包含成绩目标、育人目标等。

（3）运动训练管理的本质就是对影响运动训练的各种复杂因素进行协调，使之朝向设定的目标发展。

（4）运动训练管理协调的核心是教练员与运动员，所有一切协调要素均要围绕教练员和运动员展开。

（5）运动训练管理协调的方式是多种多样的。

（6）运动训练管理必须充分关注训练客观环境的变化，做到与时俱进。

（二）运动训练管理的要素

遵循管理不可缺少的组成要素，运动训练管理的要素主要包含以下几项。

（1）人。管理学原理告诉我们，人是管理的核心要素，抓住了核心要素，很多问题就会迎刃而解。运动训练管理最终要体现在运动员发展的全面性和优秀运动成绩这两大目标的取得上，而运动员成长的全面性和优秀运动成绩又来自高水平的优秀运动队管理。一支优秀的运动队离不开教练员、运动员、心理医生、保健医生、科研人员、行政管理人员、训练设备管理人员、文化教员等。在青少年运动训练管理过程中，教练员、文化课教师、心理辅导师以及科研人员往往是运动员教育与培养的主要构成人员。

（2）财。运动训练的正常开展离不开运动训练经费的保障。对运动训练经费进行合理预算、合理开支，并采用积极的手段进行融资和筹措资金，是运动训练管理的一个基本组成部分，尤其是现代高科技与训练的结合日趋紧密，对运动训练的合理投资是支撑运动训练管理走向科学化的重要砝码。

（3）物。运动训练管理中的物主要表现在运动训练的设备上，如运动场馆、运动器材等，也包括一些科研仪器和装备。现代运动训练的一个重要特征表现在运动训练装备的科学化与现代化，这些科学化的设施需要投入大量的资金，如果不能合理充分地使用，浪费必然是巨大的。青少年运动训练的科学化要求更高，对运动训练的监控必须借助科学化的仪器设备来实施，这样可以弥补教练员经验性训练的不足。

（4）时间。运动训练管理的时间往往是同效率联系在一起的，现代运动训练的发展与提高正在呈几何倍数向前推进，比赛的周期越来越短，而成绩的要求越来越高，保证运动训练管理出水平、出效益，时间管理是一个很重要的制约因素。

（5）信息。科学技术的高速发展要求运动训练时刻能把握最前沿的发展动态，而这最主要取决于对信息的接收与分析。掌握第一手信息是运动训练现代化的发展要求，是运动训练紧跟世界先进水平的推进器，运动训练的管理与信息掌握息息相关。在青少年的运动训练中，尤其要培养青少年运动员信息手段运用与分析的能力。

运动训练管理除了人、财、物、时间、信息等要素之外，还应当包括相应的运动训练的目标、任务、政策和组织结构等。

二、运动训练中人的管理

借用达伦·卡希尔当年对阿加西说的一句名言：“一个好的教练，就是要帮助你来到再也不需要他的高度。”

【案例导入】教练卡洛斯对李娜的人性改造

1. 师徒结缘很巧合

说起李娜是怎么和卡洛斯及这家网校结缘的，没人比北京匠心之轮网球学校校长丁叮更了解了。

李娜和卡洛斯相识于两年前，但早在那之前，卡洛斯已是这家网校的教练负责人。丁叮有些得意地说，如果不是因为她的执着，没人能说服卡洛斯来到中国执教，未来更不可能和中国的李娜产生交集。

丁叮告诉《北京青年报》记者，决心做网球学校，初衷是为喜爱网球的闺女建个打球学球的地方。“开始连网球长啥样都不知道，就知道教练费贵，球场约不上，来打球的人开的车都不错，觉得开网球学校是个好生意。”在了解到这门生意有利可图后，丁叮决心加大投入，全部聘请外籍教练。

随后，比利时大使馆通过关系找到丁叮，介绍比利时的网球学校，希望和她一起合作办学。“我听说是海宁办的网球学校，就很高兴。”丁叮说。2009年，一句外语也不会的丁叮，决定自己跑一趟比利时。“我一句英语都不会，更别提法语了，但是我愣是从法国坐火车，一路打听着找到了海宁的第六感网校。”在那里丁叮第一次见到时任海宁网校校长的卡洛斯。“我们俩比画着开始讨论怎么合作、合作模式。说起来也怪，我们俩倒能沟通。”

合作谈成，卡洛斯及其网校的教练团队由海宁带着，第一次造访中国。“我们很快达成协议，卡洛斯和他的团队在我的网校，帮我带弟子，有好苗子，定期去比利时的网校训练、打比赛。”丁叮说。此后海宁决定第二次复出，卡洛斯也跟随海宁再次上路，把他的教练团队留在了匠心之轮。半年后，海宁决定再次退役，结婚生子。“卡洛斯第一时间给我打电话，说他希望在中国开展事业，问我可以来你的网校吗？我说我愿意给你股份，你来吧。”卡洛斯就此成了匠心之轮的股东和总教练。

2012年，李娜在伦敦奥运会首轮出局，职业生涯跌到谷底。明眼人都能看得出，李娜和姜山的夫妻档已经撑不起李娜提升的排名和职业网坛的大场面，换帅成了当务之急。负责为李娜寻找教练人选的IMG公司，将目光投向了已在北京安家的卡洛斯。在IMG报上人选后，李娜没有犹豫就选中了卡洛斯。但最初安定下来的卡洛斯，不想再过跟随职业选手走南闯北的日子。“最后是我说服了卡洛斯，以学校的名义和李娜签约，每年有多少比赛陪同，每年要留在学校多少时间。李娜也把训练基地安排到我这里，问题就解决了。”丁叮说。

2. 卡洛斯的“话疗”法

丁叮告诉《北京青年报》记者，在李娜和卡洛斯签约之初，外界一片赞誉之声，她的熟人却全部持反对意见。“他们一是担心李娜这个岁数，还能有前进的余地吗？二是李娜的个性，你们能管理吗？”丁叮的回答是：“为什么只能靠管？”

在卡洛斯的字典里，也没有“管”这个字。卡洛斯的武器就是问和说。卡洛斯第一次和李娜谈话，就震撼了李娜。“我曾对李娜说过，我担任你的教练，一个是因为我自己对网球的热情，另一个就是因为我相信你可以做到。”卡洛斯说，“如果我对你没有信心，我回到北京的网球学校做好自己的教学工作就可以了，但是我看到了你的潜力，这些是以前没有人能够帮助你全部发挥出来的。我不是来要求你哪些是必须做的，而是帮助你想明白自己应该做些什么，让你了解为什么自己要打网球，为什么自己会喜欢打网球。”

李娜曾对《北京青年报》记者表示，她的个性，让她不会轻易向外人敞开胸怀，但一旦认可对方，就会不留余地地坦诚相待。在一次专访中李娜告诉《北京青年报》记者，卡洛斯是怎么聊着天，找出她不自信的根源的。“卡洛斯在训练时总喜欢鼓励我，结果他发现我不太爱回应他。他说他真的很满意，我说你就哄我吧。反正我从小到大也没受过什么表扬。”这让卡洛斯关心起李娜究竟是怎么成长起来的。“开始我挺不愿意说的，但是卡洛斯好像有种魔力。你看着他的眼睛，就不由自主地说出心里话。”那已是李娜心底尘封多年的往事。当年她只是9岁的孩子，被心怀梦想的父亲送到体校。此后父亲身体越来越糟，早年病故，而受临终之托的体校启蒙教练对李娜的要求也越来越严格。“其实她也是对我好，但是可能自己生活也不如意吧，每天训练总是没有好脸色。我跟她练了10年，她从没有表扬过我。你想一个小孩子练球10年也得不到表扬，是不是长大容易没有自信？”

在向卡洛斯坦露了童年阴影后，李娜泪流满面，而让她意外的是卡洛斯给她的建议：“他建议我专门去找一趟我的启蒙教练，和她坐下来聊一聊。我觉得他真是异想天开。”卡洛斯的话像一粒种子在李娜心里发了芽。借着回武汉休假的机会，李娜真的去找了启蒙教练余丽桥。“开始特别忐忑，后来见了面，聊开了，感觉也没有什么了。”李娜谈到那次会面时说。

3. 一进三退的心理改造

当卡洛斯遇到李娜时，“中国金花”已经30岁了。卡洛斯看到李娜有达到世界顶尖水平的潜力，也看到了改造一个早已定型的选手时要克服的阻力。在卡洛斯赢得李娜的信任后，他对李娜在技战术等环节的改造意见，对方言听计从；对李娜心理层面的改造，却一进三退，困难重重。

李娜对卡洛斯的言听计从，从一个细节就能看出。2012年中国网球公开赛期间，李娜在比赛中途，拿出了一张小纸条，那上面写着“别着急，打高球不要慌”等提醒的字样。当赛后媒体追问李娜，怎么会想出这个看起来有些幼稚的招数时，李娜明显有些脸红地拒绝回答。后来了解到，这正是卡洛斯的建议。他认为中国球员有些依赖教练，所以他干脆把他的提醒写在纸条上。也正是这个看起来有些幼稚的小改变，帮助李娜在中国网球公开赛拿到了晋级年终总决赛的积分。

李娜身上有中国女性坚韧和顽强的特质，这让卡洛斯完全不担心弟子会偷懒耍滑，但在心理层面，李娜仍未达到卡洛斯的预期目标。2013国际女子职业网联年终总决赛李娜不敌小威。虽然这已是李娜的职业新高度，但卡洛斯仍对李娜轻易输球耿耿于怀。在他看来，李娜已经习惯了用崇拜的眼光看待小威，却不知自己已有了挑战对手的实力。“即便是塞雷娜（小威）这样的超级明星，她也一样只有两只手臂和一支球拍，你们没什么不同，输赢的机会一样是50对50。要让她真正理解并能够这么去想并不容易，这正是我接下来要做的工作。如果是50对50，我认为李娜更加出色，这是我的观点，我清楚这一点是因为我认识塞雷娜很多年了，她非常尊敬李娜，因为她知道李娜是当今少数几位即便是在她打得很好的时候也能够击败她的选手之一。然而，最需要相信这一点却没能说服自己的人是李娜自己，这就是问题所在。”

对于即将32岁的李娜来说，也许一时半会儿依然跨不过发自内心的自信关，但在卡洛斯的陪伴下，她在心理层面上的成熟也是有目共睹。2014年澳网夺冠的7轮比赛中，换做从前的李娜，恐怕在前3轮就已经出局。好在李娜在两年前做出了换帅的决定，让中国球迷能看到李娜如今绽放的笑容。这应该是李娜一生中做出的最明智的决定之一。

（记者 褚鹏 引自http://sports.qq.com/a/20140126/001477.htm）

【案例分析】

从李娜的成长与卡洛斯的教育来看，无疑是非常成功的。上述案例给我们诠释了这样一个答案，是卡洛斯把李娜带到了人生境界的最高端。技战术的合理应用，最终是通过人的稳定发挥来实现的。如何做到人的稳定发挥，卡洛斯给出的答案就是如果把人看成管理的核心，那管理就是成功的，李娜用事实解释了这一现象存在的合理性。

管理学原理告诉我们，人是管理的核心因素。从梅奥的行为关系理论开始，以人为本的思想成了管理学研究的重点。通过满足人的行为，产生积极的心理情绪，激发人的自我效能感，最终实现管理对象的工作投入和创新创造。评价管理水平的高低，最主要的标志是看人的潜力在多大程度上得以发挥。

运动训练管理中的核心因素是教练员与运动员，任何训练管理制度与措施只有落实到教练员与运动员的身上，并通过教练员与运动员的创造与表现，运动训练的管理效果才能体现，才能最终实现运动训练管理的目标。

（一）运动训练管理中的教练员

古罗马凯撒大帝时有一句著名的格言："士兵有权得到能干的指挥员。"同样的道理，在运动训练的过程中，运动员有权利得到最称职的教练员。战争中，士兵不得不把自己的生命托付给指挥作战的长官，类似地，运动训练过程中，运动员优异成绩的取得依赖于优秀教练员卓越的带队能力。因而，教练员的配备对运动员优异运动成绩的取得有着非常重要的影响。有专家指出，一个国家能培养多少世界冠军，首先在于他们能够拥有多少个具有世界水准的教练员。因此，必须选择合适的教练员来担任运动训练的管理工作。那么，怎样才算是合适的教练员呢？这就需要讨论教练员必须具备的素质，即我们应根据哪些标准去选拔教练员呢？

在具体讨论教练员的选拔标准之前，有必要作两点说明。

（1）由于不同的运动训练层次和运动训练对象的水平不同，要求不同层次的教练员具备不同的知识和技能，因此，要列出一个适合各个层次教练员的标准条件是非常困难的，甚至是不可能的。因此，本章探讨的教练员主要定位于青少年训练层次的教练员。这类层次的教练员往往在提高运动员训练成绩的同时，负担着青少年的健康成长，与成人运动员训练管理过程相比，更具复杂性和使命感。

（2）选拔教练员的主要依据是贡献还是能力？由于这两者并不总是一致的，个人对组织的贡献并不仅仅取决于自己的能力，还要受到自身以外许多其他因素的影响，因此，选择后者更具有科学性。那么不依成员对组织的贡献程度来选拔教练员是否意味着对贡献者的不公平呢？我们认为不是的。对组织成员贡献的补偿主要是分配中的报酬，特别是给予物质方面的报酬。当然，贡献的大小有时也是能力高低的一种表现，如果某名教练员不仅为运动训练的发展提供了特殊贡献，而且在做出贡献的过程中充实了工作技能和知识，能够胜任更高层次的训练工作，那么这种特殊贡献应该成为予以提拔的补充依据。当然，贡献是一个阈值相当宽广的界定，最终还应当通过能力的展现去评判。如果谈青少年业余训练的贡献，更多还是基于青少年的全面发展，基于青少年成长的社会化问题，这对教练员的能力就会提出更高的要求。

不同训练管理层次的管理业务工作是不同的，但其本质特征是一样的，即培养运动员全面发展的人格，培育运动员成为具有信仰的人，组织和协调运动员的学习与训练，制订训练计划，选拔优秀的运动员等。因此，从对不同层次教练员的具体要求中可以辨别出一些相同的方面，这些相同的方面可以作为选拔青少年教练员的基础参照要素。

以上分析表明，教练员选拔是一项复杂而艰巨的工程，它直接影响着运动训练开展的质量问题，关系到运动员的选拔和运动成绩取得的大计，尤其对青少年运动员来说，一名优秀的教练员将打开运动员健康成长的大门。由于我国教练员的培养工作一直以来落后于体育形势的发展，培养体系处在不断变动之中，教练员自身提高意识也不强，因此，面对竞技运动水平的快速发展，在竞技运动的科学化日益提高的现实条件下，建设一支高质量的青少年教练员队伍，是提高我国运动训练科学化水平的当务之急。

我国当前的青少年教练员队伍良莠不齐，主要表现在责任意识不够、理性限制较多、知识能力无法跟上世界青少年运动训练发展水平要求。在教练员的管理中，要实现教练员作为管理者的一般素质和专项素质，应完成以下管理任务。

（1）确定教练员的工作标准。工作标准化的制订，是科学管理的重要标志，美国管理学家弗雷德里克·温斯洛·泰勒正是凭借他对工作标准化的研究，揭开了现代科学管理的序幕。尽管泰勒时代工作标准化的制订还存在着很多缺陷，但我们无法否认标准化对现代管理的推动与促进作用。同样的道理，没有工作标准，就无法衡量教练员的工作业绩，就失去了对教练员的监控。对教练员工作标准主要从工作要求、工作业绩、工作制度、工作考核等方面去制订，如工作业绩，对优秀运动队的教练员来说，运动成绩就是最主要的工作标准；对基层各业余运动队来说，输送运动员的质量与数量就是主要的标准等。同时，标准又是与评价紧密相连的，评价是对标准落实的肯定，实施科学的评价本身也是一种重要的标准。美国体育事业的快速发展，关键在于重视青少年体育健康各项标准的制订，为体育教育和运动训练提供了标准的参照与执行。

（2）加强对教练员的培训。信息时代一个重要的变化就是知识更新的加速，教练员知识更新的手段除了教练员自身在教学训练当中钻研运动训练的业务知识，总结运动训练的经验之外，对教练员实行短期或中期、脱产或半脱产的业务培训，是教练员开拓视野、迅速与高水平的运动训练科学化接轨的一个重要途径。完全靠教练员自身去摸索、自学，毕竟所花时间太多，而且事倍功半，教练员的定期业务培训，在世界各国都是常用的作为提高教练员指导水平、掌握运动训练最新信息、共享资源利用的最佳手段和方式。

中华人民共和国成立70多年来，在运动训练的组织发展中，已建立了一支具有一定水平的、结构较为合理的教练员队伍，然而数量结构合理不能代表质量水平高，特别是处在青少年运动员训练阶段的教练员，有相当一批还不能适应竞技运动高速发展对教练员标准的要求，教学手段特别单一，管理方式单调乏味，运动员服务营销还没有建立起起码的认知。特别是随着市场经济深入，在竞技体育职业化、市场化快速发展的前提下，我国体制内的教练员无论是管理的一般素质还是专业素质，均有较大的差距。这说明，进行教练员的管理培训有很大的必要性。

目前，教练员进行培训的方式有很多种，教练员培训的机会也因为全球体育发展的变化，摆上了重要的发展地位。对教练员进行培训，除了在职进修和到体育院所进行系统学习之外，国家体育总局和各省体育局设在各体育院校和运动技术学校的全国岗位培训已成为当今教练员培训的一项重要制度，岗位培训的网络体系初步建成。国家对教练员进行岗位培训，明确要求培训要取得实际的效果，要完成一系列的任务，即充分理解和明确岗位培训的指导思想；开展岗位培训要有严格的计划与步骤；凡在职教练员都必须参加相应级别的岗位培训；教练员持教练员岗位培训合格证申报任职、晋升制度。

（3）教练员工作的考核与晋升。教练员的素质是运动训练活动能否提高效率、带来效益的决定因素。美国钢铁大王卡内基曾经宣称："你可以剥夺我的一切：资本、厂房、设备，但只要留下我的组织和人员，4年以后我又是一个钢铁大王。"教练员对于体育事业的成功犹如管理人员对于企业的成功，那样重要，因此，在运动训练的过程中，对教练员的考核也应该像对其他的物力资源和财力资源一样，有规律地定期进行"盘点"，列出教练员在训练过程中的优缺点，以利于提高运动训练组织体系的优化。

对教练员进行考评，是为了了解教练员队伍的基本情况，为一系列具体的工作提供服务。其目的性主要表现在以下几个方面。

（1）为教练员确定工作报酬提供依据。教练员的工作报酬必须与教练员的工作能力和贡献结合起来，要让有能力的教练员脱颖而出。工作报酬是一把"双刃剑"，健康的工作报酬应能促使教练员敬业爱岗，尤其对青少年教练员来说，能在平凡的工作岗位上做出不平凡的成绩，是当今运动训练发展过程中分配的一条重要原则。这就需要对教练员工作报酬的获得制订出合理的依据和评定标准。

（2）为教练员岗位调整提供依据。有的教练员在选聘时所表现出的曾令人留下深刻印象的工作能力在实际的教练管理工作中并未能得到充分证实。相反，另一些教练员在工作过程中素质和能力不断得到提高，表现出强烈的岗位责任意识，并试图努力证明自己是一名有能力和有水平的教练员，能担负起更高层次的教练工作。由于诸如此类的原因，对教练员的考评必须根据其在工作中的实际表现，实行能下能上的良性用人机制。

（3）为教练员的培训提供依据。教练员的社会阶层、文化背景、过去经历及受教育程度等因素决定了他们在具备一定优秀素质的同时，也存在着某些方面的素质缺陷。这些素质缺陷影响了他们管理技能的提高，对他们现在的工作效率或未来的提升机会构成了不同程度的障碍。这些缺陷往往是由于教练员在教练的过程中缺少了学习和训练的机会而形成的，因此可以通过国家对教练员的培训来消除和改善这些缺陷。

通过对教练员的测评，可以帮助运动训练管理组织了解和发现每个教练员的优势、局限、内在潜力，因而能够指导运动训练的管理组织针对教练员队伍的现状来制订相应的培训与发展规划。

在教练员考评的内容上，国家体育总局关于《体育教练员职务条例》反映出了教练员在职务和晋升上的一些要求与特点。明确了以业绩为主、全面衡量教练员的任职条件，突出了“奥运争光战略”指导思想的地位。在实际过程中，对教练员进行业务考核，主要根据两个方面进行考评，即贡献考评和能力考评。

（1）贡献考评。贡献考评是指考核和评估教练员在一定时期内对实现运动训练目标的贡献程度，即评价和对比运动训练组织对教练员所要求提供的贡献与教练员所提供的实际贡献。贡献往往是努力程度和能力强度的函数，因此，贡献考评可以成为决定教练员报酬和职务晋升评定的重要依据。贡献考评既是对下属的考评，也是对上级的考评。贡献考评是考核和评价具体的教练员对组织目标实现的贡献程度，而教练员对组织的贡献往往是根据组织的要求来提供的。因此，只有在组织（上级）对每个部门和管理岗位的工作规定具体的目标和要求，考评才有依据。否则，不仅不能使教练员了解努力的方向，从而不能提供有效的贡献，而且使考评失去了可观的标准。在这种情况下，教练员不能提供积极贡献的原因不在他们自己，而在上级。所以说，对教练员贡献的考评，也是对上级进行考评，考评上级组织教练员工作的能力。上海市在2007年颁布了《上海市体育后备人才输送奖、输送跟踪奖、输送成果奖暂行管理办法》（沪体竞〔2007〕789

号），该办法一直沿用至今，使得一大批优秀的青少年业余教练员和业余训练组织机构的青训工作绩效得到承认，发挥了组织机构和青训教练员的积极性。同时，《上海市业余训练优秀教练员工作室试行办法》（沪体竞〔2011〕109号）的颁布，为业余训练领军教练员的涌现搭建了平台。

（2）能力考评。贡献虽可在一定程度上反映管理人员的工作能力，但能力的大小与贡献的多少并不存在严格的一一对应关系。所以，为了有效地指导运动训练组织中教练员的人事调整或培训以及职称晋升等，还须对教练员的能力进行考评。

教练员的能力考评是指通过考察教练员在一定时期内的教练和管理工作，评估他们的现实能力和发展潜力，即分析他们是否符合现任教练员岗位职务所具备的要求，素质和能力是否有所提高，能否担任更重要的教练员岗位等。

由于教练员的“决策能力”“沟通能力”“创新能力”等，在很多情况下，只是一些抽象的概念，用这些未加细分的、笼统的，甚至模糊的概念来对教练员进行能力考评，势必会增加考评的难度，往往会最终流于形式。那么，怎样才能得到真实、可靠和客观的能力考评结论呢？美国管理学家孔茨等人认为，在这样的条件下，应该根据组织对管理人员的基本要求，借助管理学的知识，将管理工作进行分类，然后用一系列具体的问题说明每项工作，来考评管理人员在从事的这些工作中所表现出的能力。

因此，我们在考评教练员时，如为了考评他们制订计划的能力，可以提出诸如以下的问题：他是否为运动队制订了与组织目标有明确关系的可考核的长期、中期和短期目标？他是否严格按照组织的政策相应地去制订决策的内容，并确保运动员的严格执行？他是否定期检查和评价运动训练计划的执行情况，以确保运动训练的过程与组织的要求相一致？再如，考评教练员的组织能力，可以提出以下问题：他对运动员的职责和任务有没有明确的要求？他应该采取何种措施确保运动员能正确理解并迅速贯彻其训练内容？他是否建立了必要的运动训练信息反馈制度？他是否给了运动员充分的信任并挖掘他们最大的潜力？

根据对教练员的工作要求来进行能力考评，不仅具有方便可行、能够保证得到客观结论的好处，而且可以促使教练员在自己的日常工作中，根据组织的期望注意改进和完善自己在运动训练过程中的方法，从而促进教练员管理能力的发展。

（二）运动训练管理中的运动员

运动员是运动训练的主体，运动训练管理的成果，最终要通过运动员精神面貌的展示、运动成绩的取得作为评价运动训练管理成效的重要参数。美国著名管理学家彼得·德鲁克教授提出，管理是一种以绩效责任为基础的专业职能。绩效与专业是运动训练管理的两个重要特点。对运动员进行管理主要表现在运动员的选配、运动员的思想教育、运动员的流动机制、运动员的训练补贴发放和运动员退役后的安置问题上。

1. 运动员的选配

运动员的合理选配是保证我国竞技体育可持续发展的重要途径。运动员选配合理既可以保证运动训练科学化的效率提升，又可以使运动训练向着集约化方向发展。在运动员的选配过程中，必须考虑在未来一定时期内，随着竞技体育的发展，运动员所应配备的规模数量。这个规模数量应包含运动员在各种大型的国际、国内赛事中对参赛运动员数量的要求及其发展趋势。这个发展趋势中既包含了运动员层次结构合理的比例关系，又包含了不同项目运动员需求的合理比例。

2. 运动员的思想教育

体育是精神文明建设的重要载体。我国的体育要在社会主义现代化建设中发挥这样的功能，必须高度重视运动队伍的全面素质，尤其是思想素质的提高。作为我国体育人才的重要组成部分，竞技体育运动员的素质高低、质量优劣直接关系到我国竞技体育的发展及可持续性。

在竞技体育运动员的培养上必须牢固树立大人才观、全面发展的观念，教会他们怎样做人，从而把运动员培养成对社会有用的合格人才，尤其是青少年运动员，更要抓住他们思想教育的启蒙特征，塑造具有较高政治觉悟、正确人生观和价值观的优秀人才。

为将培养工作真正落到实处，青少年运动员思想教育与普通教育的双向融合不失为一种可选的途径。多年来，上海市体育局和教委共同推进“体教结合”，从制度上保证了青少年运动员首先做一名合格社会人，其次才是成为一名优秀的运动员。思想教育是一个长期的过程，要常抓不懈。据有关报道统计，运动员的犯罪率在不断上升，这是平时运动训练过程中对运动员的教育，成绩重于思想的结果。在运动员思想教育的过程中，可以通过树立典型、形势教育、亲身实践等多种方式去开展活动，使运动员在想中学、学中练、练中比，同时加强运动队的组织文化，提高组织文化的水准，努力做到每一名运动员对自己负责、对运动训练负责，主动培养自身各方面的学习能力。

3. 运动员的流动机制

运动员的流动是实现运动员队伍优化组合、提高运动训练工作的效益和成材率的必要条件，同时也是促进运动员自身自觉提高运动技术水平、提高内在压力的外界动力条件。通过引进、转会、培训交流等多种方式迅速提高本国的运动技术水平，也是世界范围内人才流动的一种潮流。

竞技体育发展的重要标志就是运动员能够在重大的赛事中争金夺银，而争金夺银的前提条件就是具有争金夺银实力的优秀运动员多和少的问题，尤其是一些具有影响性的集体项目，更需要培养大量的优秀运动员。为什么贺龙元帅在20世纪60年代就说“三大球上不去，我死不瞑目”？为什么中国女排获得“五连冠”，在全国引起了那么大的反响？为什么中国男足第一次冲进世界杯，观看中国队的比赛成了中国人的节日？中国的老百姓对竞技运动水平提高是有很高的内在需求的。

运动员合理的人才流动是体育界具有战略意义的重大问题，它关系到国民的心理需求、运动员自身的进步与发展、运动训练水平整体效率的提高等诸多问题。目前，我国体育事业的发展和体育人才的分布还很不平衡，运动员流动体制尚不健全，人为设置的流动壁垒还较大，运动员的流动在东部地区显得非常活跃，而在西部省市相对较平静。目前，随着竞技体育职业化、市场化进程的推进，足球、篮球、网球等职业化开展较好的运动项目已经实现了运动员在市场上的合理流动，如周琦、王哲林等进入NBA，融入国际运动员市场流动的范围之列。

运动员的合理流动必须遵循一系列基本原则，并采用合理的方法走上规范化的道路。我国运动训练管理知名学者孙汉超教授认为，“运动员合理流动的总原则是有利于运动员的开发、利用和培养，有利于多出人才、快出人才、出好人才，有利于实现体育强国的宏伟目标。在具体的原则上要做到：立足于开发本省、区、市和本单位的运动人才，相互间的流动只是一个补充；在以国家利益为主的前提下，兼顾地方和个人利益；经过组织协商，做到双方受益；有利于提高各省、区、市的利益；注意保护边远和落后省、区、市的利益。在促进运动员合理流动的具体方法上，可以采用带训流动法、解聘合同流动法、公开招聘和招考法、交流互补流动法、自由选择流动法、强行流动法、有偿转会流动法。”

在运动员的流动上，我们还要加强与国际接轨，通过“送出去、引进来”的方针，使优秀运动员进行国际化交流，吸收发达国家先进的训练理念，来带动国内相对比较薄弱的运动项目运动员间的学习，提高竞争性。

（三）运动训练管理中的其他人员

运动训练管理中的其他人员，主要是指为运动训练提供服务与保障的人员。这些人员包括运动队中的领队、科研人员、医务人员、膳食人员，以及训练设备保障、场地维修与保管人员，如果是基层业余体校、体育传统学校、一般体育学校，还包括学校领导、文化课教师、班主任等。

在运动队的管理中，领队主要辅佐好教练员的工作，对运动员进行思想教育、文化课的学习和监督，同时加强党团工作，发挥运动队组织文化的建设水平，增强运动队组织的核心凝聚力，为运动队的训练创造一个宽松、良好的人文环境。

科研人员主要收集运动训练科学化的最新信息，运用生理学、生物化学、运动医学、解剖学、生物力学、组织行为学、体育管理学等学科对运动训练过程中运动员所出现的各项指标进行分析、对比，并把分析的结果呈报给教练员，以此达到教练员在训练过程中能够很好地控制运动训练的进程，完成运动训练的目标。邓小平同志曾经说过“科学技术是第一生产力”，未来的运动训练，科研水平的高低将决定运动训练的发展。

医务人员主要负责运动员的医务监督和医治运动创伤，运用现代医学理论，帮助运动员积极地消除身体和心理疲劳，保证运动员能够以良好的身体和积极的心态投入运动训练。膳食人员主要负责运动员伙食的营养搭配，按照科学的食物营养配方，保证运动员有良好的体能。由于运动训练是一个艰苦的心智和体力劳动过程，需要付出巨大的体能消耗，及时进补，能够为运动训练的高水平发展创造条件。

训练设备保障与场地维修人员也是运动训练管理中的重要组成人员，他们的主要职责在于购置、保养与维修训练设备与场地，并在每次训练课之前为教练员和运动员做好训练的相关准备工作。

以上运动训练中所有人员管理，应该有明确的岗位责任制和各项工作的制度标准，便于定期或不定期地对他们的工作进行考核，及时发现问题，纠正偏差，以利于最优化地保证训练目标的完成。

三、运动项目管理

在运动训练的管理过程中，如何对当今运动竞赛的众多项目进行科学化的管理，也是一个摆在眼前必须面对的现实问题。解决这个问题的依据主要有四点：①为运动训练的科学化提供依据，我国运动训练专家田麦久教授创立的“项群理论”，就是根据运动项目的特点，进行合理的分类，为运动训练提供了新的视角；②运动项目的合理分类管理，可以为人们提供对项目管理的重心认识，把握好项目管理孰重孰轻、孰大孰小，为我国运动训练发展目标的实现提供依据；③可以更好地使项目布局合理化，发挥项目地域设置的最大功能，避免重复交叉与浪费；④发现管理体制中存在的弊端，对运动项目管理体制进行大胆改革，提高运动项目管理的水平。

（1）为运动训练的科学化提供依据。对运动项目进行管理，可以为构建项群训练理论的科学体系创造条件，总结我国优势运动项目运动训练的基本规律，探讨我国攻坚运动项目目前存在的问题，归纳现代运动训练方法与手段的应用。

（2）运动项目的分类合理管理，可以根据运动项目在国际、国内大赛中的地位和重要性，进行合理投入，突出奥运项目、兼顾非奥运项目，形成运动项目管理的层次性，保证国家给予重点运动项目在政策上、资金上和人员上的扶持。

（3）对运动项目进行专项管理，可以促进运动项目发展资源的优化配置。长期以来，我国运动项目的管理体制，基本上是由体育行政部门进行直接的管理，这种管理在一定时期发挥了巨大作用，但随着市场经济在我国的确立，运动项目自身的功能必须得到开发，运动项目发展的社会化趋势增强。孙汉超教授认为，运动项目的管理必须探索出一条适合中国特点的协会制（即协会实体化）道路。协会制是国际上特别是体育发达国家对运动项目管理通常采用的做法。孙汉超教授进一步指出，我国的协会制与外国的区别在于：很多协会属于事业单位，在相当长的一段时间内，还兼有某些行政职能。这样的协会制虽属事业单位，但与以前的事业单位又有所不同。第一，这些事业单位负责协会的管理工作，通过协会对整个项目实施纵向管理；第二，这些事业单位在一定时期内兼有某些行政职能；第三，这些事业单位与基地实行有机的结合。

第二节　运动训练管理过程

运动训练管理过程是一个包含运动员从选拔到成才，其中涉及培养、教育、医疗、保险、财务等众多因素共同作用的管理过程。这个过程的目标就是使经科学选拔的运动员，通过教练员和其他相关管理人员的精心培养，最终创造出优异运动成绩，成为一名优秀运动员。

一、运动训练管理过程模式系统

（一）运动训练管理过程模式系统特点

运动训练管理过程模式本身应该是一个优化的系统，符合系统发展的特点，即具有整体性、动态性、开放性和环境适应性的特点。

1. 整体性

整体性是指运动训练管理过程模式系统要素之间的相互关系及要素与系统之间的关系以整体为主进行协调，局部服从整体，使整体效果最优。实际上，就是从整体着眼，部分着手，统筹考虑，各方协调，达到整体的最优化。

从系统功能的整体性来说，系统功能不等于要素功能的简单相加，往往要大于各部分功能的总和，即“整体大于各个孤立部分的总和”。这里的大于，不仅指数量上大，还指在各部分组成一个系统后，产生了总体的功能，即系统的功能。这种总体功能的产生是一种质变，它的功能大大超过了各部分功能的总和。

在现实运动训练过程管理中，经常可以看到在运动训练的系统中，重局部、轻全局，特别是局部之间的不协调、互相扯皮，从而损害了全局利益的事情时有发生。譬如，忽视运动员后备力量的培养、急功近利、运动员流动过程中的种种障碍等。

2. 动态性

运动训练过程模式系统作为一个运动着的有机体，其稳定状态是相对的，运动状态则是绝对的。系统不仅作为一个功能实体而存在，而且作为一种运动而存在。运动训练管理过程模式系统内部的联系就是一种运动，系统与环境的相互作用也是一种运动。系统的功能是时间的函数，因为不论是系统要素的状态和功能，还是环境的状态或联系的状态都是在变化的。运动是系统的生命。例如，运动训练是体育运动发展的一个子系统，它为了适应全球体育运动的高速发展，必须不断完善运动训练管理系统的功能，而运动训练管理内部各子系统的功能及其相互关系也必须随之相应地发生变化。运动训练的方法、运动训练的组织、管理体制、规章制度都具有鲜明的时限性。

3. 开放性

热力学第二定律表明，封闭系统由于热力学的作用，其熵将逐渐增大，活力逐步减少。任何有机系统都是耗散结构系统，系统只有与外界不断地发生联系，才能维持其生命。运动训练管理过程模式系统同样也是一个与外界环境不断进行着物质、能量、信息交换的系统。我国的运动训练水平整体不高，重要原因在于运动训练的过程管理水平较低，从开放的环境中汲取的能量、信息还不足。

4. 环境适应性

系统都不是孤立存在的，它必然与周围事物发生各种各样的联系，这些与系统发生联系的周围事物的全体，就是系统的环境，环境也是一个更高级的大系统。如果系统对环境能够保持最佳适应状态，说明这个系统是一个充满活力的理想系统。但反过来，系统对环境又是具有能动作用的。作为一个优秀的运动训练管理过程系统，没有条件，可以创造条件，环境不好，可以改变环境，最终实现运动训练的目标。如我国竞技体育中跳水、体操等项目为什么能够一直称霸于世界，关键在于这些项目在运动训练的管理过程中，不仅能够很好地适应环境，而且能够创新性地改造环境。

（二）我国的运动训练管理过程模式系统

运动训练管理过程的模式主要表现为运动训练管理过程中的一个流程问题。这个流程包含由管理部门制订运动员的培养目标，并提供相应的资金、设备，由教练员来组织实施并按照培养目标来进行控制，以期达到或实现培养目标的管理过程。具体模式流程如图10-2-1所示。

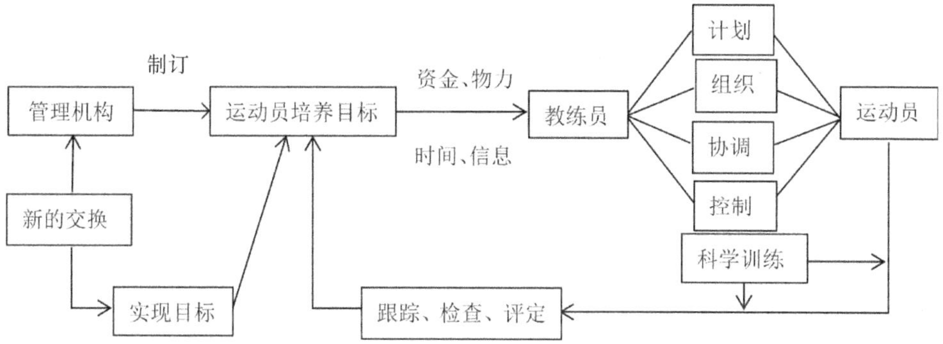

图10-2-1 运动训练管理过程模式系统

图10-2-1中，目标与管理机构始终在不断地进行物质、能量、信息的交换，当目标实现后，会为管理机构提供在目标实现过程中有哪些经验需要总结，还有哪些差距，为制订新的目标提供依据。

二、衡量运动训练管理模式的各项指标

在图10-2-1的模式系统中，我们发现，如果没有指标作为一种目标管理，就无法显示管理的成果。根据我国体育管理专家对训练过程指标的分析，指标应主要包含三类：成绩指标、淘汰率与成功率指标、训练成材率指标。

（一）成绩指标

成绩指标是最能体现目标管理的一项指标，直接的表现就是运动员在各类大赛上所得的名次。像奥运会这样的大型比赛，各国所获得的金牌数，往往用来说明该国运动训练管理过程的科学化水准。因此，我国各级体育管理部门通常用金牌数来衡量教练员的成绩，同时也衡量体育行政管理人员的政绩。但这并不科学，我国的体育管理专家认为：科学的运动成绩指标应该根据以下各项指标进行综合评定：①名次指标。这种指标计算方法是根据比赛名次和所获金牌机会的均等性来衡量的。若最高分为6分，1~6名的得分分别为1∶1/2∶1/3∶1/4∶1/5∶1/6=6∶3∶2∶1.5∶1.2∶1。②名次增长幅度指标。名次增长幅度指标=（本年度名次指标-上年度名次指标）/上年度名次指标。③球赛比赛成功率指标。球赛比赛成功率=本年度胜球总场数/本年度比赛总场数。④球类比赛成功率增长指标。球类比赛成功率增长指标=（本年度球类比赛成功率指标-上年度球类比赛成功率指标）/今年的该指标。

（二）淘汰率与成功率指标

淘汰率与成功率指标是衡量目标质量的一项指标。淘汰率、成功率一般规定为三种：年淘汰率、几年内的总淘汰率和几年内的平均淘汰率。衡量这些指标，应综合来看，如果只看到其中的一种指标就匆忙下结论，是无法反映训练过程真实情况的。

（三）训练成材率指标

成材率指标同样是衡量运动训练优劣的重要指标之一。所谓成材率，是指初级训练单位向上级训练部门输送的运动员数量与该队运动员之间的比率关系。成材率可以作为评定训练方法的先进性、管理绩效的突出性的重要标志。

第三节　运动训练管理体制

运动训练管理体制是指运动训练管理过程中运动训练组织机构的设置、责任与权限的划分以及保证组织系统运行制度的总称。上述这个概念，主要阐明了运动训练机构设置的特征、机构设置中责、权、利的划分与匹配以及保障运动训练组织系统正常运转的政策、法规和各种制度的总和。

一、运动训练管理体制的特征

任何一个国家只有找到了适合本国竞技体育发展的运动训练管理体制，这个国家的竞技体育运动水平才会提高，围绕竞技体育发展的各项管理工作才能理顺。任何一个国家，其运动训练管理体制总是要符合以下特征。

（1）客观存在性。一个国家开展竞技体育活动，必定有这个国家竞技体育活动开展的组织系统，必定有人来组织和协调这个系统的正常运转，也就是说，运动训练管理体制是伴随着竞技体育运动开展的客观存在。

（2）层次性。运动训练管理体制的层次性主要体现在组织机构设置的上下衔接性，保证运动训练过程的完整性。

（3）时代发展性。运动训练管理体制的运转，从纵向来看，必须符合一个国家政治、经济、科技发展的要求；从横向来看，必须跟国际体育运动发展的趋势接轨。因此，运动训练管理体制的时代发展性要求决定了其体制的优劣性。

二、我国运动训练的管理体制结构

我国运动训练管理体制一直以来都是体育界从事体育管理的工作者孜孜以求、不断探讨的一个问题。首先有一点大家都是认同的，中华人民共和国成立以来，我国的体育工作是在“举国体制”的方针下来开展的，“举国体制”的特征体现在运动训练管理体制上，就是要按照全国“思想一盘棋，组织一条龙，训练一贯制”来开展我国的运动训练管理工作。应该说，这种运动训练管理体制是社会主义的优越性在竞技体育上的集中体现，为我国体育运动发展水平的迅速提高、体育运动走出“一穷二白”的局面立下了汗马功劳。北京奥运会上中国运动员取得了51枚金牌，伦敦奥运会上中国运动员取得了38枚金牌，进入21世纪后，中国竞技体育成绩始终保持在奥运会金牌榜的前列，竞技体育训练体制发挥了巨大的作用。

我国的运动训练管理体制结构，从层次上看，分为三层。最底层形成了我国运动训练在全国的一个巨大的网络面。这个网络面主要包含最基层的运动训练管理对象，即普通学校中的中小学代表队、业余训练队、体育传统项目学校等。这是我国运动员培养的摇篮。这个层次的主要任务是选拔有体育天分的学生，进行较为系统的课余运动训练，打好体育运动的基础。我国运动训练管理体制的中间层是向专业训练过渡的一个重要层次，这个层次的任务在于开始向运动训练专业人才的方向去培养，为国家输送优秀的体育后备人才。这个层次的对象主要包括：竞技体育运动学校、重点业余体校、国家定点的体育项目学校等。我国运动训练管理体制的最高层是代表着我国最高运动训练水平的运动员，这个层次的主要任务就是培养运动员在国际、国内大赛中创造优异的运动成绩。最高层次的对象主要包括：国家各中心集训队成员，省、市代表队成员，行业体协代表队成员。

我国运动训练管理体制由基层到高层形成了紧密的三层训练网，这三层训练网的训练体制保证了我国运动员输送的衔接性，对人才培养的可预测性，以及基层和中层运动训练培养的明确目标性。

三、我国运动训练管理体制的优势特征

毫无疑问，我国三层训练网的运动训练管理体制曾经甚至现在，在我国运动训练的发展中都起到了举足轻重的作用，这证明我国运动训练的管理体制在过去很长一段时间里是符合我国国情的。以三层运动训练网为构成形式的我国运动训练管理体制最明显的优势表现在以下几个方面。

（1）这个管理体制，由于底座大，所包含的运动训练单位形式多元化，因此符合管理体制的社会最大包容性特征。这种包容性是我国的竞技体育在发展过程中不断认识和不断总结的成果。

（2）我国的运动训练管理体制可以充分预见运动训练发展过程中运动员发展数量的变化、运动训练资源的配备情况，以便做到及时评估与控制，提高了决策的质量。

（3）我国各级训练管理体制的紧密衔接性决定了各层次之间分工的明确性、职责和任务的确定性。出了问题，容易判断是哪一个层次上的问题。

（4）我国运动训练管理体制的完整统一性，保证了“思想一盘棋，组织一条龙，训练一贯制”方针的落实。

四、我国运动训练管理体制的创新点

再好的运动训练管理体制，随着社会政治、经济体制的变革，也必然具有随时代发展的特征。运动是绝对的，发展是硬道理。

我国运动训练管理体制改革的内容、方向和发展过程是围绕经济体制改革的前进方向来展开的。马克思主义原理告诉我们，社会存在决定社会意识，经济基础决定上层建筑，在整个社会中，赖以不同经济方式存在的经济体制是整个人类社会存在的基础。基础性的事物往往也是起决定性的事物，其发展与变化方向决定着其他事物的发展变化方向，其所具有的内容性质决定其他方面内容的性质。因此，在运动训练管理体制的改革与发展中，首先，我们要着重抓好运动训练管理体制改革创新与经济体制改革的关系；其次，任何事物的发展都有其自身发展的规律，运动训练管理体制也必须遵循运动训练管理规律来建

立和开展。

我国运动训练管理体制创新的着眼点在于运动训练资源的合理配置。运动训练资源的配置可以有三种形式：一种是完全在计划的条件下来配置资源，一种是完全依托市场来进行调控资源的配置，还有一种就是把以上两种体制形式融合起来，形成互补。很明显，在今天的社会发展过程中，第一种形式，弊多利少，不符合我国竞技体育发展的要求，要重点进行供给侧结构性改革；第二种形式，弊少利多，依托市场和社会的力量进行竞技体育资源的合理调配，是一种趋势，但从主流资本主义国家竞技体育发展路径看，完全通过市场化进行竞技体育资源改革，对一个国家竞技体育发展水平的冲击是比较大的，甚至在很长一段时间内，会影响竞技体育成绩的提高，而第三种形式才是我国运动训练管理体制改革的创新点。中国是一个竞技体育大国，并不是竞技体育强国，在我国的竞技体育发展中，不仅要充分利用社会资源强化全民体育发展，同时仍然要集中优势资源，推动竞技体育可持续发展。

未来，在我国运动训练管理体制的发展过程中，一方面要依靠市场的价格机制、供求机制和竞争机制来盘活资源和更新资源，优化配置，提高资源的利用效率；另一方面要采取有效的法律和行政手段进行干预和指导，规范市场行为，使国家意志在竞技体育中得到高度体现。

【案例一】运动员的管理

在一次关于如何管理运动员的交谈中，甲教练员和乙教练员各自阐述了自己的管理方法和观点。

甲：一支运动队，能否取得成绩，尤其是在关键时刻能否把比赛拿下来，靠的是队伍中的“尖子”队员。所以，如果把“尖子”队员管理好，我认为对运动队的管理就成功了。对“尖子”队员，“区别对待，高看一眼。”不仅要生活上关心、训练中关照、比赛中依靠，而且，平时应放宽一点要求，增加一点感情投入，甚至让“尖子”队员明显感觉到教练员是向着他的。

乙：我完全赞成“尖子”队员在取得优异运动成绩中的作用，但是，“尖子”队员固然重要，“一般”队员也很重要。只要把今天的“一般”队员抓好了，明天才能有更多的“尖子”队员。“尖子”队员不一定长期是“尖子”。郎平不是曾经说过嘛，“只有集体水平高，才有一锤定音。”这话我认为说明了“尖子”不能脱离集体的团结协作。正是鉴于这样的认识，所以，我对运动员的管理方法始终是下决心首先管好“尖子”。不仅不让每个“尖子”队员在队上有优越感，还应该培养“尖子”队员具有协助管理运动队的责任感。

讨论题：

（1）你如何看待以上两个教练员的管理方法，并说出理论依据。

（2）假如你是一位教练员，你会如何实施对运动员的管理?

【案例二】不同教练员的管理思路与管理结果

某国家级青少年运动队A教练最头疼青少年运动员不服从管理要求，违反运动队的管理规定，在夜间统一休息时间翻墙出去上网、吃夜宵等行为。一直没有找到良策杜绝这些优秀的青少年运动员违反队规的现象。A教练员的做法是：首先写检讨，深刻反省自己违反规定的行为，并在运动队例会上宣读自己的检讨书；其次严厉责骂，把运动员祖宗三代骂个遍；最后，愤怒到极点时，把犯错误的运动员退回到自己的省里，或干脆除名。结果发现，A教练员的所有管理措施并没有产生应有的鞭策效应，运动员屡错屡犯，A教练员与运动员之间的关系完全是形同陌路，水火不容。鉴于此，运动训练组织决定调整运动队的教练员，换成B教练员上岗。B教练员上岗后，对青少年运动员的年龄特点进行了仔细研究，发现既要正视青少年运动员处在这个年龄阶段的特征和兴趣爱好，又要让运动员遵守各项运动训练规定，是一件非常复杂的事情，但B教练员并不认为解决该问题是一种困难，反而认为这是提高运动训练管理水平的重要契机。

于是，新上任的B教练员仔细观察运动员的夜生活情况，认为运动员上网、吃夜宵等行为都没有错，这本身就符合该阶段青少年的年龄特征，错就错在时间不对。在一天晚上，又到了休息时间，预感到一定会有运动员翻墙出去上网，B教练员不动声色，来到墙边仔细观察运动员的翻墙路径，发现墙角下有一条凳子，显然，运动员是站在凳子上翻出去又翻回来的。待晚上11时许，眼看运动员要回来了，B教练员把墙角的凳子移开，然后自己蹲在墙角下充当凳子。当运动员从墙头跳下时，发现今晚的凳子跟以往的凳子不一样，赶紧跳下，定睛一看，原来是新来的教练，这时，似乎犯了双重错误的运动员羞愧地站在一边不停地搓手，嘴里不断说着："对不起，教练。"B教练员此时像没有发生任何事情一样，跟运动员说，快回去睡觉，没关系的。带着忐忑的心情，该运动员夜里怎么也睡不着，想着教练员会给他什么惩罚为什么当时不批评他，第二天一定会给他一个重大处分。

第二天，B教练员像没有发生任何事情一样，见到运动员热情打招呼，就是不提昨晚发生的事。到了周末，B教练员主动邀运动员进网吧，讲解正确的网吧生活。运动员十分感动，主动找到教练员，表示再也不违反队规了。

讨论题：

（1）案例中两位教练员的管理思路到底有什么不同？其本质差别在哪里？

（2）你能够与其他教练员分享一下自己最值得骄傲的管理手段与方法吗？

【案例三】对每一位孩子负责

"我从来不认为打排球会耽误读书，相反我觉得排球运动给我带来了很多乐趣，使文化学习不再那么枯燥。"说话的是进才实验中学排球队接应二传王怡玮，去年他以591分的成绩考取一所全国重点高中，但他选择直升进才，"我想继续留在进才，跟着胡指导，边读书边打球"。

胡安华是进才实验中学的排球教练，曾带领麾下小将连续8年称霸上海市所有的青少年排球赛；曾慧眼识珠发掘了名将戴卿尧，但是他说："竞技体育很残酷，冠军永远只有一个。我们不能只看着一个冠军，要对后面99位学生负责。每一位来训练的孩子都是独一无二的，不是只有拿冠军这一条路，每个孩子的全面发展，才是教练应该考虑的事情。"

队伍水平如何连续8年保持全市领先？胡安华的答案是"科学训练"。业余训练时间有限，需要合理安排，追求训练、学习两不误的最佳状态。胡教练说："家长起初把孩子交给我也有过犹豫，我给他们看我的博客，让他们了解我的训练理念，互留微信保持沟通；了解我是讲科学、有方法的教练，好多家长后来成了朋友。”

胡安华每天早上6点多起床，洗漱后的第一件事不是吃早餐，而是打开电脑记录下自己的思考，列出训练计划。他用点滴积累完成了多篇业余训练的论文，在业内受到了认可与好评。在胡教练的影响下，排球队里有好几位“学霸”队员，不但球打得好，学习成绩也在班级名列前茅。队里有位博士后家长，孩子是球队主力，学习成绩也是班级前三名。这位家长说，训练时间并不耽误孩子学习，打球后，孩子很少感冒，身体素质越来越好。

业余训练与学校体育密不可分，校园教练承担着教师职能，在帮助提高孩子的身体素质和竞技水平的同时，也要发挥体育的育人功能。平时，胡教练常对队员说：“冠军是瞬间的，而体育精神是永恒的！要成为一个有责任心的男子汉，永不放弃、反败为胜的成功过程将影响一辈子。”

业余训练是体育后备人才的蓄水池。在上海，有一批像胡安华这样的优秀教练，他们有责任心，有担当，懂得用科学知识武装头脑，明白用运动经验规避伤害；对孩子负责，培养其体育兴趣，发掘其运动潜能，帮助其更好地选择前进的方向。

讨论题：

（1）案例中胡安华教练员所采取的运动训练管理模式有何特点？试作简要分析。

（2）你认为当前应该从哪些方面提高青少年业余体育教练员的执教水平？

【案例四】美国多元化的竞技后备人才培养基础网络

据美国春田体育学院校长Mary-Beth Cooper博士介绍，美国精英体育人才培养金字塔结构由青少年基础参与、高中与大学阶段专项提高、职业体育与奥林匹克精英体育三个阶段组成。

美国基础参与阶段有2 150万名儿童青少年参与体育活动与运动训练，从男孩来看，参与比例从高到低的项目为：橄榄球（40%）、篮球（40%）、棒球（24%）、足球（20%）、跑步（17%）、摔跤（10%）、游泳（9%）、网球

（8%）、定向越野（5%）；从女孩来看为：篮球（25%）、排球（23%）、垒球（17%）、足球（17%）、跑步（17%）、游泳（12%）、网球（8%）、定向越野（4%）、曲棍球（3%）。

基督教青年会青少年运动网络。基督教青年会在美国拥有2 468处运动员活动场所，会员达到2 100万人，开展的项目包括儿童棒球、足球、击剑、美式橄榄球、躲球游戏、高尔夫球、体操、排球、滑冰、长曲棍球、马术、投球、武术、攀岩、网球、滑雪等。基督教青年会重点发展青少年篮球计划，为广大青少年提供篮球参与机会；儿童体质健康项目也是协会的重点项目，协会在全国设立了速度灵敏诊所，经常组织青少年团体活动，并提供营养与烹调知识课程。

美国业余运动联盟青少年运动网络。美国业余体育联合会负责人马丁介绍，美国业余体育联合会是一个遍布全国的非营利组织，组织管理链为：国家办公室——地区办公室——俱乐部——志愿者，主要职能是通过培训咨询与组织比赛促进美国业余体育发展，联盟管理39个业余体育项目，同时兼管59个地区的竞技体育运动。联盟会员从2000年的40万人增长到2013年的64万人，很多运动员交叉参加运动，有的会员每年可以参加4个项目。业余体育联盟的主要职能是组织地方比赛、州际比赛与全国比赛，大多数比赛在迪士尼公园举办，用以促进公园经济发展。

单项青少年运动俱乐部网络。美国奥委会下设50余个单项体育协会，其中奥运项目28个，单项协会在大区、州与地方均有分支机构，每个地方协会拥有一定数量的青少年单项俱乐部。据统计，全国青少年单项俱乐部超过2.1万个。据桑塔卡拉拉游泳俱乐部经理兼总教练约翰介绍，美国游泳协会有59个区域分会，拥有2 800个游泳俱乐部，注册运动员35万人，其中有1 500个俱乐部是培养高水平竞技后备人才的。北加州游泳分会是全国第三大分会，拥有120个俱乐部，其中有15个是培养高水平竞技后备人才的，其他俱乐部都是以兴趣培养、项目普及为主。北加州游泳分会有注册运动员1.7万余名。

讨论题：

（1）美国竞技后备人才培养网络与我国三层运动训练网培养体系有何相同

和不同之处？

（2）美国多元化竞技后备人才培养基础网络对我国运动员培养体系有何启示？

思考与练习题

（1）从整体上看，你认为我国青少年运动训练管理水平如何？目前最需要改进的地方在哪儿？

（2）从国内运动训练管理体制改革发展趋势看，你认为业余运动训练的教练员面临着哪些挑战？

（3）在业余运动训练教练员执教水平的提高上，你认为有哪些比较好的做法？

（4）什么叫运动训练管理？运动训练的管理是由哪些因素构成的？

（5）运动训练管理中的教练员应当具备的一般管理素质和专项管理素质有哪些？试说明。

（6）在教练员的管理过程中应当实现哪些管理任务？

（7）针对运动员的管理问题，我们应当重视哪几个方面的工作？

（8）何谓运动训练管理体制？我国运动训练管理体制的优势特征有哪些表现？

（9）我国运动训练管理体制的创新主要表现在哪些方面？

参考文献

[1] 孙汉超.运动训练管理学[M].北京：人民体育出版社，1995.

[2] 孙汉超，秦椿林.实用体育管理学[M].北京：人民体育出版社，2004.

[3] 徐本力.专项理论到运动训练科学——兼论运动训练科学理论的形成与发展趋向[J].北京体育大学学报，2004，27（6）：721-726.

[4] 陈麒.教练员领导方式对青少年运动员心理压力与心理适应的影响[J].北

京体育大学学报，2003，26（5）：615-616.

[5] 董超，董翠香，季浏.上海市体育业余训练教练员队伍建设现状及对策[J].体育学刊，2015（1）：100-103.

[6] 李小平.教练员考核制度的相关问题探讨[J].体育科技文献通报，2008，16（4）：10，20.

[7] 程传银，尤传豹.我国体校教练员队伍建设现状[J].体育科学研究，2010，14（4）：50-53.

[8] 刘兵.论“四个全面”战略布局下我国体育事业发展与教练员队伍建设[J].中国体育教练员，2016，24（1）：3-5.

[9] 黄美好.我国运动项目管理体制改革走向的探讨[J].首都体育学院学报，2009，21（5）：525-527.

[10] 张志华.我国高校竞技体育人才培养的理论与实践研究[D].北京：北京体育大学，2014.

[11] 刘兵.从“郎平现象”看体育强国建设对教练员的要求[J].中国体育教练员，2015，23（1）：3-4.

[12] 王若光，孙庆祝.纯化体育——对我国体育运动项目管理的批判与梳理[J].武汉体育学院学报，2007，41（10）：6-9.

[13] 田麦久.论运动训练过程[M].成都：四川教育出版社，1988.

[14] 田麦久.关于运动训练原则的辩证思考[J].北京体育大学学报，2010（3）：1-9.

[15] 刘青.运动训练管理教程[M].北京：人民体育出版社，2007.

[16] 张瑞林，秦椿林.体育管理学[M].北京：高等教育出版社，2008.

[17] 周莹，申萍，张博，等.我国竞技运动训练发展研究[J].体育文化导刊，2011（7）：65-68.

[18] Babiak K, Thibault L, Willem A. Mapping Research on Interorganizational Relationships in Sport Management: Current Landscape and Future Research Prospects[J]. Journal of Sport Management, 2017,13(5):49-61.

[19] Mcmahon J, Zehntner C. The sociology of sports coaching[J]. Sport Education & Society, 2012, 17(2):1-4.

[20] Marcu V, Buhaş S D. Sports Organizations - Management and Science[J]. Procedia-Social and Behavioral Sciences, 2014, 117(4): 678-682.